Série DIAITA
Scripta & Realia

ODISSEIA DE SABORES DA LUSOFONIA

Cilene da Silva Gomes Ribeiro e Carmen Soares (coords.)

IMPRENSA DA UNIVERSIDADE DE COIMBRA
COIMBRA UNIVERSITY PRESS

PUCPRESS
PUCPR UNIVERSITY PRESS

SÉRIE DIAITA
SCRIPTA & REALIA

TÍTULO Title
ODISSEIA DE SABORES DA LUSOFONIA
LUSOPHONE FOOD ODYSSEY

COORDS. Eds.
Cilene da Silva Gomes Ribeiro e Carmen Soares

EDITORES Publishers
Imprensa da Universidade de Coimbra
Coimbra University Press

www.uc.pt/imprensa_uc

Contacto Contact
imprensa@uc.pt

Vendas online Online Sales
http://livrariadaimprensa.uc.pt

PUCPRess / Editora Champagnat — PUCPR
PUCPR University Press

www.editorachampagnat.pucpr.br

Contato Contact

editora.champagnat@pucpr.br

Coordenação Editorial Editorial Coordination
Editora Champagnat — PUCPR
Imprensa da Universidade de Coimbra

Conceção Gráfica Graphics
Rodolfo Lopes, Nelson Ferreira

Editor de Arte Art Editor
Solange Eschipio

Diagramador Graphic designer
Rafael Matta Carnasciali

Editora-Assistente Assistant Editor
Ísis C. D`Angelis

Revisão Reviser
Bruno Pinheiro Ribeiro dos Anjos

Imagem da capa Cover's image
Albert Eckhout [Museu Nacional da Dinamarca]

Impressão e Acabamento Printed by
CreateSpace

ISBN
978-989-26-1085-6

ISBN Digital
978-989-26-1086-3

DOI
http://dx.doi.org/10.14195/978-989-26-1086-3

Depósito Legal
401470/15

FCT
Fundação para a Ciência e a Tecnologia
MINISTÉRIO DA EDUCAÇÃO E CIÊNCIA

© Dezembro 2015

PUCPRess / Editora Champagnat * Curitiba
PUCPR — Editora Champagnat
http://www.editorachampagnat.pucpr.br/ebook
Imprensa da Universidade de Coimbra
Classica Digitalia Vniversitatis Conimbrigensis
http://classicadigitalia.uc.pt

Odisseia de Sabores da Lusofonia
Lusophone Food Odyssey

Coords. Eds.
Cilene da Silva Gomes Ribeiro & Carmen Soares

Filiação Affiliation
Pontifícia Universidade Católica do Paraná (PUCPR, Curitiba) & Universidade de Coimbra

Resumo
A presente obra dá conta de como o Património Alimentar do Mundo Lusófono (em especial de Portugal e do Brasil) resulta de uma verdadeira "odisseia" de sabores, pois assenta sobre as viagens (longas, incertas e, a mais das vezes, penosas) de portugueses para terras desconhecidas ou mal conhecidas — desde os tempos iniciais dos descobrimentos (sécs. XV–XVI) até os fluxos migratórios mais recentes (séc. XX). Em sua bagagem, os colonos e os emigrantes carregavam uma série de memórias identitárias (dentre elas, a gustativa). A respeito desses Novos Mundos, criaram uma série de expectativas, sem nunca deixarem de sentir certa nostalgia em relação ao local/ cultura de origem.

O livro divide-se em duas partes. A Parte I reúne estudos sobre as raízes culturais greco-latinas e medievais da alimentação portuguesa (caps. 1 e 2). A Parte II é constituída por nove capítulos, todos eles dedicados à abordagem dos encontros multiculturais ocorridos entre portugueses, brasileiros e outras populações. Começa-se com o diálogo estabelecido entre portugueses e africanos, durante os sécs. XV–XVI (cap. 3). Seguem-se duas reflexões complementares: uma sobre a integração e acomodações do receituário português na América Portuguesa dos sécs. XVI–XVII (cap. 4); outra sobre a introdução de produtos das Américas no receituário conventual português da Época Moderna (cap. 5). Dedicam-se, ainda, cinco estudos à história da alimentação no estado do Paraná (abastecimento – cap. 6; questões de género – cap. 7; emigração – cap. 9; cozinha regional – cap. 10), um ao relevo da gastronomia regional na história da alimentação brasileira contemporânea (no estado do Piauí, cap. 11) e outro à revisitação do capítulo da *História da Alimentação no Brasil*, de Câmara Cascudo, sobre a "Ementa Portuguesa" (cap. 8).

Palavras-chave
História da alimentação, Património alimentar, Lusofonia, Portugal, Brasil, África Portuguesa, América Portuguesa.

Abstract
The book investigates how the Portuguese Culinary Heritage (mainly from Portugal and Brazil) offers a wide range of tastes originating from the travels (long, uncertain and frequently painful) of the Portuguese to unknown or only scantily-known lands from the start of the Discovery Era (15th and 16th centuries) to the most recent migratory waves (20th century). Settlers and emigrants carried in their trunks a wide range of souvenirs, among which culinary recipes may be included. Although the new lands produced high expectations, homesickness with regard to their culture and costumes was never absent.

The book is divided into two parts. Part I deals with the Greco-Roman and Medieval cultural roots of Portuguese food (Chapters 1 and 2). Part II, with nine chapters, deal with the multicultural encounters between Portuguese, Brazilians and other populations. The Portuguese-African dialogue started in the 15th and 16th centuries (Chapter 3). Two complementary comments are discussed: the first comprises the integration and adaptation of the Portuguese Food Recipes in Portuguese America of the 16th and 17th centuries (Chapter 4) and the second deals with the inclusion of products from the Americas during the Modern Age (Chapter 5). Five studies are devoted to the history of food in the state of Paraná (Supply in Chapter 6; Gender Issues in Chapter 7; Immigration in Chapter 9; Regional Recipes in Chapter 10), to the regional gastronomy in contemporary

Brazilian food history (in the state of Piauí in Chapter 11) and to a revision of the chapter called 'Ementa Portuguesa' from Câmara Cascudo´s book *História da Alimentação no Brasil* (Chapter 8).

KEYWORDS
Food History, Food Heritage, Ancient Mediterranean Diet, Medieval History, Modern History, Contemporary History, Portugal, Brazil, Lusophone World

COORDENADORAS

CILENE DA SILVA GOMES RIBEIRO é nutricionista, graduada pela Universidade Federal do Paraná (UFPR). Mestre em Engenharia de Produção pela Universidade Federal de Santa Catarina (UFSC). Doutora em História pela UFPR. Especialista em Qualidade e Produtividade pela FAE. Especialista em Administração Industrial pela UFPR. Especialista em Qualidade de Alimentos pelo IPCE/Uniguaçú. Especialista em Metodologia de Ensino Superior pela FESP/Paraná. Especialista em Logística Empresarial pela Pontifícia Universidade Católica do Paraná (PUCPR). Especialista em Gestão de Custos e Formação de Preços pela PUCPR. Especialista em Alimentação Coletiva pela ASBRAN. Professora adjunta da PUCPR. Coordenadora e professora convidada de Cursos de Pós-Graduação *Lato Sensu*. Membro do Comitê de Ética em Pesquisa da PUCPR. Membro do Grupo de Pesquisa de História e Cultura da Alimentação da UFPR. Membro do Grupo de Pesquisa em Ciências da Nutrição (GEPECIN) da PUCPR. Pesquisadora DIAITA - Patrimônio Alimentar da Lusofonia. Pesquisadora do CNPq.

Currículo Lattes: http://lattes.cnpq.br/1187088963709463

CARMEN SOARES é professora associada com agregação da Universidade de Coimbra (Faculdade de Letras). Tem desenvolvido sua investigação, ensino e publicações nas áreas das Culturas, Literaturas e Línguas Clássicas, da História da Grécia Antiga e da História da Alimentação. Na qualidade de tradutora do grego antigo para português, é coautora da tradução dos livros V e VIII de Heródoto e autora da tradução do *Ciclope* de Eurípides, do *Político* de Platão e de *Sobre o afecto aos filhos* de Plutarco. Tem ainda publicado fragmentos vários de textos gregos antigos de temática gastronómica (em particular, Arquéstrato). É coordenadora executiva do curso de mestrado em "Alimentação – Fontes, Cultura e Sociedade" e diretora do mestrado em Estudos Clássicos. Investigadora corresponsável do projecto DIAITA - Património Alimentar da Lusofonia (apoiado pela FCT, Capes e Fundação Calouste Gulbenkian: http://www.uc.pt/iii/research_centers/CECH/projetos/diaita).

CV completo disponível na Plataforma DeGóis: http://www.degois.pt/visualizador/curriculum.jsp?key=7724126685525965
Trabalhos disponíveis *online*: https://coimbra.academia.edu/carmensoares

EDITORS

Cilene da Silva Gomes Ribeiro: nutritionist, with a degree from the Universidade Federal do Paraná (UFPR). A Doctoral Degree in History from the Universidade Federal do Paraná (UFPR). A Master's degree in Production Engineering from the Universidade Federal de Santa Catarina (UFSC). Specialized in Quality and Productivity from FAE/Paraná; in Industrial Administration from UFPR; in Food Quality from IPCE/Uniguaçú; in Methodology in Higher Teaching Institutions from FESP/Paraná; in Entrepreneur Logistics from UCPR; in Costs and Prices from PUCPR; Community Food from ASBRAN. Professor at the Pontifícia Universidade Católica do Paraná and Coordinator and Professor in lato sensu Post-Graduate Courses. Member of the Committee for Ethics in Research of PUCPR. Member of the Research Team on the History and Culture of Food of UFPR. Member of the Research Team in Nutrition Science (GEPECIN) of PUCPR. Researcher DIAITA-Portuguese Food Heritage. CNPq Reseacher.
CV: http://lattes.cnpq.br/1187088963709463

Carmen Soares: associate professor of the University of Coimbra (Faculty of Letters). Teaching activities, research interests and publications: Classics, Ancient Greek History and Food History. Author of several books and papers and translator into Portuguese of Herodotus (books V and VIII), Euripides (Cyclops), Plato (Statesman), Plutarch (On Affection for Offspring) and fragments of gastronomic Greek literature (Archestratus, Life of Luxury). Executive Coordinator of the MA in Food: Sources, Culture and Society and Coordinator of the MA in Classical Studies. One of the main investigators of the DIAITA Project: Lusophone Food Heritage supported by FCT, Capes and Calouste Gulbenkian Foundation (http://www.uc.pt/en/iii/research_centers/CECH/projetos/diaita)
CV: http://www.degois.pt/visualizador/curriculum.jsp?key=7724126685525965
Bibliography in open access: https://coimbra.academia.edu/carmensoares

Notas sobre os autores

Adriana Mocelim de Souza Lima: tem graduação, mestrado e doutorado em História pela Universidade Federal do Paraná (UFPR). Atualmente, é professora assistente da Pontifícia Universidade Católica do Paraná (PUCPR). Tem experiência na área de História, com ênfase em História Medieval, atuando principalmente nos seguintes temas: livro de linhagens, crônicas, poder régio, nobreza medieval e história medieval portuguesa. Membro do Núcleo de Estudos Mediterrânicos da UFPR e do Grupo de Estudos de História, Cultura e Política da PUCPR. http://lattes.cnpq.br/2990862777943564

Isabel M. R. Mendes Drumond Braga: doutorada em História, especialidade em História Económica e Social (séculos XV-XVIII) pela Universidade Nova de Lisboa e agregada pela Universidade de Lisboa. Lecciona na Faculdade de Letras da Universidade de Lisboa desde 1990. Foi professora visitante na Universidade Federal Fluminense (Brasil) de agosto a dezembro de 2009, na Università di Catania (Itália), em julho de 2011, e na Universidade Federal da Uberlândia (Brasil), em novembro de 2013. http://www.cidehus.uevora.pt/memb/cv/cvisabeldrumondbraga.pdf

João Pedro Gomes: arqueológo e mestre em História da Arte, investigador colaborador do CECH, tem desenvolvido estudos na área da História Social e Cultural Moderna (séculos XVI--XVIII), nos contextos sociais da produção, circulação e consumo de cerâmica portuguesa no espaço metropolitano e colonial, e, recentemente, na área da Alimentação Moderna Portuguesa, nomeadamente na cultura material associada, protocolos e contextos sociais de refeição e banquete. http://www.degois.pt/visualizador/curriculum.jsp?key=0203471191816193

Maria Cecília Barreto Amorim Pilla: tem graduação em Direito pelas Faculdades Integradas Curitiba, e graduação, mestrado e doutorado em História pela UFPR. Atualmente, é professor adjunto III da PUCPR, onde também é coordenadora do curso de História. Tem experiência na área de História, com ênfase em História Moderna, atuando principalmente nos seguintes temas: história da alimentação, etiqueta, diferenciação social, boas maneiras à mesa, comportamento adequado e boas maneiras, alimentos, símbolos, civilização e direitos humanos. Atualmente, também é coordenadora do curso de Especialização: História Social da Arte (PUCPR). http://lattes.cnpq.br/6937477830148153

Maria Henriqueta Spernadio Garcia Gimenes Minasse: bacharel em Turismo, especialista em Planejamento e Gestão do Turismo, mestre em Sociologia e doutora em História pela UFPR, é professora na Universidade Federal de São Carlos – Campus Sorocaba. Pesquisadora das áreas de turismo e gastronomia, história da alimentação e patrimônio cultural, é vinculada ao grupo de pesquisa História e Cultura da Alimentação (UFPR). http://lattes.cnpq.br/6807582118593348

Mariana Corção: professora na Universidade Pontifícia do Paraná. Graduada, mestre e doutora em História pela UFPR. Especialista em patrimônio histórico pelo Programa de Especialização em Patrimônio do Instituto do Patrimônio Histórico e Artístico Nacional, em parceria com a Unesco (2008). Autora do livro *Bar Palácio: uma história de comida e sociabilidade em Curitiba*

(Curitiba, Máquina de Escrever, 2012) e coautora do livro História dos Bares e Restaurantes de Curitiba (Curitiba, Canal de Negócios, 2014).
http://lattes.cnpq.br/5350527921606540

Paula Barata Dias: professora auxiliar do grupo de Estudos Clássicos da Faculdade de Letras da Universidade de Coimbra e investigadora do Centro de Estudos Clássicos e Humanísticos, da linha de investigação Estudos Medievais e Patrísticos. Doutora em Literatura Latina Medieval, com um trabalho sobre o monaquismo de S. Frutuoso de Braga (Noroeste hispânico, séc. VII). Sua docência e investigação estão relacionadas à área científica dos estudos clássicos, tendo publicados numerosos trabalhos sobre Antiguidade Tardia, Cristianismo Antigo e Alto Medieval, Patrística Grega e Latina. É docente do curso de Mestrado "Alimentação: Fontes, Cultura e Sociedade", lecionando a disciplina de Religiões e Alimentação.
www.degois.pt/visualizador/curriculum.jsp?key=3359419879432203

Samara Mendes Araújo Silva: graduada em História, Comunicação Social e Teologia, especialista em História Sociocultural, mestra e doutora em Educação. Estágio de Pós-Doutorado em História, realizado no Programa de Pós-Graduação em História da UFPR, na linha de pesquisa Intersubjetividade e Pluralidade: reflexão e sentimento na História, desenvolvendo atividades de estudos e pesquisas no grupo de pesquisa História da Alimentação: história, cultura e sociedade. Integra os grupos de estudos e pesquisas da Universidade Federal do Ceará (UFC): NHIME e GEODOC/UFPI. Atualmente, é professora da UFPR.
http://lattes.cnpq.br/3803195631743386

Wilson Maske: possui graduação em História pela Universidade Federal do Paraná (1992), mestrado em História do Brasil pela Universidade Federal do Paraná (1999) e doutorado em História pela Universidade Federal do Paraná (2004). Atualmente é professor titular da Pontifícia Universidade Católica do Paraná. Tem experiência na área de docência e pesquisa em História, com ênfase em História Moderna e Contemporânea e em História do Brasil, atuando principalmente nos seguintes temas: protestantismo, imigração, imperialismo, política internacional e política externa do Brasil. Atualmente, desenvolve um projeto de pesquisa concentrado na questão das relações entre Brasil e Alemanha Imperial, no período de 1871–1918, com especial foco no imperialismo alemão e na imigração alemã para o Brasil. É coordenador da Especialização em História Contemporânea e Relações Internacionais da PUCPR e do Laboratório de Estudos e Pesquisa em História (LEPHIS), na mesma universidade. http://lattes.cnpq.br/8800160446925232

Sumário

Prefácio

A historiografia do fim do século XX e início do século XXI vem se preocupando mais intensamente com as questões relativas à História e Cultura da Alimentação. Nesse sentido, estudos vêm sendo desenvolvidos em maior número nessa área, relacionando a temática da alimentação às mais variadas áreas do conhecimento, tais como religião, política, economia, gênero e direitos humanos.

Mudanças nos hábitos alimentares têm sido observadas nas últimas décadas, revelando a complexidade dos modelos de consumo e de seus fatores determinantes. Assim, a adoção de abordagens multidisciplinares e comparativas, a partir das quais os vários aspectos da alimentação (sejam eles históricos, econômicos, sociais, políticos, culturais e nutricionais) possam ser avaliados, faz-se ainda mais necessária, de modo a permitir a elucidação dos mecanismos responsáveis por essas mudanças e suas consequências, nos diferentes contextos socioeconômicos.

Há hoje uma obsessão pela história da mesa, fazendo a gastronomia sair da cozinha e passar a ser objeto de estudo, com a devida atenção ao imaginário, ao simbólico, às representações e às diversas formas de sociabilidade ativa. Nesse sentido, a questão da alimentação deve se situar no centro das atenções dos historiadores e de reflexões sobre a evolução da sociedade, pois a História é a disciplina que oferece um suporte fundamental e projeta perspectivas.

As cozinhas locais, regionais, nacionais e internacionais são produtos da miscigenação cultural e fazem as culinárias revelarem vestígios das trocas culturais. Hoje os estudos sobre a comida e a alimentação invadem as ciências humanas, a partir da premissa de que a formação do gosto alimentar não se dá, exclusivamente, pelo seu aspecto nutricional, biológico. Alimentar-se é um ato nutricional, comer é um ato social, pois encerra atitudes, ligadas aos usos, costumes, protocolos, condutas e situações. Nesse sentido, o que se come é tão importante quanto quando se come, onde se come, como se come e com quem se come.

Do exposto, verifica-se que do cruzamento do biológico com o histórico e cultural, o social e o político, a economia e as tecnologias, emergem os marcos que permitem fazer, por meio da comida, uma reflexão sobre o próprio significado e evolução das sociedades.

A presente obra, mais uma produzida no âmbito do projeto de investigação transnacional DIAITA: Patrimônio Alimentar da Lusofonia, reúne uma série de contributos sobre o formação do património alimentar luso-brasileiro[1]. Foi a viagem, longa, incerta e, o mais das vezes, penosa de Portugueses para as Terras do Brasil — desde os tempos iniciais da colonização (séc. XVI) até os fluxos migratórios mais recentes (séc. XX) — a causa primeira de uma verdadeira "odisseia" de sabores. Aplicamos a essa experiência e diálogo inter- e multicultural o nome de um dos poemas épicos gregos atribuídos a Homero, fundador da literatura ocidental, por constatarmos que o termo exprime os fundamentos da constituição de um património alimentar comum. Assim como Ulisses encetou uma longa viagem por paragens várias do Mediterrâneo, carregando na bagagem uma série de memórias identitárias (dentre elas, também os hábitos alimentares), e se deixou conduzir por um vasto conjunto de expetativas em relação aos Novos Mundos a que aportou e onde sociabilizou, sem nunca deixar de ser assolado por um sentimento de nostalgia em relação à pátria e ao "modo de vida" (grego *diaita*) do seu povo, também os Portugueses (e outros povos) que emigraram para o Brasil (quer tenham ou não regressado à sua terra de origem) vivenciaram uma "odisseia" de sabores.

A obra divide-se em duas partes, reunindo um total de onze capítulos. A Parte I reúne dois estudos sobre as raízes culturais (greco-latinas e medievais) da alimentação portuguesa. No primeiro, interpretam-se narrativas axiais da cultura ocidental acerca do transcendente original e do transcendente escatológico como metáforas alimentares. No segundo, analisa-se a informação pertinente para a história da alimentação contida na documentação de 1291 da chancelaria de D. Dinis.

A Parte II é constituída por nove capítulos, todos eles dedicados à abordagem dos encontros multiculturais ocorridos desde os inícios da empresa dos descobrimentos. Respeitando a ordem cronológica dos estudos, começa-se com o encontro entre Portugueses e Africanos, no espaço geográfico compreendido entre o Rio Senegal, o Rio Gâmbia e o arquipélago de Cabo Verde, a partir do séc. XV (cap. 3). Segue-se uma reflexão sobre a integração e acomodações do receituário português na América Portuguesa dos sécs. XVI–XVII (cap. 4). O movimento inverso, o da introdução de produtos das Américas no receituário composto em Portugal (mais concretamente nos receituários conventuais portugueses da Época Moderna) é a temática considerada no cap. 5.

---

[1] A primeira obra coletiva publicada sob a égide do DIAITA saiu em 2014, nesta mesma série: Soares, C., Macedo, I., (eds.), *Estudos sobre o Património Alimentar Luso-brasileiro; Studies on Luso-brazilian Food Heritage*. Imprensa da Universidade de Coimbra-Annablume, Série DIAITA: Scripta & Realia. Para uma apresentação do projeto DIAITA, aceder: http://www.uc.pt/iii/research_centers/CECH/projetos/diaita.

O contributo seguinte (cap. 6) foca-se na problemática do abastecimento do estado do Paraná durante a governação monárquica (séc. XIX). Outros três estudos mantêm o foco na história da população paranense, sob perspetivas diversas: alimentação e género (cap. 7, dedicado aos cadernos de receitas de família de Ponta Grossa), alimentação e emigração (cap. 9, portugueses de primeira geração, emigrados nas décadas de 50/60, na cidade de Curitiba), cozinha regional e herança portuguesa (cap. 10, a propósito dos pratos do litoral paranense: cambira e barreado; e cap. 11, sobre a regionalidade de algumas comidas sertanejas no século XX.). Dentro da linha de investigação sobre a influência da cozinha portuguesa na gastronomia do Brasil, revisita-se a incontornável obra de Luís da Câmara Cascudo (cap. 8).

Cilene Gomes Ribeiro
Carmen Soares

Preface

The Historiography of the late 20th century and the start of the 21st century is greatly concerned with issues on the History and Culture of Food and several studies on food related to several areas of knowledge, such as religion, politics, economy, gender and human rights, have been developed

Many changes during the last decades revealed great complexity in consumption models and their determining factors. The adoption of multi-disciplinary and comparative approaches in which several food aspects (historical, economic, social, political, cultural and nutritional) may be evaluated is greatly required to elucidate the mechanisms for such changes and their consequences within the different socio-economical contexts.

Currently there is a special focus on the history of food. Gastronomy comes out of the kitchen and becomes the object of academic studies, with due attention to the imaginary, the symbolic, to representations and different forms of active sociability. Food issues should be placed within the attention of historians and within studies on the evolution of society. In fact, History is the discipline that offers fundamental support and projects perspectives.

Local, regional, national and international cuisine is the product of cultural miscegenation where traces of cultural exchanges are visible. The human sciences are full of studies on food and human intake and all agree that the formation of taste should not be exclusively restricted to nutritional and biological aspects. Food is a nutritional act and eating is a social activity that comprises attitudes linked to uses, costumes, protocols, behavior and situations. Consequently, what one eats is as important as when, where, how and with whom one eats.

The crossing of the biological aspect with the historical, cultural, social, political economic and technological aspects brings forth the traces that trigger discussion on the meaning and evolution of societies.

This book which comprises a series of productions within the transnational investigation called DIAITA: Food Heritage of Portuguese Origin, is a collection of essays on the formation of the Portuguese-Brazilian Food Heritage[2]. The long, uncertain and painful travels of the Portuguese to the

---

[2] The first book produced collectively by DIAITA was published in 2014, in the same collection: Soares, C., Macedo, I., (eds.), *Estudos sobre o Património Alimentar Luso-brasileiro; Studies on Luso-Brazilian Food Heritage*. Printed by the Universidade de Coimbra-Annablume, Série DIAITA: Scripta & Realia. Details on the DIAITA project may be obtained at: http://www.uc.pt/iii/research_centers/CECH/projetos/diaita

Land of Brazil — from the first colonial and settler period in the 16th century till the more recent migratory waves in the 20th century — are the first cause of a true "Odyssey" of tastes. To this inter- and multi-cultural experience and dialogue we will give the name of one of the Greek epic poems attributed to Homer, the founder of Western literature, since the term expresses the foundation of common food heritage. As Ulysses began his long journey through several places around the Mediterranean Sea, carrying his memories of identity (among which, eating mores) and sailed through vast expectations with regard to new lands where he met different types of peoples without any overburdening of homesickness and the lifestyle (gr. *diaita*) of his people, the Portuguese too (and many other peoples) who settled in Brazil (returning or not returning to their homeland) experienced such an 'Odyssey' of tastes.

The book is divided into two parts and has eleven chapters. Part I contains two essays on the Greco-Roman and Medieval cultural roots of Portuguese food. The first study deals with the axial narratives of Western culture on the original and eschatological transcendence as food metaphors. The second essay analyzes information on the History of Food in the 1291 document of King Dinis´s court.

Part II has nine chapters on multicultural encounters since the Era of Discoveries. Chronologically, the first study is on the encounter between Portuguese and Africans within the geographic space involving the Rivers Senegal and Gambia and the Cape Verde archipelago in the 15th century (Chapter 3). Chapter 4 deals with the integration and adaptations of Portuguese recipes in Brazil in the 16th and 17th centuries, whereas Chapter 5 involves contrary movements, or rather, the introduction of products from the new continent America in recipe collections composed in Portugal (the Portuguese convent recipes in Modernity).

Chapter 6 focuses on the problem of food supply in the state of Paraná, Brazil, during the Portuguese Monarchy in the 19th century. Three other studies also deal with the history of the populations in the state of Paraná under different perspectives: food and gender (Chapter 7 contains recipe handbooks made in Ponta Grossa), food and emigration (Chapter 9 deals with Portuguese people coming to Curitiba in the 1950s and 1960s), regional cuisine and Portuguese heritage (Chapter 10 deals with two types of food, 'cambira' and 'barreado', features of the littoral region of the state of Paraná,; and Chapter 11, deals the regionality some food Brazilian: Piauí food in the twentieth century). The important work by Luis da Câmara Cascudo is analyzed within the context of the influence of Portuguese gastronomy in Brazil (Chapter 8).

Cilene Gomes Ribeiro
Carmen Soares

Parte I

Sabores da Lusofonia: Raízes Culturais Greco-Latinas e Medievais

A Grande Refeição — metáforas alimentares na descrição do transcendente religioso na cultura ocidental
(The Great Meal — food metaphors in the description of religious transcendence in Western culture)

Paula Barata Dias
Centro de Estudos Clássicos e Humanísticos da Universidade de Coimbra
Projeto DIAITA (pabadias@gmail.com)

Resumo: Desde que se tornou um ser autoconsciente, o homem criou soluções que lhe permitiram preencher os espaços de invisibilidade associados às interrogações para as quais a realidade captada pelos sentidos não conferiam resposta. A religião, nas suas múltiplas formas, fornece uma solução para saber, ou interpretar, o que não se vê, recorrendo às narrativas míticas. Nesta participação, procuraremos analisar algumas das narrativas axiais da cultura ocidental acerca do transcendente original e do transcendente escatológico, à luz da metafórica e da simbologia alimentar. Podem as conceções relativas ao transcendente ser representadas enquanto partes e agentes de uma grande refeição?

Palavras-chave: religião, inferno, paraíso, céu, Hades, Idade de Ouro.

Abstract: Since they became self-conscious, human beings have manufactured solutions to fill the spaces of invisibility associated to questions whose answers the reality felt by the senses could not give. Through its diverse forms, religion provides a solution to know or to interpret what humans do not see and which they reenact through mythic narratives. Current analysis investigates some of the axial narratives of Western culture on original and eschatological transcendence within the aspect of food metaphors and symbolism. Can the sections related to transcendence be represented as parts and agents of a big meal?

Keywords: religion, hell, paradise, heaven, Hades, Golden Age.

Procedemos a esta reflexão no seguimento das pesquisas que temos vindo a conduzir sobre a presença da alimentação e dos processos alimentares nos discursos religiosos[1]. Alimentação e religião — à partida, dois mundos que imaginamos distantes um do outro. Socorremo-nos de Gillian Feeley-Harnic

---

[1] Dias 2014: 71-88; 2012: 81-92; 2008: 157-175.

para a fundamentação de um trabalho académico desenvolvido sob este escopo, numa observação que ganhará sentido no desenvolvimento da exposição:

> Food so powerfully epitomizes the ecstasy of "Paradise" and the torments of "Hellfire" and exile, the gaping jaws of the hungry earth and the high tables of privilege, that we might be tempted to see food as the inevitably biological expression of our most primordial human condition[2].

Alimentar-se é um comportamento essencial à existência de qualquer ser vivo, uma necessidade cuja implicação na manutenção do ciclo da vida não permite que se ignorem realidades tão concretas como a quantidade, a variedade nutritiva, a qualidade dos alimentos. Precisamos de comer e, na maior parte dos casos, o ato alimentar está programado para constituir um prazer. Gostamos de comer. Numa primeira escala, o corpo humano está fisiologicamente preparado para que o ato alimentar estimule sensações agradáveis. Assim, o primeiro contacto com o alimento é o visual. Comemos alimentos belos, ou procuramos fazê-lo, ou então preparados cujo arranjo obedece a critérios estéticos determinados por uma cultura gastronómica dominante, em determinada época e em determinado lugar. Variando conforme a tipologia e o grau de preparação do alimento (se é simples ou elaborado, se é cru ou sofre transformação pelo calor), a proximidade proporciona um quase simultâneo acesso ao odor, podendo mesmo o olfato constituir a primeira forma de perceção e de identificação do alimento, dispensando mesmo a visão (quantos não identificam a ementa do jantar mal abrem a porta de casa!).

O próximo contacto com o alimento é táctil. Pegar nele usando as mãos, ou manipulá-lo com os utensílios de mesa (talheres, pratos, copos), proporciona uma aproximação ao alimento que é já uma afirmação de posse. Embora haja toda uma construção histórica e cultural relativa aos hábitos de consumo dos alimentos que pode diluir esta leitura de posse associada ao tato (os cozinheiros, os serventes, as pessoas que na distribuição dos papéis familiares servem e distribuem os alimentos), em princípio, segurar, tocar, manipular um alimento com as mãos num contexto de consumo constitui sempre um modo de reivindicação da propriedade, da posse: "este pão é para mim, esta porção de carne que tiro da travessa e ponho no meu prato é para meu consumo". Aqui se situa a fronteira da visibilidade do alimento. Até então, ele pode ser visto por todos os indivíduos presentes, embora já esteja "marcado", ou identificado como pertença de um só.

Levar alimento à boca inicia um processo de transformação do alimento que é mais específico, e que se confunde com a totalidade do ato alimentar, restrito a esta etapa. "Gostas? Sabe-te bem?" é o que se pergunta a alguém

---

[2] Gilian 1996: 565.

que experimenta um alimento ou um preparado novo, mas só depois de passar a fronteira da ingestão[3]. Momento fundamental do ato alimentar, pode por isso assumir metonimicamente o sucesso ou o insucesso de uma experiência que na verdade é mais ampla. De facto, quer o levar à boca, quer o processo da mastigação envolvem também sensações tácteis, decorrentes do trabalho motor e muscular (por exemplo, quente, frio, duro, mole, crocante, adstringente, untuoso), sensações olfativas, que são estimuladas em interação com o trabalho mecânico da boca e com as sensações do paladar (que contém uma paleta muito restrita de cinco indicadores: doce, salgado, amargo, ácido e o chamado umami).

Mas só nesta fase é despertada a sensação do gosto, aquela que correntemente mais associamos ao ato de "perceber" ou "conhecer" um alimento. Neste momento o alimento deixa de ser visível, até para o sujeito do processo alimentar. Este sente-o, percebe-o convocando uma cadeia de sensações que se conjugam para proporcionar um conhecimento, mas deixou de ver a realidade que lhe proporciona esse particular saber. E estamos no limiar de outras perdas sensoriais: uma vez engolido, o processo digestivo decorre num praticamente global deserto sensitivo. E é bom que assim seja, pois só damos conta dele quando algo corre mal no curso digestivo. Azia, enfartamento, perturbações intestinais geram alertas de desconforto ou de dor. O prazer colhido no ato alimentar é vivido por meio de uma experiência que decorre nas etapas iniciais do mesmo, nos momentos de preparação, aproximação e perceção fina do alimento. Fora isso, o sucesso do ato alimentar mede-se, em primeiro lugar, pelo desaparecimento do estímulo fisiológico da fome, ou da sede, avisos recorrentes do corpo justamente a reclamar a necessidade de reposição de nutrientes e de água.

Esta muito breve descrição da fenomenologia do ato alimentar [4] permite evidenciar algumas das suas caraterísticas: em primeiro lugar, a brevidade com que tudo ocorre. Trata-se de uma experiência que atinge o seu pico sensitivo num momento muito curto — o da mastigação, aquele que antecede logo a insensibilidade, ou melhor, o desaparecimento do alimento na perceção do sujeito. Chegar a esse pico pode ser definido como um percurso ascendente de sensações, no sentido de tornar mais intensa a proximidade entre o homem que come e o alimento. Este desaparece, ou melhor, transforma-se,

---

[3] Douglas 1972: 61-81.

[4] "No ser humano o ato de comer é o resultado da conjunção de fatores fisiológicos, emocionais, simbólicos e socioculturais. A forma de comer é um dos elementos que permite a caracterização de culturas e de períodos históricos. Entendemos por fenomenologia do comer o resultado final da integração dos grandes sensores (visão, audição, olfato, tato) com a fome, o apetite, o paladar, a saciedade, o status emocional, os desejos de comer, os processos de escolha do alimento e os mecanismos fisiológicos da mastigação, deglutição e digestão". Poulain, Proença 2003.

num processo em que acabará por integrar, após a transformação digestiva, o corpo do sujeito que come.

O gosto é a única sensação que exige a transformação, o consumo do objeto para ser potenciado como experiência no sujeito (é certo que o olfato implica "perdas moleculares" nos objetos, mas a escala não é significativa), e por isso se exerce num momento terminal do processo sensitivo: depois de ser "gostado", não resta mais nada para "perceber" acerca do alimento, não regressam as sensações proporcionadas nas primeiras etapas, ou estas não acrescentam mais nenhuma informação àquela que resultou da experiência gustativa na sua plenitude, ora a encerrar um processo de apropriação do alimento, ora a condensá-lo, numa experiência necessária tantas vezes, mas não desejada (comer à pressa, comer sem ver, ser alimentado à força são experiências alimentares disfuncionais).

Além da brevidade do tempo que antecede o desaparecimento do alimento da esfera sensitiva do sujeito, acrescentamos a invisibilidade. Para ser "gostado" e "transformado", a visão tem de deixar de operar. Comer e ver são duas operações distintas, mas também dois atos incompatíveis[5]. Comer implica deixar de ver o que se come, para sempre, num processo que não é, em absoluto, reversível. Esse afastamento progressivo da visibilidade do alimento conjuga-se em parte com o tato — primeiro é visível para todos; depois só para o que o guarda, ou o reserva para si; por fim, o seu consumidor deixa também de o ver. Podemos identificar também um processo dinâmico de graduação das sensações. Das mais "públicas" ou partilhadas para as mais individuais, das mais objetivas às de perceção mais subjetiva, das mais manifestas às mais ocultas, das menos intrusivas em relação ao alimento às mais intrusivas, o ato alimentar descreve um caminho para o alimento em que este é, progressivamente, apropriado e integrado pelo sujeito que o consome.

Falemos da recorrência. O processo pelo qual a maioria se alimenta implica tempo, o tempo que dedicamos à refeição, a qual constitui uma sequência de atos alimentares como o que descrevemos, até advir a saciedade ou até se aplicarem outras práticas sociais ou critérios culturais a delimitarem o tempo da refeição. Além disso… estamos condenados a viver esta sequência composta periodicamente, ciclicamente.

Por fim, o prazer enquanto questão acessória: proporcione a refeição prazer ou não, o consumo de alimentos segundo esta ordem não é, em princípio, negociável para a sobrevivência humana: de três em três horas, uma ou duas vezes por dia, há sempre um ciclo a cumprir, cuja urgência é a mesma, e move o engenho e a capacidade empreendedora do homem desde os primórdios

---

[5] "O grande drama da vida humana é que ver e comer são duas operações diferidas". Weil apud Astell 2006: 1; "Os seres humanos só podem dizer que alguma coisa é "boa para comer" quando querem dizer "belo". Wolf apud Astell 2006: 1.

da espécie humana na Terra. A luta pela alimentação é um esforço, tantas vezes doloroso e difícil, mais confortável nas sociedades contemporâneas desenvolvidas, decerto, mas ao longo da maior parte da história humana e entre tantos lugares do mundo atual, o espectro da fome estava presente e o acesso ao alimento era fonte de ansiedade e de conflitos. O medo da fome, associado ao mecanismo de sobrevivência, está tão inscrito nos genes humanos que ainda estamos programados para, em épocas de abundância, armazenar nutrientes e energia no nosso corpo para prover épocas mais difíceis (o que explica, em parte, a epidemia da obesidade no mundo ocidental).

Mas comer transmite sensações de prazer. A saciedade é confortável, a fome não é. Tal como acontece com o estímulo sexual, ao estímulo alimentar associam-se sensações de bem-estar e de prazer que levam a que se sobreponha ao objetivo nuclear dos dois processos — o da conservação da vida e da espécie — um objetivo que podemos classificar de secundário, o da procura do gozo, ou do prazer sentido nos atos sexuais ou alimentares. Por outras palavras, a fruição durante os processos é um bónus de que o homem beneficia para assumir o seu interesse na luta e nos custos pela sobrevivência.

1. Alimentação e os discursos religiosos

O concretismo, a matéria e a obsessiva presença na vida humana de tudo o que tem a ver com a alimentação contrasta, à primeira vista, com a dimensão religiosa do homem. No seu grau zero, alimentação é biologia, química, fisiologia, é necessidade. Num segundo nível, alimentação é prática social, identidade cultural, prazer, arte. Já a religião, a frequência, o conhecimento ou a inserção num determinado discurso religioso são algo, senão raro, pelo menos facultativo e não essencial.

O homem ocidental, em particular na época contemporânea, tem vindo a tornar-se profano, isto é, a dissociar-se da sua identificação como ser religioso. Entendemos que esta transformação mental, de contornos vários que não nos aqui interessa discutir, não deve tolher ou afetar a objetividade científica. Ou seja, a descrição, comentário ou análise dos comportamentos humanos, das práticas sociais e culturais, dos produtos de cultura literária, plástica, gastronómica devem fazer-se tendo em conta os fatores presentes e que envolveram, como contexto, a produção dos ditos comportamentos, práticas ou produtos.

A religiosidade é inerente à história da civilização humana. Entendemos aqui religião na sua definição mais lata: sistema de crenças, de valores, de práticas e de discursos dotados de coerência entre si que constituem formas de as comunidades descreverem, contarem, explicarem o mundo e a sua existência enquanto seres nele integrados, e também formas de nele inferir, ou com ele interagir, revivendo ou recriando por meio dos rituais uma coerência discursiva. *Religare* é "ligar de novo", ou seja, recorrentemente estabelecer o sentido. O impulso religioso é inerente à capacidade de o homem se autorreferenciar, ou se autorreflectir, identificando-se como "um outro" autónomo e separado em relação ao universo. Entre outros sentidos, religião é um modo de interpretação do universo, enquanto termo que abarca o que se vê e o que não se vê.

O que não se vê ou está para além da matéria ou da natureza apreensível pelos sentidos é o transcendente, o para além da matéria, o sobrenatural. Dentro de uma consciência religiosa, estes mundos são intuídos como estando ligados ou em interação com os seres e a matéria existentes. Os sistemas religiosos — os mitos, as narrativas sagradas, os rituais — constituem formas coerentes de ler e de interferir num determinado universo, válido para uma dada comunidade. Constituindo, portanto, uma forma de representação, esta está implicada ou condicionada pelas caraterísticas da linguagem e da capacidade de codificação humanas. Para aceder, ou explicar, o transcendente, o que não vê ou não apreende pelos sentidos, o homem só tem como recurso a linguagem verbal, construída sobre a experiência concreta e real dos homens.

É, portanto, num plano instrumental, que nós colocamos a utilização de metáforas alimentares nos discursos religiosos. A realidade dos alimentos em si, a sua constante relação com o homem seu recolector, criador, transformador e consumidor, é um universo inescapável, obsessivo, em que o homem se encontra mergulhado, tenha mais ou menos consciência disso. É uma realidade que está sempre presente, e do ponto de vista dos instrumentos da linguagem, recorre-se ao que está mais próximo, ao que é mais familiar para interpretar o transcendente, ou aceder a categorias mais distantes, menos familiares, mais complexas, que condicionam ou se imagina condicionarem o homem. Para aceder ao sagrado, recorre-se à linguagem do familiar e próximo, sendo a esfera alimentar um dos campos semânticos a que a construção desta linguagem acede[6]. Neste domínio, consideramos haver um campo de trabalho pouco explorado que tem que ver com os modos de expressão da linguagem religiosa e da construção das narrativas míticas explorando a sua conexão com os processos biológicos (o ciclo da vida) e fisiológicos (o processo digestivo, por exemplo).

Mas há também um plano essencial que deve ser destacado. Isto é, os processos alimentares e os agentes neles envolvidos são recorrentes na metaforização do sagrado porque há comparabilidade, ou graus de similitude

---

[6] P.e., no cristianismo, a simbologia do pão e do vinho. Quanto do sucesso desta simbologia não depende da familiaridade destes produtos na região do mundo em que esta religião desenvolveu as suas narrativas e fixou o seu sistema de crenças e os seus rituais? As relações familiares pertencem também a esta realidade próxima do homem. Assim, vejamos que os deuses replicam, muitas vezes, a estrutura familiar dos humanos. A divinização dos corpos celestes, da lua e do sol, ou do céu e da terra, talvez as mais presentes nos discursos religiosos de todos os tempos e lugares.

que se estabelecem, entre os alimentos, seus agentes e seus caminhos, e as histórias sagradas.

Para melhor esclarecer o nosso ponto de vista, vamos percorrer alguns exemplos de discursos religiosos inseridos em obras literárias fundamentais para a cultura europeia e ocidental, procurando identificar os graus de similitude, ou seja, o recurso a metáforas relativas aos alimentos como modo de expor conceitos do transcendente religioso. Vamo-nos concentrar nos discursos sobre o princípio, a origem do homem, e nos discursos sobre o fim, o termo do homem. As duas realidades — a do antes de existir e a do depois de existir — pertencem à esfera do transcendente, do que "não se vê".

2. Alimentos que alimentam ou que punem: convergências em representações?

Como descrevemos na primeira parte, a fenomenologia do ato alimentar assenta em caraterísticas como a sua brevidade, uma certa graduação das sensações por ele proporcionadas, a incompatibilidade entre a visão e o gosto, a transformação ou mesmo o "desaparecimento" do alimento numa etapa já insensível do processo digestivo, a recorrência, a sua obrigatoriedade. Estas caraterísticas podem organizar-se em pares de sentidos opostos, que são o do visível e do invisível, do sensível e do insensível, ou, se quisermos, da manifestação e da ocultação. No curso do ato alimentar, o alimento oscila entre estes dois polos. Julgamos que esta leitura sustenta importantes metáforas para os discursos do transcendente original e do transcendente escatológico. Por outras palavras: como um alimento na sequência alimentar, o homem é matéria viva que se manifesta e se torna visível, ou seja nasce e, a dado momento, desaparece, torna-se invisível, ou seja morre.

Na mitologia grega, após a morte o homem vai para outro lugar, o Hades (*tou Haidou* — a morada do Deus Hades, designação cuja etimologia aponta para "o oculto"; "o subterrâneo"[7]. O reino dos mortos é um lugar frio e sombrio, debaixo da terra, suposição que é coerente com o procedimento fúnebre da inumação. Na religião grega da Época Arcaica, o Hades não é um lugar feliz. Isso mesmo transparece do discurso de Aquiles quando, na *Odisseia*, dá a réplica a Ulisses que lhe elogia a soberania sobre os mortos:

> ... E agora aqui estás, és senhor dos defuntos!/ Nem a morte te molesta, Ó Aquiles/ Assim falei, e logo ele me respondeu:/ "Não me elogies a morte, glorioso

---

[7] Chantraine 1968 (*Dictionaire étymologique de la langue grecque*) aponta a incerteza quanto à etimologia de 'Hades', remetendo as hipóteses para Frisk 1960-7 (*Griechisches* etymologisches *Wörterbuch*). A etimologia de Hades enquanto "o invisível", "o oculto", o "subterrâneo" encontra-se fundamentada em Beekes 2010.

Ulisses!/ Antes queria ser escravo, em casa/ De um homem pobre, que não tivesse recursos/ Do que ser agora rei de quantos mortos pereceram" [8].

Hesíodo também concebe este além da morte como um lugar em que os humanos ficam ocultos. No Mito das Cinco Idades, contido na obra Trabalhos e Dias, Hesíodo apresenta as sucessivas raças ou tipos de homens que existiram na Terra, descrevendo-as de acordo com as suas caraterísticas, façanhas, relações com os deuses e destino sobrenatural. A morte é apresentada como um ato que precede a invisibilidade, a ocultação na terra: "depois que esta raça ficou oculta no solo" (v. 121); "então Zeus Crónida, irado, sepultou--os" (v. 123); "São chamados de gênios sobre a terra" (v. 138); [...] "depois que a terra ocultou essa raça, são chamados pelos mortais bem-aventurados subterrâneos" (v. 140, 152); "Caminharam para a mansão bolorenta do Hades glacial, desconhecidos [...] abandonaram a luz brilhante do sol..." (v. 155) [9]. Os termos gregos *kata gaia, epichthonios, kaluptein* e *kruptein* exprimem o que pensamos sobre a interpretação concreta do espaço reservado aos mortos: ocultarem-se dentro da terra, permanecendo invisíveis.

Nos textos mencionados, o além da morte é vivido num lugar às ocultas, que de algum modo replica as caraterísticas da vida (Aquiles é soberano no reino dos mortos, estes caminham para uma "mansão"), mas em condições desconhecidas e sombrias. Este "desconhecimento" de quem permanece vivo (e visível) sobre o destino exato dos mortos representa a invisibilidade e a insensibilidade do corpo de "quem oculta", neste caso, a terra subterrânea ou o Hades, experimentam [10].

Este transcendente não depende, essencialmente, do percurso em vida. Mas os mitos gregos acerca dos supliciados nos infernos já registam a perceção de que o Hades é um lugar associado aos castigos e à punição. Os castigos infernais deixam entrever os princípios de uma teodiceia, ou seja, de uma justiça divina a condicionar o curso transcendental do homem. Temos dúvidas, contudo, de que estes supliciados tivessem de facto passado pela morte. Segundo o testemunho de Platão (*Górgias* 525e), no Tártaro se encontram mortais criminosos, mas também se encontram criminosos não mortais. E é destes seres com o estatuto de heróis que rezam os mitos. Para alguns titãs e semideuses, os suplícios implicavam o seu exílio no Tártaro. Encontramos assim os semideuses Sísifo, Tântalo e Tício, na catábase de Ulisses da *Odisseia*.

---

[8] Od. 11, 482-491.

[9] Most 2006: v. 121: "...*epei de touto genos kata gaia kalupse*; Os homens de ouro, depois de mortos, regressam ao cimo da terra enquanto *daimones* v. 123 *epichthonioi daimones*; v. 138 Zeus Crónida sepultou (*ekrupse*); v. 140, 152 *epei kai touto genos kata gaia kalupse*.

[10] Cf. Hesíodo, *Teogonia* (ed. cit.), vv. 453 ss. diz-se, a propósito da geração do Deus Hades, "o poderoso Hades, que governa os domínios debaixo do solo" (*iphthimon Haiden hos upo khthoni domata naiei*).

Os titãs Atlas e Prometeu são relegados para lugares longínquos e extremos, fundidos ou presos a montanhas (as Hespérides, a margem do Oceano, no extremo Ocidente; uma montanha do Cáucaso nos confins do Oriente). Sísifo é visto por Ulisses a arrastar uma pedra enorme:

> Vi Sísifo a sofrer grandes tormentos,/ Tentando levantar com as mãos uma pedra monstruosa,/ Esforçando-se para empurrar com as mãos e os pés,/ Conseguia levá--la até ao cume do monte; mas quando ia/ A chegar ao ponto mais alto, o peso fazia-a regredir...[11].

Segundo as mitografias, Sísifo, feliz e industrioso, teria enganado várias vezes a morte (*Thanatos*), tendo mesmo conseguido acorrentá-la, de modo que, durante o período da sua suspensão, ninguém morreu. Uma vez alcançado, fintou novamente o destino ao conseguir que a sua família não o sepultasse, o que lhe permitiu retomar à vida. Por fim, é condenado, nos infernos, a um castigo que é a imagem da recorrência inútil, do esforço despendido para se voltar ao início[12].

O feliz Tântalo teve, a dado momento, assento na mesa dos deuses, aproveitando esta proximidade para lhes roubar e provar o alimento a eles exclusivo, o néctar e a ambrosia[13]. Ainda noutra versão do mito, teria servido de comer aos deuses o seu próprio filho, Pélops, partido e cozinhado. Ulisses pôde assistir ao seu castigo:

> ...Vi Tântalo a sofrer grandes tormentos,/ Em pé num lago: a água chegava--lhe ao queixo./ Estava cheio de sede, mas não tinha maneira de beber:/ Cada vez que o ancião se baixava para beber,/ A água desaparecia, sugada, e em volta dos seus pés tudo secava./ Havia árvores altas e frondosas que deixavam pender seus frutos,/ Pêras, romãs e macieiras de frutos resplandecentes;/ Doces figos e azeitonas luxuriantes./ Mas quando o ancião estendia as mãos para os frutos,/ Arrebatava-os o vento para as nuvens sombrias[14].

Tântalo foi condenado à fome e à sede eternas, agravadas pelo facto de poder ver e sentir a água, ver os frutos "resplandecentes" e "luxuriantes", mas não lhes poder tocar, nem comer.

Tício era filho de Zeus e de Elara. O deus supremo escondeu-a debaixo do solo para que Hera não a visse, e, quando nasceu, Tício rasgou o ventre da mãe (a terra?) para poder alcançar a luz. Tentou atacar Leto, a mãe de Apolo

---

[11] Od. 11, 593-597.
[12] Pseudo-Apolodoro, *Biblioteca*, 1.7.3; Pseudo-Apolodoro, *Biblioteca*, 1.9.3.
[13] Píndaro, *Olímpica* I; Eurípides, *Orestes* 10; Diodoro Sículo, *Biblioteca Histórica* 4.74.1. Higino, *Fabulae*, 82.
[14] Od. 11, 583-59.

e Ártemis, e por isso foi morto com as flechas destes dois deuses. Como castigo eterno, coube-lhe no Hades, onde Ulisses o encontra:

> Vi também Títio, filho da magnificente Gaia,/ Estendido no chão: o seu corpo cobria nove geiras/ E dois abutres, um de cada lado, lhe rasgavam o fígado,/ Mergulhando os bicos nos seus intestinos; e com as mãos/ ele não os afugentava; pois violara Leto, consorte de Zeus,/ quando se dirigia para Delfos[15].

Coube-lhe, portanto, um suplício muito semelhante ao que teve Prometeu, o titã que, segundo Hesíodo, na *Teogonia* (vv. 545-557), desafiara os deuses ao oferecer-lhes, enganosamente, a parte pior de um sacrifício (os ossos, as gorduras e a pele dos animais), guardando a carne para os homens[16]. Em represália, os deuses reservaram o fogo, obrigando os homens a comer os alimentos crus. Assim, Prometeu furta o fogo dos Deuses. Por isso, é condenado a que uma águia lhe devore o fígado, que todos os dias se regenera, para que o suplício continue.

Essas narrativas míticas apresentam convergências. As ofensas ou desafios colocados aos deuses relacionam-se com ingestões interditas, refeições proibidas (comer a comida dos deuses, a antropofagia, uma falsa oferta sacrificial), ou desordem na cadeia do processo alimentar (e.g. ver, sentir, mas estar impedido de comer; ser dado em alimento estando consciente e vivo). Do mesmo modo, o castigo reflete a tipologia da ofensa: ser devorado em vida (Tício, Prometeu) ou impedido de saciar a fome (Tântalo). A excepção é Sísifo. A sua culpa não se relaciona com um desafio alimentar. Assim, o seu castigo não evoca esta realidade.

Atentemos, porém, na versão do mito de Tântalo que o coloca a fazer do seu filho refeição para os deuses. Antes da vitória de Zeus Olímpico, o seu pai, o deus Cronos, devorava também os seus filhos, mal eles nasciam da deusa Gaia[17]. Portanto, este filicídio, seguido da antropofagia, ou da teofagia (não esquecendo que os deuses gregos são antropomórficos, isto é, são semelhantes aos homens no seu aspeto e no seu comportamento) pode exprimir não só o supremo desafio de uma ingestão interdita, como também refletir o receio da sucessão, da passagem do tempo, da própria mortalidade que se manifesta com o aparecimento das novas gerações. Em suma, o homem que anula a sua descendência é o homem consciente da sua mortalidade e efemeridade. Para salvar Zeus, é a sua mãe Gaia que engendra o plano de

---

[15] Od. 11, 576-580; Pseudo-Apolodoro, *Biblioteca*, 1.4.1.

[16] Hesíodo, *Teogonia*, vv. 510-575.

[17] Hesíodo, *Teogonia*, vv.188. Revoltada, Gaia engendra um plano que salvará Zeus: dar a Cronos uma pedra embrulhada (ocultada?) num manto e entregar o seu filho a Licto, que o escondeu numa *'caverna profunda' nos lugares ocultos da terra* (*krupse antro elibato* [...] *hupo keuthesi gaies*).

o substituir por uma pedra, e de o ocultar profundamente no solo, como se revertesse o processo de "dar à luz". Gaia não devora o filho, ao contrário de Cronos, oculta-o temporariamente nos seus domínios.

O desafio aos deuses constituído sob a forma de uma refeição interdita encontra-se também no mito das origens da religiosidade judaica e cristã: Adão e Eva têm um mundo de delícias ao seu dispor, um jardim criado para que nada lhes falte. Só o fruto de uma árvore lhes está vetado, precisamente aquele que é desejado, porque "era de atraente aspecto" (Gen. 3, 6). O preço da interdição é o da mortalidade, "mas quanto ao fruto da árvore que está no meio do jardim, Deus disse: – Nunca o deveis comer, nem sequer tocar nele, pois se o fizerdes morrereis". Atente-se, nesta sequência, à separação das etapas sensitivas de aproximação ao alimento que procurámos expor no início do trabalho, mas também da sua sequencialidade, em que uma desperta a outra: não deve ser tocado, não deve ser comido… mas a mulher acha que ele deve ser "bom para comer" (saboroso?) porque "tem bom aspeto (belo?)".

À sentença da mortalidade associam-se também condenações alusivas ao comportamento alimentar e a um modo de relacionamento com os alimentos. Assim, é dito à serpente "… — alimentar-te-ás de terra todos os dias da tua vida" (Gen 3, 14); ao homem,

"… — maldita seja a terra por tua causa. E dela só arrancarás alimento à custa do penoso trabalho, todos os dias da tua vida. Produzir-te-á espinhos e abrolhos, e comerás as ervas dos campos. Comerás o pão com o suor do teu rosto, até que voltes à terra de onde foste tirado"[18].

Para Eva, juntam-se a sentença da maternidade dolorosa e a responsabilidade de, por meio do seu sofrimento, dar continuidade à espécie. Nesta sequência, ressalte-se a recorrência da provação, o trabalho, o sofrimento, a luta pelo alimento "todos os dias da tua vida", até que a mortalidade vence e o homem regressa à terra.

Esta consciência da efemeridade da geração humana, acompanhada de uma certa circularidade na sua interpretação, faz-se também presente numa bem conhecida metáfora na literatura grega antiga, que compara a passagem da vida humana ao ciclo de vida de uma planta, ou um vegetal, que nasce, cresce, frutifica e morre. Na Ilíada, o troiano Glauco e o aqueu Diomedes identificam-se e saúdam-se no meio da batalha, numa típica cena de reconhecimento:

---

[18] Gen. 3, 17-19.

"Tal como a geração das folhas, assim é também a dos homens./ As folhas, umas deita-as o vento ao chão, e logo/ A floresta viçosa cria outras, quando surge a primavera./ Assim nasce uma raça de homens, e outra cessa de existir"[19].

Mimnermo, poeta lírico arcaico, desenvolveu ainda mais este motivo, exprimindo a brevidade da vida humana em termos muito semelhantes:

"Quais folhas criadas pela estação florida da Primavera, […]/ Assim somos nós: por um tempo de nada, nos deleita/ A flor da juventude […] sem conhecermos o mal ou o bem que vem dos Deuses […]/ Pouco tempo dura o fruto da juventude […]/ Outro […] desce ao Hades, debaixo da terra"[20].

A vida dos homens compara-se a um broto, ou uma planta que nasce, que na primavera ou na juventude é viçosa como uma flor (bela à vista, portanto), ou semelhante a um fruto (belo, saboroso?), mas que num instante desce ao Hades (deixa de se ver. Ocultada no Hades?), sendo substituída por uma nova geração de plantas-homens (a recorrência)[21]. Na verdade, o destino das folhas tombadas é desaparecerem, dissolverem-se na superfície da terra e nela se fundirem enquanto húmus, indistinto, num processo em que a terra se apropria e transforma em seus os corpos que recebe, vindo estes a ser o solo onde outros brotarão e de que se alimentam. Uma "digestão" metafórica mas também real, portanto, pois as duas transformações, digestão e decomposição, implicam uma química enzimática.

Outros aspetos da mitologia grega permitem desenvolver essa comparação entre o curso da vida dos homens e o mundo vegetal. Falamos concretamente dos mitos da autoctonia "dos homens que brotam da terra"[22]. Nasceram homens guerreiros dos dentes do dragão morto por Cadmo, o lendário fundador de Tebas, filho de Agenor e irmão da princesa fenícia Europa. Conduzido pelos deuses, este herói mata um dragão para aceder a uma fonte que viria a abastecer a cidade de Tebas. Semeando os seus dentes, nascem os *spartoi*, "os semeados" (de *spartos*), os primeiros habitantes da nova cidade[23]. Também os habitantes da pólis de Atenas se consideravam "nascidos da terra", usando o termo *authochton* e *autochthones*, "os que por si mesmo emergem do solo", para designar os locais[24]. Mas heróis fundadores que brotaram da terra encontram-se nos mitos de fun-

---

[19] Il., 6 144-149. Ed. Willkock 1978: vv. 145-149. A escolha vocabular (*phulon, phusis, phuei*) acentua esta comparação biológica entre o ciclo humano e o do mundo vegetal.

[20] Mimnermo, frg. 2 West. Ed. Pereira 2003: 29.

[21] Warmington 2002: 90. De novo, os termos da família de *phusis* (*phula; phuein*). Com a morte, o homem "desce da terra para o Hades" v. 14 (…*kata ges erkhetai eis Haden*).

[22] Leão 2011, Miller 1983.

[23] Pseudo-Apolodoro, *Biblioteca*, 3.4.2.

[24] Diodoro Sículo, 1.9.3. Cécrops, Erecteu e Erictónio foram antepassados dos atenienses

dação de várias regiões. Na Ática, Amphictião[25], Cécrops, Cranau[26], Erictónio[27], Perifas. Na Beócia, Ogiges[28], Alalcomenes, e os *Spartoi*, habitantes de Tebas, de que falámos. Também no Peloponeso, Pelasgo da Arcádia, Lelex da Lacónia, Aras da Fliásia. Evenor, o rei da Atlântida, também era um autóctone[29]. Como as plantas, estes homens "brotam do solo". Nestes mitos, contudo, nenhuma referência é feita à escatologia. O que lhes acontece, quando a vida termina? A poesia de Mimnermo, de Hesíodo, mesmo de Homero, indica-nos: ficam ocultos no solo, desaparecem da luz, descem ao Hades.

A mitologia grega, neste aspeto, encontra a religiosidade judaica e cristã (Gen. 3, 19: "Lembra-te que és pó, e ao pó hás-de tornar"), e a sentença de Deus a Adão e Eva, que é a da mortalidade. Levantados do pó (o mito da criação do homem no Génesis, em que este é formado do pó da terra humedecido pela saliva de Deus, massa a que Este dá vida, com um sopro)[30], após a viagem da vida, ao solo se retorna... tal como as folhas das árvores, no fim da estação, encontram no solo o seu destino final. Novamente tornados à mitologia grega na versão de Hesíodo, Prometeu, o titã benfeitor da Humanidade, é também o seu criador, pois insufla o barro amassado e moldado pelo seu irmão, Epimeteu, assim dando vida ao homem[31]. Naturalmente, ser barro amassado e insuflado ou ser como uma planta que brota não é exatamente o mesmo. Mas os dois esquemas míticos estabelecem uma relação com a terra, em que se está oculto, ou indistinto (invisível), e da que se emerge com vida para a luz do sol, para a visibilidade, num percurso em crescendo (a flor, o fruto da juventude), mas a que se retorna, como as folhas que se transformam em húmus até integrarem, indistintas, o solo, como o barro sem vida que é o corpo morto, cujo destino é a inumação, ou seja, o retorno ao subsolo e à invisibilidade. Nos dois casos, plantas e animais decompostos nos seus elementos orgânicos alimentam, direta ou indiretamente, as novas formas de vida.

Como verificámos, os infernos gregos constituem lugares sombrios sob o solo, lugar a que primeiramente não se associa a ideia de expiação da culpa. É a casa de todos os homens, sejam eles bons ou maus. Para alguns, contudo, o destino transcendental indica lugares mais específicos. Já vimos o que cabe aos que ofendem os deuses, os supliciados. Outros há, com especiais méritos, com virtudes ganhas em vida que são destinados aos "Campos Elísios", aos

---

[25] Pseudo-Apolodoro, *Biblioteca*, 1.7.2.
[26] Pseudo-Apollodoro, *Biblioteca*, 3.14.5.
[27] Pseudo-Apolodoro, *Biblioteca*, 3.14,1-2.
[28] Pausanias, *Descrição da Grécia*, 9, 5-1.
[29] Platão, *Crítias* 113c-114c.
[30] Gen. 2, 5-17.
[31] Hesíodo, *Trabalhos e os Dias*, 42-105.

"prados dos bem-aventurados" ou às "ilhas dos bem-aventurados" (*makaron nesoi*). Este é um lugar de abundância e de harmonia, um jardim perfeito

> "a outros, o pai Zeus Crónida concedeu-lhes uma vida e uma morada/ longe dos homens, colocando-os no extremo da terra./ É aí que habitam, com o ânimo isento de cuidados,/ nas Ilhas dos Bem-aventurados, nas margens do Oceano/ de correntes profundas. Felizes Heróis, para quem a terra fecunda/ Produz o fruto doce como o mel, florindo três vezes por ano" [32].

O cristianismo oferece também como destino para os justos e perfeitos um lugar semelhante. E sem entrarmos na tradição literária relativa ao paraíso celestial, deixamos só a referência do Apocalipse de João, em que o Apóstolo descreve uma visão do lugar onde está Deus, e a que os justos estão destinados

> "E mostrou-me o rio puro da água da vida, resplandecente como cristal, que saía do trono de Deus e do cordeiro. No meio da praça, com o rio de um lado e de outro, está a árvore da vida que produz frutos doze vezes, uma em cada mês, e cujas folhas servem para curar as nações […]" (Apoc. 22 1-17).

Esta imagem de um destino transcendente fértil, fecundo, rodeado por cursos de água, proporcionando alimento abundante, é o epítome da felicidade: um destino feliz é, portanto, aquele que proporciona ao homem o desaparecimento da ansiedade em relação à ameaça da fome. Neste destino, o homem goza as delícias da abundância que lhe é proporcionada. Neste lugar, portanto, o homem "come".

As caraterísticas deste destino transcendente em que o homem não é alimento, antes se alimenta, acabam por replicar os mitos das origens, tanto da religiosidade grega como da religiosidade judaica e cristã. No Mito das Cinco Idades, Hesíodo descreve a Idade do Ouro, a da primeira e a melhor raça de homens, que teria vivido sem mácula alguma, antes de "serem ocultados" (comidos?) sob o solo:

> "De ouro foi a primeira raça dos homens dotados de voz,/que os imortais criaram […]/ Viviam sob o reino de Cronos, quando ele reinava no céu./ Eram como Deuses, de espírito despreocupado,/ vivendo à margem de penas e de misérias; a velhice medonha não os surpreendia, mas sempre de membros vigorosos,/ deleitavam-se em festins, a bom recato de todo o mal;/ se morriam, era como que vencidos pelo sono./ Para eles tudo era perfeito: o solo fértil oferecia-lhes por si/

---

[32] Hesíodo, *Trabalhos e Dias*, 170-173.

frutos numerosos e abundantes; e eles, contentes/ e tranquilos, viviam da terra, no meio de bens inúmeros./ Mas depois que esta raça ficou oculta no solo [...]"[33].

Também o Jardim do Éden, de que a primeira criação foi expulsa, apresenta caraterísticas semelhantes. No segundo relato da criação, no Génesis, conhecemos pormenores sobre o lugar que Deus destinou aos homens:

> "O Senhor Deus fez desabrochar da terra toda a espécie de árvores agradáveis à vista e de saborosos frutos para comer [...] Deus disse: também vos dou todas as ervas com semente que existem à superfície da terra, assim como todas as árvores de fruto com semente, para que vos sirvam de alimento. E a todos os animais da terra, a todas as aves dos céus e a todos os seres vivos, que sobre a terra existem e se movem, igualmente dou por alimento toda a erva verde que a terra produzir"[34].

Estes dois lugares, pontos de partida para a humanidade, convergem na ideia da saciedade alimentar, associada à abundância de frutos. Arredada desta conceção do transcendente original está, parece, a ideia da predação. Os homens originais, no mundo grego e no mundo judaico e cristão, são, à primeira vista, vegetarianos. De facto, tanto numa cultura como na outra, o sacrifício dos animais e a ingestão da sua carne acontecem após a perda da graça inicial, ou do favor dos Deuses. Abel é o primeiro a sacrificar um animal do seu rebanho[35], assim como Prometeu proporciona à humanidade, com um logro aos deuses, o acesso à carne dos animais.

Esta observação lateral que aqui trazemos procura ir ao encontro de discursos que se apresentam como formas de antever um destino transcendental que recria as circunstâncias da harmonia original, ou de revisitar, ou reviver o paraíso inicial. O discurso messiânico de Isaías descreve um mundo, no futuro, em que reina a harmonia entre espécies que, em condições reais, se hostilizariam entre si:

> então o lobo habitará com o cordeiro/ E o leopardo deitar-se-á ao lado do cabrito;/ O novilho e o leão comerão juntos,/ E o menino os conduzirá./ A vaca pastará com o urso,/ As suas crias repousarão juntas/ O leão comerá palha com o boi/ A criancinha brincará na toca da áspide./ E o menino desmamado meterá a mão na caverna da serpente[36].

Neste texto, a ausência de ansiedade é transmitida pela partilha da habitação, do sono, do alimento. Abolir-se-á a necessidade da predação entre as

---

[33] Hesíodo, *Trabalhos e Dias*, 109-122.
[34] Gen. 2, 9, 29.
[35] Gen. 4.
[36] Is. 11, 6 ss.

espécies, sessará, portanto, a necessidade da efusão de sangue. Tal como no mito da Idade do Ouro, os jardins primordiais implicam sempre este convívio afável entre as espécies criadas por Deus. A eliminação da predação entre as espécies proporciona, naturalmente, uma leitura ecológica. Num mundo perfeito e original, a alimentação humana abdicaria da necessidade de custar a eliminação da vida de outras espécies. Mas este nosso raciocínio corre o risco de valorizar demasiado uma sensibilidade ecológica que é dominante nos nossos dias. E se o homem antigo, ao idealizar um lugar perfeito em que a alimentação se dissociasse da predação, procurasse apenas valorizar a "ausência de cuidados"? Isto é: caçar para obter alimento implica esforço, luta, perigos. Tal como lavrar, semear, regar, armazenar, as partes do trabalho agrícola necessário à produção de vegetais. Ausente dos jardins primordiais está a ideia do trabalho e do esforço previamente desenvolvido para que o homem se alimente. O homem dos jardins primordiais, assim como do paraíso transcendental, é um ser para quem a terra fornece frutos abundantes, e não um homem que semeia ou caça. O luxo de prescindir da predação integra-se assim na expressão do luxo pela ausência de esforço e de trabalho.

A terra prometida aos Judeus que fogem do Egipto é um lugar onde "corre o leite e o mel"[37], isto é, um lugar onde alimentar-se não constitui um esforço, e onde os alimentos são agradáveis, fáceis de consumir, nutritivos, doces. O leite, o primeiro alimento do homem, o mel, o prazer associado à doçura. A terra onde corre o leite e o mel é uma terra mãe, que se deseja nunca abandonar, ou para a qual, uma vez abandonada, se deseja voltar.

É a esta recriação que nós assistimos num dos livros mais expressivos da Bíblia, o Cântico dos Cânticos. A leitura pormenorizada deste texto atinge-nos, em primeiro lugar, com a enorme quantidade de referências ao mundo natural: plantas, frutos, especiarias, perfumes, animais, num êxtase sensitivo em tudo contrário à privação dos mesmos que acontece quando se é "tragado pelos infernos".

O espaço natural corresponde, de facto, a um jardim-pomar de delícias, a um bosque deleitoso: harmonia, paz entre o homem e o espaço que o envolve, potenciado por estímulos visuais, odoríferos e tácteis (o sopro da brisa). Se prestarmos atenção às referências alimentares, constatamos que elas pertencem exclusivamente ao grupo vegetal: plantas, frutos, cereais. Os animais referidos, em número restrito, pertencem ao grupo dos herbívoros, entre domésticos e selvagens. O ambiente idílico apresenta, de facto, a pastorícia como atividade humana. Mas nunca se refere, em contexto de festa e de prazer alimentar, ao contrário de outros momentos de exaltação festiva na Bíblia, o prazer derivado de um banquete de carne.

---

[37] Ex. 3, 8; 33,1

A envolvência do CC parece remeter para um estádio anterior da vivência humana, ou pelo menos limiar ao da domesticação das plantas, aquele período em que o homem aproveitava, recolhia, e sabia potenciar a utilização dos frutos e das ervas do jardim, mas não elabora o que recolhe numa estrutura de civilização já urbana, complexa, que implique armazenamento e transformação. A referência ao leite e ao mel parece-nos muito expressiva. De facto, estamos fora do mundo vegetal: mas, além da reconhecível remissão para a Terra Prometida buscada pelos judeus na diáspora, "a terra onde corre leite e mel", metáfora para a plenitude, abundância e ausência de cuidados, o aproveitamento do leite e do mel corresponde ao melhor exemplo do comensalismo como relação ecológica entre o homem e outras espécies animais, não a primeira, mas provavelmente a de maior sucesso e proveito entre as relações que os homens estabeleceram com as outras espécies[38].

Estes espaços transcendentais destinados aos bem-aventurados, ou aos bons distinguem-se por serem espaços de tranquilidade, de satisfação e de abundância. Nestes lugares, o homem é alimentado.

Noutros, contudo, o homem é privado de alimento, ou serve de alimento. Já pudemos descrever os exemplos de alguns supliciados: uns devorados lentamente e recorrentemente, outros condenados a uma fome e a uma sede perpétua.

Na cultura ocidental, marcada pela matriz grega e pela religiosidade judaica e cristã, destaca-se como destino transcendental do homem um lugar de castigo perpétuo: o inferno. O termo "inferno" deriva dos *inferii* latinos, o lugar debaixo do solo correspondente ao Hades. A notação é quase neutra, no início. Os *inferii* opõem-se aos *superii*, tal como *inferior* se opõe a *superior*, correspondendo apenas a adjetivos, depois substantivados, que indicam a posição relativa de lugares. Infernos são, portanto, lugares de sepultura, onde se "oculta" o corpo que a terra há de devorar. O NT apresentou a *gehenna* [39], também um lugar, o vale nos arredores de Jerusalém que servia para depositar o lixo, assim como os cadáveres dos animais impuros ou mortos por doença ou acidente, e os corpos dos homens indignos ou infiéis. Nesse lugar, todo era incinerado, num fogo que estava sempre a ser alimentado.

Do cruzamento destas duas conceções resultou "o inferno" como lugar de expiação perpétua, em que arde um fogo permanente. Curiosamente, note-se que o Hades grego é apresentado como um lugar frio e sombrio, mais coerente com sua localização subterrânea.

---

[38] "Os teus lábios, ó esposa, destilam mel virgem, e o mel e o leite estão sob a tua língua." (CC 4,11) "…como o favo com o meu mel" (CC 5,1); " Os teus lábios, ó esposa, destilam mel virgem, e o mel e o leite estão sob a tua língua" (CC 4,11); "…e bebo o meu vinho com o meu leite (CC 5,1); "… que se banharam em leite…" (CC 5,12).

[39] Mt. 5, 22, 29, 30; 10:28; 18:9; 23:15; 23:33 Mc. 9, 43, 45, 47; Lc. 12, 5; Tg. 3:6.

À semelhança do que ocorre com os supliciados da mitologia grega, os infernos da tradição cristã ocidental são lugares em que o homem serve de alimento, ou sofre de dor associado à disfunção do processo digestivo. O inferno é uma grande cozinha em que os condenados são expostos como num açougue, esquartejados, cozinhados, devorados e excretados de modo a servirem novamente de alimento, numa digestão recorrente e disfuncional. É esta a imagem que tanto a literatura como a iconografia medieval cristã deixam relativa às representações do inferno, um lugar que exprime uma distopia alimentar[40].

O homem da Idade Média compreenderia esta representação do inferno sob a alegoria de uma fome sempre insatisfeita, ou de ser dado em alimento a seres monstruosos. A entrada do inferno é, portanto, uma boca escancarada, e Lúcifer é um monstro disforme mas antropomórfico, de boca e de ânus dilatados, por onde digere e expele os supliciados [41]. O inferno surge, pois, caraterizado como um pesadelo alimentar, em que atores, supliciados e castigos são figurantes das etapas maiores do processo digestivo — ingestão, digestão e excreção. Descrever ou enumerar com detalhe o tópico iconográfico da representação do inferno como uma "cozinha disfórica" não cabe neste

---

[40] "O Inferno", anónimo presente no Museu de Arte Antiga de Lisboa, proveniente de um dos mosteiros após a desamortização novecentista, é um quadro dominado pela representação de suplícios vários indiretamente relacionados com a alimentação (figuras femininas, do lado direito, estão penduradas como peças de carne num talho; na parte inferior, um supliciado gira no espeto), no centro, um caldeirão, onde borbulham clérigos, em lume aceso atiçado pelos demónios. O foco mais rico desta geografia física e humana do inferno encontra-se em Itália: Coppo di Marcovaldo, "Juízo Universal – o Inferno", Florença, Batistério de S. Giovanni, de 1260-70, anterior à versão da *Divina Comédia* de Dante. Giotto, "O julgamento Final", de 1303-1306, em Pádua, Capela dos Scrovegni; Nardo di Cione, "O Inferno", 1350-1355, Florença, Igreja de Santa Maria Novella, Chappelle Strozzi (1379-1455); Giovanni de Modena, "O Inferno", Bolonha, Basílica de S. Petrónio, Chapelle Bolognini), realizado em 1404; Tadeo di Bartolo, "Juízo universal", observe-se o detalhe de Lúcifer como um monstro trifauce, devorador e excretador (c. 1391), San Gimigano; Mestre de Avicena, "Paraíso e Inferno", datado de 1435, Galeria Nacional de Arte de Bolonha. Em todos estes exemplos nos confrontamos com a mesma variação sobre o tópico da digestão aplicada aos vários tipos de vícios punidos, com a figura central de Lúcifer a devorar e a excretar os condenados.

[41] A figuração do inferno como uma boca escancarada, e de Lúcifer como um monstro deformado, antropomorfizado com características animalescas que mantem detetável a similitude com o humano, inclusivamente a apresentação da rosto trifauce do demónio, encontra-se já em manuscritos de um tipo particular de obras, anteriores ao séc. XIV (Abadessa Herrad von Landsberg, "ilustração do inferno", enciclopédia iluminada *Hortus Deliciarum*, Monte Saint-Odile, Alsácia, c. 1176; "Inferno", Saltério de Winchester, Londres, British Library, c. 1150; Irmãos de Limbourg, "A Grelha do Inferno", miniatura do *Livre des Très Riches Heures du Duc de Berry*, (Chantilly, Musée Condé, 1416) , c. 1440; Ludolfo de Saxónia, *Speculum Humanae Saluationis*, 1455; Newberry Library, Chicago, EUA; "Satã Trifauce devorador de homens", *Codex Altonensis* da Divina Comédia, Bibliotheca Gymnasii Altonani, Hamburgo, Alemanha, séc. XIV; Simon Marmion, *Visions du Chevalier Tondal* uma versão em francês e ilustrada do *Visio Tnugdali*, texto do séc. XII escrito por Marcus, monge irlandês, (Ms. 30, Getty Museum, Los Angeles, 1475).

espaço. Mas gostaríamos de salientar que um dos exemplares mais tardios deste género artístico está no Museu Nacional de Arte Antiga em Lisboa (ver n. 19).

Há um pormenor, neste quadro, particularmente interessante: o príncipe dos demónios está sentado num trono, ao centro do quadro, supervisionando a cena, ou talvez vigiando o caldeirão onde alguns infelizes são cozinhados em grande sofrimento. Este diabo apresenta caraterísticas originais: a sua forma antropomórfica está "coroada" com um turbante com penas. Da primeira metade do séc. XVI, esta pintura pode testemunhar o contacto com o Novo Mundo, dando ao demónio um atributo que teria sido visto, pela primeira vez, nos seus habitantes, os índios do continente americano. Trata-se de uma matéria a indagar, sobretudo no que ela pode representar em termos de perceção da cultura e dos hábitos do outro.

3. Considerações finais

Procurámos fazer um percurso não exaustivo por documentos-chave da cultura ocidental, em particular pela matriz grega e pela matriz bíblica representativa da religiosidade judaica e cristã. Naturalmente, as teses que procuramos afirmar devem ser aprofundadas, atendendo ao vastíssimo *corpus* de trabalho que temos ao dispor, se quisermos analisar as relações entre a realidade alimentar e conceções ou discursos religiosos.

Não sendo vistos, os lugares do transcendente, seja ele o transcendente original seja ele o transcendente escatológico, podem ser imaginados, supostos e recriados. Na verdade, o homem precisa de ordenar o que conhece e de tentar ordenar o que não conhece, de modo a, senão controlar, pelo menos pensar que controla as condicionantes da sua vida: morte ou vida, saúde ou doença, descendência ou extinção, fome ou abundância, são factos que geram interrogações a que o discurso religioso fornece uma resposta.

Neste domínio, procurámos destacar o quanto desta resposta se relaciona com a fenomenologia do ato alimentar, as circunstâncias da criação e do consumo dos alimentos. Assim, se na sua origem como indivíduo e como espécie, o homem se pode comparar a uma planta que brota ou que irrompe da terra por si própria ou como barro amassado, o seu fim é também imaginado em coerência com o seu ponto de partida. Chegado o fim da vida, esta planta, este fruto está destinado a ser alimento para o solo, devolvido à invisibilidade e à dissolução. Em alguns casos, uma teodiceia determina soluções mais específicas. Estas soluções são muito equivalentes, na religiosidade grega e na religiosidade judaica e cristã: os bons não mais conhecerão a morte, a doença, a aflição. Não mais conhecerão a fome. Para os bons, a experiência alimentar é harmónica: rodeia-os um lugar belo, visível e acessível, que existe para ser saboreado num êxtase sensorial que está patente, por exemplo, no retorno ao jardim primordial no Cântico dos Cânticos. Interrompe-se, portanto, a cadeia de angústias gerada pelas necessidades que têm de ser satisfeitas para alimentar a vida. Para os maus, o destino é precisamente o contrário. Sofrer de permanente necessidade, de uma fome sempre insatisfeita, em que ao ver não se segue o tocar, nem a este o saborear, numa pobreza sensitiva; ou servir de alimento, numa cadeia incontrolável e recorrente; ou estar preso ou suspenso entre as etapas de uma refeição distópica e mal realizada, como se a desordem se exprimisse através da rutura de um ciclo natural e lógico (os homens ou deuses que comem os filhos, Cronos a devorar uma pedra e a vomitar os filhos que tragara).

Na sua essencial relação com os alimentos, seja esta consciente ou inconsciente (hoje, na maioria dos casos é-o, porque desapareceram as circunstâncias de tornar o ato alimentar mais consciente para o consumidor), o homem vive entre a obrigação e a necessidade (temos de nos alimentar!) e o prazer, o conforto, o deleite sensorial que de aí vem (queremos saborear!). As conceções do transcendente encontram-se afetadas por esta relação com os alimentos de um modo íntimo e intenso, mesmo que pouco consciente, exprimindo, nas soluções para este transcendente invisível, as oscilações entre a necessidade e prazer.

1291 — Um ano na Chancelaria do rei Dinis de Portugal – Cartas de Foral e alimentação
(1291 — A year in the Chancellery of the king Dinis of Portugal – Cartas de Foral and Alimentation)

Profa. Dra. Adriana Mocelim de Souza Lima
Pontifícia Universidade Católica do Paraná (PUCPR)
(adriana.mocelim@pucpr.br)

Resumo: O presente artigo tem como objetivo analisar quais produtos eram cobrados nas Cartas de Foral, sua quantidade e de que forma tais produtos estavam relacionadas à História da Alimentação régia e nobiliárquica da Baixa Idade Média portuguesa. Em um primeiro momento, será necessário apresentar o rei Dinis e sua atuação no reino português no período de 1279 a 1325. Em um segundo momento, passa-se para a definição e análise da documentação foraleira, bem como o levantamento de suas características. Depois, parte-se para o estudo da documentação presente na Chancelaria do rei Dinis relacionada ao ano de 1291. O terceiro ponto do texto visa ao estudo de forma mais específica dessa documentação e à análise dos dados relativos à História da Alimentação ali encontrados, bem como as conclusões obtidas.

Palavras-chave: rei Dinis de Portugal, Chancelaria – 1291, Cartas de Foral, alimentação.

Abstract: This article aims to analyze which products were charged in the Cartas de Foral, quantity and how these products were related to History of royal and noble alimentation in Portuguese Low Middle Ages. At first is required to present King Dinis and his performance in the Portuguese Kingdom in the period 1279–1325. The second step will be for the definition and analysis of foraleira documentation as well as enumerate its features. After is the the study of this documentation in king Dinis Chancellery related to year 1291. The third point of the text is to study more specifically this documentation and analysis of data related to Alimentation History found there, as well as the conclusions reached.

Keywords: king Dinis of Portugal, Chancellery – 1291, Cartas de Foral, alimentation.

Ao iniciar os estudos sobre a História da Alimentação na Idade Média veio o desafio de relacionar essa abordagem aos estudos já realizados desde a graduação em História, acerca do reino português na Baixa Idade Média. A resposta veio ao consultar a Chancelaria do Rei Dinis de Portugal e verificar a forma como eram descritas as cobranças, feitas pelo rei, pelo uso das terras por ele cedidas. O presente texto objetiva analisar quais produtos eram cobrados nas Cartas de Foral, escritas no ano de 1291, presentes na

Chancelaria do rei Dinis de Portugal (1279 a 1325), sua quantidade e de que forma tais produtos estão ligados à História da Alimentação régia e nobiliárquica da Baixa Idade Média portuguesa.

1. O rei Dinis (1279–1325)

O rei Dinis casou-se com Isabel, filha do rei Pedro III de Aragão, em 1282, sendo esse considerado seu primeiro êxito como rei de Portugal. O casamento de Dinis e Isabel foi marcado por intensas negociações entre os reinos de Portugal e Aragão, tratando-se de uma aliança que, segundo José Carlos Gimenez, tinha por finalidade atender aos novos desdobramentos políticos da Península Ibérica daquele momento. Para Portugal, essa aliança com Aragão era importante porque esse reino acabava de adquirir um papel fundamental na economia e na política do Mediterrâneo. Aliado a isso, havia o fato de que Pedro III, de Aragão (1276–1285), e seu filho Jaime II (1291–1327) desempenhavam importante papel na diplomacia peninsular, constituindo-se a rainha Isabel como importante mediadora nas relações entre os dois reinos. Já para Aragão, essa aliança trazia a possibilidade de unir-se a um reino forte, que poderia ser de grande auxílio em sua política externa[1].

Dinis ascendeu ao trono do reino português em 1279, em um momento bastante conturbado. Os últimos 12 anos do reinado de Afonso III foram de intranquilidade, pois o monarca, bastante doente, não conseguia dirigir a administração pública, provocando aumento da criminalidade e da violência no campo social.

As primeiras medidas tomadas por Dinis foram relativas à pronta aplicação da justiça, como forma de conter a criminalidade, contribuindo para o sossego das populações: procurava uma atuação mais justa, estando mais disposto a proteger os povos do que exercer dureza sobre eles.

Seu reinado ficou conhecido como a primeira administração completa que houve em Portugal, com leis assentadas na realidade política, econômica e social, além da obrigatoriedade de seu cumprimento. Durante seu reinado, não permitiu que o poder senhorial pusesse em causa o princípio de soberania, atributo da nobreza[2].

Dinis teve seu governo marcado também pelo fato de o reino português subsistir como reino independente no âmbito da *Hispânia*, sendo seu soberano considerado interlocutor essencial e autoridade política respeitada por todos. Tal prestígio foi alcançado pela implantação de seu poder no interior do reino, mas também pelos triunfos acumulados por seu pai e pelo poder material por ele adquirido, sendo respeitado também fora das fronteiras do

---

[1] Mattoso 1993: 149.
[2] Serrão 1979: 247

reino. O reino português caracterizou-se ainda pelo fato de, por mais de 30 anos, garantir internamente a ordem pública, enquanto o vizinho Reino de Castela caracterizava-se pela instabilidade governativa e conflitos sociais no mesmo período[3].

Aproveitando-se da fragilidade interna do reino castelhano, Dinis, de Portugal, e Jaime II, de Aragão, promoveram várias campanhas contra o reino vizinho, a fim de enfraquecê-lo e demarcar suas fronteiras, estabelecendo uma relação durável com seus ocupantes, criando assim uma identidade própria perante seus vizinhos. Para o reino português, agir dessa maneira significaria:

> pôr um termo sobre as disputas com Castela pelo Algarve, até com possibilidades de avançar suas fronteiras sobre Badajoz e Andaluzia, [...], para Aragão, uma Castela enfraquecida significava um empecilho a menos para que o reino aumentasse sua área sobre o Mediterrâneo e realizasse a conquista do reino de Múrcia[4].

Na primavera de 1297, por meio de um tratado assinado na cidade de Alcanices, entre o rei Dinis, de Portugal, e o rei Fernando IV, de Castela, foram estabelecidos os limites territoriais entre os dois reinos. Com pequenas alterações posteriores, esse tratado "fixou até aos nossos dias, [...], a demarcação territorial entre Portugal e Castela, que tem sido, por isso, considerada como a linha de fronteira mais estável da Europa"[5].

Em função da estabilidade política do reino de Portugal, Dinis era solicitado para sancionar acordos entre os soberanos dos reinos de Castela e de Aragão. Essas solicitações contribuíam para aumentar ainda mais o prestígio de Dinis. Tal prestígio da Corte portuguesa pode ser aferido pelo fato de ter ela sido procurada, por diferentes razões e durante diferentes períodos, por poderosos castelhanos, por nobres e membros da família real aragonesa, além de genoveses. As relações com outros reinos não peninsulares também existiram, embora em menor número, apontando para uma expansão do comércio português em direção ao Atlântico Norte, devido a tratados assinados com os reinos da Inglaterra e da França.

Internamente, como os ataques muçulmanos já não representavam perigo ao reino, o rei Dinis preocupou-se em consolidar as fronteiras. Procurou atender castelos e fortalezas que se encontravam em ruínas, concedeu foros, obrigações e benefícios, fundou vilas e fortalezas, promoveu a fundação de outros núcleos militares para a segurança do Reino, e por meio dos "dois serviços — de conselho, de ajuda militar e financeira — devidos ao senhor

---

[3] Mattoso 1993: 149.
[4] Gimenez 2005: 113.
[5] Mattoso 1993: 152.

pelos vassalos, (pode o) rei suserano reunir exércitos"[6]. Promoveu ainda a organização de uma força naval, nomeando para almirante Nuno Fernando Cogominho, depois substituído por Manuel Pessanha; "mais do que atacar Marrocos ou Granada, o rei pretendia, evidentemente, combater a pirataria sarracena que assolava as costas portuguesas"[7].

A obra legislativa de Dinis caracterizou-se, principalmente, pelo intuito de assegurar a eficácia do aparelho administrativo, destinado a garantir, de maneira direta ou indireta, a cobrança de foros e rendas da coroa. Esse processo de concentração de poder político e econômico na pessoa do rei permitia-lhe combater o poder senhorial. Para isso, fez uso dos instrumentos jurídicos que estavam ao seu dispor, chegando a pegar em armas, quando necessário, para atingir seus objetivos.

Seu reinado ficou marcado por uma luta lenta e insidiosa contra a proliferação senhorial, luta essa contra os senhores que pudessem fazer uso de maneira ilegítima de direitos senhoriais, com prejuízo da jurisdição régia. Como forma de controle, fez uso das Inquirições Gerais[8] de maneira persistente e sistemática, permitindo-lhe, dessa forma, avançar na política de centralização do reino, por meio da recuperação de muitos dos direitos senhoriais sonegados pela nobreza.

Chegou ainda a instalar em Barcelos, no mês de maio de 1298, o primeiro Condado no reino português, no Norte Senhorial, ocupando uma área não muito significativa e sem possibilidades de expansão, já que estava limitado pelos outros senhores. João Afonso de Albuquerque foi nomeado por Dinis como o primeiro conde que, a partir daquele momento, passava a ter "um título e um poder que se confinava a um espaço preciso, e ambos expressamente concedidos por graça régia"[9].

A partir da nomeação do primeiro conde territorial português, o rei passou a dominar mais diretamente a hierarquia da nobreza, determinando um novo ordenamento para a mesma. Definindo, de uma maneira mais nítida e exemplar, os escalões superiores da nobreza, conferindo-lhes maior prestígio, e afirmando cada vez mais sua dependência em relação ao monarca.

Ao mesmo tempo em que patrocinava a expansão dos direitos senhoriais, criando o Condado de Barcelos e fazendo doações a seus filhos bastardos,

---

[6] Segundo Guy Fourquin, o rei Felipe II, da França, pode ser citado como um rei, tal qual Dinis, que preocupou-se em melhor guarnecer as fortalezas da região de fronteira, além de preocupar-se em ampliar suas tropas através dos serviços de conselho e ajuda militar devidos pelos vassalos ao rei suserano. Fourquin 1987: 103.

[7] Mattoso 1993: 154

[8] As inquirições destinam-se a fazer o cadastro de seus (do Rei) rendimentos senhoriais. Mesmo aqueles que são de origem pública, como os que derivam de prestações outrora de natureza fiscal, se equiparam aos exigidos em virtude da autoridade feudal. Mattoso 1993: 270.

[9] Pizarro 1999: 88.

Dinis restringia a atuação da nobreza por meio das inquirições e limitações à jurisdição senhorial, assumindo, assim, o papel de regulador dos poderes senhoriais, delimitando o espaço territorial destinado à nobreza no reino. Tal atitude régia deixava claro que a "monarquia rivaliza e disputa o poder dos nobres a nível local, ao mesmo tempo em que é o seu grande sustentáculo e mesmo sua principal fonte concessora de poder"[10].

As inquirições de 1220 (Reinado de Afonso II) e de 1258 (Reinado de Afonso III) destinavam-se a registrar foros e rendas pagos ao rei, mencionando o que havia sido sonegado por fidalgos, ordens militares e senhores eclesiásticos. Já as inquirições posteriores a 1284 (Reinado de Dinis) tiveram como principal objetivo averiguar de que maneira haviam sido adquiridas e transmitidas aos atuais detentores as honras dos fidalgos. Também estão registrados problemas de jurisdição, assim como conflitos entre nobres e representantes do rei. Visavam, ainda, delimitar honras e direitos senhoriais, além de reprimir os abusos da jurisdição senhorial, por meio da criação de novas honras e ampliação das antigas[11].

Diante do cerco às imunidades senhoriais, promovido por Dinis, os nobres protestaram nas Cortes de Lisboa (1285) contra a quebra das mesmas, gerando um clima de contestação no reino; o

> progresso da autoridade régia durante a época de D. Dinis foi enorme, [...], provocando a revolta dos senhores sob a chefia do futuro Afonso IV, à semelhança dos fidalgos castelhanos que se haviam revoltado contra um monarca não menos consciente da necessidade de edificar o Estado, Afonso X. Foram ambos os verdadeiros edificadores dos dois Estados de Castela e de Portugal. Até ali a monarquia mal saíra ainda de seu estádio feudal[12].

De 1285 a 1316, os nobres tentaram opor ao rei uma resistência passiva, ou através de processos legais. Nesse período, o rei continuou firme em seus propósitos, persistente nos inquéritos e decisões, adiando respostas a apelos judiciais, ou ainda obtendo sentenças a seu favor. Em 1316, os esforços dos fidalgos terminaram, e no ano seguinte esboçou-se a oposição do Infante Afonso ao seu pai Dinis, tornando-se uma oposição aberta em 1319, para resultar em guerra civil no ano seguinte.

A nobreza senhorial, tendo esgotado os processos de resistência passiva e das reclamações legais, recorreu a:

---

[10] Frighetto 2001: 135.
[11] Mattoso 1993: 159.
[12] Mattoso 1988b: 98.

intrigas palacianas para colocar ao lado dos senhores o Infante D. Afonso e fazer dele o seu *leader*, para que a oposição se transformasse em guerra civil. Era a reação a uma política centralizadora que não havia sabido utilizar com tanta habilidade como no reinado anterior os apoios de uma parte da nobreza[13].

O infante Afonso nasceu em Lisboa em 8 de fevereiro de 1290. Depois de atingir a maioridade, casar, em 1309, com Beatriz, filha de Sancho IV de Castela e de Maria de Molina, e possuir casa própria, começou a discordar abertamente de seu pai. Rapidamente começaram a se reunir a sua volta nobres descontentes, em função da pressão que vinham recebendo por parte do rei, contribuindo assim para agravar os conflitos entre o rei e o herdeiro.

Muitos desses nobres tinham sido condenados por Dinis e se aproximavam do infante para que este pudesse livrá-los de seus castigos, "ajoelhados em sua presença, com fingida lastima, se justificavão innocentes, & encarecião perseguidos, condenando em elRey, & seus ministros a sem razão, e a injustiça, com que procedião com todos, aproveitando-se do poder para executarem o roubo, & a vingança"[14], o infante acolhia assim sob sua proteção todos os que, de uma maneira ou de outra, indispunham-se em relação ao rei.

A maior queixa do rei em relação ao infante estava no fato deste reivindicar para si o regimento da justiça do reino. Os nobres, aliados ao infante, esperavam conseguir dessa forma uma administração judicial menos rigorosa, pois poderiam reduzir as pretensões dos juristas que desprezavam os costumes ancestrais dos nobres e só pensavam em aplicar princípios racionais, não valorizando prestígios ou tradições[15].

No ano de 1319, as hostilidades entre o infante e o rei agravaram-se em virtude da solicitação do Infante para que o rei lhe entregasse a justiça do reino. Tal solicitação deveu-se a constantes reclamações feitas pela nobreza, que estava descontente e se sentia prejudicada diante da forma como o rei vinha fazendo uso do poder judicial para reprimir os abusos da mesma. O infante representava, para a nobreza, uma pessoa capaz de restabelecer a Justiça, segundo suas reivindicações.

O conflito, que opôs o rei e o infante, gerou polarização social com o apoio preferencial dos Concelhos[16] ao rei e dos nobres ao infante; regional, oposição entre o Norte senhorial e agrícola e o Centro e Sul Concelhio e urbano. O que estava em jogo não eram tanto os interesses de grupos sociais que apoiavam este ou aquele contendor, mas o fato de aceitar ou não a centralização política, que

---

[13] Mattoso 1988b: 137.
[14] Jesus 1683: 99.
[15] Mattoso 1982: 168.
[16] Circunscrição administrativa, de categoria imediatamente inferior ao distrito. Cunha 2010: 168.

na realidade não prejudicava apenas os nobres. Durante o reinado de Afonso IV foi a vez dos Concelhos protestarem "contra a intromissão dos funcionários régios na administração municipal e o desrespeito das liberdades concelhias"[17].

A guerra civil, "querida por Castela e Aragão, reinos interessados em enfraquecer Portugal no contexto da Península"[18] e desencadeada pela tentativa de "implantação de uma autoridade monárquica que se coloca acima de todos os poderes e que tem, como primeiro ponto do seu programa a supressão das prerrogativas dos senhores"[19], mostrou que não era possível acabar facilmente com os privilégios senhoriais da nobreza.

As medidas de centralização de Dinis provocaram uma reação por parte das antigas estruturas senhoriais, reação essa que culminou na guerra civil de 1319–1324. Até ali, "podemos ainda falar da existência de poderes políticos locais, capazes de se oporem efectivamente a um processo de centralização"[20]. A guerra civil teve um desfecho aparentemente ambíguo, resultando em numerosas concessões do rei à nobreza, porém a "verdade é que o processo de organização do Estado se revela, no reinado seguinte, como irreversível. Os poderes senhoriais, aparentemente triunfantes, não deixarão mais de perder terreno perante o fortalecimento do Estado monárquico"[21].

A política centralizadora iniciada no reinado de Afonso III e ampliada no reinado de Dinis respeitou em princípio, a independência das jurisdições senhoriais e concelhias, quando as considerou legítimas. O rei, jogando com sua dupla qualidade de "soberano e suserano, num primeiro tempo, não deixou prescrever as prerrogativas que o costume feudal lhe conferia, isto antes de se servir delas, num segundo estádio, para aumentar as suas forças e o seu domínio"[22].

O direito de intervenção do rei funcionava como um corretor dos poderes locais autônomos, e também como fonte de justificação de toda autoridade. Tal política se fortaleceu ainda mais com a integração das comunidades municipais ao organismo político, coordenado por um governo único. Essa integração foi garantida pela progressiva intromissão de funcionários régios nos campos fiscal e judicial, tratando-se de uma estratégia política para aumentar os laços senhoriais que uniam os Concelhos ao rei como vassalos coletivos: "ninguém se pode opor a que exija direitos senhoriais a homens

---

[17] Mattoso 1982: 176.
[18] Mattoso 1993: 484.
[19] Mattoso 1982: 176.
[20] Mattoso 1988a: 65.
[21] Mattoso 1988a: 66.
[22] Fourquin 1987: 100.

livres. É ele a verdadeira e única autoridade sobre as comunidades e sobre os proprietários que não dependem de nenhum senhor"[23].

Dinis pretendia ser o juiz e vigilante do exercício dos direitos dos nobres, manteria as honras como estavam. Impediria os mais poderosos de absorverem os inferiores, defenderia igrejas e mosteiros contra os abusos dos senhores, impediria as ordens monásticas de enriquecerem à custa de seus cavaleiros; com isso, visava cumprir o dever de sua obrigação de manter a paz e a justiça no reino.

Dinis morreu em Santarém, no dia 7 de janeiro de 1325, quase um ano após ter concedido ao infante Afonso um aumento de suas rendas e garantir--lhe a segurança de sucessão. Era uma efetiva cedência às reclamações de seu filho e da nobreza senhorial. Com a morte de Dinis, não se deve considerar apenas o fim de um reinado, mas "sobretudo o momento final do período de criação e montagem dos principais órgãos do Estado monárquico português, agora dotado de instrumentos eficazes de centralização"[24].

2. A OBRA CHANCELAR DO REI DINIS

Como foi apresentado aqui, o reinado de Dinis ficou marcado por uma importante obra legislativa. Dessa obra legislativa será destacada, no presente texto, a Chancelaria. O rei despachava pessoalmente sobre todos os assuntos relativos ao reino, juntamente com funcionários ligados às diversas áreas da administração pública; na sequência, o que era decidido era lavrado e autenticado na Chancelaria Régia, a cargo do chanceler, desempenhando uma função de ministro dos despachos e do expediente do rei. A Chancelaria Real era a "repartição encarregada da redacção e expedição de todos os actos lavrados em nome do Rei, quer fossem respeitantes aos negócios particulares deste quer aos negócios públicos, uma vez que, naquela época, não havia verdadeira distinção entre uns e outros"[25].

Esses documentos oficiais do Reino eram, até o reinado de Dinis, redigidos em língua latina. A partir de então, todos os documentos oficiais passaram a ser escritos em português, sendo Dinis reconhecido como:

> um dos fundadores da base linguística de identidade do reino luso, [...], o uso da língua vulgar no lugar do latim configuraria um mecanismo régio de abertura de canais de comunicação com partes importantes da sua sociedade política, como

---

[23] Mattoso 1993: 270, 484.
[24] Mattoso 1988a: 65.
[25] Jesus da Costa 1996: 71.

por exemplo, os Concelhos ou mesmo de afirmação de identidade frente aos outros reinos, no fundo uma estratégia centralizadora que parte do rei[26].

É importante destacar o papel da escrita na sociedade medieval. Ela aparece como um instrumento centralizador, de afirmação de posição e valores a serviço dos mais diferentes interesses. Levando em conta a importância de tais documentos, é necessário refletir acerca de sua produção e preservação. Segundo Fátima Regina Fernandes, tais documentos ficaram a cargo dos monges cistercienses do Mosteiro de Alcobaça até que os arquivos foram transferidos para uma torre do Castelo de São Jorge em Lisboa em 1373, que serviria, a partir de então, de tombo aos documentos régios e de local de elaboração de cópias solicitadas por terceiros.

Esses documentos sofreram sérias perdas ao longo do tempo, causadas por instabilidades políticas no reino português, durante a União Ibérica e domínio filipino (1580–1640), e mesmo em função da vinda da corte portuguesa para o Brasil em 1808. Além disso, deve-se levar em conta as filtragens e seleções promovidas em tais documentos ao longo dos séculos, que ocasionaram perdas importantes. Outro fator que ocasionou prejuízos à documentação foi o terremoto ocorrido em Lisboa em 1755: a falta de cuidado ao organizar e encadernar novamente a documentação ocasionou desordem cronológica nos documentos, além da encadernação de folhas e cadernos de um reinado no outro.

A Chancelaria relativa ao reinado de Dinis está sendo transcrita e editada por Rosa Marreiros, sendo que até o momento já se encontra editado o Livro II da mesma. Segundo a pesquisadora, em função das "lacunas existentes no livro primeiro da Chancelaria de D. Dinis, correspondentes ao desaparecimento de 234 documentos, optou-se por iniciar a sua publicação pelo livro segundo"[27]. É essa edição, publicada em 2012, que será a base para a análise aqui proposta. Trata-se de uma cópia dos originais, contendo os documentos relativos ao período de 1291 a 1297. Para a presente análise, optou-se por fazer um recorte de um ano na documentação, sendo escolhidos os documentos relativos ao ano de 1291.

Dos documentos publicados no ano de 1291, são de interesse, para a presente análise, as Cartas de Foral emitidas pelo rei. Tais cartas eram concedidas pelos reis portugueses com o intuito de povoar o reino, além de consolidar fronteiras. Os Forais eram um instrumento jurídico a que os reis recorriam a fim de disciplinar e ordenar pessoas e Concelhos, sendo uma importante forma de cristalização e legitimação do poder régio.

---

[26] Fernandes 2012: 78.
[27] Marreiros 2012: 7.

Ao conceder tais cartas, o rei estabelecia um contato direto com os habitantes do reino, "reconhecia-os como membros de uma comunidade que possuía sua autonomia e certos direitos. Em contrapartida ficavam devedores para com o monarca e, por isso, tinham a obrigação de lhe pagar foros e auxiliá-lo militarmente quando necessário"[28]. A importância desses documentos reside no fato de que estão atrelados ao processo de consolidação do poder régio, à ocupação do espaço rural e à consequente ampliação da produção agrícola. Ao chamar para si a distribuição dessas terras, e o exercício da cobrança que lhe é devida, o rei tira da nobreza e do clero tais prerrogativas, impedindo-os de ampliar suas propriedades e seu poder.

Os Forais foram, dessa forma, relevantes para a dilatação e consolidação do poder régio sobre os poderes do clero e da nobreza, a outorga dos Forais, sendo uma atribuição legal de competência exclusiva dos reis e de mais ninguém, "destaca o status singular que o monarca ocupava em relação aos seus súbditos, [...], se tratava dum procedimento com objetivo político-administrativo e judiciário bem definidos da parte da realeza, qual seja a dilatação e consolidação do poder e do patrimônio régios"[29].

As cartas podiam ser de dois tipos. Existiam as cartas de povoação, nas quais o monarca fazia concessões tendo em vista "o povoamento e o cultivo de certas terras, geralmente em lugares estratégicos, sendo atribuída aos povoadores uma série de regalias e fixando os tributos que tinham a pagar"[30]; constituem uma documentação que servirá de base para o presente estudo. O segundo tipo diz respeito à "necessidade de estabelecer os direitos e os deveres dos moradores para com a autoridade outorgante"[31].

A fim de gerir a cobrança dos tributos devidos, era necessária uma complexa estrutura administrativa formada pelos "agentes locais chamados normalmente mordomos ou vigários, ou mais especificamente mordomos das eiras, das terras, da vida e os recebedores que recolhiam as rendas nos celeiros e entrepostos régios"[32]. A arrecadação das rendas a partir do rei Afonso III passou a contar também com a cobrança em dinheiro, além da cobrança em espécie. Até então, as cobranças eram feitas visando ao consumo local ou ao fornecimento de alimento ao rei e sua comitiva quando faziam seus deslocamentos pelo reino[33].

A partir da leitura dessa documentação, é possível perceber o que era cobrado como foro, tributo a ser pago ao rei, pelas terras recebidas. Sendo

---

[28] Paes Filho 2008: 78.
[29] Paes Filho 2008: 80-81.
[30] Costa, Santana 2006: 120.
[31] Costa, Santana 2006: 120.
[32] Mattoso 1988b: 75.
[33] Mattoso 1988b: 76.

assim, será objetivo, a partir desse momento do texto, analisar quais produtos eram cobrados, a quantidade e de que forma tais produtos estavam relacionadas à história da alimentação régia e nobiliárquica da Baixa Idade Média portuguesa. A partir dessa análise, será possível traçar um panorama, ainda que restrito a um ano, do que se plantava e consumia no reino português no fim do século XIII. Uma ressalva é necessária antes de partir para a análise dos dados: trata-se de uma amostragem realizada a partir da leitura das Cartas de Foral, o que significa uma visão apenas da realidade alimentar do reino português em função da particularidade dos documentos analisados, ligados diretamente à corte régia portuguesa.

3. A cobrança de foros do ano de 1291 e sua relação com a história da alimentação

Após realizar a leitura dos documentos relativos ao ano de 1291, presentes no Livro II da Chancelaria do rei Dinis, verificou-se que havia 71 documentos, dos quais 48 trazem dados relacionados à cobrança de foro em espécie ou regulamentando o comércio de alimentos nas cidades, e 13 cobram dinheiro como tributo. Um deles regulamenta a atividade comercial da cidade de Coimbra, estipulando o que e onde tais produtos podem ser comercializados. Os demais trazem outras decisões régias não relacionadas à cobrança de foro.

No Gráfico 1, que apresenta os produtos mencionados nos documentos analisados, são indicadas quantas vezes cada alimento foi citado nos documentos:

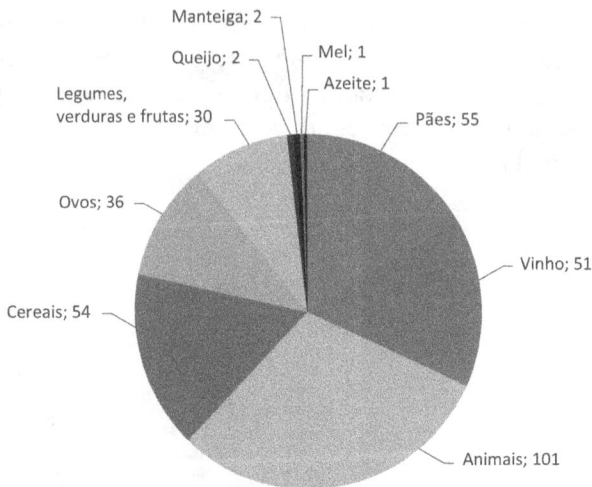

Gráfico I - Alimentos cobrados nas Cartas de Foral do ano de 1291
Fonte: Chancelaria de D. Dinis – Livro II.

Da análise do Gráfico 1 percebe-se a grande quantidade de menções a pães, cereais e animais, além da grande referência ao vinho. Os alimentos presentes no gráfico estão relacionados à dieta destinada ao rei e à aristocracia que o cerca. Em função de se tratar de documentos relacionados a essa parcela da sociedade, a mesa pode ser vista, assim, como um forte elemento de identidade coletiva. O pão e o vinho são os alimentos básicos da dieta, seguidos da carne vinda da pecuária; não há menções nos documentos à carne de caça, salvo os peixes que são vendidos na cidade de Coimbra.

A base da alimentação composta de pão, carne e vinho remete a uma tradição mediterrânica, tradição essa que foi modelada ao longo do tempo através do acúmulo de conhecimentos adquiridos acerca da obtenção de alimentos, das técnicas culinárias, dos ideais religiosos, das conotações simbólicas ligadas aos alimentos e dos saberes dietéticos dos quais a sociedade ia dispondo.

O reino português comunga dessa tradição mediterrânica. O pão aparece destacado como sendo o alimento por excelência que, além das suas qualidades dietéticas, estava envolvido por conotações religiosas e simbólicas que o destacavam de todos os outros alimentos. A carne, por sua vez, "era o alimento dos fortes, dos poderosos e que lhes potencializava a força e o poder, [...], acarretava prestígio"[34]. Já o vinho, graças ao clima mediterrânico favorável, era produzido em grande quantidade, nem sempre com a melhor qualidade. A bebida partilhava, juntamente com o pão, "daquela dignidade que Jesus atribuíra a ambos ao transformá-los, a um no seu corpo, ao outro no seu sangue. Era a bebida ímpar"[35], tida como um alimento para a vida do homem.

A partir dos dados, apresentados no Gráfico 2, é importante analisar os tipos de pães mencionados nos documentos, assim como os cereais presentes nas descrições. O Gráfico 2 traz os tipos de cereais e pães que aparecem citados nos documentos, bem como a quantidade de vezes que cada um deles é mencionado:

---

[34] Gonçalves 2011: 226.
[35] Gonçalves 2011: 226.

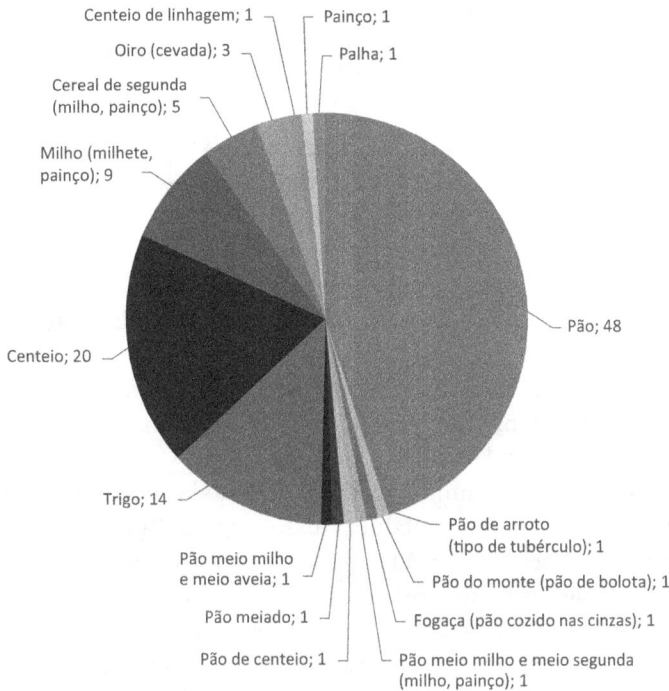

Gráfico 2: Pães e cereais
Fonte: Chancelaria de D. Dinis – Livro II.

O pão não podia faltar em nenhuma mesa medieval, embora pudesse variar na qualidade da fabricação e no tipo do cereal empregado na sua fabricação. Em épocas e locais de falta do cereal, chegavam a empregar certos tubérculos como o arroto, bolotas (fruto da azinheira, sobreiro ou carvalho) e castanhas para sua fabricação. Como pode ser observado na referência presente na descrição a seguir: "dedes ende a mim e a todos meus sucessores cada ano a quarta parte do pam arroto, [...], e huum quarteyro de pam do monte"[36]. O pão do monte, produzido a partir da moagem da bolota, é típico da região de montanhas ao norte de Portugal.

Quando as menções são genéricas acerca da cobrança de pão, estaria esse tipo em particular relacionado ao uso do trigo em sua composição, segundo aponta Iria Gonçalves:

na primeira mesa do país, a farinha mais utilizada era a de trigo e por vezes exclusivamente essa, [...] nas colheitas a solver em terras beirãs, ou se indicava de forma clara que mais de 90% dos pães deviam ser fabricados com o cereal

---

[36] Chancelaria de D. Dinis = Marreiros 2012. Marreiros 2012: 51-52.

nobre, enquanto acerca do restante nada se estabelecia, ou apenas se mencionava o pão de forma genérica, o que logicamente pressupunha o emprego da mesma farinha[37].

Aparecem ao todo, na documentação analisada, 48 menções ao pão de forma geral e, ainda, 14 cobranças de trigo em espécie. Levando em conta o que coloca Iria Gonçalves, o trigo e o pão elaborado a partir do trigo destinavam-se ao rei e sua casa; já os pães elaborados com os demais cereais podiam ser destinados "aos serviçais ou aos pobres que sempre se aproximavam de uma mesa farta e caminhavam, até, na esteira do monarca. Ou podia acabar de igual modo como alimento dos cães"[38]. O trigo era não só o cereal que proporcionava um pão mais branco, saboroso e nutritivo, mas "o único, entre todos os grãos panificáveis, considerado suficientemente digno de, pela hóstia, ser consagrado a Deus"[39].

A preocupação dos camponeses era, apesar da produtividade bastante reduzida, se comparada com a medida atual, assegurar "à sua família e aos que, eventualmente, tivessem direito à terra por ele cultivada ou aos seus produtos a produção de cereais, que constituíam, em toda a parte, o ingrediente principal da alimentação humana, sobretudo das classes mais baixas"[40].

Em função de o pão elaborado a partir do trigo representar a parte essencial do pagamento de foro ao rei, a população rural acabava por alimentar-se de pães meiados ou elaborados com cereais menos nobres que o trigo. Muitos plantavam o trigo para comercializar e não para consumo próprio[41].

Aparecem menções a pães meiados, pães que misturam centeio com cereal de segunda (milhete ou painço), milho e aveia. O centeio partilhou com o trigo a função de alimentar os homens preferencialmente, tem um ciclo produtivo mais precoce e é, "depois do trigo, o cereal mais nutritivo e mais facilmente panificável, [...], o tornando de grande utilidade para o camponês que tinha como ambição máxima, no campo gastronômico, matar a fome"[42].

O milho cultivado na Idade média era o "milho alvo ou miúdo, [...], era um cereal muito cultivado em todo o Entre Douro e Minho"[43]. São, ao todo, 20 referências ao centeio e 9 referências ao milho encontradas nos documentos analisados. Aparece uma menção ao painço diretamente. Foram encontradas cinco menções a cereais de segunda, que poderiam englobar o painço também, e uma à palha em um mesmo documento: "por lagueyraga

---

[37] Gonçalves 1997: 24.
[38] Gonçalves 1997: 24
[39] Gonçalves 1999: 226.
[40] Cherubini 1989: 84.
[41] Gonçalves 1999: 227.
[42] Gonçalves 1999: 228.
[43] Gonçalves 1999: 229.

huum puçal de vinho de cada casal e senhos quarteyros de milho ou de payço pela medida jagunda, [...], por Natal devem a dar, [...], senhas mosteas (feixes ou carradas) de palha"[44].

O painço não estava entre as plantas que mais vezes apareceram na documentação. Servia, sobretudo, para os "animais e para a utilização da palha, [...], o diminuto interesse que o senhor lhe tributava fazia que fosse votado ao esquecimento. Em contrapartida, porém, o povo atribuía-lhe algum protagonismo, utilizando-o como referência para designar diversos lugares, espalhados por todo o Entre Douro e Minho"[45]. A cevada, outro dos cereais citados nos documentos, tinha seu uso geralmente vinculado à alimentação de cavalos e muares. A aveia, também citada, era cereal de primavera, não suportando invernos rigorosos, destinando-se também para alimentar animais.

Dentre os cereais panificáveis, destaca-se o centeio e o trigo. Os demais cereais, mesmo não sendo ideais para a panificação, acabavam por ser empregados na sua fabricação. O pão de milho era "considerado melhor alimento para os cães, o milho era um grão de menor apreço para o sustento humano."[46] Já os pães resultantes de misturas de farinhas, obtidas a partir de diferentes cereais, resultavam em produtos de menor qualidade. Eles aparecem nos documentos analisados em menor quantidade: são apenas três citações.

São mencionados cinco tipos de pães nos documentos analisados: o pão simples, o pão de arroto, o pão do monte, o pão meiado e as fogaças: "que eles dem a mim e a todos meus successores, [...], duas fogaças de tres alqueires a fogaça pela medida de Ovoa"[47]. As fogaças eram:

> matéria do tributo a pagar ao rei, era um pão algo diferente do habitual, confeccionado especificamente para a circunstância. [...] Tratava-se de um pão conhecido desde épocas bastante recuadas, cozido sob as cinzas ou no rescaldo, e por isso resultando todo ele mole, falta de ter podido ganhar côdea. [...] Eram pães que resultavam delgados ao menos em relação ao tamanho. [...] Eram sempre pães grandes, por vezes muito grandes[48].

Quanto ao tamanho dos pães, a autora Iria Gonçalves chama a atenção para o fato de não se fabricarem pães pequenos como os que existem hoje. Tirava-se somente o farelo mais grosso do cereal ao se fazer a farinha; assim, a massa acabava por ser mais densa, compacta e pesada. À farinha juntava-se água, em pequena quantidade, fermento e sal. A autora aponta que as fogaças

---

[44] Chancelaria de D. Dinis: 97.
[45] Gonçalves 1999: 230.
[46] Gonçalves 1999: 234.
[47] Chancelaria de D. Dinis: 66.
[48] Gonçalves1999: 234.

nunca tinham menos de 2,6 kg e, considerando neste caso uma fogaça centeia, feita com farinha finamente peneirada. [...] Havia fogaças feitas de um alqueire (cerca de 18 litros de farinha), um almude (cerca de 24 litros de farinha), uma teiga (cerca de 36 litros de farinha), mesmo três almudes de cereal, esta última apenas em centeio. A considerarmos o enormíssimo pão feito com uma massa quase integral, teríamos que lhe atribuir peso superior a 30 kg, [...], o pão daí resultante andaria pelos 20 kg. [...] Poderiam existir fogaças desde os três aos quinze quilos, com grande quantidade de hipóteses intermediárias, tanto para as farinhas de trigo como para as de centeio, mais muito mais numerosas para estas últimas[49].

Ainda relacionado aos cereais, podemos referenciar três cartas em que o rei cede moinhos como aforamento perpétuo e hereditário. Segue a transcrição de uma das três cartas existentes:

Dom Denis pela graça de Deus Rey de Portugal e do Algarve. A quantos esta carta vyrem faço a saber que eu dou e outorgo a foro pera todo sempre a vos Fagundo Fagundiz e a vos Martim Perez e a vossas molheres e a todos vossos successores os moynhos que stam en na ribeyra de Seda en logar que chamam Froya so tal preyto e condiçom que eles dem a mim e a todos meus successores a meytade de todalas cousas que esses moynhos gaanharem. E eles non nos devem a vender nen dar nen dõar nen escambhar nen alhear nen atestar nen em nenhua maneyra baratar a ordim nen a priol nen a clerigo nen a abade nen a cavaleyro nen a donna nen a escudeyro nen a nenhua pessõa religiosa nen poderosa senon aa tal pessõa que faça a mim e a todos meus successores cada ano conpridamente o dicto foro. Em testemoynho deste cousa dey a eles esta carta[50].

É importante salientar o fato de o rei chamar para si o controle dos moinhos, sendo essa uma forma de exercer seu poder de controle das atividades agrícolas, desde a produção dos alimentos até a moagem, tirando, como se refere no próprio documento, o direito de fazê-lo de priores, clérigos ou cavaleiros.

Após analisar o que era cobrado é interessante passar para a discussão acerca do que era feito após a cobrança dos tributos devidos. Era necessário cobrar o que era devido logo após a colheita do cereal, a fim de obter produtos da melhor qualidade. Seguia-se do acondicionamento dos cerais de modo a que o grão se conservasse com qualidade até a próxima colheita, garantindo também a qualidade dos pães a serem fabricados. Quando chegavam os meses de abril/maio, estando já esgotadas "as reservas bem menores que a sua, os

---

[49] Gonçalves 1999: 237-238.
[50] Chancelaria de D. Dinis: 118.

preços subiam, tanto mais quanto a safra não fora tão boa quanto se desejaria, ou se avizinhava uma colheita com visos de produção pouco satisfatória"[51].

A farinha estava presente em praticamente todos os lares e seus usos iam além do pão. A sopa, por exemplo, foi sempre de:

> caldo sobre pão, embora na maioria dos lares o habitual fossem as papas, sem cozedura do pão. [...] Com os bocados do pão que sobravam, se havia manteiga ou azeite, era possível fazer migas; o pão servia de base para os mais diferentes alimentos e não apenas para a sopa. E em que qualquer caso a farinha, fosse ela qual fosse, tinha um protagonismo absoluto[52].

O vinho foi a bebida citada em grande parte dos documentos analisados: foram encontradas 51 menções à cobrança do vinho. Ele é produzido em praticamente "todo el mundo euro-cristiano, al menos mientras el comercio no se desarrolla lo suficiente como para hacer posible la compra de vino de calidad; a partir del siglo XII se abandonará el cultivo del viñedo en las zonas poco aptas y se iniciará un activo comercio"[53].

Um dos documentos analisados trata da regulamentação da atividade comercial na cidade de Coimbra, precisamente do comércio de produtos alimentícios. Destaca a questão do vinho a ser vendido na cidade:

> [...] mando que todo vinho que adusserem os vezinhos de regatia (compra-se no atacado e vende-se no varejo) que se vendam no açougue (tipo de mercado) e paguem quatro dinheiros de cada hua carrega de que soya a pagar VIII dinheiros de cada hua carrega e destes oito dinheiros lhys quito ende os quatro por lhys fazer mercee. E outro vinho que veer a essa vila dos que non forem vezinhos vendam-no no açougue e paguem seu foro como soyam pagar. E outrossy mando que o vinho dos tonees que veer per mar a essa vila e entrar pela foz que se venda sem almotaçaria (tabelamento de preços) e se hy algum engano fezerem os que o venderem os almotacees façam hy sa justiças e levem sa pena e o outro vinho que veer pelo ryo e non entrar pela foz venda-se pela almotaçaria[54].

Do relato pode-se perceber que existem diferenças entre o vinho que entra na cidade vindo dos vizinhos daquele que entra trazido pelos não vizinhos. Outro ponto de destaque é a presença de vinho que vem pelo mar ou pelo rio, demonstrando, assim, as diferentes origens do vinho comercializado na cidade, variando também a cobrança de tributos, os locais onde o vinho seria vendido e a forma de comercialização do mesmo.

---

[51] Gonçalves 2011: 232.
[52] Aguilera 2001: 120.
[53] Martín 2002: 26.
[54] Chancelaria de D. Dinis: 90.

O vinho, produzido em toda a zona mediterrânica, era o companheiro ideal da refeição, devia estar sempre presente na mesa do rei, daí vem a relevância de estar presente em quase toda a documentação analisada. Podia ser servido "estreme ou cortado com água, em maior ou menor quantidade, mas estava sempre presente. Os escanções e copeiros régios encarregar-se-iam de o procurar para que na altura própria, a tornar mais saboroso o sabor das carnes, ou menos pobre a pobreza dos peixes, ele ali estivesse"[55].

A questão da preservação do vinho também é importante de ser analisada. O vinho era fabricado de "bica aberta e por isso com eliminação de taninos, os vinhos resultam leves, com pouco corpo, frescos, mas com a sua preservação comprometida. Poucos eram aqueles que conseguiam aguentar-se durante todo o ano em condições de satisfazer paladares exigentes"[56]. Assim, o vinho era abundante no auge da safra por volta do mês de novembro, e melhor, depois ia se tornando escasso e perdendo qualidade, tornando-se quase que completamente deteriorado quando se aproximava o verão.

Outro ponto a ser destacado na documentação diz respeito às carnes que são cobradas nas Cartas de Foral. Os tipos de animais presentes nos documentos, bem como a quantidade citada nos mesmos, encontra-se referenciada no Gráfico 3:

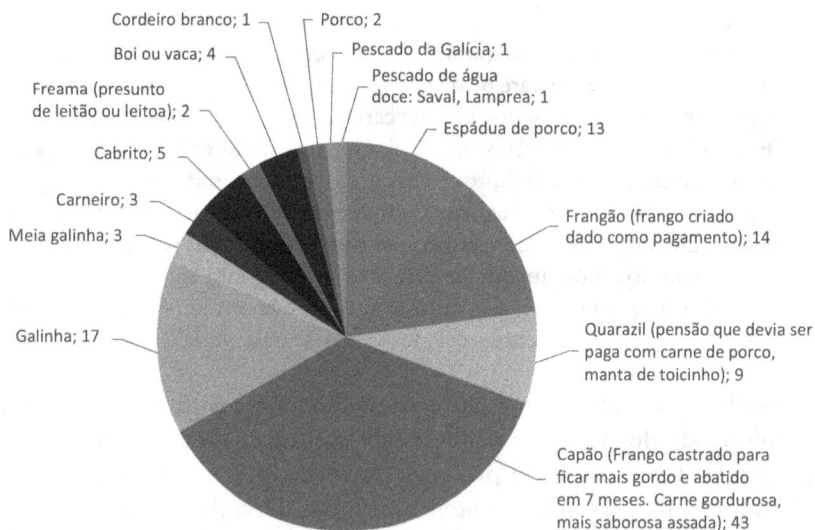

Gráfico 3: Animais
Fonte: Chancelaria de D. Dinis – Livro II.

[55] Gonçalves 1997: 26.
[56] Gonçalves 2011: 234.

Dos diversos animais citados nos documentos destacam-se as carnes consideradas finas, segundo Antoni Riera-Melis, o frangão[57], o capão[58], a galinha (chama a atenção o fato de aparecerem três menções à cobrança de meia galinha), seguidas de carneiro, cabrito, o cordeiro branco, o porco, que aparece duas vezes cobrado por inteiro, ou ainda em partes: somente as espáduas (costelas variando de tamanho de 9 a 12 ripas), o freama (presunto de leitão ou leitoa), e ainda o quarazil (manta de toicinho). São cobrados ainda o melhor boi ou a melhor vaca.

É importante ressaltar o fato de que a documentação analisada diz respeito ao que era cobrado para ser servido ao rei e aos seus. Sendo assim, o tipo dos animais cobrados nas Cartas de Foral revela traços da diferenciação social da época em análise. Nesse ambiente, a "carne boa era adequada principalmente para as camadas sociais mais elevadas, enquanto a de pior qualidade bastava para satisfazer as necessidades das pessoas mais modestas da sociedade"[59].

Segundo coloca Allen Grieco os frangos e os capões, que são os animais mais citados nos documentos analisados, eram "considerados uma carne bem superior, porque se tratava de animais mais manifestadamente aéreos. De fato, em qualquer banquete digno desse nome, deviam-se oferecer essas aves"[60]. A superioridade de frangos e capões, segundo o autor, viria de uma tabela que mostrava a "Grande cadeia do Ser" em direção a Deus. Na terra, substrato mais baixo e vil, ficariam as plantas. O segundo segmento, associado à água, trazia animais aquáticos e peixes. O terceiro segmento, ligado ao ar, trazia em um primeiro nível animais ligados parte à água e parte à terra. Na sequência, viriam os animais aéreos por natureza, ocupando um grau de superioridade em relação aos demais[61].

Havia dificuldade em inserir determinados animais, como, por exemplo, os quadrúpedes, nessa Cadeia do Ser. A dificuldade estava em

> ligá-los a um elemento em particular. embora estivessem manifestadamente ligados à terra, não se poderia classificá-los como plantas. Por outro lado os quadrúpedes não pertenciam ao ar, o que os teria aproximado dos pássaros. Não se enquadravam no esquema geral. Contudo podemos fazê-los figurar em algum lugar no meio da cadeia; evidentemente eram considerados uma comida

---

[57] Frango criado dado como pagamento.
[58] Frango castrado para ficar mais gordo e abatido em sete meses. Carne gordurosa, mais saborosa assada.
[59] Grieco 2013: 470.
[60] Grieco 2013: 474.
[61] Grieco 2013: 473- 475.

mais nobre do que os produtos do reino vegetal, embora menos apreciados do que as aves[62].

Mesmo entre os quadrúpedes havia uma hierarquia. No ápice ficava o vitelo, só inferior às aves; o carneiro vinha depois, seguido do porco. O porco ocupava o escalão mais baixo, sendo "praticamente desprezado quando conservado no sal, certamente porque se tratava da carne mais acessível às classes inferiores"[63]. Verifica-se aí um paralelismo entre a sociedade que supostamente obedeceria a uma ordem natural e a natureza que obedeceria a uma hierarquia social. Essa concepção justificava o consumo pela camada superior da sociedade de alimentos vindos dos escalões superiores do mundo natural.

Outro ponto a destacar, segundo Allen Grieco, é que as aves consumidas entre os mais poderosos seria uma forma de contribuir para a preservação de sua vivacidade, inteligência e sensibilidade. Assim, enquanto a carne das aves era destinada às camadas superiores da sociedade, o "porco e, em geral, os animais mais velhos (carneiros, cabras e bois) quando não tinham mais outra utilidade, forneciam carne para as camadas inferiores, que tinham necessidade de uma alimentação mais rica e revigorante"[64].

Isto posto, é interessante voltar à tabela que menciona os animais cobrados nas Cartas de Foral. Do porco encontram-se cobranças de espáduas, mantas de toicinho (gordura animal), além do freama, consistindo em presunto de porco, segundo Joaquim de Santa Rosa Viterbo, mais precisamente de leitão ou leitoa, e apenas duas cobranças de porcos inteiros. É importante destacar o fato de que era cobrado tributo de partes possivelmente "nobres" do porco, como as costelas, o presunto de leitão e a gordura animal.

A gordura que vinha do porco poderia substituir o azeite, que apareceu em apenas um documento analisado, sendo utilizada "para fritos, será o mundo dos torresmos. Essa gordura, aos bocados e autofrita era a acompanhante habitual das migas, bem como dos ovos estrelados"[65]. Mesmo em regiões de bom azeite, a gastronomia de prestígio "preteria-o em favor de gorduras mais espessas e de sabor mais acentuado"[66].

Eram cobrados, ainda, carneiros e cabritos, e aparece a menção a um cordeiro branco, animais jovens de carne mais tenra. Nesse sentido, a cobrança do porco inteiro, assim como do melhor boi ou vaca, poderia representar a

---

[62] Grieco 2013: 475.
[63] Grieco 2013: 475.
[64] Grieco 2013: 476.
[65] Aguilera 2001: 120.
[66] Gonçalves 2011: 249.

preocupação em ter carne para alimentar os que serviam ao rei, não diretamente a ele ou à nobreza.

Quanto aos peixes, eles aparecem somente em um documento que regulamenta o comércio de gêneros alimentícios na cidade de Coimbra. São citados peixes de água de rio (Saval e Lamprea) e de mar, vindos da Galícia sem uma espécie em particular. A dificuldade em conservar os peixes pode estar atrelada ao fato de os mesmos não serem cobrados nas Cartas de Foral.

Os ovos aparecem também em grande quantidade de documentos; foram ao todo 36 menções a cobrança de ovos. O uso dos ovos nas receitas permite maior variedade na confecção dos pratos. A presença de aves de capoeira e de ovos era habitual em qualquer lugar, embora "não se deva exagerar a sua abundância, nem este aspecto possa ser imaginado à luz do que se passa nos nossos dias. Para ter uma granja e conseguir cuidar dela e aumentá-la era preciso um certo grau de conforto"[67].

A autora Iria Gonçalves chama a atenção para o fato de que a gastronomia medieval de prestígio era muito elaborada, havia uma diversidade de técnicas envolvidas na preparação de um prato. Com os ovos não era diferente, eles estavam presentes em quase todas as receitas, "quer como ingrediente principal, quer como envolvente dos demais ou apenas de alguns, quer usados tão só para decorar o prato; utilizados inteiros ou só as gemas. Eles eram assim objecto de um cozinhado diferente, ou entravam na iguaria em momento já avançado da sua preparação"[68].

O Gráfico 4 contém os dados acerca das menções a legumes, verduras e frutas:

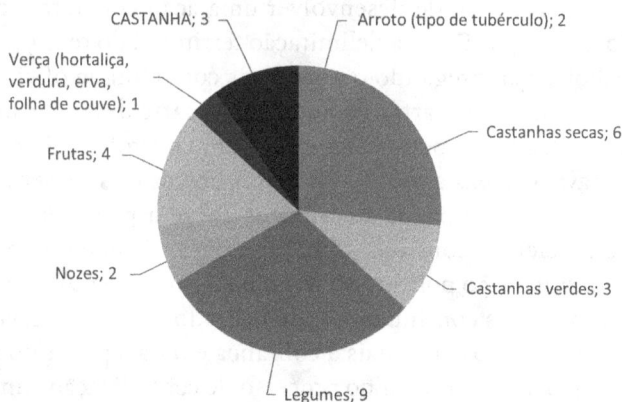

Gráfico 4: Legumes, verduras e frutas
Fonte: Chancelaria de D. Dinis – Livro II.

---

[67] Aguilera 2001: 120.
[68] Gonçalves 2011: 249.

Cinco produtos aparecem citados em um ou dois documentos, são eles: a verça, o queijo, a manteiga, o mel e o azeite. A verça[69], o mel e o azeite, bem como frutas de forma geral, sem especificá-las, aparecem no documento que regulamenta o comércio alimentar na cidade de Coimbra. Da necessidade de regulamentar a venda de tais produtos, pode-se ter uma ideia da importância que tais produtos tinham na alimentação da época, destacando-se o fato dos mesmos aparecerem no comércio da cidade e não nas cobranças das Cartas de Foral. As demais menções a frutas são muito genéricas, referindo-se ao pagamento de uma determinada quantidade de frutos a partir do que a terra produzir, não especificando quais seriam. Da mesma forma, as menções aos legumes são genéricas, pedindo que se pague parte do que a terra produzir de legumes.

O queijo e a manteiga aparecem também em outras duas Castas de Foral, sendo cobrados então como tributos. Já a presença de castanhas e nozes, cobradas nas Cartas de Foral, remete a atividades de coleta de frutos, sejam eles verdes ou secos. Além da menção ao pão de arroto, o próprio tubérculo aparece cobrado em uma Carta de Foral, tal qual foi analisado anteriormente, sua importância está ligada ao fato de possibilitar a fabricação de pães em época de falta de cereais.

4. Considerações finais

Após analisar o contexto vivido pelo rei Dinis de Portugal e sua atuação frente ao reino como legislador, fiscalizador e limitador das ações de nobres e membros do clero, além de desenvolver uma ação concreta a caminho da centralização monárquica com a delimitação territorial do reino, praticamente a mesma até hoje, e empregando o português como língua oficial, é que podemos perceber o uso das Cartas de Foral como parte desse mesmo processo.

Por meio delas, o rei pode estabelecer um controle mais direto acerca de quem ocupava as áreas agrícolas do reino, acerca do que seria produzido e de como deveriam ser pagos os tributos sobre a produção. Tira, assim, da nobreza e do clero o controle sobre tais ações, afirmando dessa forma o processo de centralização política do reino na figura régia. Ao mesmo tempo em que muitos tributos continuam sendo cobrados em espécie, já podem ser encontrados documentos nos quais a cobrança é feita a partir do pagamento de dinheiro, importante também no processo de centralização administrativa.

Os alimentos cobrados nas Cartas de Foral, como tributos, revelam traços acerca da alimentação de uma parcela da sociedade política da Baixa Idade Média em Portugal. Trata-se de uma dieta pautada no pão, no vinho e na

---

[69] Verça: tipo de hortaliça, verdura, erva, ou folha de couve.

carne — carnes essas marcadamente vindas de animais considerados nobres, como frangos, capões e galinhas, além de animais quadrúpedes jovens, de carne mais tenra, propícia para a elaboração de assados que eram servidos nos banquetes. Ficava a carne de animais mais velhos possivelmente para a elaboração de cozidos que tinham como objetivo saciar a fome da população que não pertencia à nobreza ou à monarquia.

Destaque deve ser dado também aos tipos de pães cobrados, assim como aos tipos de cereais mencionados na documentação, revelando preferências e gostos. Em épocas de carestia de cereais, até mesmo bolotas e tubérculos serviriam para a fabricação de pães, a base da alimentação.

Muito ainda pode ser desvelado acerca da alimentação dessa época, a partir do estudo dos demais documentos que fazem parte da Chancelaria do rei Dinis, no entanto, esse é assunto para próximas pesquisas. Esse foi somente um aperitivo...

PARTE II

SABORES DA LUSOFONIA:
INTEGRAÇÕES MULTICULTURAIS

FOLGAM DE COMER OS COMERES FEITOS AO NOSSO MODO. PRÁTICAS E CULTURAS ALIMENTARES ENTRE O RIO SENEGAL E O RIO GÂMBIA (SÉCULOS XV E XVI)

("Folgam de comer os comeres feitos ao nosso modo". Food cultures and practices between Senegal River and Gambia River (XV and XVI century))

João Pedro Gomes
Centro de Estudos Clássicos e Humanísticos da Universidade de Coimbra
Projeto DIAITA
(jpdrgms@gmail.com)

RESUMO: As empreitadas marítimas portuguesas a sul do Cabo Bojador, iniciadas durante os anos 30 do século XV pelo infante D. Henrique e fortemente dinamizadas partir dos anos 40, resultaram num vasto rol de criações literárias que podemos denominar de Literatura de Viagem, cujo objetivo principal era o de enaltecer os mares desbravados (e os marinheiros responsáveis) e as novas terras visitadas. Cronistas, marinheiros e mercadores contribuiriam, assim, para a difusão de textos cronísticos e relações nos quais imprimiam as suas visões da população africana, do seu continente, hábitos e costumes, fazendo circular estas produções por todo o espaço europeu e incitando a curiosidade do velho continente, ávido de novas descobertas, novas plantas, novas culturas. Estes relatos, focados na observação/caracterização deste Outro longínquo e exótico e na transmissão da informação a todos os não observadores diretos, detinham-se na descrição de hábitos e costumes, que tinha por ponto de partida o referente europeu de sociedade, cultura e civilidade. A leitura desses textos permite, assim, identificar, elencar e perceber hábitos e culturas alimentares associados tanto ao observado (o africano) como ao observador (o europeu), a relação estabelecidas entre as duas partes, bem como as transferências culturais operadas, neste caso específico, no espaço geográfico compreendido entre o Rio Senegal, o Rio Gâmbia e o arquipélago de Cabo Verde.

PALAVRAS-CHAVE: lusofonia, história de África, descobrimentos, gastronomia, alimentação.

ABSTRACT: The Portuguese maritime enterprise to the south of Cape Bojador, started in the 30's of the 15th century by Prince Henry and boosted in the 40's, resulted in a vast array of literary creations that we can call the Travel Writing, whose main objective were the enhancement of the pioneered seas (and the sailors responsible) and the newly discovered land. Chroniclers, sailors and merchants would contribute thus to the diffusion of chronicles texts and relações, imprinting their own visions of the African, their continent, their habits and customs, and making possible the circulation of these productions throughout Europe and urging the old continent, avid curiosity for new discoveries, new plants, new cultures. These reports, focused on observation / characterization of this faraway and exotic Other and its transmission to all non-direct observers, were mainly held on the description of habits and customs, from an European reference of society, culture and civility. These texts allows us to identify, to list and realize eating habits and cultures associated with both parts, the observed (African) as the observer (the European), the relationship established between the two parties, as well as the operated cultural transfers, in this particular case, on the geographical space between the River Senegal, the Gambia River and the Cape Verde archipelago.

KEYWORDS: lusophony, history of Africa, discoveries, gastronomy, food.

1. CRÓNICAS E RELATOS DOS SÉCULOS XV E XVI: FONTES EM FOCO

A empresa marítima portuguesa, iniciada no alvor do século XV e fortemente dinamizada por D. Henrique (1394–1460), originou uma larga e exuberante literatura de viagem, povoada de feitos heroicos, travessias sobre-humanas e descrições de criaturas e plantas extraordinárias que fascinaram o velho continente europeu.

A passagem do Cabo Bojador em 1434, por Gil Eanes, inauguraria, assim, uma nova era nos contatos culturais entre os europeus e as civilizações africanas subsarianas e, no início da década seguinte, a dobragem do Cabo Branco (atual Mauritânia)[1] alteraria para sempre a visão europeia do continente africano, com o início dos contatos com populações não muçulmanas e, por tal, distintas das até então conhecidas no território africano.

Relatos na primeira pessoa e testemunhos transmitidos por marinheiros e navegantes a cronistas sobre as novas terras e novos povos africanos começaram a surgir e a ser divulgados logo em meados do século XV, com êxito e público garantido até meados do século XVI, sendo preteridos em lugar dos relatos das longínquas costas asiáticas ou das terras tropicais americanas.

Foi após a dobragem do Cabo Branco e a posterior instalação de uma feitoria em Arguim, por volta de 1448, que a literatura de viagem experiencia um enorme fluxo de notícias e crónicas sobre a costa africana, nomeadamente na região entre o Rio Senegal e a Serra Leoa, denominada de *Guiné*[2], de onde começam a chegar as primeiras remessas de escravos e marfim.

A produção literária para esta região pode-se agrupar em quatro grupos, cronologicamente organizados. Num primeiro momento, à segunda metade

---

[1] A controvérsia sobre a identidade do navegante que, efetivamente, dobrou este cabo não tem aqui espaço para ser discutida. Ao que concerne este estudo, a certeza de que terá sido um português o autor de tal façanha é suficiente. Para este tópico, ver Amendoeira 1994.

[2] Horta 2005.

do século XV corresponde um conjunto de crónicas e relatos que atestam
os primeiros contatos com as civilizações africanas desta região, incluindo-
-se neles a comumente apelidada *Crónica do Descobrimento da Guiné*[3], de
Gomes Eanes de Zurara, cronista régio, produzida em meados do século
XV, e que relata as viagens de reconhecimento da costa ocidental africana
durante a vida do infante D. Henrique; o relato do navegador italiano Alise
Cadamosto, que aporta na foz do Rio Senegal em 1455[4]; a *Relação de Diogo
Gomes Sintra*[5] *I* ou *De Prima Inventione Guinee*, relato na primeira pessoa das
viagens empreendidas por Diogo Gomes de Sintra entre 1456 e 1460[6] e a obra
*De inventione Africae maritimae et occidentalis videlicet Geneae per Infantem
Heinricum Portugalliae*[7], publicada por Jerónimo Münzer após a sua passagem
por Portugal[8], onde reúne as informações recolhidas durante a sua estadia.

O segundo momento corresponde a uma única obra, comumente denominada por *Manuscrito Valentim Fernandes*[9], tratando-se de uma compilação
feita pelo impressor alemão Valentim Fernandes durante a sua presença em
território português, entre 1495 e 1508, como impressor régio. Dentro desta
compilação, é possível identificar uma cópia do relato de Diogo Gomes de
Sintra transmitido a Martim Behaim. A riqueza das informações compiladas,
além do relato de Diogo Gomes de Sintra, de natureza distinta dos anteriores
relatos, justifica a sua individualização para a análise em questão.

As descobertas das Índias Ocidentais, por Cristóvão Colombo, do caminho marítimo para a Índia, por Vasco da Gama, e do território brasileiro, por
Pedro Álvares Cabral, na viragem do século, refrearam o fluxo de novidades
sobre a Guiné, uma vez que o comércio, presença, fixação e colonização em
determinadas áreas costeiras tinham transformado o antes exótico ambiente
em algo mais familiar. Assim, para a primeira metade do século XVI, apenas
se consideram duas obras de vulto da geografia e cronística portuguesa: mais

---

[3] Com a sua primeira publicação em 1841, por J. P. Aillaud, em Paris (Aillaud 1841), ado-
tamos, para este estudo, esta mesma denominação e recorremos à versão de Torquato de Sousa
Soares, de 1981, doravante referenciada apenas como Zurara (Zurara = Soares 1981).

[4] Tradução de Vitor Fernandes, doravante referida como Cadamosto (Cadamosto – Fernandes 1998).

[5] Edição de Aires Nascimento, doravante referida como Sintra (Sintra – Nascimento 2002).

[6] Aires Nascimento recupera a autoria desta relação para o navegante português, que terá
transmitido, oralmente, as informações a Martim Behaim que as divulga sob o nome de *De
prima inuentione Guinee*. Nascimento 2002.

[7] Publicado por António Brásio, doravante referida como Münzer (Münzer – Brásio 1958)

[8] Lopes 2005: 2.

[9] Parte deste manuscrito foi alvo de transcrição por T. Monod, A. Teixeira da Mota e R.
Mauny em 1951 (Monod, Mota, Mauny, 1951), onde se baliza a data de produção deste ma-
nuscrito entre 1506 e 1508 (Monod, Mota, Mauny, 1951: 1). Posteriormente, T. Monod, R.
Mauny e A. Duval traduzem do Latim para o Francês a parte referente à relação de Diogo
Gomes (Monod, Mauny, Duval, 1959). Para este estudo recorremos à transcrição do documento
completo por António Brázio, doravante referido como Fernandes (Fernandes – Brásio 1958).

completo roteiro marítimo para as travessias marítimas entre a Europa e a Ásia, produzido entre 1505 e 1508 por Duarte Pacheco Pereira, *Esmeraldo de Situ Orbis*[10], o as *Décadas da Ásia*[11], de João de Barros, nomeadamente a *Década I*.

Por fim, já no último quartel do século XVI, recorremos ao *Tratado breve dos rios de Guiné de Cabo Verde*, escrito na primeira pessoa por André Álvares de Almada[12], em 1594, um "natural da Ilha de Santiago de Cabo Verde prático e versado nas ditas partes"[13], que regista tanto impressões pessoais das viagens efetuadas por aquele como informações transmitidas por outros capitães e marinheiros.

Associamos também a esta leitura outras duas relações menos expressivas: as relações de António Velho Tinoco e de Francisco de Andrade[14].

Toda esta produção literária assentava num pressuposto que, para o estudo dos hábitos e costumes alimentares em território africano, se revela extremamente profícuo: o da visão/representação[15] do Outro (neste caso do africano) pelo Eu (aqui, personalizado pelo navegante/mercador europeu), representação esta que assumia mais que perspectiva ou ponto de vista, conforme o objetivo final do relato e do relator. Nas palavras de José Horta, precursor do estudo da imagem/reflexo do africano na literatura de viagem dos Descobrimentos, é possível:

> distinguir, tendencialmente, dois grandes tipos de abordagens segundo os textos: por um lado, aqueles em que não há um verdadeiro interesse pelo Africano em si mesmo, tendo mais em vista o proveito potencial dos seus produtos para os Portugueses (nomeadamente para o empório comercial da Coroa) e outros europeus, que deles podem usufruir; por outro lado, os textos que, não deixando de ter presente o primeiro aspecto, dedicam uma verdadeira atenção à vida dos povos superando, por esse motivo, a superficialidade dos primeiros no plano descritivo[16].

---

[10] Publicada pela primeira vez por Rafael Basto em 1892 (Basto 1892). Utilizou-se a versão de 1991, dirigida por Joaquim Barradas de Carvalho, doravante referida como Pereira (Pereira – Carvalho 1991). Demos preferência à transcrição do manuscrito de Lisboa.

[11] Recorremos à versão de 1932, dirigida por António Baião, doravante referida como Barros (Barros – Baião 1932).

[12] Recorremos à versão de António Brásio, doravante referida como Almada (Almada – Brásio 1961).

[13] Brásio 1961: 229.

[14] Ambas publicadas por António Brásio e, doravante, referidas respetivamente como Tinoco (Tinoco – Brásio 2004) e Andrade (Andrade – Brásio 2004).

[15] "Ao lermos os textos europeus que retratam o Africano (o mesmo sucede, aliás, se interpretarmos ícones), mesmo os mais descritivos, temos de partir sempre do princípio de que estamos perante representações, o que é dizer, perante (re) construções do real" (Horta 1995: 189).

[16] Horta 1991: 290.

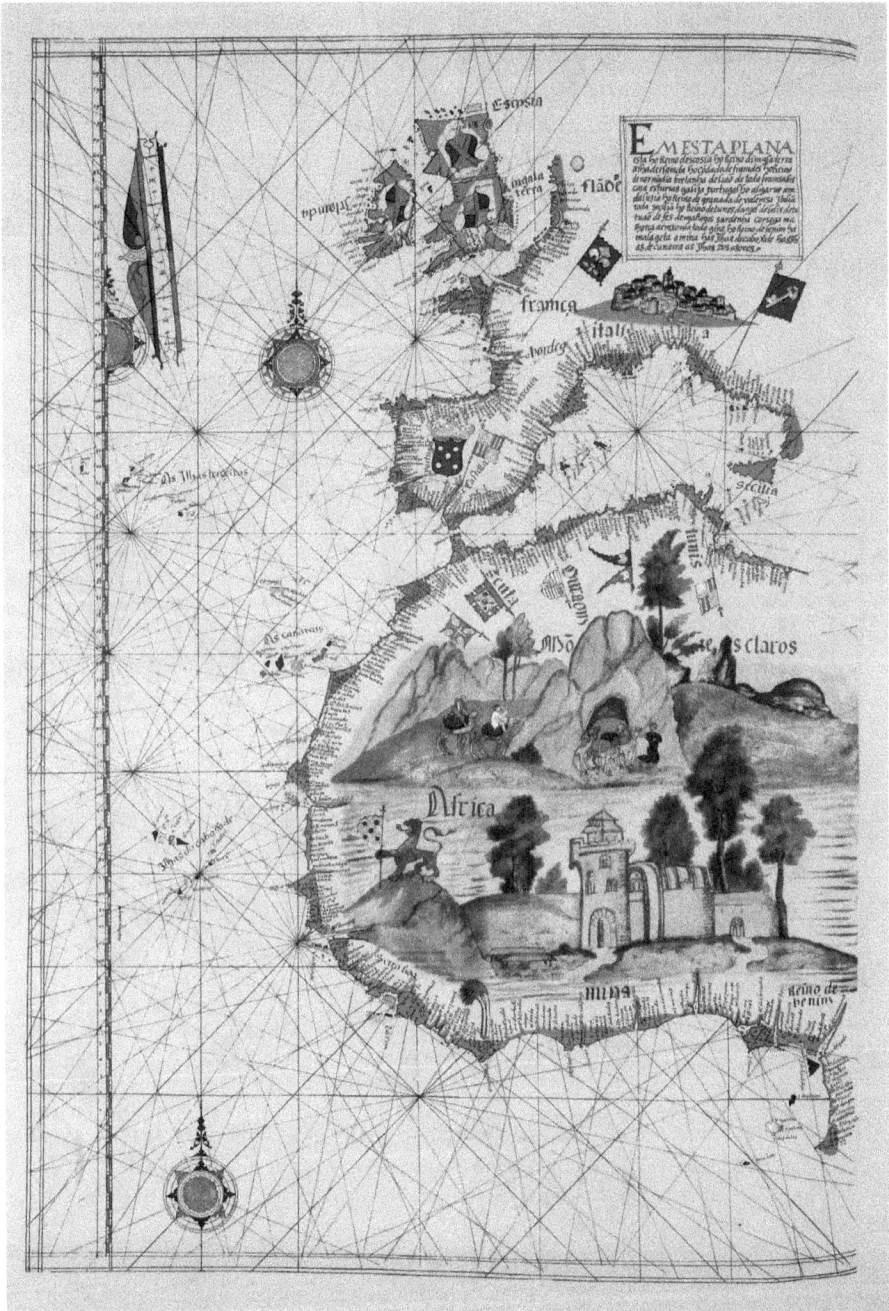

Figura 1: Carta náutica do cartógrafo Português Lázaro Luís, 1563 (Academia das
Ciências, Lisboa)
Fonte: Gaspar 2008b.

É esta mesma dualidade que se encontra nas fontes aqui analisadas, sendo as que remetem para um olhar mais atento sobre as populações africanas e, em certa medida, de cariz etnográfico e antropológico, as que reúnem maior quantidade de informação e as que melhor permitem caracterizar, por um lado, os hábitos e culturas alimentares africanas e, por outro, os hábito e culturas alimentares portugueses. Tão ou mais importante é, também, o registo do resultado das transações culturais que ocorreram entre estes dois mundos alimentares, onde um processo de ressignificação de técnicas e produtos origina um terceiro universo alimentar.

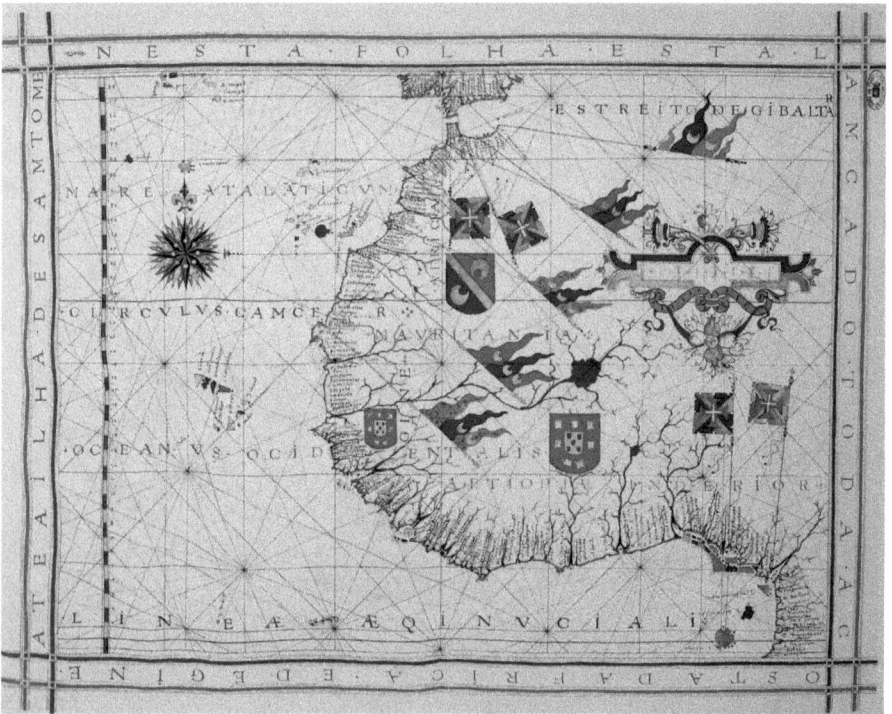

Figura 2: Carta náutica de Fernão Vaz Dourado (c. 1520 - c. 1580), integrante de um atlas desenhado em 1571, atualmente no Arquivo Nacional da Torre do Tombo (ANTT), em Lisboa
Fonte: Gaspar 2008a.

2. A PRODUÇÃO LITERÁRIA ENTRE 1440 E 1500

2.1 Crónica do Descobrimento da Guiné, Gomes Eanes de Zurara, meados do século XV

É em Gomes Eanes de Zurara, na *Crónica do Descobrimento da Guiné*, que encontramos as primeiras informações sobre os hábitos e práticas alimentares dos povos africanos subsarianos.

Segundo Zurara, a região do Rio Senegal teria sido visitada pelos navegantes Gomes Pires, em 1445, e João Gonçalves Zarco e o sobrinho Álvaro Fernandes, em 1446. Gomes Pires, em 1445, ao chegar à foz do Rio Senegal, tem contato com os primeiros exemplares de fauna africana, neste caso, os elefantes, usados para sustento das populações locais: "o tamanho dos elefantes é tal, que a sua carne farta razoadamente dois mil e quinhentos homens; e que [a] acham (os guinéus) entre si por mui[to] boa carne"[17].

Mais a sul, após dobrar o Cabo Verde[18] e aportar numa ilha junto deste, ordena que se cacem cabras selvagens que aí existem, notando que são iguais às de Portugal, ainda que "somente nas orelhas que têm de mor grandeza"[19]. As diversas paragens de reconhecimento territorial que estas pequenas frotas faziam revestiam-se de maior importância para o bom sucesso das jornadas empreendidas, uma vez que permitiam a localização e sinalização de locais com mantimentos (fossem eles fauna e flora autóctone ou povoações indígenas dispostas a comerciar) e água fresca, que constituíam a base dos denominados refrescos[20].

Em nova paragem numa outra ilha[21], habitada por "guinéus hostis" (visitada anteriormente por portugueses, como provavam as armas do infante talhadas nas árvores[22]), procedeu à oferta de "um bolo e um espelho e uma folha de papel na qual debuchou uma cruz"[23] à população local, na tentativa de estabelecer uma relação pacífica com estes. No entanto, nem assim cessaram os ataques.

Meio século mais tarde, Pedro Álvares Cabral repetiria o gesto no primeiro contato com os índios tupi-guaranis, nas costas brasileiras[24].

---

[17] Zurara: 340, Cap. LX.
[18] Refere-se Cabo Verde ao cabo dobrado por Dinis Dias em 1444 e que irá dar o nome ao arquipélago descoberto a partir dos anos 50 desse século.
[19] Zurara: 364, Cap. LXIII.
[20] O conceito de refresco remete para a paragem das embarcações em pontos estratégicos, providos de água, lenha e comida e destinados a repor os bens já consumidos.
[21] Estas duas ilhas correspondem, provavelmente, à Ilha de Gorea e Ilha de Palma.
[22] Zurara: 364, Cap. LXIII.
[23] Zurara: 365, Cap. LXIII.
[24] Caminha 1500: 9.

Da visita a esta ilha, Zurara deixa-nos ainda uma breve e interessante descrição do baobá[25] ou imbondeiro, bem como do uso que dela se fazia:

> acharam árvores muito grossas de estranha sorte, entre as quais havia uma que era no pé [em] derredor 108 palmos. E esta árvore não tem o pé muito alto mas como de nogueira; e da sua entrecasca fazem mui[to] bom fiado para cordoalha e arde também como linho. O seu fruto é como cabaças, cujas pevides são como avelãs, o qual fruto comem verde e as pevides secam-nas; do que têm grande quantidade (creio que seja para sua governança depois que o verde falece)[26].

Figura 3: Frutos do baobá africano (*Adansonia digitata*), nos arredores de Pic de Nahouri, Burkina Faso
Fonte: Schmidt 2004.

Identificamos aqui a tipologia de discurso que será a constante em todos os relatos quatrocentistas e quinhentistas portugueses: a descrição de um novo

---

[25] Identificação da árvore por António Brásio, em Brásio 1958: 37.
[26] Zurara: 366-367, Cap. LXIII.

elemento de fauna ou flora desconhecido através de termos de comparação próximos do autor. Neste caso, o baobá assemelhar-se-ia, em altura, a uma nogueira, o seu fruto a uma cabaça, e as sementes deste, a avelãs.

No ano seguinte, em 1446, João Gonçalves Zarco e Álvaro Fernandes alcançam a foz do Rio Senegal, à data tido como Rio Nilo, dele retirando duas pipas de água que seriam levadas a Lisboa[27]. Daqui rumam a sul e buscam refresco nas duas ilhas próximas ao Cabo Verde, decidindo aportar junto deste[28]. Aqui são visitados por "dois barcos em que vinham dez guinéus"[29], em missão de paz, cinco dos quais foram recebidos na embarcação de Álvaro Fernandes, cuja hospitalidade não descurou, proporcionando "todo o agasalho que pode, mandando-lhes de comer e de beber com toda outra boa companhia que lhes pode ser feita"[30].

A hospitalidade portuguesa em receber com boa mesa (na medida do possível) e boa companhia revelar-se-ia ferramenta imprescindível nas relações com os africanos a partir de então, nomeadamente com grandes senhores e governantes dos reinos locais. Este encontro específico não teria, infelizmente, um desfecho feliz, terminando numa pequena rixa entre as partes e na captura de um dos guinéus, "tão valente como dois homens"[31], que só lhe ferindo um olho foi possível a sua captura.

Após a peleja, Álvaro Fernandes aventura-se no desconhecido, decidindo rumar a sul do Cabo Verde, atingindo pela primeira vez o Cabo dos Mastros[32]. Aí aportando, cruzam-se com um acampamento de nativos que, assustados, fogem[33], deixando para trás "os arcos e coldres e flechas e muita carne de porcos monteses que tinham morta e assim outras veações da qual alguma tinham assada"[34]. Assim, uma refeição campal baseada em peças de caça assada.

Numa segunda viagem, provavelmente em 1447, Álvaro Fernandes aporta novamente no Cabo dos Mastros, desta vez para reconhecimento em terra[35]. Deste resulta a identificação de algumas zonas de pastagem de cabras, bem como de uma aldeia onde "viram andar certas mulheres daqueles guinés, as quais parece que andavam acerca de um esteiro apanhando marisco"[36], chegando a tentar a captura de algumas delas. Aqui encontramos mais uma

---

[27] Zurara: 432-33, Cap. LXXV.
[28] Zurara: 433, Cap. LXXV.
[29] Zurara: 434, Cap. LXXV.
[30] Zurara: 434, Cap. LXXV.
[31] Zurara: 436, Cap. LXXV.
[32] Zurara: 437, Cap. LXXV.
[33] A sucinta mas expressiva explicação para a velocidade destes indígenas não deixa de ser curiosa: "mas os nossos, por muito que corressem, nunca os puderam filhar [...] isto porque eles andam nús e não têm cabelos senão muito curtos, tais em que se não podem fazer presa" Zurara: 357.
[34] Zurara: 438, Cap. LXXV.
[35] Zurara: 494, Cap. LXXXVII.
[36] Zurara: 495, Cap. LXXXVII.

vez a recoleção como modo de subsistência, agora associada à figura feminina. Não deixa de ser curiosa a associação da mulher à apanha do marisco,
cabendo ao homem a árdua tarefa da caça, que evidencia uma clara divisão
social do trabalho nas sociedades africanas, cujos exemplos se multiplicam
nas fontes referenciadas.

Nas proximidades deste grupo detetaram um rio[37], que trataram de subir
dias depois, onde enfrentaram um grupo de guinéus. Estes atingem Álvaro
Fernandes na perna[38], que, conhecedor do costume local de envenenar as
pontas de setas, "tirou aquela flecha muito asinha, e fez lavar a chaga com
urina e azeite, depois untou-a muito bem com teriaga"[39]. Não deixa de ser
muito curiosa a nomeação da teriaga, composto misterioso que era considerado poderoso antídoto para todos os males de envenenamento e largamente
utilizado na prática medicinal medieval[40].

Das expedições nos anos 40 do século XV, nenhuma traria um conjunto
de informações tão curiosas como a viagem do escudeiro nórdico Valarte
ao Cabo Verde[41]. Após passar a Ilha de Palma, dirige-se ao continente e
aporta numa zona chamada pelos naturais de Abrã, senhorio do governador
Guitenya[42]. Abordando alguns nativos que estavam na costa, Valarte envia um
deles como emissário a esse mesmo governador, solicitando uma visita, sem
antes presentear o emissário com comida e bebida a bordo da sua caravela[43].
Dias depois, um cavaleiro[44] guinéu, enquanto aguardava a chegada do batel
português à margem, ordenou que lhe trouxessem "uma cabra, um cabrito
e cuzcuz e papas com manteiga e pão com farinha e espigas e um dente de
elefante e semente de que faziam aquele pão e leite e vinho de palmas"[45].

Se, até ao momento, as informações sobre os hábitos alimentares das
populações africanas diziam respeito apenas à caça e recoleção, preparadas através de formas simples de cocção, com o testemunho de Valarte
aproximamo-nos de uma culinária autóctone mais complexa, onde além de
alimentos em cru, são nomeados pratos previamente preparados através de
técnicas de preparação e cocção: o cuscuz, certamente de milhete ou milho

---

[37] António Brásio indica se tratar do Rio de Lagos ou Rio do Lago, indicado em algumas
cartas náuticas. Brásio 1958: 66, nota 1.

[38] Zurara: 496, Cap. LXXXVII.

[39] Zurara: 496, Cap. LXXXVII.

[40] Este elemento aparece, a título de exemplo, na obra de Pedro Hispano. Santos, Fagundes 2010.

[41] Zurara: 534, Cap. XCIV.

[42] Zurara: 535, Cap. XCIV.

[43] Zurara: 537, Cap. XCIV.

[44] Entendemos aqui, pelo que pode ser percebido pelo texto de Zurara, que o termo "cavaleiro" se associa a alguém socialmente superior aos restantes guinéus.

[45] Zurara: 538-539, Cap. XCIV.

painço[46], papas provavelmente feitas farinha de milhete[47] e manteiga, pão da mesma farinha e uma bebida alcoólica que será referida numerosas vezes pelos viajantes, o vinho de palma, assim denominado pela semelhança com o processo de fermentação do vinho de uva, referente máximo de bebida alcoólica para a Europa do Sul[48].

Figura 4: Cuscuz artesanal feito à base de milhete, no Senegal
Fonte: Naliaka 2015.

---

[46] E que faz parte, ainda hoje, da cozinha tradicional do Senegal, denominado *thiérè* ou *couscous de mil.*

[47] Note-se que o milho maiz, à data, ainda não seria conhecido no continente africano, sendo apenas introduzido nos inícios do século XVI. Milhete poderá, assim, ser associado à espécie *Panicum miliaceum*. Ferrão 201: 257

[48] Marques 1987, Coelho 1984.

Figura 5: Recoletor de vinho de palma, no Senegal
Fonte: Schmidt, 2007.

2.2 *Itinerarium Portugallensium e Lusitania in Indiam et Inde in Occidentem et Demum ad Aquilonem*, Alvise Cadamosto, 1455–1456

Ainda que Alvise Cadamosto tenha realizado as suas viagens em 1455 e 1456, a publicação do *Itinerarium* só aconteceria anos depois da sua morte, em 1507/8, em Milão.

Neste itinerário se descreve a viagem entre Lisboa e o Rio Grande (actualmente Rio Geba, na Guiné-Bissau), dando igualmente notícia de algumas ilhas do arquipélago de Cabo Verde[49]. Partindo de Lisboa, Cadamosto aporta em Safim, fortificação portuguesa, e, daí, parte para a Guiné, alcançando a foz do Rio Senegal, onde iniciava o Reino do Senegal, habitado por "Jalofos"[50]. Aí estabelece contato com o rei local, indicando que "no meu tempo, tinha por nome Zucholim"[51].

Deste contato, o navegante italiano deixa uma descrição pormenorizada tanto da forma de abastecimento da casa real como do protocolo associado à produção, distribuição e cerimonial da refeição régia. Dever-se-á este pormenor e interesse ao primeiro contato que o mercador tem com um povo de pele negra cuja organização mais se assemelhava ao seu paradigma de "civilização". Esta oposição entre o costume do europeu "civilizado" e a novidade do africano "não civilizado" percorre todos os autores que aqui se exploram.

Assim, os reis do Senegal, do que se depreende do relato de Cadamosto, não adquiriam ou produziam bens alimentares. Ao invés, eram presenteados pelos seus súbditos com vacas, cabras e "legumes, milhos e coisas semelhantes"[52], dos quais se alimentavam.

O armazenamento, confeção e distribuição dos alimentos seguia um intrincado processo. O rei, polígamo, decidia em qual das habitações das suas esposas deveria comer e, a esta casa, todas as outras deveriam entregar três ou quatro pratos de comida, recebidos pelo "ecónomo", guardião das iguarias, que, à hora da refeição, as daria ao despenseiro que, por sua vez, as apresentava ao anfitrião, escolhendo o que mais agradasse antes de tomar lugar na mesa[53]. Ainda que fosse um povo que presava pelo cuidado do corpo, tomando "3 ou 4 banhos por dia"[54], os seus manjares "eram sujos"[55].

Importa sublinhar que a prática dos reis do Senegal tomarem assento numa mesa, partilhando-a com muitos poucos súbditos, se revela um distintivo

---

[49] Tradução em Fernandes 1998.
[50] Cadamosto: 75.
[51] Cadamosto: 76.
[52] Cadamosto: 77.
[53] Cadamosto: 77-78.
[54] Cadamsoto: 80.
[55] Cadamosto: 80.

social e civilizatório idêntico à prática europeia da época. Assim é que, em oposição a este, os restantes convivas comiam no chão, em grupos de 10 a 12 elementos, "sem elegância"[56], partilhando a mesma travessa, num ritual que se repetia três a quatro vezes por dia[57].

Cadamosto indica, ainda, quais os produtos que esta terra dá: milho (painço certamente[58]), favas e feijões, ainda que os estes se assemelhassem a avelãs, por terem estrias na superfície, e as favas serem mais largas e alongadas, enrubescendo ou alvejando quando cozinhadas[59]. Nomeia, ainda, outro tipo de feijão, o *hilo*, assim denominado pelo autor por apresentar uma espécie de olho[60]. Descreve também, com minúcia, "uma espécie de azeite que [usam] nas suas comidas [...] que tinge as carnes a modo de açafrão"[61], claramente azeite de palma, ainda que refira que "não sei de que se faz"[62] e que era vendido nos mercados juntamente com os legumes e o milho[63].

Da fauna local nomeia as vacas, mais pequenas que as italianas, de pêlo preto, branco e malhadas, não existindo vacas de pêlo vermelho[64]. Abundam os cabritos, os coelhos, as galinhas do mato e os patos[65].

Das bebidas que saciavam a sede aos habitantes da foz do Senegal, Cadamosto enumera a água, o leite e uma bebida alcoólica de nome "minhol"[66]: produzido a partir do suco da palmeira (de um tipo que não produzia tâmaras), tinha uma coloração cinzenta e, tal como o leite, apresentava uma espécie de soro[67]. Uma referência clara ao vinho de palma, em que o autor faz questão de afirmar que "Eu o bebi várias vezes, no tempo que estive em terra naquele país, e sabia-me melhor que o nosso vinho"[68].

Era, também, uma região abundante em mel, largamente consumido pelos autótones, que o comiam diretamente do favo[69].

---

[56] Cadamosto: 90.
[57] Cadamosto: 90.
[58] Para a problemática da identificação das espécies de milho enunciadas, ver Ferrão 2013: 257, 262-263.
[59] Cadamsoto: 91.
[60] Cadamsoto: 93.
[61] Cadamsoto: 93
[62] Cadamsoto: 93.
[63] Cadamsoto: 98.
[64] Cadamsoto: 96.
[65] Cadamsoto: 96.
[66] Cadamsoto: 92.
[67] Cadamsoto: 92.
[68] Cadamsoto: 92.
[69] Cadamsoto: 101.

2.3 *De prima inventione Guynee ou A Relação de Diogo Gomes*, Diogo Gomes de Sintra, 1456–1460

As informações presentes neste tipo de relatos não remetem, exclusivamente, para a descrição direta das práticas do *Outro*, mas, também, para elementos que permitem caracterizar os hábitos alimentares do observador, neste caso, navegadores portugueses/europeus.

A denominada *Relação de Diogo Gomes*, para além da sua incontestável importância para o conhecimento das primeiras missões diplomáticas portuguesas em território africano[70], encerra em si descrições e pormenores de encontros entre portugueses e africanos ocidentais que revelam o uso que os navegantes faziam das refeições e da culinária portuguesa por forma a encetar contatos com os locais.

Chegado ao Rio Gâmbia, Diogo Gomes decidiu explorar as suas margens, subindo o rio a caminho da foz. É assim que alcança o abastado mercado de Cantor, centro comercial do ouro. Na volta, após o reconhecimento nas margens, o senhor da margem sul do rio, *Batimansa*, pede para ser recebido pelo capitão, que prontamente aceita a visita e, como diplomata que era, faz a cortesia de presentear o chefe local com o que de melhor tem na sua embarcação, biscoito e vinho (certamente parte da matalotagem da embarcação), justificando a oferta com a realidade local: os autóctones "não têm vinho senão de palmeiras, isto é, das árvores das tâmaras"[71], garantindo ao vinho português um valor social acrescentado.

De seguida, em *Alcuzet*[72], povoação nas margens deste rio e visitada antes por Jacob (de onde são trazidos limões como prova da fertilidade desta cidade[73]), o capitão português faz, novamente, uso da diplomacia e enceta relações com o senhor da cidade. Este presenteia o capitão português com pedaços de carne de elefante que são transportados para as embarcações[74], provavelmente para deleite da tripulação.

Diogo Gomes, na sua estadia pelo Rio Gâmbia, tenta estabelecer relações cordiais com os senhores locais, tentando ultrapassar antigas incompatibilidades e mal-entendidos: aqui, toma conhecimento da verdadeira história de *Nomimans*, rei temido pelos supostos ataques a cristãos[75], e empreende os

---

[70] Oliveira 2004: 808.
[71] Sintra: 79.
[72] Localizada, provavelmente, nas margens do Rio Gâmbia, desconhece-se a que cidade corresponderá esta denominação.
[73] Sintra: 79.
[74] Sintra: 79.
[75] Sintra: 79-80.

primeiros movimentos diplomáticos com este que, após conversações, aceita o convite para uma refeição de paz na embarcação do português:

> o rei, com os seus doze cortesãos mais velhos e oito mulheres que fossem comigo à caravela comer. Todos eles foram sem armas. Eu dei-lhes galinhas e carnes preparadas à nossa maneira bem como vinho branco e tinto[76].

Uma refeição que, certamente, terá surpreendido o senhor de Alcuzet, anos mais tarde convertido ao Cristianismo, adotando o nome de Henrique[77].

A referência, explícita, a "galinha e carnes preparadas ao nosso uso" não deixa de suscitar curiosidade. O que identificaria a comida "preparada ao nosso uso"?

A recente publicação de um livro de receitas de meados do século XVI[78] pode trazer algumas luzes sobre este tópico. Produzido em ambiente conventual, provavelmente coligido por Luís Álvares de Távora, prelado de Tomar e, previamente, colegial em Coimbra, caracteriza-se pela frugalidade de grande parte das receitas, ainda que com um cunho muito característico no que respeita à doçaria conventual. Interessa, aqui, recuperar três receitas específicas:

> Galinha para caminho[79]
> Indo-se assando, se há-de ir juntamente untando com manteiga, e se a não hou¬ver com azeite e sal e água misturada. Para caminho conserva--se muito salpicada com sal e pimenta, ou seja assada ou cozida; duas partes de pimenta.
> [...]

> Vaca para caminho[80]

> Cozida a vaca e fria, feita em talhadas, e depois cebola frita em azeite, pouco frita, e depois ~~feita~~ mostarda ~~com vinagre~~ pisada em seco, se mistura com a cebola e mostarda uma camada de talhadas de vaca e azeite, cebola e mostarda tudo junto frio.
> [...]

> Conserva de perdizes com que se levam à Índia, e eu as levei a Roma[81]

---

[76] Sintra: 81.
[77] Sintra: 81.
[78] Barros 2013.
[79] Receita 32. Barros 2013: 141
[80] Receita 270. Barros 2013: 377.
[81] Receita 280. Barros 2013: 387.

As perdizes se querem mortas de dois dias ao menos com a mesma
pena, e eles passados as depenarão e assarão muito bem como se se
houvessem de comer logo, e as deixarão arefecer e as meterão no quarto,
ou vaso que parecer, conforme a quan¬tidade delas, e se fará à parte o
molho na forma seguinte.

Sendo uma dúzia se lhe deitará um quartilho de muito bom azeite, e
de vinagre a quantidade que baste para as cobrir, e sendo vinagre muito
forte se destempere com água, e deitem-lhe nesta calda cravo, pimenta,
sal, tudo muito bem pisado, a quanti¬dade que parecer, conforme a
quantidade das perdizes, advertindo que esta calda cubra as perdizes
sempre. E taparão o vaso, se houver de ir para fora. E nesta forma as
trou¬xe eu de Lisboa até Roma fresquíssimas como se foram mortas
e assadas daquele dia.

Todas partilham as mesmas especificidades: são receitas dirigidas para a
preparação e conservação de carnes para serem consumidas após e durante um
largo período de tempo, todas apresentam processos simples de cocção (assar
e cozer) e tempero pouco exuberante, ainda que, para o período das viagens
de Cadamosto, teremos de considerar a inexistência, a bordo, de especiarias
como a pimenta, o cravinho e a mostarda, ao contrário do azeite, vinho e sal,
imprescindíveis à matalotagem de qualquer embarcação.

A existência de gado vivo a bordo das embarcações está atestada[82], e
mesmo a captura de animais de pequeno porte nas zonas de refresco, já referidas, permite considerar que as refeições servidas ao rei *Nomimans* teriam
sido muito próximas às receitas aqui expostas, tanto pela disponibilidade dos
ingredientes principais a bordo como pela relativa simplicidade da sua forma
de cocção, mas, também pela tradição associada de conservação de carne e a
sua presença na matalotagem das embarcações.

A importância desta para o suprimento das embarcações seria de tal
forma crucial para o sucesso das empreitadas marítimas que D. João III, em
1528, manda que se instale na ilha de Santiago (Cabo Verde), na cidade de
Ribeira Grande, uma unidade de produção de carnes de conserva, destinada
a abastecer os barcos que aí aportassem, feita de vaca cozida em vinagre[83].

Para este período importa referir ainda outro autor, Jerónimo Münzer,
que não adiciona informação significativa ao que até agora tem sido apresentado, acrescentando apenas que da base alimentar das populações na foz
do Rio Senegal também faziam parte o peixe seco ao sol, o leite e a carne de
camelo e de outros animais[84].

---

[82] Domigues, Guerreiro 1988: 207.
[83] Retomaremos este assunto mais à frente. Torrão 1995: 90.
[84] Münzer: 227.

3. O *Manuscrito Valentim Fernandes*, 1508–1509

Resultado da própria origem do documento, o denominado *Manuscrito Valentim Fernandes* congrega distintas informações provenientes de variadas fontes, apresentando-se como um autêntico compêndio noticioso de época, povoado de curiosidades e descrições de um mundo até então quase desconhecido.

Assim, sobre o Rio Senegal, onde começava a grande região da Etiópia, um grande rei dominaria a região (cujo controlo estava distribuído por variados senhores), reino este onde se prezavam muito vacas, cabras, milho e vinho de palmas[85]. A produção de bens alimentares era baseada no trabalho de "escravos", ocupados em "rouçar semear e colher em suas quintãs"[86]. Nestas quintas, tinha o rei 8 ou 10 mulheres, cada uma com sua casa, onde este se recolhia quando quisesse[87]. A descrição do ritual de refeição do rei coincide com as informações de Alvise Cadamosto, esclarecendo-se agora que cada mulher traz 3 a 4 iguarias de carne, peixe e arroz, até juntar um total de 44 iguarias[88], comportamento emulado por todos os senhores da região.

O manuscrito dá-nos conta de informações pormenorizadas dos territórios mais afastados da costa, dedicando uma parte à descrição do reino de *Budomel*, governado pelo rei Budomel e com a sua capital a 60 léguas da costa[89]. Nesta "aldeia", "de casas de palha"[90], tem o rei 9 mulheres e, cada uma desta, 5 a 6 jovens meninas ao seu serviço que, tal como o rei do Senegal, estão encarregadas da cozinha[91]. O cerimonial de refeição é idêntico ao dos reinos vizinhos: o rei faz-se rodear dos seus vassalos e clérigos "azenegues"[92], sentados no chão sobre uma pele de vaca, "bestialmente"[93], enquanto os restantes comem em grupos de 10 a 12 elementos, de um só prato, num ritual que se repetia várias vezes ao dia[94]. Sublinhamos aqui, mais uma vez, a descrição do observador europeu pautada pela dicotomia entre um ato de refeição *civilizado* e um *bestial*, este caraterizado aqui pela falta de mesas.

Sobre os produtos alimentares produzidos nesta região:

> Em toda a Etiópia não nasce trigo nem cevada nem centeio nem vinho de uvas [...] [produzindo] milho de diversas maneiras. Feijões grandes como avelãs há cá,

---

85 Fernandes: 672.
86 Fernandes: 672.
87 Fernandes: 672.
88 Fernandes: 673.
89 Fernandes: 674.
90 Fernandes: 674.
91 Fernandes: 676.
92 Fernandes: 676.
93 Fernandes: 676.
94 Fernandes: 676.

em bainhas pintadas. Favas grandes vermelhas muito largas e não grossas e favas brancas e formosas[95].

Note-se que, mesmo antes de serem enumerados os produtos existentes, são enumerados os produtos que não existem, evidenciando a importância que estes detinham para o relator, nomeadamente os cereais destinados à panificação e o vinho, dois dos pilares da matriz alimentar portuguesa[96].

É ainda dada a informação de que a plantação do milho, dos feijões e das favas ocorria em julho e a colheita em setembro, não sendo plantado mais que o necessário para consumo das comunidades[97].

Também temos notícia do *minhol*, vinho de palma, de quem têm muitas árvores e das quais também fazem um óleo "amarelo sobre roxo"[98], o óleo de palma[99].

Sobre as mulheres deste reino, denominadas de "Gylofas", diz-se que "chuchavam o favo do mel e lançavam a cera a longe, e lhes fizeram tirar a cera e coser e fazer candeias do que se muito maravilharam"[100], sendo este um registo de outro elemento de transferência de conhecimentos entre povos africanos e descobridores portugueses: a arte de fazer velas e candeias e, por consequência, da iluminação artificial.

O *Manuscrito Valentim Fernandes* revela-se inovador pois, ao contrário das fontes até agora analisadas, os costumes das sociedades locais aparecem destacados, nomeadamente as práticas religiosas que não estavam associadas à prática de Islamismo[101]. Certamente bebidas de outra fonte, outro conjunto de informações do *Manuscrito Valentim Fernandes* refere que entre o Rio Senegal e o Rio Gâmbia se estendia o reino de "Gilofa"[102], onde conviviam muçulmanos e adeptos das religiões tradicionais. Estes últimos praticavam rituais onde a comida ocupava um lugar de destaque:

> Os idólatras de Gilofa tomam uma panela de barro velha, e lançam nela sangue de galinha e penas e água suja e a cobrem e põem a dita panela entre portas em

---

[95] Fernandes: 676.

[96] Para as origens da matriz alimentar portuguesa, ver Soares 2014.

[97] Fernandes: 676.

[98] Fernandes: 676.

[99] Atualmente, o óleo ou azeite de palma é largamente utilizado na região Nordeste do Brasil, com especial presença na culinária baiana, conhecido como azeite de dendê, e associado à herança africana na culinária baiana. Para a culinária baiana, ver, dentre outros, Lima 2010.

[100] Fernandes: 676.

[101] A presença, ou não, de práticas religiosas islâmicas/islamizantes, era tida como fator determinante na abordagem destas comunidades, onde a presença de religião muçulmana era sinónimo de antagonismo religioso e maior grau de intolerância. Sobre o tema, ver, entre outros, Horta 1990 e Robinson 2004.

[102] Fernandes: 682. O termo *Gilofa* ou *Gilofo* ou *Jilofo* correspoderá ao grupo étnico Wolof.

uma casinha feita de palha e coberta e em derredor muita farinha de arroz e outras coisas e ali fazem cada manhã sua oração e cerimónias[103].

Sobre a sua alimentação, é corroborada a informação que tem sido já apresentada: comem carne de várias espécies, sendo as vacas numerosas, mas mais pequenas que as portuguesas, cor preta, branca, malhada e algumas avermelhadas, muitas cabras, poucas ovelhas (sem lã), gamas, lebres, muitas galinhas parecidas com as portuguesas e também galinhas "da Guiné", elefantes (poucos e selvagens), sigas[104] e búfalos[105]. De cereais, comem pouco arroz, milho zaburro "de que têm muito"[106] e grandes feijões, idênticos aos portugueses[107]. No entanto: "cuscus é o seu principal comer, que fazem do milho zaburro. Pisam-no em um morteiro de pau que têm para isso e depois o secam"[108].

O cuscuz aparece, novamente, tido como a base alimentar das sociedades da zona entre o rio Senegal e o rio Gâmbia, agora acrescentando uma descrição da forma de produção deste, que se resumia à sua moagem através de pilão e almofariz, prática que prevalece ainda hoje em território africano. Um processo que se revela bem mais simples que o enunciado por Luís Álvares de Távora: feito de farinha de trigo e água, o processo de produção doméstico de cuscuz implicava a presença de duas pessoas e um intricado processo de produção e cozedura, para a qual era necessário um instrumento específico: o cuscuzeiro[109].

Ao contrário das comunidades do interior, as comunidades costeiras destacavam-se por ser de grandes pescadores, que se lançavam a mais de 3 léguas da costa para pescar com grandes redes feitas de fibras vegetais e arpões[110].

Os habitantes deste reino, os *gilofos*, não gozavam de boa fama: "Os gilofos são grandes bêbados e folgam muito com nosso vinho quando o podem haver e bebem vinho de palma, e vinho de mel de abelhas e vinho de milho"[111].

Além do *minhol* (vinho de palma), temos agora notícia de outras duas bebidas fermentadas, bem como a prática do consumo de vinho de uva português por parte dos habitantes locais. Estamos já perante um avançado estádio de trocas culturais entre portugueses e *gilofos*, denunciando os alargados

---

[103] Fernandes: 683.
[104] Antílopes.
[105] Fernandes: 686.
[106] Fernandes: 686.
[107] Fernandes: 686.
[108] Fernandes: 687.
[109] Receita 3. Barros 2013: 115.
[110] Fernandes: 687.
[111] Fernandes: 687.

contatos comerciais e diplomáticos que se intensificam com a presença mais
assídua de portugueses na costa africana.

O valor etnográfico deste conjunto de relatos ultrapassa todas as fontes
até agora referidas. Neste ponto, o relator dos costumes dos *gilofos* dedica
largo espaço à explanação minuciosa do modo de preparação dos três tipos
de bebida alcoólica mencionadas. Em primeiro lugar, o vinho de mel:

> Tomam o mel com a sua cera, e então tomam água .s. três terços, e delinham
> aquele mel em aquela água, e deitam na em panelas ou cabaças grandes, e sarram-
> -nas muito bem as suas bocas e deixam as estar por dias, porem cada dia as levam
> ao sol. E assim ferve com quentura do sol. E depois que passam VII ou XV dias
> abrem aquela panela e tiram lhe a cera que se veio toda acima. E aquele vinho
> bebem, e sabe mui bem porque há alguns que o sabem fazer mui bem, porque
> nesta terra nasce muito mel, e tem muitas abelhas[112].

A descrição que aqui é feita leva a crer que o relator conhecia a bebida,
tecendo considerações sobre o sabor e qualidade desta, que indicia mais um
elemento de trocas culturais resultante dos contatos entre portugueses e
africanos, mas, agora, sobre outro prisma: um produto autóctone que agrada
ao gosto do europeu. Nota-se, ainda, a relação entre a qualidade do produto
final com a experiência de quem produz e a qualidade das matérias utilizadas.

Do vinho de milho:

> Tomam o milho e pisam no mui bem pisado e fazem farinha dele e a esta
> farinha deitam água quente que ferve. Então coam no por um pano de palma
> feito para aquilo. E aquela água deitam em panelas e a deixam cozer por certos
> dias. E este vinho quanto mais velho tanto melhor. E deste vinho há mais que
> nenhum outro[113].

Uma segunda bebida fermentada cujo processo de produção se mostra
mais complexo: o milho é reduzido a farinha, que depois é misturada com
água fervente e esta, coada, é deixada a fermentar por um longo período de
tempo. Uma bebida que, tal como o vinho de uva, ganhava qualidade com
o envelhecimento.

Com uma durabilidade bem mais reduzida, encontramos o vinho de
palma, *minhol* nas palavras de Cadamosto:

> Nos ramos da palmeira buscam onde ela lança filhos de novo, então cortam os
> ramos e buscam os filhos e furam desta maneira. Quando acham o dito filho que
> é feito da arte como as dos palmitos de Castela, que por tempo se fazem ramos

---

112 Fernandes: 688.
113 Fernandes: 688.

e fazem fruto em cima de maneira que deixa duas terças em baixo por o pé e ali põem um cabaço com buraco pequeno que somente tapa o buraco e atam na com cordas pequenas porque este sempre mui bem atado, de maneira que o sumo não pode sair por de fora se não por dentro do cabaz e se destila assim por dia meia canada ou três quartilhos a mais, e é visitada pela manhã e à noite, e de cada vez que o visitem cortam o buraco mais para baixo, e põe ali o cabaz tanto até que chega ao pé, porque então não tem mais que destilar. E assim aquele destilar daquele filho dura XV ou XX dias e este vinho pelo primeiro quando abrem aquele filho é muito doce e dai avante não é tão bom, e se faz cada vez mais contra sabor de vinagre e este vinho não se tem mais que de um dia para o outro, cá depois se faz muito azedo[114].

Além deste tipo de palmeira, existia outro tipo, "como as de Espanha"[115], que dava um fruto

> tão grande como cabeça e mor da feição de pinho [...] um cacho pegado muito machado e tiram o fruto que é de dentro, que é feito como amêndoas e cozem no e depois que é cozido pisam no em uns pisãos grandes e tomam no depois e deitam no em uma panela de água e deixam no ferver muito. E assim o azeite se aparta sobre a água e tiram dali aquele azeite e a água fica. E assim guardam aquele azeite e se aproveitam dele. Este azeite é vermelho e cheira muito bem[116].

Descreve-se aqui, sem dúvida, o método de produção do óleo de palma[117]. Do bagaço do fruto da palma pisado e cozido, sobrava:

> um caroço muito duro o qual com seu pisar não quebra se não depois de cozido. Depois desta fruta cozida e o azeite tirado, ficam uns caroços como de pessico e quebram no, e tiram de dentro a carne e comem na como acá pinhões, porém não a comem se não mastigam no e chucham o sumo dele e o lançam fora[118].

No entanto, o caroço do fruto tinha outro tipo de utilização em outras regiões, nomeadamente cosmética: "Em outras partes pisam aquela carne daqueles caroços e cozem no assim como o outro e fazem deles azeite branco com que se untam. E acham aqueste untar por são"[119].

O pormenor com que todos estes processos de extração, recolha e processamento são descritos induz que o relator foi observador direto de todos

---

[114] Fernandes: 688.
[115] Fernandes: 688-689.
[116] Fernandes: 689.
[117] A problemática das distintas espécies de palmeiras registadas nestes relatos e a sua "viagem" para o continente americano podem ser aprofundadas em Ferrão 2013.
[118] Fernandes: 689.
[119] Fernandes: 689.

eles, garantindo autenticidade ao seu discurso com memórias do forte odor
que o óleo de palma emanava, do doce do vinho de palma acabado de extrair
ou da qualidade do vinho de mel, testemunhos e provas da sua experiência
pessoal e contato com estas realidades, tão valorizadas na Europa humanista
de Quinhentos[120].

Coincidindo com o relato de Diogo Gomes, é referido que na Ilha de
Palma[121] dominam os imbondeiros, cujo fruto:

> parece com abóboras pequenas. E dentro têm o miolo muito branco e umas pe-
> vides misturadas com ele. Quando são maduros são bons de comer, o miolo de
> dentro é azedo um pouco, muito bom para a correção, porque qualquer homem
> que anda com correção e lhe dão, logo estanca[122].

O relato[123], que agora descreve as regiões a sul da Ilha de Palma, remete
para a zona entre o Cabo dos Mastos e o Rio Gâmbia, localizando na margem
norte deste a comarca de Gebandor. Aqui abundavam as ostras e berbigões
que as populações locais comem tanto crus como cozidos, sendo igualmente
assados, secos e vendidos em feiras locais dentro de panelas[124].

Sobre este rio, o manuscrito refere que foi descoberto em 1455 pelo
veneziano Antoniotto Uso di Mare e pelo genovês Luís de Mosto[125], outro
nome pelo qual era conhecido Alvise Cadamosto, e aqui começava o reino
de Mandinga[126], onde as populações se mantinham da mesma forma que no
Rio Senegal. No entanto, em Mandinga, o arroz era de tal forma abundante
que o usavam para trocas locais, juntamente como vinho, azeite e carnes[127].
Era uma terra muito abastada de mantimentos e com criação de vacas, asnos
e carneiros.

Da dieta das populações fixadas neste reino fazia parte:

---

[120] Cristóvão 2003: 210-211.

[121] Também denominada Ilha das Palmas e, atualmente, Ilha de Goreia.

[122] Fernandes: 692.

[123] Colocamos a hipótese de aqui se tratar de um outro relator, de discurso menos pormeno-
rizado e mais dedicado à geografia e topografia da zona descrita.

[124] Fernandes: 695.

[125] Fernandes: 697.

[126] Fernandes: 698. Atualmente,corresponde esta zona a partes da Guiné-Bissau, Mali,
Costa do Marfim e Guiné. Tem sua origem no antigo império do Mali, que se desmembra em
vários reinos no fim do século XVI.

[127] Fernandes: 706.

arroz leite e milho zaburro, e inhames cozidos e assados, e comem erva coco[128], e feijões. [...] Os proves que não precalçam[129] inhames ou arroz comem norças bravas cozidas e cortidas como tremoços de cá, porém sempre amargam[130].

Trata-se da primeira ocorrência documental, no espetro das fontes utilizadas, do vocábulo inhame[131], consumido após ser cozido ou assado, juntamente com arroz e milho zaburro. Estes podiam ser substituídos por norças-bravas[132], cozidas e curtidas em salmoura, como os tremoços em Portugal.

Da fauna deste reino faziam parte búfalos, onças, gatos, corças, "gazelas ruivas"[133], muitas lebres, poucas vacas e pequenas, porcos monteses e cabras[134]. Não tinham coelhos, mas juntavam à sua dieta carne de cão[135], que eram muitos e gordos[136]. De aves, tinham muitas perdizes, mais pequenas que as de Portugal e de cor cinza, e galinhas como em Portugal, mas também bravas pintadas[137].

Da flora autóctone, o relator dá-nos conta de algumas árvores de fruto, indicando utilizações, sabores, cheiros e até propriedades medicinais:

> Há uma árvore em Mandinga que dá um fruto tão grande como maçãs, o qual pisam e cozem e fazem dele azeite branco para se untarem e não comerem[138].
>
> Outra árvore que dá um fruto grande como alberqueques e é boa para comer e este fruto apanham e secam e dele fazem vinho assim verde como seco e este vinho dura X dias.
>
> Ha aí outra fruta que pareçe maçãs baionesas e é doce e dentro tem um grande caroço e dentro do caroço tem carne grande como amêndoa e é muito gostoso para comer, mas embebeda quem muito como dele e lhe chamam mansacomba.

---

[128] "taro, tubérculo originário da ilha de Samôa". Brásio 1959: 706, nota 58.

[129] A transcrição do documento utilizada apresenta esta grafia, cujo sentido não foi possível apurar. O documento, muito provavelmente, apresenta a frase "os povos que não produzem inhames…". No entanto, a informação essencial ao que pretendemos explanar não sai prejudicada.

[130] Fernandes: 706.

[131] Para esclarecimentos adicionais sobre as espécies de inhame, ver Ferrão 2013: 256-257.

[132] "Norça: Herva. Há de duas castas: branca e preta. Norça Branca: He uma planta rasteira". Bluteau 1716: 746.

[133] Antílopes.

[134] Fernandes: 708.

[135] Fernandes: 699.

[136] Fernandes: 708.

[137] Fernandes: 709. Provavelmente as *galinhas-da-Guiné* que referidas para o reino de Gilofa e idênticas às atuais *galinhas de Angola* (*Numida meleagris*).

[138] Provavelmente, a árvore do Karité.

Ha aí outro fruto tão grande como ameixas brancas de Portugal, e
chama ele este fruto malep, e tem uma pontasinha de azedo, porém
são muito bons para o fastio.

Ha aí outra árvore muito alta, e em baixo toda limpa até arriba, que
tem uma frança como pinheiro limpo, traz fruto como peros muito
formosos e tem ponta de azedo. E é bom para comer.

Milho zaburro é grande, e cavam para milho e arroz como nós para
horta.

Ihnames é uma raiz como de cenoura, se não que são mais grossas, e os
gomos são espinhosos como de silva, salvo que não são tão compridos
os espinho e são de outro sabor assim como castanha colerinhas.

Coco é uma raiz redonda como cebola, as folhas tem da feição de
adarga em grandura e anchura. Comendo crú amarga como pepino de
São Gregório e trava como borunhos e cosido ou assado enlangueta
que não parece senão sabão. E dizem que é muito bom e são para
cumprir com mulheres[139].

Outra arvore ha em Mandinga como encima e dá fruto tão grande
como pêssegos e dura todo o ano e sempre dá fruto. Esta fruta eles
chamam de mabijs e nós menpatagens, e desta fruta também fazem
vinho e tem sabor de maçãs baionezas.

Ha aí limões galegos azedos como vinagre e muitos deles.

Trigo nem cevada não tem.

Feijões brancos, pretos e vermelhos e outros grandes como avelãs
pintados.

Em estas terras há muita cera e mel e belheiras enfindas em as árvores
e as casas delas fazem de palha e embarradas por cima[140].

As referências às frutas portuguesas são uma constante, prestando um
grande auxílio ao relator na comunicação e descrição de frutos e sabores
completamente desconhecidos, originando descrições caricatas de frutos
idênticos a cebolas, que sabem a pepinos, travam como abrunhos e que,
cozinhados, adquirem uma textura semelhante à do sabão.

Tal como observado para os reis do Senegal, também este relator descreve, ainda que sucintamente, o protocolo de refeição do rei de Mandinga[141],
identificado com o rei do império Mali: era servido, dentro da sua casa, pelas

---

[139] Sobre este, José Horta considera que a caracterização dada, pelo relator, é propositada-
mente negativa, evidenciando uma "divergência de gostos e que "implicitamente se associa uma
avaliação moral negativa. Horta 1991: 296.

[140] Fernandes: 710-711.

[141] Fernandes: 700, nota 48.

várias mulheres que tinha e só elas tinham contato visual com ele[142], servindo cada uma seu prato[143]. Quando se deslocava, comia e bebia debaixo de uma pele de boi, onde lhe eram servidas atagaras (grandes pratos) de milho e arroz, umas em cima das outras[144].

Já na foz do Rio Gâmbia, no Cabo de Santa Marta, o relator observou o modo de recolha do vinho de palma, bem como da produção do azeite de palma, descrevendo, de modo mais sucinto, os processos. Ainda que não revele mais pormenores sobre os processos, acrescenta que o vinho de palma é "tão doce e tão saboroso como o vinho de Malvesia e branco como leite, e embebeda como o nosso"[145]. Além disto, atribui a cor vermelha do azeite ao tom vermelho dos cachos quando maduros[146].

Enumera, por fim, um segundo tipo de palmeira, "que são de datiles, trazem nas tão pequenas que não prestam"[147], isto é, tâmaras.

Ainda na foz do Gâmbia, mais uma vez, regista-se o contato com a exótica carne de elefante, desta feita presentada pelo rei Gnumimansa[148], caçada para o propósito, a qual o relator terá provado, atestando que "não é carne saborosa"[149].

O *Manuscrito Valentim Fernandes* representa, assim, um autêntico folhetim de novidades e curiosidade dos novos mundos que se iam desvendando, relevando práticas e hábitos culturais completamente desconhecidos e, por tal, exóticos.

Para a região da *Guiné*, só no último quartel do século XVI se registam mais relações deste pormenor e riqueza descritiva, em parte justificadas pelo refrear do investimento régio e colonização da costa africana, em detrimento do mundo sul-americano, de tal forma que os próprios autores das relações, habitantes e com presença assídua nas costas africanas, não se cansam de enaltecer a fertilidade da terra.

No entanto, ainda antes destas serem exploradas, refiram-se duas obras de maior vulto científico e histórico da primeira metade do século XVI: *Esmeraldo de Situ Orbis e Décadas da Ásia.*

---

[142] Fernandes: 701.
[143] Fernandes: 702.
[144] Fernandes: 701
[145] Fernandes: 711.
[146] Fernandes: 711.
[147] Fernandes: 711. *Datiles* são as tâmaras, vocábulo cuja raiz ainda hoje forma a palavra no Inglês, "date".
[148] Provavelmente um vassalo de Mandinga.
[149] Fernandes: 700.

4. A Guiné na obra de Duarte Pacheco Pereira e João de Barros

Obras de diferente âmbito de produção, as descrições dos hábitos e
costumes são mais raras e breves, restringindo-se a sucintas referências à
produção local de mantimentos.

Duarte Pacheco Pereira, na sua obra *Esmeraldo de Situ Orbis*, não acrescenta
novidade nas descrições que faz da zona da Guiné, o que se justifica pela
própria natureza da obra que, segundo o autor, é "um livro de cosmographia
e marinharia"[150] e, por tal, as indicações e descrições registadas dirigem-se
mais a homens do mar e menos a curiosos: informações como locais de
ancoragem, zonas de refresco, feiras e trocas comerciais operadas ou condições meteorológicas permitiam um planeamento mais seguro das viagens e
asseguravam a rentabilidade das trocas e a sobrevivência dos marinheiros.

Ainda assim indica que a Ilha de Palma, nas proximidades do Cabo
Verde, era zona de refresco, onde "podem tomar água e lenha e carne, mas
seja por vontade dos negros por que de outra maneira receberão dano"[151].
Próximo, no Cabo dos Mastos, "há grande pescaria de parguos e badejos e
outros peixes"[152] e a sul, no Porto de Ali[153], "podem tomar e comprar muita
carne e milho para mantimento e feijões e água e lenha, mas há mester que
contentem os negros"[154].

A obra de João de Barros, *Décadas da Ásia*, nomeadamente a Década I,
também não acrescenta novos dados, confirmando que a terra dos Jalofos
se localiza entre os rios Senegal e Gâmbia, terra do príncipe convertido D.
João Bemoim[155].

Aqui, apesar da terra fértil, só crescia o "milho de maçaroca a que
chamamos zaburro"[156]. O trigo, esse só crescia nas zonas mais próximas ao
deserto, "mais hortado à enxada que lavrado com arado, muito mais fermoso
que o de Espanha (segundo eles dizem)"[157]. Note-se a subtil desconfiança do
autor quanto à informação sobre a qualidade do trigo: a falta da prova visual
do que é relatado obriga à anotação que a fonte da informação foi indireta.

---

[150] Pereira: 395.
[151] Pereira: 458 (Cap. 28).
[152] Pereira: 459 (Cap. 28).
[153] Hoje conhecido como Saly, no Senegal.
[154] Pereira: 460, Cap. 28.
[155] Barros: 96.
[156] Barros: 99
[157] Barros: 100.

5. Historiografia e propagandística no último quartel do século XVI: as relações de António Velho Tinoco, Francisco de Andrade e André Álvares Almada

É já no último quartel do século XVI que surge uma considerável quantidade de novas informações sobre hábitos e práticas alimentares na África Ocidental. Ainda que a relação de André Álvares de Almada seja a que mais se detém na região da *Guiné*, outras duas fazem breves referências à região. Da relação do capitão António Velho Tinoco, de 1578, temos apenas uma breve referência à fertilidade das margens do Gâmbia: "Tem a terra muitos arvoredos, boas águas e fruitas, peixe e carne"[158].

Ainda que remeta, maioritariamente, para informações sobre o arquipélago de Cabo Verde, a relação de Francisco de Andrade, sargento-mor na Ilha de Santiago, não deixa de notar os portos que os habitantes de Santiago estão autorizados a frequentar bem como as zonas envolventes. Para a zona do Gâmbia, dois portos se assinalam: a aldeia de *Yanbor*, a 30 léguas da barra do rio, e o porto de *Cantor* a 60 léguas[159]. Tal como António Velho Tinoco, refere brevemente a fertilidade das terras do Gâmbia: "há neste rio grandes campos e arvoredos, de muito arros e mantimentos, que os negros regam com as águas doces do rio, em falta de chuva, por onde sempre estão abastados dele"[160].

Será com a relação de André Álvares Almada "natural da Ilha de Santiago de Cabo Verde prático e versado nas ditas partes"[161], de 1594, que teremos acesso a uma grande quantidade de novas informações, fruto tanto de descobertas pessoais como de informações por terceiros que o capitão cabo-verdiano recebe e compila.

5.1 O reino do Grão-Jalofo

André Álvares de Almada registra, na sua relação, a extensão, história e costumes dos grandes reinos que ocupavam a costa e sertão africano, desde o Rio Senegal à Serra Leoa. Começa, portanto, pela história do grande Império dos Jalofos e do seu desmembramento[162], confinado, à data, ao território entre o Rio Senegal e o Cabo Verde, onde reinava o rei de *Encalhor*, *Amad-Malique*, e a sul deste, o seu filho *Chilao*, até aos limites do reino de Ale. Juntos, formavam o reino do Grão-Jalofo[163].

---

[158] Tinoco: 86.
[159] Andrade: 103.
[160] Andrade: 104.
[161] Almada: 229.
[162] Almada: 234-239.
[163] Almada: 233

A população deste reino, denominada de *Jalofos*, tinha a particularidade
de beber muito pouca água e comer muito pouco:

> com muito pouco mantimento se sustentam: bebem muito pouca água, porque há
> muitos negros deste sertão que em muitos dias a não bebem; e quando a bebem
> não há de ser água pura, senão por muita necessidade; bebem-a misturada com
> leite azedo de vacas, amassado o leite de maneira que fique ralo como a mesma
> água; e desta maneira a bebem, ou deitando nela farinha de um milho, a que
> chamam maçaroca, mantimento de mais substância quanto há em Guiné. É tão
> bom quase como o trigo[164].

Este excerto revela-se curioso pois nele se eleva o milho a uma categoria
próxima do trigo, cereal predileto da alimentação portuguesa. Não deixa de
se explicar este comentário pela particularidade do relator ser natural de
Cabo Verde e, certamente, familiarizado com a inclusão do milho na sua
alimentação diária.

Aos "costumes destes Jalofos"[165], o capitão André Álvares de Almada dedica
um capítulo, sublinhando a fertilidade e diversidade da fauna e flora local:

> Esta terra é sadia mais que todo Guiné. [...] Há muito bons mantimentos, muitas
> galinhas, vacas, cabras, lebres, coelhos, gazelas e outros animais grandes como
> veados. [...] galinhas pintadas e outras aves, como perdizes, a que chamam chocas.
> Nos Rios andam garças reais, pelicanos, patos, marrecas e outras aves marinhas;
> mantimentos — arroz, milho maçaroca, outro milho a que chamam branco, ger-
> gelim; há muita manteiga e leite e mel que se tira pelas tocas das árvores[166].

Relativamente às espécies animais, sublinha-se o registo das "chocas",
semelhantes a perdizes. Nas espécies vegetais, e sem pretensão de nos
adensarmos na problemática das denominações dadas às variadas espécies
de milho e sua circulação[167], note-se que é a primeira referência, dentro das
fontes estudadas, a uma suposta nova espécie de milho.

Estes Jalofos, tal como os Mandingas, "não comem carne de porco"[168],
cuja ausência se confirma em quase todos os relatos, se excluirmos os javalis,
denominados como porcos monteses. Os sacerdotes, denominados *bixirins*
ou *cacizes*, também se abstinham da carne de porco, bem como do vinho
português[169].

---

[164] Almada: 240.
[165] Almada: 247.
[166] Almada: 249.
[167] Para o tema, ver, p.e., Henriques, Margarido 1989, Ferrão 2005, Ferrão 2013: 257.
[168] Almada: 249.
[169] Almada: 249.

O capitão cabo-verdiano, profundo conhecedor da história dos reinos de Guiné, relembra que a angra abaixo do Cabo Verde (hoje angra de Dakar), no tempo do rei *Nhogor*, aliado dos portugueses, passou por graves períodos de fome, à causa de pragas de gafanhotos, de tal forma que o trato dos escravos entre esta costa africana e a Ilha de Santiago no arquipélago de Cabo Verde se fazia mediante a troca de escravos do continente por milho ou feijão do arquipélago, chegando ao ponto de as mães venderem os seus próprios filhos[170]. Este trato estaria, à data do relato, desfeito, uma vez que o rei *Budumel* beneficiava agora o trato com franceses e ingleses, com os quais "andam estes nossos Portugueses lançados muito mimosos destes imigos [...] lhes dão os Ingleses em terra banquetes"[171].

O relator deixa-nos, ainda, memória de um episódio muito curioso que permite registar a troca de experiências gastronómicas entre duas civilizações tão distintas. Sobre a forma de comer:

> Os Jalofos [...] comem carne mal assada, de maneira que esteja correndo o sangue, e a cozida cozem-na bem; e assim o pescado, que há muito bom por toda aquela costa. E os que não têm comércio connosco comem sujamente, porque muitas vezes comem as aves chamuscadas, com as tripas e pés, sem as depenarem, e os miúdos das rezes com a bosta[172].

Assim, a ausência de contatos regulares com os portugueses refletia-se na falta de limpeza no comer, num elemento que apontava uma falha civilizatória, na perspetiva do europeu, que seria a não preparação prévia das aves para, de seguida, se cozinharem. Àqueles que, por outro lado, tinham contato com o português, escusam-se juízos de valor sobre a sua alimentação, restringindo-se a informação dada apenas à descrição das formas de cocção[173].

Esta dualidade civilizacional ficaria bem demarcada na continuação do relato do capitão:

> entanto que estando um Rei comendo com um capitão nosso seu amigo, mandou o Rei vir por festa uma coalheira cozida, a qual trazia dentro o recheio; e, tendo o capitão asco, deitava fora a bosta; disse-lhe o Rei, que era parvo no que fazia, que aquilo não era nada, que era erva[174].

---

[170] Almada: 250-251.

[171] Almada: 251.

[172] Almada: 254.

[173] José Horta considera que esta "bestialidade" nas práticas alimentares se deveria à "ignorância, ultrapassável pelo contacto com o saber de que os viajantes eram os portadores privilegiados". Horta 1991: 298.

[174] Almada: 254.

A culinária portuguesa seria de tal estima que rapidamente substituía a
cozinha local, sempre que a oportunidade surgisse:

> Folgam de comerem os comeres feitos ao nosso modo; e costumam os nossos,
> quando os vão visitar, levarem os comeres feitos ao nosso modo, o qual folgam os
> Reis e fidalgos de comer. E há muitos deles que, quando os imos visitar, mandam
> dar alguns capões ou carne aos nossos moços para que o façam e cosam ao nosso
> modo, dizendo que as suas escravas não sabem fazer de comer ao nosso modo.
> Alguns Reis há que têm escravas boas cozinheiras, que cozinham e fazem muito
> bem de comer[175].

No entanto, parece esta conquista culinária restringir-se a poucos, pois:

> pela maior parte comem os negros sujamente e folgam de comer o pescado o
> mais dele depois de podre (e seco ao fumo[176]) e a carne com bichos. E assim a
> cozem e comem com os mesmos bichos[177].

5.2 Reino de Ale-Embiçane ou Barbacim

Concentra, depois, as atenções no reino do *Ale-Embiçane* ou *Barbacim*,
que se estendia, a norte, dos limites do reino de *Budumel* até à entrada do
rio dos *Barbacins*, dividindo-se internamente em dois reinos: o reino de Ale
a norte e a sul, de menor dimensão, e o reino dos *Barbacins*, sendo o porto
de *Joala* como ponto de divisão entre os dois[178].

A sua comida é idêntica à dos Jalofos[179], bem como a forma de comer,
que André Álvares de Almada generaliza para toda a Guiné:

> E todos os negros da Guiné comem de noite às escuras, sem luz[180] e ainda que seja
> de dia folgam de comer adonde os não vejam, pondo as costas nos circunstantes,
> para que os não vejam comer[181].

Este reino produz os mesmos mantimentos que os reinos a norte, ainda
que haja "feijões mais que arroz, pela terra ser fraca e não ser apaulada"[182] e,
também aqui, os vinhos produzidos são de muitas naturezas: de milho, "que

---

[175] Almada: 254.
[176] Este acrescento, na edição de António Brásio, diz-se apenas aparecer no manuscrito da
Biblioteca Nacional. Brásio 1961: 255, nota 21.
[177] Almada: 255.
[178] Almada: 254-257.
[179] Almada: 258.
[180] Relembre-se, aqui, o episódio relatado no Manuscrito Valentim Fernandes sobre a introdução da técnica de produção de velas no reino Gilofa.
[181] Almada: 258.
[182] Almada: 258.

é como cerveja"[183], de palmeira, "doce quando logo se tira"[184] e um tipo de vinho até agora não referenciado:

> outro vinho que fazem de um fruto chamado sãobirão, o qual também embebeda; e o vinho é em si branco, e o fruto é como ameixas, mas maiores de grandeza. E deste vinho fazem também arrobe bom, ainda que não tão bom como o nosso[185].

5.3 Reino de Borçalo

A margem sul do Rio Barbacim seria já território do rei de *Borçalo*, cujo limite inferior seria o Rio Gâmbia, e a Este, o rio Lagos, ficando assim "insulado", nas palavras do relator. As populações pertenciam às etnias Barbacim, Jalofa e Mandinga[186], existindo ainda, entre estas, "uma nação de negros tido e havida entre eles por Judeus"[187], com rituais muito próprios. Destacava-se também por um protocolo de refeição curioso, pois "nem comem nem bebem por onde os outros bebem"[188].

André Álvares de Almada introduz, no seu relato, elementos etnográficos de tal forma pormenorizados que é legítimo considerá-lo um antropólogo das comunidades africanas. Em diversas passagens, versa sobre os sistemas religiosos autóctones e rituais associados, raras vezes emitindo juízos valorativos ou morais, restringindo-se aos fatos observados.

Sobre os rituais funerários dos "negros desta Costa", observa que:

> oferecem a seus defuntos em potes, ao longo daquelas covas, vinho e leite e outros mantimentos, os quais comem as aves e os bichos [...] e mete-se em cabeça a estes pobres, que os mortos comem aquilo[189].

Associado ao enterramento, estas populações tinham o que o relator diz se chamar, na linguagem local, de "tirar o dó"[190], onde, novamente, a comida desempenha um importante papel:

> Os choros duram muitos dias: ajuntam muitos mantimentos, muita carne e vinho, e os que hão-de vir ao choro trazem também de comer [...] dura isto por

---

[183] Almada: 258.
[184] Almada: 258.
[185] Almada: 258. Este fruto poderá corresponder ao Cimbrão cabo-verdiano. Lima 2000: 45.
[186] Almada: 260.
[187] É conhecida a presença de uma comunidade sefardita nesta região, no século XVI. Havik 2002: 88.
[188] Almada: 264.
[189] Almada: 265.
[190] Que, atualmente, se pode considerar uma prática próxima do velório.

espaço de alguns dias, em mentes dura o mantimento [...] e no cabo do ano torna a haver outra junta de mantimentos[191].

Também deste reino nos descreve o protocolo real da refeição, que apresentava algumas diferenças com os já referidos:

> Estes reis comem diante de sua gente; este deste Reino de que imos tratando, costumava mandar fazer de comer muito bem feito à nossa guiza, por cozinheiras que para isto tem, estando na sua sala o comer, que é costume trazerem-lhes suas mulheres, comia ali com os fidalgos, metendo a mão uma vez ou duas por comprimento. Passado isso se recolhia dentro na outra câmara, e ali lhe entendiam uma esteira com uma alcatifa por cima e toalhas de mesa, e lhe traziam de comer. E antes de comer mandava entrar os nossos que ficavam na sala, e comia com eles assentados, mão por mão. E isto usaram sempre os reis deste reino de Borçalo, e assim o de Ale[192].

Importa neste trecho sublinhar a duplicidade do cerimonial, parte pública e parte privada, onde a parte pública se mostra meramente simbólica e a privada, num espaço distinto, dedicado ao ato de se alimentar, para a qual convidava apenas os portugueses que assistiam sentados "mão por mão", isto é, sem distinção de lugares[193]. Note-se que este rei já apresentava elementos absorvidos da cultura portuguesa, uma vez que a comida era feita à maneira portuguesa, por cozinheiras locais e, no local de refeição, sobre as esteiras era colocada uma alcatifa[194] e, sobre a mesa, toalhas.

Também aqui, na costa entre os rios *Barcacim* e Gâmbia, o sãobirão, "fruta silvestre"[195], era usado para o fabrico de vinho. A versão manuscrita da Biblioteca Nacional acrescenta:

> Fazem outro vinho de uma fruta que é como codornos, cheirão muito bem, mas não despede ao comer o carosso e o vinho desta fruta é branco, estando em mosto ferve como o nosso vinho, também embebeda e fazem dele arrobe bom[196].

A este bebida juntava-se o vinho de milho, "que é como cerveja, tão boa como ela, mas não é de tanta dura, embebeda como vinho"[197].

---

[191] Almada: 266.

[192] Almada: 267.

[193] Cremos que esta expressão poderá remeter para o fato de, na prática portuguesa/europeia, o rei comer afastado dos súbditos, sobre um estrado e numa mesa separada das restantes. Para o cerimonial de refeição real portuguesa ver, entre a vasta produção bibliográfica sobre o tema, a mais recente obra: Buescu, Felismino 2013.

[194] As alcatifas, ou tapeçarias, tinham uma especial importância na delimitação de um espaço reservado, cujo uso está largamente registado na documentação da época bem como na pintura.

[195] Almada: 267.

[196] Almada: 267-268.

[197] Almada: 267, nota 11.

Há ainda o registo e descrição de novas espécies vegetais:

> E há outra fruta danáfrica que é do tamanho de uma camoesa grande, de cor par-
> da, chamada tambacumba; tem muito bom cheiro, mas ruim sabor, porque trava;
> e dos caroços desta lhes servem de amêndoas; porque os quebram e tiram o miolo
> de dentro, que é bom[198]; há tambarindo[199] e cana-fístula[200] boa [...] usam das raízes
> da cana-fistuleira para as enfermidades da barriga; há farrobas[201] e umas árvores
> grandes, as quais dão umas cabaças cheias por dentro de uma farinha muito alva,
> a qual tem em si ponta de azedo; e os caroços destas cabaças saõ pretos[202, 203].

Sobre os hábitos alimentares deste reino, o capitão cabo-verdiano regista
ainda a suspeita de que os sacerdotes serão muçulmanos, pois "fazem salas
como os mouros; não comem carne de porco"[204].

5.4 Reino de Gâmbia

A sul, outro grande reino, fronteiriço ao de *Borçalo*, era o reino de Gâmbia,
a "cinco léguas da barra do Rio dos *Barbacins*"[205], povoado por Mandingas ao
longo de todo o rio (também chamado de Cantor) e em ambas as margens[206].

A fertilidade do Rio Gâmbia, atestada por outros autores já referenciados,
não passa despercebida ao capitão, da abundância de mel silvestre, "posto que
não façam colmeias"[207], às grandes manadas de elefantes, búfalos, gazelas e
"dacoi"[208], espantando-se com os hipopótamos, conhecidos como "cavalos-
-marinhos" e os quais descreve com minúcia, cujos dentes

> dizem que prestam para a enfermidade das almorreimas; dizem muitos que as
> unhas destes animais são mais proveitosas que os dentes para a mesma enfermi-
> dade, e que há-de ser a esquerda[209].

---

[198] Árvore do género *Parinari*. Esta planta ainda hoje existe e é consumida na Guiné-Bissau,
com as mesmas utilizações que aqui se referem (Lucidi, Milano s.d: 27).

[199] *Tamarindus Indica*.

[200] *Peltophorum dubium*. A canafístula era já considerada por Garcia da Orta para problemas
intestinais (Orta 1891: 193).

[201] Provavelmente alfarroba (*Ceratonia siliqua*).

[202] Suspeitamos que se trate do imbondeiro, por ainda hoje ser denominado na Guiné-
-Bissau de Cabaceira. Lucidi, Milano s.d: 31.

[203] Almada: 268.

[204] Almada: 269.

[205] Almada: 271.

[206] Almada: 271.

[207] Almada: 272.

[208] "o qual dizem que é a verdadeira anta". Almada: 272.

[209] Almada: 283.

Estes animais seriam caçados pelos habitantes das margens "porque lhes comem o arroz, e para os comerem"[210].

Arroz que, juntamente com o milho, abundava[211]. Sobre a cultura daquele, André Álvares de Almada dá uma pormenorizada descrição das temporadas de cultivo e técnicas utilizadas:

> Começa o inverno nestas partes no fim de Abril, entrada de Maio por diante; fazem os negros as searas dos arrozes naquelas lalas, e fazem valados de terra por amor da venida do rio, mas nem por isso deixa o Rio muitas vezes de os romper e alagar as searas; depois deste arroz nado, o arrancam e transpõem em outras lalas mas enxutas, donde dá logo mantimento[212].

Assim como o arroz, milho e outros legumes abundavam nas margens deste rio[213], também o pescado era abundante, espantando os "solhos muito formosos"[214] que se pescavam.

A cola e o vinho eram dois produtos muito valorizados nos tratos comerciais. Do vinho, chamado de "doló"[215], era de tal forma valorizado que "morrem por ele"[216]. Sobre a cola, diz-nos o relator que:

> vale em todo Guiné, mas neste Rio é mais estimada que em todos os outros; usam estes negros dela como na nossa Índia do betele, porque com a cola, que é como uma castanha, caminha um negro todo o dia, comendo nela e bebendo da água, e tem-na por medicinal para o fígado e o urinar; usamos dela para o mesmo efeito, mas os negros fazem muito mais conta dela do que nós fazemos, e tendo dos de cabeça a masitgam e untam as fontes com o seu bagaço[217].

Destaque para a mesma utilização com fins terapêuticos da cola por portugueses e nativos, ainda que estes a tenham em mais alta estima, tanto mais que a sua produção cessava junto da Serra Leoa, apesar dos esforços de expandir a sua plantação[218].

De plantas com propriedades terapêuticas registam-se, também neste reino, as mesmas que em Borçalo: canafístula e tamarindo. Destes últimos, as populações locais "vendem a massa feita em grandes pelouros"[219].

---

[210] Almada: 283.
[211] Almada: 272.
[212] Almada: 285. Para a cultura do arroz na África Ocidental, ver Carney 2002 e Hawthorne 2003.
[213] Almada: 272.
[214] Almada: 274.
[215] Almada: 276, nota 9.
[216] Almada: 276.
[217] *Cola acuminata*. Almada: 283-284.
[218] Almada: 284.
[219] Almada: 285.

6. O arquipélago de Cabo Verde

O arquipélago de Cabo Verde, desde a sua descoberta em meados do século XV[220], assume um lugar de destaque na geoeconomia portuguesa da costa ocidental africana, tornando-se, ainda durante a segunda metade do século XV e a par do início da sua colonização, como ponto de paragem obrigatório das embarcações com origem e destino a Lisboa, estabelecendo uma estreita relação com a costa africana que lhe era próxima. João de Barros, na Década Primeira, afirma mesmo que a denominação do arquipélago se deveu às localizações das ilhas "ao poente dele (do Cabo Verde) por distância de cem léguas"[221].

A primeira descrição das ilhas de Boavista e Santiago deve-se a Alvise Cadamosto, que as alcança na torna-viagem da Serra Leoa para Lisboa, em 1455. Assim, o seu relato constitui-se como o primeiro testemunho europeu a visitar as ilhas inabitadas de Cabo Verde.

O registo que este deixa da sua visita é muito pontual, mas curioso, na medida em que refere o consumo de tartaruga pelos marinheiros, cuja "carne branca, não diferente da vitela"[222], levaram para a embarcação.

No ano seguinte, será a vez de Diogo Gomes Sintra passar por este arquipélago e visitar a ilha de Santiago, onde observa a grande quantidade de árvores, "figos" e patos[223] que povoam a ilha.

O arquipélago, na segunda metade do século XV, não vai atrair a curiosidade dos navegantes, incitados a desbravar a costa africana a sul do Cabo Branco. No entanto, a ilha de Santiago cedo desperta o interesse da coroa como ponto nevrálgico na comunicação entre Portugal e os territórios africanos, promovendo assim a sua colonização.

Data já deste período a referência à Ilha de Santiago por Duarte Pacheco Pereira em *Esmeraldo de Situ Orbis* (1506): reconhecida, tal como o restante grupo insular, pela franca exportação de peles de vaca[224], sebo e algodão fino para a metrópole, caracterizava-se esta ilha por ter dois "altos solstícios"[225] e onde "os frutos não se dão nesta terra senão de regadio, porque aqui não chove senão em três meses do ano, scilicet, Agosto, Setembro e Outubro"[226].

---

[220] A autoria da descoberta do arquipélago não encontra aqui lugar de discussão. Para os efeitos desejados, considera-se o relato de Alise Cadamosto como o primeiro registo escrito, europeu, a referir o arquipélago de Cabo Verde, atestando o seu estado selvagem, inabitado. Para o tópico da autoria e cronologia da descoberta do arquipélago, ver, entre outros, Albuquerque 2001.

[221] Barros: 65.

[222] Fernandes 1998: 117.

[223] Sintra 2002: 91.

[224] O gado bravo na Ilha de Santiago seria tão numeroso que a sua exploração foi doada a Rodrigo Afonso em 1490, por D. Manuel. Brásio 1958: 573.

[225] Almada: 267.

[226] Almada: 267-268.

6.1 O arquipélago no Manuscrito Valentim Ferndandes

Este arquipélago é também referido no palimpséstico *Manuscrito Valentim Fernandes*, que, apesar de repetir a informação presente no relato de Diogo Gomes de Sintra (que integra este manuscrito), dedica um capítulo ao grupo de ilhas.

Sobre estas, além das "grandes pescarias de muitos pescados e grandes"[227], é reforçada a ideia de Cadamosto de que nas ilhas abundam as tartarugas, principalmente entre maio e agosto[228]:

> [...] há nestas ilhas grande abundância de tartarugas de que os gafos[229] saram. Estas ilhas eram de primeiro tão sadias que quantos gafos ali vinham saravam. Mas agora são tão doentias que a gente sã adoece[230].

Em um parágrafo sob o título de 1456, o manuscrito reúne dados muito próximos dos testemunhos de Cadamosto e Diogo Gomes Sintra: relata-se uma vista à Ilha da Boavista, onde os pombos mansos eram de tal forma abundantes que se apanhavam com as mãos[231] e, na ilha de Santiago, espantaria a grande quantidade de sal branco, que recolheram, bem como grandes cágados, referindo-se que "os cristãos os comiam porque os marinheiros no golfo de Arguim os comeram já"[232].

Da descrição feita a cada ilha do arquipélago, sublinha-se aqui a Ilha de Santiago e a sua fertilidade:

> Esta ilha dá todas as frutas de Portugal que se nela plantam, figos, uvas, melões, açúcares e todas outras frutas há por todo o ano. Não dá trigo nem cevada. Dá milho e arroz como em Guiné. Ela tem grandes criações de animalias e gados[233].

6.2 O arquipélago no *Tratado Breve dos rios da Guiné de Cabo Verde*, 1586

O tratado do capitão André Álvares de Almada apresenta uma minuciosa localização geográfica das ilhas, bem como os proprietários de terras, os dízimos pagos e até um censo populacional, discriminando moradores (brancos e pretos), escravos cristianizados e por cristianizar bem como sua distribuição por freguesias.

No entanto, no que respeita às informações sobre hábitos e práticas alimentares, o autor resume-se a enumerar as "novidades" que a terra dá: a Ilha

---

[227] Fernandes: 740.
[228] Fernandes: 740.
[229] "Gafo: Leproso, ou enfermo de certa forma de lepra". Bluteau 1713: 7(IV).
[230] Fernandes: 740.
[231] Fernandes: 741.
[232] Fernandes: 741.
[233] Fernandes: 743.

de Santiago dava "açúcares, algodão e gados de toda a sorte, e mantimentos de milho em abundância, que se carregam para outras partes"[234] enquanto na Ilha do Fogo se plantavam algodão e "alguns vinhos, que novamente começam a plantar"[235].

6.3 A abundância de carne e a instalação de uma unidade de produção de conservas

A abundância de carne no arquipélago terá sido, então, uma das suas mais fortes características, de tal forma que os hábitos alimentares não se escusavam nem aos excessos nem à quebra dos rígidos jejuns do calendário religioso. Assim o denuncia D. Frei Pedro, bispo de Cabo Verde, instalado na Ilha de Santiago, em carta enviada a 11 de julho de 1592 para D. Filipe I:

> O maior dos abusos que achei é comerem carne na quaresma e mais dias proibidos do ano, sem causa de enfermidade, e chegou um homem dos principais a dar banquete público à maior parte desta cidade, de muitas iguarias de carne, e um sábado em que caiu o dia de S. João Batista, cuja festa ele fazia; e acho introduzir--se este costume em uma grande fome que houve nesta ilha, na qual nem carne havia para comer[236].

Apesar dos esforços do prelado, os jejuns continuariam a ser cumpridos por alguns, como o caso dos cristãos-novos Fernão Sanches e Francisco Lopes:

> estes estão contumases e não obedecem. E sendo-lhes mandado por visitação e notificado que dêem mantimento aos seus escravos e criados que têm nas ditas ilhas, para que possam passar a Quaresma e mais dias proibidos sem comerem carne, o não querem fazer, antes dão ração de carne todos os dias da quaresma e mais dias proibidos [...] e cada um destes moradores das ditas ilhas tem de ração a carne de uma cabra cada dia, ou para dois dias do ano[237].

A fertilidade da ilha de Santiago, que permitia uma comprovada abundância de mantimentos a localização estratégica desta, inicialmente desabitada, potenciaram o estabelecimento de uma autêntica plataforma de operações comerciais para os mercadores portugueses. Desta forma, tanto o poder real como o poder local certificavam-se de que a ilha dispunha de

---

[234] Almada: 100. As práticas alimentares caboverdianas durante o século XVI, diretamente influenciadas pelo tráfico negreiro entre a costa e o arquipélago, foram exploradas em meados da década de 90 do século XX por Maria Manuel Torrão, que empreendeu curiosos e esclarecedores estudos nutricionais sobre as dietas dos escravos a bordo das embarcações. Torrão 1995.

[235] Almada: 102.

[236] Brásio 1961: 205.

[237] Brásio 1961: 205.

todas as condições materiais e humanas para poder suprir as necessidades das embarcações que ali aportavam em busca de refresco.

Data de 20 de novembro de 1528 uma carta régia destinada ao almoxarife da cidade de Ribeira Grande, Garcia Pestana, que evidência o alto nível de transferências culturais, no âmbito alimentar, entre a metrópole e as possessões ultramarinas. Nesta carta, D. João III informa o almoxarife que seguirá para a dita vila "Pero de Santigo valenciano" com a missão de fazer:

> carne de vaca cozida em vinagre e concertada e embotada [...] pessoa de quem tenho informação que tem disso muita experiência e o sabe bem fazer pera convosco ordenar e fazer o cozimento concerto e adubo da dita carne o qual leva uma caldeira de cobre em que se há-de cozer e outras coisas a ela necessárias [...] porque desta carne se faz fundamento pera a armada[238].

O fato de se identificar, aqui, um valenciano ao serviço da Coroa portuguesa não causa espanto: lembre-se, a título de exemplo, o "mito" da vinda de um oleiro de Talavera para Lisboa e a instalação e difusão da produção de faiança em território português no século XVII[239], que, na verdade, remete para a migração de oleiros flamengos para Lisboa[240] ou a presença de genoveses e flamengos na Ilha da Madeira e o florescimento e desenvolvimento da indústria do açúcar, ainda no século XV[241].

O documento torna-se ainda mais rico e detalhado nas indicações que são dadas para a aquisição da matéria-prima, forma de produção e posterior acondicionamento para ser transportado de volta a Lisboa. O almoxarife deveria, então, comprar 500 a 600 reses de carne ou as que considerasse necessárias para produzir 5 a 6 mil arrobas de carne, utilizando, para isso, o dinheiro a venda de 30 moios de farinha que enviava[242]. Deveria, então "as fazer cortar e cozer da feição e maneira que o dito Pêro da Santiago ordenar"[243].

Essencial a este processo de conservação seria o sal, de tal forma que "o não havendo nessa ilha o sal que para ela é necessário podereis mandar por ele à ilha de Maio onde me disseram que há muito e de bom preço"[244].

Por fim, "tanto que for assim cozida e concertada [...] a fareis embotar em botas perante ele e da maneira que ele ordenar"[245], devendo estar prontas

---

[238] Torrão 1995: 90.
[239] Faria 1740.
[240] Casimiro 2013: 355.
[241] Gomes 2014: 220.
[242] Torrão 1995: 90.
[243] Torão 1995: 90.
[244] Torrão 1995: 90.
[245] Torrão 1995: 90.

as 5 ou 6 mil arrobas "antes do Verão que vem para que sejam nesta cidade por todo o mês de Fevereiro"[246].

O receituário do Arquivo Distrital de Braga vem, também aqui, esclarecer e corroborar a prática desta técnica de conservação de carne: a receita 119 remete para um processo de cocção de carne e posterior conservação em vinagre para potenciar a sua preservação muito próxima do que adivinhamos das informações na carta régia:

> "Como se conserva a carne cozida
> Deitar-se-á em vinagre destemperado com água, e alguma quantidade de sal"[247].

Mais do que circulação de manuscritos ou impressos, notamos aqui que o movimento migratório de pessoas especializadas seria a via primordial da transferência de saberes e técnicas entre os distintos espaços geográficos/ populações do império português: sublinhe-se o mandado do rei que, expressamente, indica que a conserva de carne de vaca deve ser ordenada e feita em parceira entre Pêro de Santiago, detentor do *know-how*, e o almoxarife Garcia Pestana, detentor da necessidade e da matéria-prima, mas com lacunas na técnica de produção, uma vez que a carta régia estabelece que o fim último será "trazer (a carne de vaca) em sua perfeição sem se danificar"[248].

A carne poderia, ainda, ser conservada crua. A parte dos processos de salga e fumeiro, o manuscrito do Arquivo de Braga regista uma receita de *Carne de Conserva*:

> Far-se-á a conserva com alhos pisados com as cascas, vinho e orégãos, e tempe¬rada com sal, salvo se houver de ser para mais tempo, porque então lhe lançarão mais sal, e nesta conserva se lance a carne feita em postas não muito grossas. Não se há-de meter a mão na conserva, mas se há-de tirar a carne com colher de pau, e com ela se há-de mexer cada dia, e depois de 3 dias quanto mais depressa se gastar tanto melhor, e se houver de ser assada não se lavará.
> A carne da perna em postas delgadas cortadas pelas veias da natureza e salpicadas com muito pouco sal e postas ao ar dura por muito tempo[249].

Assumimos se tratar da primeira referência documental à tão portuguesa receita de carne em vinha-d'alhos, cuja simplicidade do processo e a disponibilidade dos ingredientes utilizados[250] a tornam perfeitamente concebível a bordo das embarcações quatrocentistas.

---

[246] Torrão 1995: 90.
[247] Barros 2013:119.
[248] Torrão 1995: 90.
[249] Barros 2013: 121.
[250] Alhos e vinho faziam parte da matalotagem da embarcação de António Velho Tinoco,

7. Considerações finais

Se, num primeiro momento, verificamos que as relações entre portugueses
e africanos resultavam em confrontos bélicos e, por consequência, na captura
ou morte de ambos os lados, a partir da década de 60 do século XV que se
começa a observar uma recorrente utilização da diplomacia que, invariavelmente, resultou no reconhecimento de hábitos e costumes entre as partes e
na transferência, recíproca, de alguns elementos culturais.

É então que se começam a registar as primeiras experiências gastronómicas
dos europeus na culinária africana: provam carnes até então desconhecidas,
bebem bebidas fermentadas de outras frutas que não a uva, partilham refeições
cerimoniais com reis e senhores locais. Por seu turno, os africanos tomam
contato com os condimentados cozinhados portugueses, prezam pelo vinho
de uvas e adotam as técnicas culinárias portuguesas, bem como a etiqueta
de refeição à mesa.

Experiências, superficiais ao início, tenderão a se desenvolver e a criar uma
cultura alimentar mais ou menos homogénea nos territórios frequentados e
ocupados por portugueses, que, adaptando-se à realidade geográfica, tentam
reproduzir os velhos hábitos alimentares com os produtos que encontram à
sua disposição, dando origem a uma expressiva identidade cultural/alimentar
que podemos denominar de *património alimentar lusófono*.

Deste património comum temos ainda hoje testemunhos, não apenas
por meio da perpetuação de práticas e culturas alimentares no continente
africano, mas também da sua replicação fora deste continente, com maior
expressão na América do Sul.

O tráfico de centenas de milhares de africanos, levados como escravos
para a colónia portuguesa do Brasil, resultou, invariavelmente, numa fusão
culinária que ainda hoje é possível de observar, com especial foco na região
da Bahia, onde o azeite de dendê/óleo de palma é ingrediente obrigatório na
cozinha tradicional baiana: do acarajé[251] ao caruru, da moqueca à quiabada.

---

que, em 1557, são usados como oferta para o rei de Cacheu. Brásio 2004: 597-598.
[251] Declarado Património Imaterial da Humanidade a 14 de janeiro de 2005.

Odisseia de sabores: integrações luso-brasileiras (Food odyssey: Portuguese and Brazilian two-way integrations)

Carmen Soares
Centro de Estudos Clássicos e Humanísticos da Universidade de Coimbra
Projeto DIAITA
(cilsoares@gmail.com)

Resumo: No presente estudo procede-se ao estudo das referências a doces, pão e salgados nos testemunhos de três dos primeiros colonos portugueses a escreverem sobre o Brasil (Pêro de Magalhães Gândavo, Gabriel Soares de Sousa e Fernão Cardim). Para obtermos uma mais detalhada informação sobre os "horizontes de expetativa" gastronómicos dos portugueses que iam viver para a colónia durante os sécs. XVI–inícios do XVII, procedemos ao cruzamento dessas referências, na maioria dos casos relativamente sucintas, com obras de natureza diversa (manuscritos e livros de culinária, dicionários e textos médicos). Só assim conseguimos obter um retrato mais fidedigno do que era a cozinha portuguesa e a cozinha colonial nos inícios da Época Moderna. Atendendo a que se identifica, nessas obras dos colonos-escritores, a presença de hábitos culinários e receitas tradicionais portuguesas e de outros acomodados ao contexto agrícola e comercial diverso da colónia, procedemos à subdivisão da nossa análise em dois pontos: 1. Velhas receitas no Novo Mundo; 2. Receitas do Novo Mundo: os gostos luso-brasileiros.

Palavras-chave: cozinha colonial, Brasil, Época Moderna, cozinha portuguesa, cozinha luso-brasileira.

Abstract: Our analysis is focused on references to confectionary, bread and savory dishes on the writings of three of the first Portuguese colonists writing about Brazil (Pêro de Magalhães Gândavo, Gabriel Soares de Sousa e Fernão Cardim). Our goal is to achieve more detailed information on what would have been the "gastronomic expectations" of Portuguese people who went to Brazil during the 16th and the beginning of the 17th centuries. Only the cross reading of those writings on Brazilian land facilities and other written sources (like culinary manuscripts and books, dictionaries and medical treatises) will enable us to have more a faithfully portrait of the Portuguese and colonial cuisine in Brazil in the Early Modern Period. The presence of traditional Portuguese culinary practices and recipes side by side with new culinary procedures and dishes in those three works explains the subdivision of this chapter in two parts: 1. Old recipes in the New World; 2. Recipes from the New World: the Portuguese-Brazilian taste.

Keywords: colonial cuisine, Brazil, Early Modern Period, Portuguese cuisine, Luso-Brasilian cuisine

Numerosos são já os estudos sobre a alimentação na América Portuguesa e sobre as mudanças provocadas na gastronomia de Portugal e da Europa pelos produtos vindos desse "novo ou outro Portugal" (para usar as famosas palavras do jesuíta Fernão Cardim)[1]. Graças a esses trabalhos, conhecemos hoje bastante do que comiam, como comiam, o que cultivavam, importavam e exportavam os primeiros colonos portugueses no Brasil[2].

A atual pesquisa situa-se, por conseguinte, na busca em fontes escritas das origens de um património alimentar e gastronómico luso-brasileiro, análise que apresenta, em relação a outras abordagens já feitas aos textos de Pêro de Magalhães Gândavo, Fernão Cardim, e Gabriel Soares de Sousa, a novidade de cruzar as referências (muitas das vezes) sumárias a comidas com duas tipologias bem diversas de escritos mais ou menos contemporâneos dessas obras: os manuscritos culinários e os léxicos. O que veio verdadeiramente contribuir para o aumento significativo do que se pode designar de "horizonte de expetativas" do leitor atual em relação a aproximar-se do conhecimento dos gostos dos primeiros colonos portugueses na América Portuguesa foi a recente publicação do manuscrito 142 do Arquivo Distrital de Braga, de redacção inicial (num processo que se vislumbra ter passado por mais do que uma mão) datada do séc. XVI[3]. Com as suas 280 receitas de cozinha, quase cinco vezes mais que as do códice I. E. 33 da Biblioteca de Nápoles (vulgarmente conhecido por "livro de cozinha" da infanta D. Maria), esta obra possibilita uma apreensão mais detalhada das técnicas que as mulheres portuguesas levaram consigo para o Brasil na sua bagagem cultural culinária. Só reproduzindo o receituário tradicional e familiar, ainda que com o engenho de adaptá-lo às comodidades do Novo Mundo, essas "senhoras"

---

[1] No contexto do relato que faz das riquezas da terra de Piratininga, dando conta de como é das mais acomodáveis às necessidades e hábitos da dieta portuguesa, Fernão Cardim resume magistralmente essa acomodação fácil dos produtos pátrios às terras da colónia, precisamente através da frase com que encerra essa descrição: "Em fim esta terra parece um novo Portugal". Azevedo 1997: 275. Também no contexto do seu tratado *Do clima e terra do Brasil e de algumas cousas notáveis que se acham na terra como no mar*, no capítulo denominado "Dos animais, árvores, ervas, que vieram de Portugal e se dão no Brasil", sintetiza bem o que foi o natural esforço de transladação para a colónia da fauna e da flora portuguesas, tendo em vista a continuação de um 'modo de vida' (sentido do termo grego *diaita*), próprio da identidade cultural do colono, quando escreve: "Este Brasil é já outro Portugal". Azevedo 1997: 157.

[2] Para um balanço da bibliografia da autoria de investigadores brasileiros em História da Alimentação, vd. o recente levantamento bibliográfico feito por Asfora-Saldarriga 2013 (estudo conjunto para a América Portuguesa e Espanhola, onde vêm referenciados os trabalhos mais relevantes, publicados entre 2003 e 2013). Embora não disponhamos de uma síntese do género para os estudos de investigadores portugueses neste domínio, permitimo-nos destacar as obras de referência de Braga 2007, 2010, 2011a, 2011b, 2012, bem como Coelho-Santos 2013. Sobre as plantas europeias que os portugueses transplantaram entre continentes, vd. Ferrão 2005.

[3] Sobre o autor ou copista do manuscrito, com uma letra compatível com a usada nos sécs. XVI-XVII, vd. Barros 2013: 14-40.

da cozinha e guardiãs-transmissoras de um legado familiar e patrimonial identitário podiam satisfazer uma das principais necessidades de qualquer sujeito que, tendo sido criado em determinado ambiente cultural, se desloca para ou passa a viver em contextos bem distintos do seu: a satisfação de uma memória gustativa própria[4].

Passemos, de seguida, a elencar as fontes escritas de que lançámos mão para o presente estudo comparativo, bem como a tecer algumas considerações esclarecedoras das razões para a sua inclusão nesta análise e/ou indicação de dados biográficos e de características das obras importantes para uma melhor compreensão dos objectivos holísticos (do ponto de vista da representação social e económica) subjacentes à nossa pesquisa.

a) Escritos dos primeiros colonizadores:

— Pêro de Magalhães Gândavo, *Tratado da terra do Brasil* (1570?) e *História da Província de Santa Cruz a que vulgarmente chamamos Brasil* (1576)[5].

— Fernão Cardim, *Tratados da Terra e Gente do Brasil* (1583-1601)[6], denominação que agrega dois tratados e cartas:

  – Do clima e terra do Brasil e de algumas cousas notáveis que se acham na terra como no mar[7];

  – Do princípio e origem dos Índios do Brasil e dos seus costumes e cerimónias;

  – Narrativa epistolar de uma viagem e missão jesuítica, pela Bahia, Ilhéus, Porto Seguro, Pernambuco, Espírito Santo, Rio de Janeiro, São Vicente (São Paulo), etc., desde o ano de 1583 ao de 1590, indo por Visitador o Padre Cristóvão de Gouveia[8].

— Gabriel Soares de Sousa, Notícia do Brasil (1587)[9], obra que reúne:

---

[4] Sobre o papel da memória gustativa na construção/definição da cultura dos indivíduos e das comunidades, vd. Santos 2005 e 2011 (particularmente sobre a importância da memória gustativa na construção das culinárias do Brasil, Paraná e Curitiba).

[5] Cf. bibliografia final = Gândavo 1984.

[6] Cf. bibliografia final = Cardim 1997.

[7] Daqui em diante citado na forma abreviada Do clima e terra do Brasil.

[8] Daqui em diante citado nas formas abreviadas 1ª carta (Baía, 16 de outubro de 1585, dirigida ao Pe. Provincial em Portugal, entre 1580-1588, Pe. Sebastião de Morais) e 2ª carta (de 1 de maio de 1590, endereçada ao Pe. Provincial João Correia).

[9] Cf. bibliografia final = Sousa 1989.

– *Descrição verdadeira da costa daquele Estado que pertence à Coroa do Reino de Portugal, sítio da Baía de Todos-os-Santos (caps. 1-62)*[10];

– *Memorial e declaração das grandezas da Bahia de Todos os Santos, de sua fertilidade e das notáveis partes que tem (caps. 1-227)*[11].

Relativamente a este conjunto de obras[12], importa sublinhar que, por serem os três autores homens letrados, a sua formação de base comum é humanista, partilhada quer por jovens que seguiam a vida eclesiástica, quer por aqueles que enveredavam por modos de vida seculares. Dentro dessa linha de formação escolar clássica (leia-se de matriz greco-latina e cristã), todos eles evidenciam na sua escrita motivos bem convencionais de descrever o mundo desconhecido a destinatários cujo interesse, fascínio e, se possível, a vontade de vir "conhecer" (neste caso, equivalente a "colonizar") o "outro" (lugar e gentes) queriam despertar.

Não sendo este o momento de desenvolver esta questão da presença de "marcadores" clássicos no pensamento e retórica destes escritores, bastará assinalar alguns que, pela sua expressividade, aclaram, de forma simples, essa matriz formativa comum (o que explica uma certa unidade temática e estilística entre as várias obras). Refira-se que a retórica da descrição da fauna, flora, geografia, hábitos e modos de vida retoma motivos (antes de mais) herodotianos da descrição do "bárbaro" primitivo[13], para além de se aproximar dos mais conhecidos e influentes escritos de história natural gregas (como os tratados sobre os animais de Aristóteles[14] e sobre as plantas de Teofrasto) e latinas (onde se destaca a *História Natural* de Plínio, o Velho).

Não obstante as adversidades que os colonos encontrarão no prometido "novo Portugal", o balanço final é no geral favorável, pois, embora movidos por razões de ordem distinta, os três colonos-escritores produzem relatos de inspiração propagandística, ou seja, claramente destinados a enaltecer as vantagens das Índias Ocidentais do império português e ibero-português[15].

---

[10] Daqui em diante citado na forma abreviada *Descrição verdadeira*.

[11] Daqui em diante citado na forma abreviada *Memorial*.

[12] As indicações de páginas referem-se às edições modernas que seguimos, devidamente assinaladas com * na bibliografia final (na categoria "Fontes").

[13] Sobre a descrição do "outro", aquele que não possui a cultura grega e, como tal, é designado de "bárbaro", no obra daquele que Cícero considerou (*Das Leis*, 1. 1. 5) o "pai da história" (*pater historiae*), Heródoto, leia-se Reverdin-Grange 1990, Soares 2005, Romm 2007, Rood 2007

[14] Para uma tradução, introdução e comentário em português da História dos Animais de Aristóteles, leia-se Silva 2006.

[15] Não esquecer que entre 1580 e 1640 se viveu sob um regime de monarquia dualista, com os Filipes a assumirem em simultâneo as coroas do que até então constituíam dois reinos independentes (Portugal e Espanha).

Na verdade, Pêro de Magalhães Gândavo confessa, na dedicatória que faz ao cardeal infante Dom Henrique no *Tratado da Terra do Brasil*, o desígnio utilitário do seu escrito, quando regista: "para que nestes reinos se divulgue sua fertilidade e provoque as muitas pessoas pobres que se vão viver a esta província, que nisso consiste a felicidade e aumento dela"[16]. Muito pouco se sabe sobre a biografia deste humanista, nascido provavelmente em Braga e oriundo de uma família da Flandres, mais propriamente da cidade de Gand, como indica o seu apelido "Gândavo". Lecionou Latim e Português numa escola pública na região de Entre-Douro-e-Minho de Portugal, foi copista da Torre do Tombo (a partir de 1572) e esteve no Brasil por um período de tempo desconhecido, tendo sido nomeado para o cargo de provedor da Fazenda da Capitania de Salvador da Baía (alvará de 29 de agosto de 1576)[17].

Quanto aos escritos de Gabriel Soares de Sousa, convém sublinhar que saíram da pena de um homem secular, proprietário de dois engenhos na região da Baía, um em Jaguaripe e outro em Jequiricá, e bandeirante, chegado ao Brasil em 1569, onde veio a falecer. Ao intitular a sua obra de "compêndio"[18], o autor denuncia o propósito didáctico do texto que escreve, destinado a informar os seus leitores das "riquezas" naturais, da geografia e dos povos da região em que se instalou no Brasil, a Baía de Todos os Santos. Tal como os outros colonos-escritores por nós considerados, Gabriel Soares de Sousa não filia o seu discurso nas narrativas idílicas que representam o Novo Mundo como um "outro paraíso terreal". Dessa percepção realista nos dá conta no termo do cap. 116[19], ou seja, imediatamente antes de dar início ao relato das pragas que atacam as culturas locais, ao afirmar:

> Como não há ouro sem fezes, nem tudo é à vontade dos homens, ordenou Deus que entre tantas coisas proveitosas para o serviço dele como fez na Baía houvesse algumas imundícies que os enfadasse muito para que não cuidassem que estavam em outro paraíso terreal, de que diremos daqui por diante começando no capítulo seguinte das lagartas.

A este autor devemos também a consciência de que, tal como vem apresentado, o Brasil é uma nova terra atractiva para portugueses de recursos bem distintos. Na abertura do cap. 33 do *Memorial* (em que inicia a apresentação de elementos que atestam a fertilidade da região da Baía), fornece ao seu leitor informação quanto à acomodação dos portugueses a uma gastronomia em

---

[16] Cf. Gândavo *Tratado da Terra do Brasil...*, 27-28 = Gândavo 2008.

[17] Sobre o pouco que se conhece da sua biografia, vd. Carneiro 2009: 72, n. 1, o início da "Introdução" de Capistrano de Abreu à obra do autor (recentemente reeditada, em 2008, pelo Senado Federal, Conselho Editorial) e Fonseca 2013: 236-237.

[18] *Memorial*: 154, cap. 87.

[19] *Memorial*: 188.

que se substituíram produtos (e também gostos) pátrios por outros naturais do Novo Mundo. Apenas os colonos de mais parcos recursos (ou seja, muito limitados na sua capacidade de aquisição de produtos europeus importados) se viam impelidos a adotar uma gastronomia de acomodação[20]. Quanto aos colonos mais endinheirados, podiam continuar a viver dentro de alguns padrões gastronómicos pátrios, identitários da sua portugalidade e/ou da sua proximidade ao reino. Nesta categoria de privilegiados incluem-se não só os senhores de origem fidalga, mas também algum clero, privilegiado (ou por "comer da mesa" do senhor a cujo serviço estava[21] ou por viver em mosteiros, indivíduos que, nas suas cercas e às suas mesas, por via das rendas[22], criavam e consumiam bens vindos da lusa pátria).

Já nos escritos do padre jesuíta Fernão Cardim, muito em resultado da sua formação teológica, é evidente a dívida para com uma tradição literária cristã dos hortos de delícias[23]. Não ignorando as práticas antropofágicas de algumas tribos índias, por comparação com a visão de um senhor de engenho e bandeirante aguerrido e apostado em, pela força das armas, tomar aos locais as zonas mais férteis (não só para a produção de açúcar, mas também para exploração de minérios preciosos), os escritos de Cardim primam (muito em particular, as cartas) pela tónica nos quadros idílicos de recepção da comitiva do Pe. Visitador às aldeias dos Índios cristianizados pelos missionários[24].

---

[20] Nas palavras do autor: "os homens se mantêm honradamente com pouco cabedal se se querem acomodar com a terra e remediar com os alimentos dela, de que é muito abastada e provida" (p. 104).

[21] Regra geral, esses senhores de fazenda tinham um capelão ao seu serviço, como é o caso referido por Fernão Cardim de um capelão de Garcia d'Ávila (segundo Azevedo 1997: n. 492) que, pela forma luxuosa com que recebe a comitiva de jesuítas, revela o desafogo em que viviam. Como escreve na 1ª carta (p. 239): "Agasalhou o padre em sua casa aramada de guadamecins com uma rica cama, deu-os sempre de comer aves, perus, manjar branco, etc. Ele mesmo, desbarretado, servia à mesa e nos ajudava à missa…".

[22] A título de exemplo, refira-se que, G. S. Sousa, ao descrever os bens que a Companhia de Jesus possuía em Salvador da Baía de Todos-os-Santos, menciona que incluíam "muito grandes cercas" (cap. 9 do *Memorial*: 82), uma renda régia anual de 4.000 cruzados a que somam outro tanto da renda própria, que tiram dos seus bens (com destaque para currais de gado com mais de 2.000 vacas, a parirem por ano, roças e fazendas). Também Fernão Cardim (1ª carta, Baía, 16 de outubro de 1585), ao descrever os bens do colégio de jesuítas da localidade (Azevedo 1997: 219), menciona que os religiosos arredavam algumas das suas propriedades a privados, cujas rendas revertiam em mais mantimentos para alimentar os membros da comunidade.

[23] Sobre este assunto, vd. Holanda 1959, Landy 1979, Delumeau 2002, Chaillet 2009. Sobre a concepção cristã dos jardins primordiais e do paraíso transcendental, leia-se neste livro o capítulo da autoria de Paula Barata Dias. Fonseca 2001 e 2013: 235-246 centra-se na visão do paraíso contida na obra de Pêro de Magalhães Gândavo.

[24] Sobre a biografia de Fernão Cardim importa reter que terá nascido no fim da década de 40, de 1500 (entre 1548 e 1549), em Viana do Alvito (Alentejo). Data-se a sua morte de 1625 (Abrantes, subúrbios de Salvador). Assim, foi no Brasil que viveu a maior parte da sua vida (42 anos: 1583 a 1625). Iniciou a sua formação clerical no colégio de Évora, em Artes e Teologia. Passou pelo colégio de Coimbra, partindo para o Brasil a 5 de março de 1583, como secretário

Esta ênfase, a par das constantes referências à fertilidade do "novo Portugal", tinha por claros objectivos informar o Pe. Provincial das condições e bens dos vários colégios e mosteiros e respectivos progressos da evangelização do gentio, bem como incentivar um investimento continuado no reforço das missões jesuítas no Brasil.

b) Manuscritos e livros (impressos) de culinária

— códice I. E. 33 da Biblioteca de Nápoles (denominado *Livro de cozinha da Infanta D. Maria*)

— manuscrito 142 do Arquivo Distrital de Braga (daqui em diante designado por m. 142 ADB).

— Francisco Martinez Montiño (1611), *Arte de cocina, pasteleria, vizcocheria, y conserveria*.

Até à recente publicação do m. 142 ADB[25], o único manuscrito culinário conhecido para a época em apreço era o *Livro de cozinha da Infanta D. Maria*. Importa lembrar que esta coleção de receitas reflete os gostos requintados de uma elite cortês, já que pertenceu à princesa D. Maria (1538-1577), neta de D. Manuel I e filha do infante D. Duarte, esposa de Alexandre Farnésio, terceiro duque de Parma, Piacenza e Guastalla, e que recebeu, por casamento, o título de duquesa de Parma. Também o número modesto de receitas do manuscrito (num total de 61) impedia uma comparação expressiva entre o seu conteúdo e as referências, nos tratados dos primeiros colonos, a pratos e formas de preparar alimentos, todas elas inspiradas na culinária portuguesa (aberta a integrações brasileiras) e adaptadas à oferta de ingredientes disponíveis nesse "novo Portugal".

Assim, um dos interesses maiores do m. 142 ADB para o nosso estudo resulta do facto de representar os gostos de uma cozinha mais próxima da consumida pela população não nobre, que era aquela que os primeiros colonos-autores queriam muito em particular atrair para o Brasil.

---

do Pe. Visitador Cristóvão de Gouveia. Desembarcou na Baía de Todos-os-Santos a 9 de maio do mesmo ano. Percorreu, nos sete anos subsequentes, as terras das capitanias de Baía, Ilhéus, Porto Seguro, Pernambuco, Espírito Santo, Rio de Janeiro e São Vicente. Exerceu o cargo de reitor de dois colégios: o da Baía, primeiro por 4 anos (1590–1593), e, no resto da sua vida, por mais 19 anos (1607–1625); Colégio de São Sebastião do Rio de Janeiro, entre 1596 e 1598. Esteve em Roma durante quatro anos (1598–1601), exercendo o cargo de procurador da Província do Brasil. No regresso ao Brasil foi capturado por corsários ingleses, permanecendo prisioneiro em Londres, entre dezembro de 1601 e março de 1603. De regresso ao Brasil, desempenhou funções de provincial da Companhia de Jesus (1604 a 1609). Sobre este assunto, vd. Azevedo 1997: 11-15.

[25] Barros 2013.

Importa explicar que a inclusão de um receituário castelhano nesta tipologia de fontes decorre de estarmos perante a obra de um cozinheiro, por mais de 30 anos, da corte filipina. Parte desse período coincide com a monarquia dualista ibérica, o que autoriza recorrermos ao seu livro não como fonte primária, mas para complementar pontos que nos manuscritos portugueses estejam tratados de forma mais abreviada.

c) Léxicos:

— Bento Pereira, *Thesouro da língua portugueza* (1661).

— Rafael Bluteau, *Vocabulario Portuguez & Latino* (1712–1728).

— António Moraes da Silva, *Diccionario da língua portugueza* (1789).

Em relação à utilidade hermenêutica de recorrer, neste estudo de diálogo de fontes escritas de natureza diversa, a dicionários dos sécs. XVII e XVIII, aquela deriva da natureza conservadora própria deste género literário. Ou seja, embora se trate de obras posteriores ao período sobre o qual debruçamos a nossa atenção (séc. XVI–inícios do XVII), a verdade é que registam um património linguístico e conceptual seguramente anterior.

Em suma, o que procuraremos esclarecer, de seguida, através de um estudo comparativo, baseado em todas estas fontes é o papel que ocupa a cultura alimentar na construção da identidade dos indivíduos. Como se sabe, formada desde a infância, a memória gustativa marca presença constante na relação do sujeito com universos distintos daquele em que cresceu e que lhe moldou a identidade. Não podemos esquecer que esses primeiros colonos-autores escreviam para compatriotas que pretendiam atrair ao novo e desconhecido mundo da América Portuguesa. Havia, por isso, que ir ao encontro dos seus gostos!

Conscientes de que os hábitos alimentares têm implicações na saúde dos indivíduos e de que, consequentemente, as alterações desses hábitos sempre causam ansiedade em quem viaja ou equaciona emigrar, todos esses colonos dão garantias aos seus potenciais leitores da manutenção de uma dieta de matriz portuguesa. Daí que, insistentemente, refiram: a facilidade de adaptação de produtos básicos da alimentação portuguesa à terra e clima do Brasil; a existência de produtos autóctones que podem substituir, na confecção de pratos a que estavam acostumados, aqueles produtos que, de todo, não se cultivavam no Brasil ou apresentavam baixa produtividade.

Atendendo a esta dupla forma de abordar a importância de manter a memória gustativa lusa na América Portuguesa, decidimos subdividir a nossa análise em dois momentos: 1. Velhas receitas no Novo Mundo; 2. Receitas do Novo Mundo: os gostos luso-brasileiros. Em cada um destes capítulos reservaremos, por sua vez, duas subalíneas distintas: uma dedicada aos doces e ao pão; outra às "comidas salgados"[26].

1. Velhas receitas no Novo Mundo

São sobretudo receitas de doces as que os autores atestam como especialidades mantidas pelos portugueses nas colónias. Sempre que estão ausentes referências a adaptações desses preparados a produtos e técnicas locais, somos levados a pensar que tais receitas manteriam o seu perfil genuíno. Também somos levados a esta conclusão, quando percebemos que os autores, quando se trata de receitas adaptadas, têm o cuidado de chamar a atenção do leitor para as modificações introduzidas.

Convém começar por explicar que essa preponderância das receitas doces no conjunto das menções dos autores em análise se ficará a dever tanto ao reconhecimento das propriedades terapêuticas revigorantes que à época se atribuí-a ao açúcar[27], como ao relevo que a indústria e a comercialização de açúcar tinham na economia da colónia[28].

1.1 Velhas receitas no Novo Mundo: doces e pão

Podemos distinguir, na categoria dos doces, duas subcategorias, diferenciadas entre si com base em argumentos de ordem social e económica. Ou seja, o destaque dos autores recai tanto sobre uma tipologia de doces do quotidiano, de grande difusão e elevado consumo (desde logo na metrópole e na Europa), como sobre o que se pode designar de doçaria requintada, servida em ocasiões especiais e, no geral, destinada a distinguir e agraciar os seus consumidores.

Do grupo dos doces comercializáveis fazem parte as conservas de fruta em pasta (com grande destaque para a marmelada) ou de fruta coberta de açúcar. O processo de conservação doce, através da cozedura em calda de açúcar e posterior secagem ao sol da fruta fervida e escorrida, era

---

[26] Usamos esta expressão em sentido genérico, aplicando-a a todos os preparados que não contam, entre os seus ingredientes, com o açúcar ou o mel.

[27] Não podemos esquecer que o açúcar, desde a Antiguidade até à Época Moderna (altura em que se assiste à democratização do seu consumo, graças à produção industrial permitida pelos engenhos do Brasil), marcava presença obrigatória nas boticas, donde transitou para a cozinha. Essas propriedades medicinais do doce vêm claramente identificadas nos textos destes primeiros colonos portugueses (conforme veremos mais adiante, a propósito de alguns doces).

[28] Continuam a ser obras de referência para o conhecimento da economia do açúcar no Brasil os trabalhos de Schwartz 1988, em especial as Partes II e III, e de Mauro 1997: 243-342, consagradas ao estudo da cultura da cana, produção e venda do açúcar, arquitetura e evolução dos engenhos, mão de obra, contabilidade e carga fiscal inerentes). Mais recente, embora por publicar, mas apresentado em provas de dissertação de mestrado à Faculdade de Letras da Universidade de Coimbra, veja-se Gomes 2012: 61-87.

muito comum e correspondia a uma necessidade imposta pelo desejo de preservar as frutas para além da sua curta validade de consumo em estado fresco. Os autores não sentem necessidade de especificar, para as frutas portuguesas aclimatadas ao Brasil, as espécies que os seus compatriotas já estavam acostumados a consumir em conserva.

Dentro deste grupo das frutas pátrias indispensáveis nos pomares dos colonos, a espécie que assume lugar primaz são os citrinos, à época ainda cultivadas apenas as espécies bravas, que, por apresentarem espinhos nos troncos e ramos, eram conhecidas por "pomares/árvores/frutas de espinho". Sob esta designação geral cabiam as laranjeiras, limas, cidreiras, limoeiros e zamboas, conforme descrimina G. S. Sousa[29] no cap. 34 do seu *Memorial*.

Figura 1: "Planta da restituição da Bahia", reconquistada aos Holandeses pela armada luso--espanhola (João Teixeira e Albernaz, cartógrafo português; ano de publicação: 1631) Fonte: Prefeitura de Salvador 2015.

A árvore por excelência deste grupo é a laranjeira, pelo que não estranhamos que seja a primeira a ser considerada em detalhe pelo autor. Quanto às castas, verificamos que havia duas, a comum (simplesmente chamada "laranja") e a doce, por essa razão (e para se distinguir da sua congénere) apelidada de

---

[29] *Memorial*: 105-108, cap. "Em que se declara as árvores de Espanha que se dão na Baía e como se criam nela".

"laranja doce". Ou seja, em finais do séc. XVI, a laranja doce estava aclimatada ao Brasil. Denotam as palavras do colono que, além do calibre, o gosto do fruto e o potencial de produção de um dos seus derivados mais requisitados na culinária portuguesa/europeia (a água de flor de laranjeira) figuram entre os louvores feito às laranjas produzidas na colónia.

> As laranjeiras se plantam de pevide e faz-lhe a terra tal companhia que em três anos se fazem árvores mais altas que um homem e neste terceiro ano dão fruto, o qual é mais formoso e grande que há no mundo; e as laranjas doces[30] têm mui suave sabor e seu doce mui agradável e tanto, que a camisa branca com que se vestem os gomos, é também muito doce. As laranjeiras se fazem muito grandes e formosas e tomam muita flor, de que se faz água mui fina e de mais suave cheiro que a de Portugal e como as laranjeiras doces são velhas, dão as laranjas com uma ponta de azedo muito galante, às quais árvores as formigas em algumas partes fazem nojo, mas com pouco trabalho se defendem delas. Tomam as tais árvores a flor em Agosto em que se começa naquelas partes a Primavera[31].

A produtividade e excepcional aclimatação das árvores de espinho em geral, e das laranjeiras e limoeiros em particular, era tal que Cardim Ribeiro[32], ao descrever a cerca da casa da companhia sita em Ilhéus, esclarece: "as árvores de espinho são nesta terra tantas que os matos estão cheios de laranjeiras e limoeiros de toda a sorte, e por mais que cortam não há desinçá-los"[33].

É interessante notar que o carácter emblemático da portugalidade através da laranjeira se fazia sentir até ao nível do que hoje se chama de "arquitectura paisagística", uma vez que são elas as árvores eleitas para delimitar os arruamentos das moradias da fidalguia[34].

Tal como sucedeu com a laranjeira, o autor distingue a "lima" (fruto azedo) da "lima doce"[35] e deixa perceber que a preferência pela plantação desta

---

[30] Neste passo prefiro adoptar a pontuação de Varnhagem, uma vez que a da edição de Albuquerque-Pericão me parece menos compreensível, uma vez que é aqui que coloca o ponto e vírgula.

[31] *Memorial*: 107, cap. 34.

[32] Cardim 1997: 227, 1ª carta.

[33] A mesma tónica na elevada multiplicação das espécies de espinhos coloca Gândavo, quando afirma, no cap. 5 da *História da província*: "De cidras, limões, & laranjas se dão muito na terra estas árvores de espinho & multiplicam mais que as outras".

[34] Leia-se no cap. 21 do *Memorial*: 92: "E tornando por este rio [Matoim] abaixo sobre a mão direita obra de meia légua está uma ilha de Jorge de Magalhães mui formosa por estar toda lavrada de canaviais e no meio dela em um alto tem umas nobres casas cercadas de laranjeiras arruadas e outras árvores, coisa muito para ver".

[35] Também Fernão Cardim menciona esta variedade como uma das frutas da cerca do colégio de jesuítas do Rio de Janeiro: "A cerca é cheia de muitas laranjeiras, limeiras doces, cidreiras, acajús e outras frutas da terra, com todo o género de hortaliça de Portugal". Cardim 1997: 263, 1ª carta.

última e desinteresse pela primeira se prende, tal como sucede com a zamboa (conforme refere mais adiante no seu escrito), com o seu não aproveitamento. Está aqui bem desenhado o que foi o processo de substituição das árvores de espinho de fruto azedo pelas de fruto doce. O tamanho, beleza e paladar do fruto produzido no Brasil justificam a sua superioridade face ao congénere português. Temos os critérios de qualidade económica e gastronómica a servirem de elogio à fertilidade da terra conquistada e a conquistar[36].

> As limas se dão na mesma maneira onde há poucas que dêem fruto azedo, por se não usar dele na terra. As limas doces são muito grandes e formosas e muito saborosas, as quais fazem muita vantagem às de Portugal, assim na grandeza como no sabor. As árvores das limas são tamanhas como as laranjeiras, a quem a formiga faz o mesmo dano se lhe pode chegar e plantam-se de pevide também [37].

A propósito da cidreira (árvore que tem por fruta a cidra[38]), G. S. Sousa, além de repetir o *topos* da superação face ao fruto português, argumentando com o calibre e gosto, e de distinguir duas espécies, a azeda e a doce, é de todos os frutos elencados o único a que o autor faz menção quanto ao destino culinário, a produção de conserva doce.

> [...], as quais fazem muita vantagem às de Portugal, assim na grandeza como no sabor; e faz-se delas muita conserva. Algumas têm a goma doce, outras azeda e em todo o ano as cidreiras estão de vez para dar fruto, porque têm cidras maduras ou verdes, outras pequenas e muita flor, a quem as formigas não fazem nojo, porque têm o pé da flor muito duro[39].

Embora nada especifique sobre a conserva em questão, o dicionário de Morais da Silva (*sub verbum*), dois séculos mais tarde, informava que apenas a casca do fruto era aproveitada para fazer doce.

Sobre o limoeiro, identifica três subespécies, a saber: limões franceses, limões de perdiz e limões galegos. Além desta diversificação tipológica, o

---

[36] Esta referência ao potencial agrícola dos solos surge em inúmeros passos, que não enumeramos por constituírem um lugar-comum da descrição dos locais passíveis de receber os colonos com vantagens económicas para estes.

[37] *Memorial*: 107, cap. 34.

[38] Bento Pereira indica o seu sinónimo latino: *malum citreum*; Bluteau, além desse, dá-lhe também como sinónimo o termo latino usado para laranja, i.e.: *malum medicum*; Morais da Silva insiste no sabor azedo como característica principal deste fruto (que, diríamos a avaliar pelos dicionaristas, não teria versão "doce", o que desmente G. S. de Sousa). É este dicionário do séc. XVIII que apresenta a descrição mais detalhada da espécie, esclarecendo tratar-se de um fruto da espécie do limão azedo, mas muito maior e de cuja casca se faz doce. Também informa, na entrada "cidreira", que esta era uma árvore de espinho.

[39] *Memorial*: 107, cap. 34.

autor insiste no calibre (os maiores são os galegos), no gosto, na rapidez de crescimento da árvore e na sua elevada produtividade.

> Dão-se na Baía limões franceses tamanhos como cidras de Portugal e são mui saborosos e outros limões de perdiz e os galegos e uns e outros se plantam de pevide e todos os anos vêm com novidade, os quais muito depressa se fazem árvores formosas e tomam muito fruto, o qual dão em todo o ano, como está dito das cidreiras e alguns destes limões se fazem muito grandes, especialmente os galegos[40].

A pouca implantação da zamboa na colónia deve-se ao não aproveitamento da sua fruta, como esclarece: "Também se dão na baía outras árvores de espinho, as zamboas, de que não há muitas na terra, por se não aproveitarem nela deste fruto"[41]. Sobre as características deste citrino, é interessante notar que os dicionários antigos são unânimes em assinalar a sua falta de gosto (elemento organoléptico que deverá ter ditado o seu rápido abandono numa terra tão fértil em frutas autóctones de extraordinário sabor)[42].

Outros frutos (doces) transplantados e que manteriam acesa a memória gustativa lusa são o figo e a romã[43] e o marmelo. Também Fernão Cardim, no tratado *Do clima e terra do Brasil* (cap. "Dos animais, árvores, ervas, que vieram de Portugal e se dão no Brasil")[44], menciona as mesmas árvores de fruta, continuando a conceder a primazia aos refrescantes citrinos, além de mencionar a boa integração no Brasil dos figos e dos marmelos (fruta de eleição para o fabrico de doces em Portugal[45]).

Ditavam as regras literárias herdadas das narrativas de terras desconhecidas dos autores clássicos (gregos e latinos), em que estes homens do Renascimento eram formados, que se cativasse o interesse do seu leitor descrevendo apenas o extraordinário, ou seja, as práticas que fogem ao comum. Dentro desta linha, os nossos autores ou apenas comentam genericamente que se produzem muitas conservas ou destacam aquelas que, mesmo feitas de frutas importadas

---

[40] *Memorial*: 107, cap. 34.

[41] *Memorial*: 107, cap. 34.

[42] Morais diz assemelhar-se à laranja e ter um gosto muito insípido. Bluteau afirma ser uma espécie de limeira ou cidreira, que dá um fruto parecido com a laranja, mas muito maior, de cor amarela mais carregada. Quanto ao gosto, embora lembre o da laranja, informa ser mais desenxabido.

[43] *Memorial*: 106-107, cap. 34. Também Fernão Cardim enumera estes dois frutos, além dos inevitáveis marmelos, entre as riquezas das terras do Rio de Janeiro. Cardim 1997: 267, 1ª carta.

[44] Cardim 1997.

[45] Não esquecer que, do ponto de vista linguístico, a influência deste património doceiro português que é a marmelada se afirmou em diversos idiomas europeus, onde prevalece nas formas inglesa "marmalade", francesa "marmelade", espanhola "mermelada", italiana "marmelatta", alemã "marmelade" etc.

de Portugal, soariam invulgares aos seus compatriotas. Assim, além da mais portuguesa das conservas doces, a de marmelo, por regra usado na produção de marmelada (que era uma compota de marmelo[46]), menciona a conserva de cidra (cuja novidade em relação às cidras portuguesas era havê-las doces no Brasil, e não apenas azedas[47]) e a conserva de melancia, todos doces mencionados por Gabriel Soares de Sousa[48]. Não menos extraordinário (e em simultâneo apelativo) a informação que o jesuíta dá a propósito do consumo de fruta na comunidade de irmãos da Baía: "e todo o ano há frutas nos refeitórios"[49]. Para um povo que estava habituado, devido à produção sazonal das árvores frutais, a consumir fruta fresca em períodos limitados do ano, esta observação seria seguramente interpretada como mais um sinal evidente da fartura que prometiam as terras do "novo Portugal".

O senhor de engenho, por sua vez, era um indivíduo sensível ao impacto que tanto a matéria-prima (o açúcar) como o produto transformado em conservas doces assumia na balança de transacções da colónia, pelo que escreve: "Saem da Baía cada ano destes engenhos passante de cento e vinte mil arrobas de açúcar e muitas conservas"[50]. O padre jesuíta Fernão Cardim confirma que a elevada produtividade do marmelo, tão familiar ao paladar do colono português, se estendeu a outras regiões do Brasil, além da Baía, a saber: Rio de Janeiro, São Vicente e Piratininga (ambas na região de São Paulo). A indicação de Fernão Cardim de que a marmelada brasileira suplantou a importada da Ilha da Madeira[51] constitui outro sinal bastante claro do potencial económico do Novo Mundo e da sua receptividade às tradições culinárias pátrias. No ponto 2 desta análise, consideraremos como esta tradição conserveira, tão enraizada na memória gustativa e na economia dos portugueses, admite a acomodação a frutas autóctones, abrindo caminho a

---

[46] O manuscrito 142 ADB apresenta várias receitas de pêssegos e alperces de conserva (r. 181-185), bem como de marmelada (que, como o próprio nome indica, se trata de compota de marmelo; r. 186-189), onde se encontram descritos ingredientes e processos de confecção usados na produção de conserva de fruta e marmelada.

[47] O texto que nos dá a confirmação de que em Portugal apenas se conhecia a conserva de cidra azeda é precisamente o manuscrito 142 ADB, através da receita 195 de "conserva do azedo da cidra".

[48] Dos marmelos fala no cap. 62 da *Descrição verdadeira*, da cidra no cap. 34 do *Memorial*, dedicado às árvores de Espanha, e da melancia no cap. 36 desta mesma obra, dedicado às sementes que vêm de Espanha. É de notar que a designação Espanha abrange, como já referimos, os reinos de Portugal e de Espanha, ambos sob a coroa comum da dinastia filipina (entre 1580–1640).

[49] Cardim 1997: 219, 1ª carta.

[50] *Memorial*: 103, cap. 32.

[51] Vd. *Do clima e terra do Brasil*, no cap. "Dos animais, árvores, ervas, que vieram de Portugal e se dão no Brasil". Repete essa ideia da suplantação das conservas doces locais em relação às da Madeira na 1ª carta. Cardim 1997: 160.

novas conservas feitas com velhas técnicas, por isso justamente denominadas de conservas doces luso-brasileiras.

Foquemos agora a nossa atenção na doçaria requintada. No contexto das recepções feitas à comitiva do Pe. Visitador da Companhia de Jesus, de que Fernão Cardim dá conta na sua *Narrativa Epistolar*, deparamos com a referência a dois mimos doces portugueses: o manjar branco e os ovos reais. Embora os colonos-escritores se dispensem da descrição das receitas e dos seus ingredientes (por serem bem conhecidos do seu público), a consulta dos manuscritos culinários quinhentistas permite-nos saber do que se tratava. No caso do manjar branco[52], sabemos que os ingredientes usados no receituário português são peito de galinha, leite, farinha de arroz, açúcar e sal q.b., tudo produtos acessíveis na colónia[53].

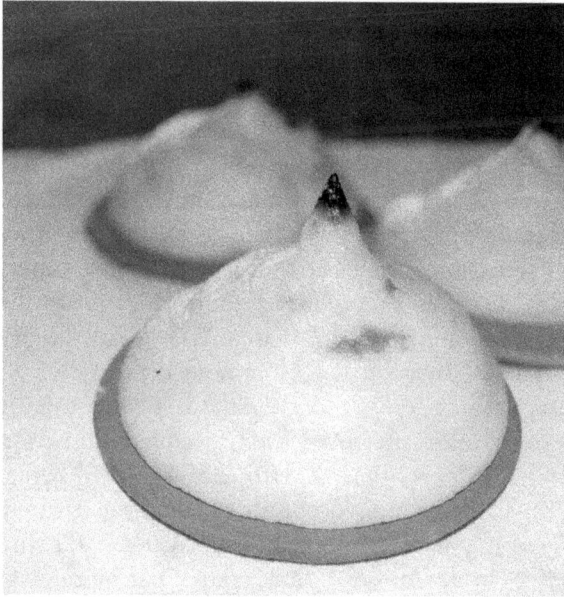

Figura 2: Imagem de "manjar branco", fabricado em Coimbra (Portugal), 2010
Foto: Branca Gonçalves 2010. Acervo pessoal.

---

[52] No *Livro de cozinha da Infanta D. Maria* vem descrito na r. 34 e no m. 142 ADB na r. 277.

[53] Repare-se que Gabriel Soares de Sousa (*Memorial*, cap. 35) enfatiza o elevado índice de produtividade de arroz na região da Baía (em que um alqueire de sementeira correspondia a 40 de colheita), bem como o rendimento e qualidade do bago (comparável ao que era um modelo de referência em terras da Espanha, o arroz de Valência) e a pouca exigência do solo para bem acolher essa plantação (uma vez que tanto se dá em solo com água, o chamado "brejo", como sem ela, pois declara: "o semeiam em brejos e em terra enxuta", p. 108). Também Pêro de Magalhães Gândavo mencionara a acomodação do cereal ao Brasil (cap. 5 da *História da província*).

Também para a receita de ovos reais havia na colónia disponibilidade de todos os ingredientes: ovos, açúcar, água de rosas[54] ou de flor (de laranjeira), pão e canela. Não são, uma vez mais, os produtos que conferem singularidade às receitas, mas sim a arte de os preparar. E este saber fazer, conforme notam os colonos-autores sob análise, é um conhecimento que as mulheres portuguesas não se limitam a levar consigo para a nova terra, mas têm a fortuna de aí encontrar uma população servil autóctone dotada para aprender a arte culinária que lhes ensinam[55]. A transmissão de conhecimentos fez-se, naturalmente, nos dois sentidos, pois, como veremos no ponto 2, há produtos e técnicas indígenas que as portuguesas integram na sua cozinha!

Particular minúcia e engenho exigiria a preparação dos "ovos reais", cuja adjectivação de sentido áulico ("reais") remete para a sua origem em mesas fidalgas. Até à descoberta do m. 142 ADB (r. 145), não sabíamos a que se referia Fernão Cardim, quando escrevia que esse havia sido um dos vários mimos gastronómicos com que um fazendeiro regalou a comitiva de jesuítas durante a sua visita. A receita de ovos reais do livro do frade português contempla não só indicações sobre ingredientes, mas também contém sugestões sobre o utensílio a usar para permitir que as gemas batidas escorressem em fio para uma frigideira com açúcar em ponto, onde coziam. Esta referência expressa a um utensílio específico é mais um indício de se tratar de uma receita conhecida de poucos. Uma colher de buracos ou uma casca de ovo com vários orifícios são os utensílios indicados para se obter o que hoje se denominam "fios de ovos"[56]. Servem-se sobre finas fatias torradas de pão, previamente passadas por açúcar. Polvilham-se os fios de ovos com canela em pó, iguaria que se conserva por oito a nove dias.

Reservámos para conclusão deste ponto sobre a manutenção fiel de receitas do Velho Mundo no Novo Mundo aquele que era o mantimento básico da alimentação portuguesa e europeia: o pão[57]. Apesar de na colónia encontrarem um tubérculo autóctone que os Índios transformavam em farinha, a mandioca, e de este se revelar um excelente substituto da farinha de trigo na confecção de bolos ou de desempenhar na refeição o papel que,

---

[54] Fernão Cardim, no último capítulo do seu tratado *Do clima e terra do Brasil* (dedicado aos animais, árvores e ervas vindas de Portugal e aclimatadas ao Brasil), a única rosa que menciona é a de Alexandria (plantada no Rio de Janeiro e em Piratininga). Tratava-se de uma flor usada na confecção de produtos indispensáveis tanto na cozinha como na botica dos colonos: a água rosada (obtida por destilação: "destilam muitas águas", Cardim 1997: 160) e açúcar rosado (Cardim 1997: 161).

[55] *Memorial*, cap. 160.

[56] Os dois nomes já aparecem estabelecidos como sinónimos, no livro de Bello (1936: 284), com a receita "Ovos reais ou fios de ovos".

[57] Sobre o papel central do pão na alimentação portuguesa e de como ele funciona como marcador de identidade que permite opor um povo dito civilizado a outro tido por primitivo, vd. Soares 2014.

à luz da cultura europeia, estava reservado ao pão (feito de cereal), o pão não deixou nunca de ocupar um lugar central na memória gustativa portuguesa. Conscientes do estranhamento gastronómico que significava para os seus compatriotas a privação do pão à refeição, todos estes três primeiros colonos--autores procuram reduzir o impacto negativo que semelhante alteração na base do regime alimentar provocaria junto dos potenciais futuros colonos. São várias as estratégias encontradas para convencer os leitores de que os efeitos dessa privação devem ser desvalorizados. Se é verdade que o pão de trigo se comercializava em alguns mercados, feito de farinha importada do reino[58] e, por conseguinte a preços previsivelmente elevados, o pão de milho também se pode confeccionar na colónia. Aqui, com a vantagem de os colonos não terem de se limitar ao milho zaburro, trazido de Portugal (como menciona Pêro Magalhães Gândavo[59]), mas de poder usar uma espécie local de milho, da qual (como esclarece G. S. Sousa[60]) "fazem muito bom pão e bolos com ovos e açúcar". No fundo, tratava-se de usar uma espécie nova de um alimento a que o seu paladar já estava acomodado, o milho.

Havia, porém, um mantimento espiritual feito de farinha de trigo que era necessário assegurar que, em nenhuma circunstância, faltaria aos cristãos no Novo Mundo: as hóstias. E essa é uma ressalva e garantia moral que os escritos desses colonos e homens de fé dão aos seus compatriotas. A propósito do clima e terra das capitanias de São Vicente e Santo Amaro, G. S. Sousa esclarece que "Do trigo usam somente para fazerem hóstias e alguns mimos"[61]. Informa, ainda, que não se investia no cultivo dos cereais vulgarmente consumidos na lusa pátria por haver abundantes e saborosos produtos de substituição locais (que, por outros contextos, supomos referir-se sobretudo à mandioca[62]).

---

[58] G. S. Sousa refere que os moradores de Salvador da Baía podem adquiri-lo na praça (*Memorial*, cap. 12). Cardim denuncia que a falta de trigo no Brasil não se prenderia com a inadaptação da planta ao clima e terra, mas sim com a inexistência de moinhos para moer a farinha. Cardim 1997: 161.

[59] Cf. cap. 5 da *História da província*, dedicado às plantas, mantimentos e frutas do Brasil.

[60] Cap. 45, sobre as espécies de milho cultivadas na Baía. Também Fernão Cardim informa da mesma utilização de milho americano no fabrico de pão. Cardim 1997, "Das ervas que são fruto e se comem".

[61] *Descrição verdadeira*: 66, cap. 62.

[62] No tratado *Memorial* (cap. 37, "Em que se declara que coisa é a mandioca"), o autor confirma que em solo tão distante e distinto do pátrio se produz, em abundância, com qualidade e utilidade semelhante à da sua congénere lusa, o alimento básico da sua dieta (de origem mediterrânea): a farinha, indispensável à confecção do pão e seus "aparentados" (papas e bolos). Na verdade, a partir da leitura completa da *Descrição verdadeira* e até a este cap. 37 do *Memorial*, era legítimo a um português ter sérias reservas quanto à viabilidade de manter, naquelas distantes paragens, as práticas gastronómicas da sua cultura de origem, uma vez que ficara bem claro que a produção de trigo nas capitanias vizinhas existia (Rio de Janeiro: cap. 61; São Vicente e Santo Amaro: cap. 62, mas era usado para a confecção de determinadas iguarias celestes e terrenas:

1.2 Velhas receitas no Novo Mundo: comidas salgadas

Ponto introdutório a um "levantamento" de pratos portugueses (leia-se confeccionados com produtos originários da metrópole e segundo as técnicas culinárias pátrias) será uma (ainda que breve) reflexão sobre as garantias que os nossos colonos-autores dão sobre a acessibilidade a esses produtos no "novo Portugal". Quer os portugueses que fossem viver no campo (em fazendas, roças ou casais), quer os que dependessem dos mercados que abasteciam os centros urbanos[63], a todos eles os nossos autores asseveram que lhes será possível manter acesa a chama da "panela portuguesa". Comecemos por considerar a ênfase colocada no cultivo, na criação de gado e na riqueza piscatória conhecidas dos compatriotas "convidados" a enveredar por uma vida nas novas e longínquas terras do reino.

Na obra do senhor de engenhos[64] deparamos com o que se pode chamar de verdadeiro "espelho" da horta e ervas aromáticas ao gosto luso, tanto cultivares como silvestres. A ordem pela qual os produtos vêm apresentados denuncia conhecimentos agrícolas, botânicos, culinários e dietético-medicinais elementares. Verificamos que o autor possuía conhecimentos básicos de composição de uma horta e das necessidades que a cozinha portuguesa lhe impunha, na medida em que, no geral, a sequência pela qual apresenta os alimentos revela que os sabe agregar por categorias ou famílias.

Do grupo das frutas de semente, começa pelas cucurbitáceas, dando lugar de abertura ao melão, o que deverá reflectir uma prática enraizada na cultura portuguesa de servir de entrada essa ou outra fruta (como uvas) ou, em alternativa, hortaliças (como saladas ou alface)[65]. Completam esta

---

hóstias e mimos), mas não na Baía. Nesta cidade apenas se podia adquirir na praça o pão feito da farinha de trigo importada do reino, *Memorial*, cap. 12. Assim, os capítulos 37-43, consagrados às raízes indígenas usadas para produzir farinha (mandioca e aipim), fornecem informações que asseveram que, através desse produto local, o colono podia continuar a assegurar a matriz da sua alimentação, tanto em terra como no mar (pois o abastecimento da população a bordo era garantida pelos produtos locais, em cada um dos sentidos da viagem).

[63] Gabriel Soares de Sousa resume bem o carácter regional e ao mesmo tempo metropolitano que tinha um mercado como o da cidade de Salvador da Baía, capital da província: "A terra que esta cidade tem[, uma]e duas léguas à roda, está quase toda ocupada com roças, que são como os casais de Portugal onde se lavram muitos mantimentos, frutas e hortaliças donde se remedeia toda a gente da cidade que o não tem de sua lavra, a cuja praça se vai vender e assim está sempre mui bem provida e o mais do tempo [o] está do pão que se faz das farinhas que levam do reino a vender ordinariamente à Baía, onde também levam muitos vinhos da ilha da Madeira e das Canárias[, onde são mais] por serem mui brandos e de melhor cheiro e cor e suave sabor que nas mesmas ilhas donde o levam; o que se vende em lojas abertas e assim muitos outros mantimentos de Espanha e todas as drogas e panos de toda a sorte e as mais mercadorias acostumadas". *Memorial*: 84, cap. 12.

[64] *Memorial*: 109-110, cap. "Em que se diz das sementes de Espanha que se dão na Baía e como se procede com elas".

[65] Na obra do lente da Universidade de Coimbra entre 1584 e 1585, Ferrão Solis da Fonseca,

secção inicial os pepinos, as melancias e dois tipos de abóbora, as abóboras de conserva e as abóboras de quaresma ou da Guiné.

Figura 3: Natureza morta de Juan Sanchez Cotán (Orgaz, Espanha, 1602), Museu de Arte de San Diego, Califórnia
Fonte: The Yorck Project 2002.

Os conhecimentos agrícolas estão claramente presentes no seu discurso, conforme se depreende, quando esclarece o seu leitor de que todos estes espécimes, e ao contrário do que sucederá com outros adiante referidos (as plantas da família das brassicáceas: salsa, cenouras, acelgas e espinafres), deitam semente que é passível de ser aproveitada para uma próxima sementeira[66]. Revelam boa produtividade e, em alguns casos, são expressamente referidos como de melhor qualidade que os congéneres de terras de Espanha, caso das

---

essa tradição de iniciar a refeição com alimentos que esfriem o organismo era comum, mas vem contraindicada pela personagem do médico no segundo diálogo. Fonseca 1626: 77.

[66] As exigências do paladar luso determinavam a importação de sementes do reino, pelo que verificamos como, até ao nível deste comércio de "menor porte", a gastronomia do colono condicionava a economia de importação. Vejam-se as últimas palavras deste capítulo, aplicadas às cenouras, acelgas, espinafres e cardos, mas que podemos generalizar a situações idênticas de plantas que não espigam e não produzem sementes reaproveitáveis: "mas vai muita semente de Portugal de que os moradores se aproveitam". *Memorial*: 110, cap. 36.

abóboras de conserva ("se dão mais e maiores que nas hortas de Alvalade"[67]) e das melancias ("se dão maiores e melhores que onde se podem dar bem em Espanha"[68]). O apelo ao prazer gastronómico continua a aflorar nestas, ainda que breves, considerações, declaradamente quando se afirma, a respeito das abóboras de quaresma, que "se dão na Baía façanhosas de grandes e muitas e muito gostosas"[69].

A segunda secção de plantas de semente considerada é a das brassicáceas, constituída por mais cinco plantas, de que, embora o autor nada diga a esse respeito, sabemos que se comiam as folhas e as raízes (caso do nabo e do rábão ou rábano), as folhas e as sementes (mostarda) ou simplesmente as folhas (as couves, neste caso, devidamente identificadas nas subespécies de couve tronchuda e couve murciana). Permanecem os elogios obrigatórios à produtividade e ao paladar de algumas dessas plantas (mostarda e rábãos)[70] e faz-se a equiparação em qualidade de outras a congéneres de nomeada regional no reino, a saber: os nabos e rábãos de entre Douro e Minho e as couves de Alvalade. Como veremos para outros produtos, havia já a consciência de alguns produtos regionais "demarcados", ou seja, que dentro da sua espécie se superiorizavam em qualidade e prestígio aos cultivados noutros lugares do reino. Antes de passar à secção das plantas aromáticas, usadas como adubo na culinária portuguesa, o autor refere uma hortaliça que, além de ser bastante comum, tinha a particularidade de apresentar uma característica organoléptica *sui generis*, a doçura: a alface ("Alfaces se dão uma maravilha de grandes e doces"[71]).

Das ervas aromáticas portuguesas são também elencadas primeiro cinco (coentros, endros[72], funcho, salsa e hortelã), a que se juntam mais duas (poejo e manjericão) de permeio com outras plantas de tipo diversificado, retomando algumas das categorias anteriores (cebolinho e cebola, beringela, cenoura, espinafres, tanchagem, agriões, alfavaca, beldros, beldroegas, chicória, mastru-ços[73], acelga e cardos[74]). Há, ainda, a referência indirecta ao cominho (quando

---

[67] *Memorial*: 109.

[68] *Memorial*: 109

[69] *Memorial*: 109.

[70] Da mostarda escreve "colhe-se cada ano muita e boa" e dos rábãos "dão-se alguns tão grossos como a perna de um homem". *Memorial*: 109.

[71] *Memorial*: 109.

[72] Ou aneto.

[73] Ou cardamomo.

[74] Na *Âncora Medicinal* do médico de D. João V, Francisco da Fonseca Henriques (1721: 292), na entrada "cardo", vem a referência de que dá um fruto a que se chama alcachofra. Em termos médicos reconhece-se-lhe propriedades diuréticas (na eliminação de pedras e areias dos rins e bexiga) e, no que à cozinha diz respeito, menciona-se que tem propriedades de coalho para o leite (donde se depreende o seu uso comum na confecção de queijo).

se indica que é a partir dos filhos das couves que se consegue reproduzir a planta, pois não geram semente).

A abundância, o tamanho[75] e a produtividade fora do comum dos espécimes continuam a marcar a descrição da maioria destas plantas. A facilidade com que algumas se adaptam é de tal ordem que simplesmente se refere que se multiplicam em excesso, a ponto de, no caso da hortelã[76], o autor lembrar que na Baía a apelidam de "praga", reconhecendo-lhe implicitamente o estatuto de ervas invasoras ou daninhas. Há, no entanto, que salvaguardar que, apesar de, no início do capítulo, o autor anunciar que tratará das sementes de Espanha, acaba por reconhecer que algumas espécies familiares no reino existiam em estado natural na colónia (caso dos beldros e das beldroegas[77]) ou que, além das vindas da pátria, no Novo Mundo as havia indígenas (caso dos agriões[78]).

Não podemos esquecer que, além de marcarem presença na comida, muitas destas ervas tinham reconhecidas propriedades medicinais, pelo que, seguramente, o interesse em informar os Portugueses da fácil aclimatação das suas plantas ao solo brasileiro lhes transmitia também a tranquilidade de saberem que poderiam continuar a dispor dos ingredientes necessários a mezinhas mais ou menos caseiras.

O jesuíta Fernão Cardim retoma algumas das plantas portuguesas acabadas de indicar (o que reforça o seu estatuto de ingredientes comuns e esperados na "panela lusa") e menciona outras, no capítulo "Das ervas que se comem" do tratado *Do clima e terra do Brasil*. Aqui inclui tanto favas, espécies várias de abóbora (sem particularizar quais), feijões de variadas castas (que comenta, sempre num registo de *captatio beneuolentiae* do futuro colono português, serem saborosos e idênticos aos de Portugal), milho (de espécies diversas e com consumidores distintos: os homens, que o usam no fabrico de pão e "vinho", i.e., bebida fermentada típica dos índios; os animais, sejam cavalos, porcos e, como ainda hoje sucede, galinhas) e pimentos picantes, a que o autor chamava "pimentas", usadas com propósito idêntico à da "pimenta do reino" (vinda das Índias Orientais), i. e., de condimento (pois, como refere, p. 119: "dão muito gosto ao comer").

---

[75] "Coentros se dão tamanhos que cobrem um homem", *Memorial*: 109; "Funcho se dá com vara tamanha que parece uma cana de roca muito grossa", *Memorial*: 109; os alhos, improdutivos na Baía, mas espantosamente grandes em São Vicente, deles "se faz cada dente que plantam, tamanho como uma cebola em uma só peça e cortam-se em talhadas para se pisarem", *Memorial*: 110; manjericão "o qual se faz mais alto e forte que em Portugal", *Memorial*: 110; alfavaca " a qual se dá pelos matos tão alta que cobre um homem", *Memorial*: 110.

[76] Os endros "não há quem os desince da terra onde se semeiam uma vez", *Memorial*: 109; a tanchagem "dá muita semente que se espalha pela terra, que se inça toda dela", *Memorial*: 110; os poejos "lavram a terra toda como a hortelã", *Memorial*: 110; os agriões "dão tanta semente que não há quem os desince", *Memorial*: 110.

[77] "são naturais da mesma terra". *Memorial*: 110.

[78] "também os há naturais da terra pelas ribeiras sombrias". *Memorial*: 110.

Ainda na mesma obra, e na categoria das ervas cheirosas, que temperam os pratos, retoma o já mencionado manjericão e acrescenta a "cebolacecê"[79]. Sabemos pelo dicionário de Bluteau, que regista a forma "cebola cessem", que, além de possuírem folhas semelhantes às da açucena (embora mais grossas e compridas), as havia de bolbos brancos (denominadas em latim *lilium album*) e avermelhados (*lilium rubrum*). O uso de muitas destas ervas/bolbos e plantas em geral repartia-se entre a cozinha e a botica ou preparação de mezinhas caseiras, por lhe serem reconhecidas propriedades medicinais.

Os colonos-autores que estamos a analisar, no geral, não sentem necessidade de mencionar estas utilizações duplas, por serem do conhecimento dos seus leitores. Essa tendência inverte-se quando se pretende sublinhar que a colónia não só permite manter os tratamentos que tão bem conheciam e praticavam com recurso à flora portuguesa (que se reproduz no Brasil), mas oferece produtos alternativos válidos. Assim sucede com o poejo, mencionado anteriomente aqui por G. S. Sousa, que não só esclarece que esses caldos eram servidos aos doentes[80], como ainda acrescenta que no Brasil os Índios usavam, com idênticas propriedades terapêuticas, os caldos da fina flor da farinha de mandioca, o carimã[81].

A receita 123 do m. 142 ADB, explica como se preparam os caldos de poejos: cozem-se os poejos, a que se coa a água, que será posteriormente fervida e temperada com sal e uma substância doce (açúcar, mel ou arrobe[82]), mexendo durante a fervura do caldo com o doce; numa tigela praticamente cheia do caldo dos poejos adiciona-se, por fim, uma pequena quantidade de farinha de trigo, anteriormente diluída em água fria.

O interesse de cruzar as informações (demasiado sucintas) das obras destes colonos em termos de alimentos/medicamentos com outras fontes, como é também o caso dos dicionários, torna-se bem evidente precisamente para a dita "cebolacecê". Como esclarece Bluteau, assada no borralho e esmagada com óleo rosado, permite obter um emplastro que faz acalmar o ardor das queimaduras e as cura por completo.

---

[79] Cardim 1997: 267, na 1ª carta volta a mencionar esta variedade de cebola.

[80] *Memorial*: 115, cap. 41.

[81] Trata-se de uma farinha muito fina e alva, obtida da mandioca, mas por um processo diferente do descrito para a farinha de pau: as raízes são postas a curtir em água e secam-se sobre uma estrutura de canas sob a qual se mantém o fogo aceso; depois de bem secas, raspa-se-lhes a casca defumada; pisa-se em pilão o miolo branco até se obter um grão finíssimo, que é peneirado ("fica o pó delas tão delgado e mimoso como o de farinha muito boa", *Memorial*: 115, cap. 41). A farinha de pau, por ser mais resistente, acessível e fácil de comercializar, tinha por consumidores sobretudo a população servil (criadagem e escravos dos portugueses residentes na cidade ou que não possuem roças, pois os das roças têm abundância da raiz que permite fazer farinha fresca) e em contextos ou de escassez alimentar (da população em geral dos engenhos) ou nas viagens (em particular a torna-viagem do Brasil para Portugal).

[82] Ou seja, xarope de sumo de uva.

Na lista (ilustrativa e não exaustiva) que Cardim apresenta dos legumes idos de Portugal para o Brasil, retoma produtos que, pela sua repetição nas obras dos dois colonos, percebemos serem dos mais emblemáticos da memória gustativa lusa: melão, abóbora e alface (estas duas expressamente indicadas para uso na produção de conservas[83]); couves, pepinos, rábãos, nabos, mostarda, hortelã, coentros, endros, funcho e cebolas.

Nas cartas, em que descreve com maior ou menor detalhe as cercas dos colégios e mosteiros visitados, retoma a referência à beringela, alface, couves, abóboras (a propósito da horta da casa da Baía[84] melões e pepinos (na horta do colégio de Pernambuco[85]). Ervilhas, alhos, gergelim (ou sésamo) e borragens são, por sua vez, produtos que apenas Cardim elenca.

O núcleo comum de hortaliças, legumes e ervas de cheiro encontradas entre os dois autores poderá constituir o que chamaríamos de ingredientes básicos da "panela portuguesa". Estamos, contudo, conscientes de que os elencos mais sucintos da literatura saída da pena do jesuíta podem decorrer de factores tão distintos (e sempre impossíveis de comprovar) como o gosto do autor, a sua cultura gastronómica ou a das comunidades que frequenta. A verdade é que, sempre que alguém pretende sintetizar, elege para uma lista nuclear denominações genéricas (árvores de espinho, hortaliça de Portugal) ou, dentro das específicas, aquelas que por qualquer razão se lhe afigurem sobrepor-se a um vasto conjunto de alimentos deixados no anonimato.

Com todas estas hortaliças, legumes e ervas aromáticas, que pratos sabemos nós que os portugueses do séc. XVI podiam preparar? Para responder a esta questão do que é o "horizonte de expectativas" culinárias do colono na época, valemo-nos do manuscrito 142 ADB. Aí deparamos com um elevado número de receitas, que, só a avaliar pelos títulos, revelam a centralidade que boa parte destes alimentos assumem na cozinha portuguesa, tanto salgada[86] como doce[87].

---

[83] O uso da alface na produção de conservas doces está de acordo com a característica que, como vimos acima, G. S. Sousa destacou desta planta: a sua extrema doçura. Afortunadamente, o *Livro de cozinha da Infanta D. Maria* permite-nos conhecer como se faziam "Talos de alface" de conserva (r. 48).

[84] Cardim 1997: 219, 1ª carta.

[85] Cardim 1997: 249, 1ª carta.

[86] Deste elenco constam 17 receitas: "Favas verdes e secas" (r. 100), "Ervilhas secas e verdes" (r. 101), "Abóbora de cabaça" (r. 102), "Abóbora de Calecute" (r. 103), "Mescolança" (r. 104, que o autor do manuscrito especifica ser "salada de Italianos"), "Salada portuguesa" (r. 105), "Chicórias e alfaces, cruas e cozidas" (r. 106), "Cenouras" (r. 107), "Espargos" (r. 108), "Nabos" (r. 111, que inclui receita também para grelos de nabo), "Couves de azeite" (r. 112), "Espinafres e bredos" (r. 113), "Borragens" (r. 115), "Celgas" (ou acelgas, r. 116), "Misturada" (feita de todas as ervas comestíveis ou verduras, r. 117), "Cebolas" (r. 119) e "Sopas de alho" (r. 120).

[87] Receitas doces são as 93 ("Filhós de borragem"), a 115 ("Borragens", que contém uma versão salgada e outra doce) e a 153 ("Abóbora em conserva"). No caso da abóbora, é interessante

Nesta rubrica 1.2. consideraremos apenas as referências à manutenção dos hábitos/receitas portuguesas, reservando para a rubrica 2.2. as acomodações à flora brasílica (que implicam a substituição de ingredientes ou de técnicas pátrias pelas autóctones).

As formas de cocção a que são submetidos estes legumes e verduras são a cozedura e o refogado. No primeiro caso, tratava-se do simples processo de ferver os alimentos em água e sal, os quais, depois de cozidos e escorridos, se temperavam sobretudo com azeite, vinagre e pimenta (a principal especiaria "democratizada" com a empresa dos descobrimentos portugueses). Os legumes e hortaliças "afogadas" (como então se denominava o processo culinário hoje chamado de refogar), por sua vez, eram cozinhados em lume brando, regados de azeite, bem adubados de "cheiros"[88] (de que os mais comuns são os coentros, hortelã, alhos, endros, cebola, salsa, funcho, manjericão) e especiarias (além dos orientais açafrão, pimenta, cravinho, também os europeus cominhos e sementes de mostarda)[89].

Tanto o senhor de engenho como o padre jesuíta fazem menções (no geral breves) a essas duas formas de processamento culinário. As hortaliças cozidas (muito em especial as couves) eram o acompanhamento privilegiado do peixe cozido, conforme refere Fernão Cardim, a propósito do peixe-boi, do qual diz que cozido com couves ou outras "ervas" (leia-se "vegetais") sabe a vaca[90].

Menção especial (ainda que sucinta) merecem, da parte de G. S. de Sousa[91], as favas:

> Estas favas são em verdes mui saborosas e cozem-se com as cerimónias que se costumam em Portugal e são reimosas como as do Reino e dão em cada bainha quatro, cinco favas e depois de secas se cozem muito bem e não criam bichos como as de Espanha e são muito melhores de cozer.

Pela receita 100 do m. 142 ADB, sabemos que eram consumidas verdes ou secas, podendo ser cozinhadas "afogadas" ou apenas cozidas. Se cruzarmos esta informação com o que o tratado médico de Francisco Fonseca Henriques regista já no séc. XVIII (*sub verbum* Favas, cap. XI, "Dos legumes"), ficamos a saber que por detrás do consumo da leguminosa em verde ou seca radicava

---

notar que G. S. Sousa mencionara especificamente uma casta de abóboras chamadas de conserva, *Memorial*, cap. 36. O m. 142 permite-nos conhecer em detalhe como se fazia em Portugal esse doce: depois de partida em talhadas e limpa de pevides, a abóbora fica a demolhar durante dois dias e uma noite, para depois ser cozida. Feita esta operação de cocção, será novamente cozida durante nove dias, mas agora em conserva (a receita não especifica se de açúcar ou mel, mas no Brasil certamente optar-se-ia pelo primeiro), até atingir o ponto desejado.

[88] Vocábulo usado para designar as plantas aromáticas.

[89] Sobre a pimenta e as especiarias em geral, vd., respectivamente, Thomaz 1998, 1995.

[90] Cf. *Do clima e terra do Brasil*, "Dos peixes que há na água salgada". Cardim 1997: 130.

[91] *Memorial*: 119, cap. 46.

uma distinção social. O médico de D. João V esclarece que, enquanto aquelas "frequentaõ muyto as mezas lautas", estas "não passaõ de alimentar a gente de bayxa sórte"[92].

Ao emblemático azeite, base de uma das formas de cozinhar mais usadas no receituário português, recomenda o clérigo autor da r. 100 que se adicionem algumas das ervas de cheiro portuguesas, que, no cap. 36 do seu *Memorial*, G. S Sousa indica como adaptadas ao solo da Baía: coentros, endros e cebola (verde). Ao nível dos temperos, os ingredientes correspondem à antiquíssima tríade mediterrânea de sal, alho e vinagre, a que se junta a (não menos apreciada pelos refinados gostos das elites endinheiradas romanas e dos seus sucedâneos europeus) pimenta.

Em termos de modo de preparação, há ligeiras diferenças entre a receita de favas verdes e a de favas secas, que detalhamos, por nos revelarem, sobretudo no caso das primeiras, como o produto alimentar a que dá origem a planta mais louvada por G. S. Sousa, o açúcar, entrava na preparação de pratos que não os "doces". Aliás, basta ler algumas das receitas do *Livro de Cozinha* de Apício[93], para percebermos que entronca na herança mediterrânea essa prática, que atravessará oceanos, da cozinha agridoce. Verificamos, de facto, que, quando se trata de preparar favas verdes e tenras, à base do refogado (azeite e aromáticas), se lhes junta açúcar, folhas de alface (que, no caso de serem duras, devem previamente ser cozidas em água e sal, depois espremidas para lhes retirar a água e temperadas com pimenta[94]) e vinagre (que há quem dispense). A receita de favas secas, por seu turno, exige, obrigatoriamente, dois procedimentos sequenciais de cozedura. Primeiro, para amolecer as leguminosas, cozem-se (em água, provavelmente com sal, referência que, embora omissa, se poderá subentender). Depois de escorridas, há duas alternativas de preparação: ou se refogam com os cheiros ou são salteadas, como modernamente se diz, pois, como se lê na receita, "depois de cozidas e escorridas lhes deitarão azeite e alho pisado, e com isto darão uma fervura".

Como sucede no geral das suas análises sobre as plantas comestíveis, o colono-escritor não descura, também a propósito das favas, a questão das implicações que têm na saúde dos consumidores. Daí que não deixe de re-cordar o que seria uma "verdade" que circulava, não só na sabedoria popular mas também nos tratados médicos, e que era a sua natureza indigesta (pois lhes chama "reimosas"[95]).

---

[92] Henriques 1721: 255.

[93] Vejam-se, a título ilustrativo, as receitas 168 (*"Minutal* à moda de Mácio"), 213 ("Molho para grou, pato ou frango") e 291 ("Perna cozida"), em trad. portuguesa. Ornellas e Castro 1997.

[94] Só nesta forma de preparar as favas entra a pimenta, sob condição de a alface ser dura e necessitar de uma preparação prévia.

[95] Bluteau, sv "reuma" diz significar "o humor crasso e indigesto de alguns mantimentos"

Embora nenhum dos colonos mencione que boa parte das hortaliças, legumes e aromáticas era usada em cru para a preparação de saladas, essa é uma realidade que o m. 142 ADB deixa não só evidente, pois apresenta duas receitas do género, como permite concluir ser sentida como elemento constituinte da identidade culinária portuguesa. A esta inferência nos leva a presença no referido manuscrito de uma receita de "Salada portuguesa" (r. 105), para mais imediatamente a seguir à "Mescolança" (r. 104), receita que se inicia pelo esclarecimento "É salada de Italianos". Em comum têm sobretudo dois aspectos: todas as plantas serem cortadas miudamente e receberem o convencional tempero de sal, azeite e vinagre. Por comparação, a salada de Italianos limita-se a folhas de verduras variadas, mas com o cuidado de se elegerem as partes mais tenras. Assim, da borragem, que também figura na salada à portuguesa, aproveitam-se apenas as pétalas das suas flores, ao passo que naquela se usam as folhas. Da alface, aproveitam-se apenas os olhos, enquanto na receita portuguesa se não faz semelhante restrição (indicando--se o genérico alface). A Salada Portuguesa, por sua vez, além das verduras (beldroegas, mastruços, folhas de segurelha e de mostardeira, de alface e borragens), inclui alguns legumes (completamente ausentes da receita à italiana), o pepino e o rábão, e plantas de cheiro bem comuns (alho, verde ou seco, coentros, hortelã e manjericão). Poderia não ser tão "fina" como a salada à italiana, mas espelhava, seguramente, uma maior variedade de ingredientes, todos eles disponíveis nas hortas dos portugueses de Aquém e Além-Mar.

Para finalizar esta reflexão sobre a aplicação culinária que os colonos "esperariam" dar aos produtos nacionais cultivados nos seus quintais ou comprados nas praças das cidades do "novo Portugal", valerá a pena evocar a r. 117 do m. 142 ADB, denominada "Misturadas". No fundo parece uma versão cozida da Salada Portuguesa, conforme se depreende do seu breve conteúdo: "Fazem-se de todas as ervas que se comem, e picar-se-ão muito miúdas com cebola, coentros, hortelã, e se porão a cozer em água que as cubra com seu sal, e depois azeite".

Em termos de fauna, os portugueses cedo introduziram na colónia o gado de criação do reino (bovino, suíno, caprino, ovino e aves de capoeira)[96],

---

e que o vulgo lhe chama "reima". Henriques 1721 (secção III, cap. XI, "Dos legumes", sobre as favas) esclarece que apesar de indigestas, as suas cascas, flores e farinha têm propriedades diuréticas, ajudam a combater a gonorreia, sinais do rosto, tosse e hemorroides.

[96] Fernão Cardim 1997, 217, 1ª carta, ao descrever as terras da Baía, esclarece: "É terra farta de mantimentos, carnes de vaca, porco, galinha, ovelhas, e outras criações; tem 36 engenhos, neles se faz o melhor açúcar de toda a costa". Nas diversas visitas da comitiva, ao Pe. Visitador sempre são ofertados inúmeros géneros alimentares. A título de exemplo, recorde-se a dádiva dos moradores de Pernambuco: "Foi o padre mui frequentemente visitado do Sr. Bispo, ouvidor--geral, e outros principais da terra, e lhe mandaram muitas vitelas, porcos, perus, galinhas e outras cousas, como conservas, etc.; e pessoa houve que da primeira vez mandou passante de

familiaridade que sai reforçada pelo facto de no Novo Mundo encontrarem algumas das peças de caça comuns no seu território de origem. À cerca das capitanias de São Vicente e Santo Amaro, escreve G. S. Sousa (cap. 62 da *Descrição verdadeira*, p. 66):

> Tem esta capitania muita caça de porcos e veados e outras muitas alimárias e aves e criam-se aqui tantos porcos e tamanhos que os esfolam para fazerem botas e couros de cadeiras e que acham os moradores destas capitanias mais preciosos e melhor que couro de vacas de que nestas capitanias há muita quantidade por se na terra darem melhor que em Espanha onde as carnes são muito gordas e gostosas e fazem vantagem às das outras capitanias por a terra ser mais fria.

Repare-se que o autor, talvez devido às suas origens fidalgas, começa por colocar o foco no que aos animais diz respeito, nos deleites da caça de animais de grande porte. Menciona espécies bem conhecidas e apetecíveis ao paladar português/europeu, servidas às mesas de nobres e reis: o porco do mato ou javali e o veado. Em segundo lugar, a comum criação intensiva de gado (destacando os animais mais comuns: o porco e a vaca, seguidos de ovinos e caprinos). Das aves não faz qualquer discriminação de espécies, mas sabemos, por outras passagem deste autor e de Fernão Cardim, que se tratava de: galinhas, frangões, galos, pombas, patos, gansos (ou adens) e perus (ou galipavos). Pêro de Magalhães Gândavo enfatiza ainda a abundância de aves de caça aquáticas bem conhecidas dos seus compatriotas (perdizes, pombas, rolas, patos, gansos bravos)[97].

Das vacas destaca o senhor de engenho a boa qualidade da carne (o que traduz no adjetivo "gorda") e a abundância de leite produzido, utilizado em produtos transformados (de que particulariza a manteiga)[98]. Idênticos elogios merecem ovelhas e cabras, também elas fontes de bom e abundante leite, destinado não só ao fabrico de manteiga (como mencionado no caso anterior), mas também ao de queijos. Natural do Alentejo, logo com uma muito apurada memória gustativa em termos de produtos lácteos vários (entre eles, o queijo), o jesuíta Cardim[99] dá conta de como o "novo Portugal" permitia

---

cinquenta cruzados em carnes, farinhas de trigo de Portugal, um quarto de vinho, etc." A ordem de enumeração das carnes denuncia a sua valoração na dieta do colono: 1º carne bovina (neste caso a mais tenra, de vitela) e suína, seguida das aves de criação (1º o peru, mais nobre e raro; seguido da mais comum e portuguesa/europeia galinha).

[97] Cf. *História da província de Santa Cruz*, cap. 6 ("Dos animais e bichos venenosos que há nesta província").

[98] "as vacas são muito gordas e dão muito leite, de que se faz muita manteiga e as mais coisas de leite que se fazem em Espanha". *Memorial*: 104, cap. 33.

[99] Cardim 1997, 238, 1ª carta.

não apenas a reprodução dos produtos pátrios, mas até a sua superação em termos de qualidade:

> Tornado à viagem, partimos da aldeia do Espírito Santo para a de Santo António, passámos alguns rios caudais em jangadas, fomos jantar em uma fazenda do colégio, onde um irmão além de outras muitas cousas tinha muito leite, requeijões e natas que faziam esquecer Alentejo.

É muito interessante registar que a única receita que o m. 142 ADB apresenta de produção de queijo (r. 253, denominada simplesmente "Queijos"), explicite que se trata destes mesmos (afamados) queijos, os do Alentejo[100].

Ao longo desta nossa análise, vamo-nos apercebendo de várias menções a especialidades regionais. Aos queijos do Alentejo, junta-se o gado bovino de Entre Douro e Minho, conforme recorda o jesuíta na sua 1ª carta, ao descrever a cerca da casa dos irmãos do Rio de Janeiro (p. 269): "a vaca na bondade e gordura se parece com a de Entre-Douro e Minho". Ao leitor português da actualidade não passa despercebida esta distinção, pois parece situar pelo menos no séc. XVI a hoje reconhecida Demarcação de Origem Protegida (DOP) de uma espécie bovina criada nessa região, a raça barrosã[101].

Sobre o gado suíno, Sousa e Cardim são unânimes em sublinhar que a sua acomodação ao solo e clima do Brasil tem a vantagem de fazer da sua carne um alimento substituto da galinha na dieta dos enfermos. No entanto, do ponto de vista culinário e gastronómico, de imediato, se evidencia uma desvantagem: a carne magra do animal não permite obter toucinhos tão gordos como os dos animais criados em Portugal. A primeira consequência seria uma carência de manteiga de porco (ou banha), gordura de uso comum na culinária portuguesa. Num total de 18 receitas, o m. 142 ADB atesta o muito frequente uso do toucinho para cozer com carnes várias[102] (particularmente as aves)[103], acompanhadas de pimenta, ou em assados, principalmente usado como

---

[100] Leia-se: "Os queijos de Alentejo se fazem desta maneira. Coado o leite por um pano de lã ou dois, e dois de linho, e coalhado pelo modo sobredito, se tira com uma escudela, e deitando-o dentro dos cintos se desfaz muito bem e miudamente; indo-se trabalhando e apertando o queijo, sai o soro ruço; em saindo o soro branco está o queijo feito, e não se aperta mais com ele, porque é já a manteiga, deita-se-lhe seu sal e deixa-se estar. Advirta-se que os tais queijos até não suarem muito bem, não são bons para comer". Esta receita é antecedida por uma de "Requeijão" (r. 252). Note-se que no m. 142 ADB também se encontra referência a um outro queijo "demarcado", ainda hoje comercializado e afamado, a que o autor chama "queijo dos flamengos" (o moderno Queijo Flamengo), um dos ingredientes da "Receita de sopa de queijo / Sopa de queijo" (r. 279).

[101] Sobre esta raça e respectiva carne DOP, vd. o sítio da internet: http://www.carnebarrosa.com/index.asp?p=r (acedido em 4 de abril de 2015).

[102] Cf. r. 12 ("Desfeito", de carneiro ou outra carne) e r. 23 (lebre).

[103] Os perus (então denominadas "galinhas do peru", r. 21), as codornizes (r. 27), os tordos (r. 28), os pardais (r. 30) e a "Galinha mourisca" (ou seja à moda dos mouros; r. 35) constituem um conjunto de pratos confeccionados segundo um ou dois tipos comuns: cozidos e comidos

recheio. Uma única vez, surge em receita de legumes (r. 142, "Beringelas"). Tanto se cozinhava com ou sem courato, dependendo das receitas (sem ele, aparece na única receita doce em que é ingrediente principal: a "torta de toucinho", r. 228)[104]. A banha usada a par de toucinho derretido[105] ou cada um isoladamente são outros usos presentes no receituário em confrontação[106]. Há ainda uma receita que ensina a conservar o toucinho em boas condições um ano inteiro (r. 18) e outras duas que atestam que, em determinados casos se "exigia" não um toucinho qualquer, mas um que fosse particularmente gordo[107]. Em particular esta era uma "memória gustativa" que os colonos teriam, em determinadas regiões do Brasil, muita dificuldade em pôr em prática.

Conscientes desta "saudade" alimentar, os colonos-escritores procuram por um lado sugerir uma (ainda que vã) esperança de um dia se poder vir a produzir azeite a partir do fruto das oliveiras plantadas no Brasil, além de asseverarem que há pescado cartilagíneo cuja abundante gordura era usada para transformar em banha. G. S. Sousa, já no termo da sua descrição da fertilidade da terra de São Vicente, menciona "e também há nesta terra algumas oliveiras que dão fruto"[108]. Parece que o autor quer incutir no seu leitor e nos Portugueses que equacionassem a possibilidade de virem viver para as Índias Ocidentais a confiança de que poderiam esperar continuar a obter aí o fruto que permitiria produzir o azeite, uma das principais gorduras usadas na cozinha. Uma vez mais recorremos ao m. 142 ADB para clarificarmos melhor quais seriam os "horizontes de expectativas" do séc XVI em termos de uso culinário do azeite[109]. A receita 134 ("Azeite") especifica que a quantidade

---

com pimenta; assados, recheados de toucinho. O facto de estas receitas respeitarem uma ordem sequencial também decorre desse uso das mesmas receitas-base.

[104] Também na r. 37 ("Outro modo de rechear frangos").

[105] Os dois na mesma receita aparecem em: "Cabidela de murcianas" (r. 41); em alternância, na "Galinha mourisca" (r. 35).

[106] Receitas em que se usa em simultâneo toucinho e toucinho derretido (em substituição da banha): "Outro modo" (de rechear frangos, r. 39); ou em que se usa apenas toucinho ("Empada de vitela, r. 249); ou apenas toucinho derretido ("Frangos assados e recheados", r. 36). A banha utiliza-se como gordura para fritar os "Pastéis esfolhados fritos / Pastéis fritos" (r. 275).

[107] Cf. r. 221 ("Mondongo de carneiro e de cabrito, que é o mesmo") e r. 222 ("De como se fará o branco").

[108] Descrição Verdadeira: 66, cap. 62.

[109] Não esqueçamos, no entanto, que uma das funções primordiais do azeite, desde a Antiguidade greco-romana era a iluminação. Daí as diversas referências que os colonos fazem aos substitutos locais do azeite de oliveira para as candeias. G. S. Sousa menciona o óleo de copaíba, alertando que cedo deixou de ser usado para essa função utilitária doméstica, pois descobriram-lhe propriedades medicinais, de que afirma "óleo santíssimo em virtudes, o qual é de cor e clareza de azeite", Memorial: 135, cap. 58. O mesmo autor informa que o fruto do pino era usado para essa finalidade ("bagos tamanhos como avelãs todos cheios de bicos, cada um destes bagos tem dentro um grão pardo tamanho como um feijão, o qual pisado se desfaz todo em azeite que serve na candeia", Memorial: 138, cap. 61. Mas este combustível também se obtinha de outras matérias-primas, estas de origem animal. Disso nos dão conta tanto o

q.b. é menor quando se junta ao mel, esclarece como deve ser usado nos refogados (em que é a base do preparado) e explica que o seu emprego com a carne deve ser evitado (por ser considerado prejudicial à saúde). No que se refere ao seu uso na preparação de refogados, a informação é particularmente interessante, pois esclarece o que nas receitas se supõe seja do conhecimento do cozinheiro. Neste caso em concreto, informa que, após uma breve fervura das ervas aromáticas (os "cheiros"), se deve acrescentar um pouco de água ou vinagre, mas com o cuidado de se ir mexendo sempre e de a cozedura se fazer em lume brando. O seu uso como tempero de legumes crus já ficou suficientemente atestado.

Mas como vimos, além do azeite extraído da azeitona, os portugueses recorriam abundantemente na sua cozinha ao toucinho e à banha de porco. Tranquilizem-se, neste campo, os mais apegados aos hábitos da memória gustativa pátria. Como esclarece G. S. Sousa, o peixe-boi permitir-lhes-á manter (ainda que numa versão luso-brasileira) o acesso a produtos não apenas idênticos, mas (num discurso verdadeiramente vocacionado para incentivar a captação de mais colonos) mesmo de melhor sabor[110]. Conforme esclarece[111], os portugueses valem-se da sua experiência e hábitos culinários, no tratamento dado a esse gigantesco pescado:

> o qual levam atado a terra ou ao barco onde o esfolam como novilho, cuja carne é muito gorda e saborosa e tem o rabo como toucinho sem ter nele nenhuma carne magra, o qual derretem como banha de porco e se desfaz todo em manteiga e é como a de porco e tem muito melhor sabor.

Fica, através desta alusão a um animal tão exótico, confirmada a ideia de que a banha e o toucinho eram ambos ingredientes principais da identidade gastronómica lusa. Não se pode, no entanto, julgar que no território descoberto o colono depararia com iguais condições geoclimáticas, variável que resultava em que, no que ao porco europeu diz respeito, se verificassem diferenças regionais nas carnes produzidas. Como assevera ainda o senhor de engenhos na Baía, outras capitanias há em que os colonos não terão dificuldades em obter animais com toucinhos (e por consequência banha)

---

senhor de engenhos (ao mencionar os aproveitamentos do peixe-serra, tubarão e lixa — que não só fornecem azeite "que serve para a candeia", como breu, produto usado na calafetagem dos barcos (*Memorial*: 198, cap. 128), como o jesuíta Cardim 1997 (a propósito da baleia e do tubarão, respectivamente p. 132-133 e 134-136 da 1ª carta).

[110] Sobre a adaptação do porco europeu às condições geoclimáticas da América portuguesa e algumas das alternativas que os colonos encontraram em animais autóctones (sobretudo pescado de grande porte) para satisfazer a sua memória gustativa da banha e do toucinho, leia-se o recente trabalho de Santos-Conceição-Bracht 2013.

[111] *Memorial*: 198 sq, cap. 129.

idênticos aos da lusa pátria. Mas mesmo a criação de exemplares magros e ao contrário do que poderiam numa primeira impressão deduzir os compatriotas residentes em Portugal, traduz-se num ganho, no âmbito mais específico da alimentação dos enfermos.

> A porca pare infinidade de leitões, os quais são muito tenros e saborosos [...]. A carne dos porcos é muito sadia e saborosa, a qual se dá aos doentes como galinhas e come-se todo o ano e em nenhum tempo é prejudicial, mas não fazem os toucinhos tão gordos como em Portugal, salvo os que se criam na capitania de São Vicente e na do Rio de Janeiro[112].

Ou seja, os porcos magros apresentam uma carne de qualidade idêntica ou, nas palavras do padre jesuíta[113], superiores à da tradicional carne servida aos doentes, a galinha!

Este passo leva-nos a considerar a rubrica das aves domésticas. G. S. Sousa não se coíbe de elogiar a maior fertilidade da colónia para a criação destas aves, se bem que não esconda as limitações que, por via de alguns predadores répteis, se colocam à criação doméstica das pombas, conforme se lê no capítulo dedicado ao gado que veio de Espanha[114]:

> As galinhas da Baía são maiores e mais gordas que as de Portugal e grandes poedeiras e muito saborosas, mas é de espantar que como são de três meses esperam o galo e os frangãos da mesma idade esperam e tomam as fêmeas, os quais são feitos galos e tão tenros e saborosos e gordos como se não vêem em outra parte. As pombas de Espanha se dão na Baía mas fazem-lhe muito nojo as cobras que lhes comem os ovos e seus filhos, pelo que se não podem criar em pombais. Os galipavos se criam também e fazem tão formosos como em Espanha e de vantagem, cuja carne é muito gorda e saborosa, os quais se criam sem mais cerimónias que as galinhas e também se dão muito bem os patos e gansos de Espanha cuja carne é muito gorda e saborosa.

De entre as vantagens da terra brasílica no que toca à criação de galináceos, o destaque recai sobre a produção mais elevada de ovos de galinha, a maior rapidez no crescimento das aves (nomeadamente no tempo que leva um frangão a passar a galo) e na maior facilidade em criar o prestigiado galináceo americano, por isso chamado peru (ou galipavo, como aqui sucede, ou ainda galinha de Peru, como vimos para o m. 142 ADB, r. 21). Confirma, de forma inequívoca, Fernão Cardim o estatuto de "ave de festa" de que gozava este

---

[112] *Memorial*: 105, cap. 33.
[113] Cf. cap. "Dos animais, árvores, ervas, que vieram de Portugal e se dão no Brasil" do tratado *Do clima e terra do Brasil*. Cardim 1997: 158.
[114] *Memorial*: 105, cap. 33.

último, quando escreve, no capítulo "Dos animais, árvores, ervas, que vieram de Portugal e se dão no Brasil" do tratado *Do clima e terra do Brasil*[115], "As galinhas de Peru [...] não há convite onde não entrem". Concretiza essa ideia, no que escreve, no dia 21 de novembro, já de regresso à capitania de Espírito Santo, sobre a visita ao colégio desse lugar. Nessa ocasião, o administrador do colégio e outros locais enviaram ao Pe. Visitador presentes de boas vindas, em géneros alimentares, de que enumera: "e logo mandou [o Administrador] dous perus, e os da terra mandaram vitelas, porcos, vacas e outras muitas cousas, conforme possibilidade e caridade de cada um"[116].

O facto de caber à figura mais grada ofertar perus parece-nos decorrer do grande prestígio que a ave tinha numa gastronomia requintada.

Vejamos, de seguida, mais atentamente, como é da integração de produtos e técnicas do Novo Mundo nas receitas do Velho Mundo (e vice-versa) que nasce uma gastronomia luso-brasileira.

2. RECEITAS DO NOVO MUNDO: OS GOSTOS LUSO-BRASILEIROS

A novidade que maior impacto produz na memória gustativa do colono português, já o anunciámos atrás, reside na substituição da farinha de trigo por farinha de mandioca. Mas, sem sairmos ainda do domínio da flora, as frutas vêm logo a seguir entre as novidades mais destacadas. As cercas dos mosteiros, descritas por Fernão Cardim, sintetizam de forma lapidar essa coabitação de alimentos trazidos de terras de Espanha com outros nativos do Brasil ou transplantados de outros lugares do império dos colonos.

Atentemos na descrição datada de 14 de julho de 1584, a propósito do espaço do colégio de Jesuítas de Pernambuco onde foi servida a merenda à comitiva do Pe. Visitador[117]:

> À tarde fomos merendar à horta, que tem muito grande, e dentro nela um jardim fechado com muitas ervas cheirosas, e duas ruas de pilares de tijolo com parreiras, e uma fruta que chamam maracujá, sadia, gostosa e refresca muito o sangue em tempo de calma[118] tem ponta de azedo, é fruta estimada. Tem um grande romeiral de que colhem carros de romã, figueiras de Portugal, e outras frutas da terra. E tantos melões, que não há esgotá-los, com muitos pepinos e outras comodidades. Também tem um poço, fonte e tanque, ainda que não é necessário para as

---

[115] Cardim 1997: 159.
[116] Cardim 1997: 258, 1ª carta.
[117] Cardim 1997: 250, 1ª carta.
[118] "Tempo de calma" é a expressão da época para indicar "calor excessivo", resultante da ausência de ventos (refrescantes).

laranjeiras, porque o céu as rega: o jardim é o melhor e mais alegre que vi no Brasil, e se estiveram em Portugal se pudera chamar jardim.

Daqui se depreende que uma boa, farta e variada horta luso-brasileira era, primeiro que tudo, marcada pelos produtos indispensáveis à gastronomia portuguesa, a saber: as ervas de cheiro (que não só serviam para fins culinários, mas também para aromatizar ambientes, além de poderem entrar em preparados medicinais), as frutas de árvores originárias do solo pátrio (uvas, armadas em parreiral suspenso, de acordo com a prática portuguesa, romãs, figos e laranjas) e os frutos de plantas da terra pátria (melões e pepinos)[119]. Das frutas locais faz referência, neste passo, apenas ao maracujá. A nosso ver, o facto de vir mencionado a seguir às parreiras poderá decorrer de também se tratar de uma planta trepadeira, que aproveitaria da colunata criada para aquelas. Na descrição que fizera, anteriormente, dos bens do Colégio de Jesuítas da cidade da Baía[120], além das árvores de espinho e das parreiras, destaca, dentre os frutos autóctones, dois que sabemos (graças sobretudo às detalhadas referências que lhes faz G. S. Sousa) serem abundantes e muito apreciados, o ananás e a pacoba ou banana[121], a que se junta o coqueiro. Aliás, também Gabriel Soares de Sousa dera conta na sua *Descrição verdadeira*[122] de como a convivência de flora oriunda dos três continentes em que os portugueses instalaram colónias ou entrepostos comerciais reflete a integração luso-afro-indiana. Desses quintais "lusófonos" nos dá conta quando, sobre as casas dos moradores da cidade de Salvador da Baía destaca "seus quintais, os quais estão povoados de palmeiras carregadas de cocos, outros de tamareiras e parreiras". Da Ásia era natural o coqueiro, da África a palmeira e da Europa/Portugal a parreira.

---

[119] Pêro de Magalhães Gândavo não difere dos outros dois colonos nesta rubrica, uma vez que as plantas/frutas portuguesas que menciona darem-se bem no Brasil são esses mesmos (e por esta ordem): melões, pepinos, romãs, figos de muitas variedades, uvas, cidras limões e laranjas (cap. 5 da *História da província*).

[120] Cardim 1997: 219, 1ª carta.

[121] Sobre o ananás, leia-se o cap. 57 do *Memorial*: 133: "Não foi descuido deixar os ananases para este lugar por esquecimento, mas deixamo-los para ele porque se lhe déramos o primeiro, que é o seu, não se puseram os olhos nas frutas declaradas no capítulo atrás e para o pormos só, pois se lhe não podia dar companhia que convém a seus merecimentos". Da pacoba escreve: "Dão-se estas pacobas assadas aos doentes em lugar de maçãs, das quais se faz a marmelada muito sofrível, as quais concertam como as beringelas e são muito gostosas e cozidas no açúcar com canela são estremadas e passadas ao sol sabem a pêssegos passados", *Memorial*: 123, cap. 50. Além da referência à excelência do gosto da pacoba cozida, o trecho em apreço fornece-nos muitas outras informações sobre os requintes da gastronomia portuguesa, não alheia a um sector de consumidores com necessidades especiais, os doentes. Como vemos, a tradição lusa de servir maçãs assadas aos doentes acomoda-se aos frutos naturais da colónia.

[122] *Descrição verdadeira*: 83, cap. 10.

Merece também destaque a descrição da cerca do colégio do Rio de Janeiro, onde chegou a comitiva a 20 de dezembro desse mesmo ano. Aquela, por contraste com as anteriores, vem "desenhada" como uma horta exclusivamente portuguesa[123]:

> A cerca é cousa formosa; tem muito mais laranjeiras que as duas cercas de Évora, com um tanque e fonte; mas não se bebe dela por a água ser salobra; muitos marmeleiros, romeiras, limeiras, limoeiros e outros frutos da terra. Também tem uma vinha que dá boas uvas, os melões se dão no refeitório quase meio ano, e são finos, nem faltam couves mercianas bem duras, alfaces, rábãos e outros géneros de hortaliça de Portugal em abundância: o refeitório é bem provido de necessário.

Igualmente significativas são as integrações luso-brasileiras que, por via de uma fauna bem diversa, os colonos produzem ao nível de pratos de carne ou peixe.

A ordem pela qual abordaremos o aparecimento de gostos novos, nascidos da fusão entre a identidade culinária trazida e a recém-descoberta, será a mesma do ponto 1.1. Assim, começaremos pelos doces e pão, para concluirmos com os preparados ditos "salgados".

2.1. O novo gosto luso-brasileiro: doces & pão

Conforme já notámos antes, a principal novidade/acomodação reside na farinha de mandioca. Embora possa passar despercebido, um importante aspeto a ter em conta na substituição do uso da farinha do reino (nome por que era conhecida a farinha de trigo, já que, como vimos, era maioritariamente importada de Portugal) por farinha de mandioca é a "justificação" dietética para essa alteração[124]. Este tipo de explicação encontramo-la, precisamente, em G. S. Sousa[125]:

> [...] e porque tudo é a mandioca concluamos que o mantimento dela é melhor que se sabe, tirado o do bom trigo, porque pão de trigo no[126] mar, de milho, de

---

[123] Cardim 1997: 268-269, 1ª carta.

[124] Note-se que o adjectivo "dietética" se emprega no seu sentido etimológico (de origem grega: *diaita*) de "modo de vida", conceito que engloba, de acordo com os primeiros escritos sobre a matéria (contidos no corpus *hippocraticum*), os seguintes domínios da vida humana: alimentação, exercício físico, condições de habitação, do clima e da terra onde se vive, actividade profissional e repouso (sono e morfologia do leito). Sobre o sentido originário e clássico de *diaita*, vd.: Jouanna 2012, Soares 2013.

[125] *Memorial*: 116, cap. 43.

[126] Albuquerque tem "no" enquanto a leitura da 3ª edição de Varnhagem apresenta "do". Ambas podem ser entendidas como indicando "trigo cultivado nas terras ultramarinas" ou então reconhecemos à expressão "pão de trigo no mar" o sentido de "pão de trigo cozido/comido embarcado" e à expressão "pão de trigo do mar" o sentido de "pão de trigo vindo por/do mar". Esta

centeio, de cevada, não presta a par do da mandioca, arroz, inhames e cocos. Milho de Guiné se dá na Baía, como ao diante se verá, mas não se tem lá por mantimento, que a mandioca é mais sadia e proveitosa que pão de bom trigo por ser de mais digestão e por se averiguar por tal. Os governadores Tomé de Souza, D. Duarte e Mem de Sá não comiam no Brasil pão de trigo por se não darem bem com ele e assim o fazem muitas outras pessoas.

Neste passo o autor, que viveu no Brasil 17 anos, espelha o quanto os primeiros colonos se sentiam divididos entre: a identidade gastronómica da cultura portuguesa (em que foram criados e viveram boa parte da sua vida); a acomodação gastronómica exigida pelas condições naturais do novo ecossistema; a adaptação do organismo a essas alterações alimentares e geoclimáticas. O trecho transcrito evidencia que só se põe em causa a superioridade do bom trigo em relação à mandioca, quando o português está embarcado ou vive no Brasil. No fundo, a mensagem que o senhor de engenho passa assenta na mais clássica tradição dietética de matriz hipocrática, pois estabelece uma estreita cadeia de implicações entre saúde, alimentos e meio ambiente (dos indivíduos e dos alimentos). Nada melhor para conferir *auctoritas* a esta inter-relação do que apresentar, por testemunhas dessa boa adaptação ao padrão gastronómico brasileiro, figuras gradas da governação colonial portuguesa, i. e., os três primeiros governadores-gerais das terras do Brasil (Tomé de Sousa, entre 1549 e 1553; Duarte da Costa, entre 1553 e 1558; Mem de Sá, entre 1558 e 1572).

Consideremos, de seguida, que receitas levadas do velho Portugal se viram reconfiguradas. O receituário luso-brasileiro nasce, como veremos de seguida, não apenas da confluência de ingredientes e técnicas antigas e novas (aos olhos dos colonos), mas tem uma incidência renovadora mais profunda. Na verdade, a comunidade dos consumidores portugueses leva, com as suas exigências de paladar e tradição culinária, à alteração da própria técnica de produção da farinha de mandioca[127]. Em termos de receituário indígena, constatamos que os beijus acomodam as filhoses mouriscas e os biscoitos, e a tapioca as filhoses comuns.

última leitura tem a vantagem de concordar com a ideia exposta no cap. anterior (42), segundo a qual a farinha de trigo que chegava do reino à Baía (por mar, em navios) era de má qualidade.

[127] Segundo o autor, a "intromissão" do colono na culinária indígena atinge a própria técnica de cofeção do alimento básico que é a farinha de mandioca fresca, como se lê no cap. 41 do *Memorial*: 114: "Os portugueses não a querem curtida mais que até dar a casca, com a qual mandam misturar algumas raízes de mandioca crua, com o que fica a farinha mais alva e doce, e desta maneira se aproveitam da mandioca, a qual farinha fresca dura sem se danar cinco a seis dias, mas faz-se seca e quem é bem servido em sua casa, come-a sempre fresca e quente".

Sobre os beijus[128], apesar de comparados à filhós, pela sua fina espessura, sabemos que não eram fritos em azeite, como aquela, mas assadas em alguidar de barro, sobre o lume, segundo a técnica de confecção indígena. No entanto, G. S. Sousa esclarece que as mulheres portuguesas aprimoraram a receita autóctone, modificação que consiste em deixar os beijus tão finos como hóstias, bem secos e torrados. Estes são beijus luso-brasileiros, cuja aparência os compatriotas do autor podem imaginar, uma vez que lhes diz que "ficam tão delgadas como filhós mourisca"[129]. Esse elemento distintivo da intromissão da arte culinária portuguesa na receita dos beijus, ou seja, o elevado estádio de cozedura a que eram sujeitos (a ponto de ficarem "muito secos e torrados") ganha um novo sentido se o cruzarmos com o verbete "beiju" do léxico setecentista de Rafael Bluteau. Aí se lê:

> Desta [farinha] fazem os *Beijus*, que são uns pequenos bolos alvíssimos e delicadíssimos, que é o comer mais mimoso, ou em quanto moles e frescos, ou depois de duros e torrados. Estes se guardam por muito tempo e chamam-lhe os Índios *Miapiatâ*, que vale o mesmo que *Biscouto*.

Daqui deduzimos a identificação que os colonos naturalmente fariam entre o beiju seco e o biscoito português, usado como mantimento obrigatório pelos tripulantes e viajantes das carreiras marítimas durante os Descobrimentos. Tratava-se, como o próprio nome "biscoito" etimologicamente sugere, de uma espécie de pão ázimo duro, bem cozido, ou dizendo melhor, "duas vezes" (lat. *bis*) "cozido" (lat. *coctus*).

Quanto à outra iguaria indígena mencionada por G. S. Sousa, a tapioca, difere dos beijus na espessura, consistência e interferência na digestão. Escreve o autor:

> são beijus tão saborosos e sadios e de boa digestão que é o mantimento que se usa entre gente de primor, o que foi inventado pelas mulheres portuguesas, que o gentio não usava delas. Fazem mais desta mesma massa tapiocas, as quais são grossas como filhós de polme e moles e fazem-se no mesmo alguidar como

---

[128] Iguaria que todos os três colonos-escritores mencionam: Pêro de Magalhães Gândavo (*História da província*, cap. 5), Fernão Cardim 1997 (cap. "Das ervas que são fruto e se comem"), e Gabriel Soares de Sousa (*Memorial*, cap. 38).

[129] O uso do adjectivo de conotação cultural "mourisco" autoriza-nos a deduzir que a filhós que não era mourisca (isto é que não era tão delgada como hóstia) seria entendida, por oposição, como "filhós portuguesa".

beijus, mas não são de tão boa digestão nem tão sadias e querem-se comidas quentes e com leite têm muita graça e com açúcar clarificado também.

O parentesco com as filhoses portuguesas é bem nítido, na referência à consistência da massa. A receita 92 do manuscrito 142 ADB permite-nos conhecer, em pormenor, qual o preparado culinário das filhoses, a saber: um polme de farinha desfeita em água ou leite (a adição de ovos batidos a esta massa é opcional), a ser levado, em doses pequenas, a fritar numa sertã com azeite a ferver, as quais se vão virando. Depois de fritas, as filhoses são passadas por mel antes de comer. No Novo Mundo, onde abunda o açúcar, compreendemos que G. S. Sousa indique que as tapiocas, quais filhoses, são envolvidas numa substância doce, depois de retiradas do lume, e que esse produto seja não o mel, mas o açúcar.

Note-se que envolver em açúcar as massas já cozinhadas é um procedimento que reaparece numa outra receita portuguesa bem conhecida da época, a beilhós, de que o senhor de engenho também fala, no cap. 42 do seu *Memorial*, a propósito dos usos da farinha de carimã. Aí é este o paralelo evocado, uma vez que não estamos já perante um polme feito à base apenas de farinha e água (ou leite, como se indica na r. 92 do m. 142 ADB), usado nos beijus. No caso da beilhós (r. 94, idem) a base é uma massa de pão lêveda (farinha, água e fermento), enriquecida com ovos batidos com água ou leite. Seguramente por isso, por conhecer as diferenças entre a receita da filhós e da beilhós, escreve, a propósito do aproveitamento da farinha de carimã para a culinária doce trazida na bagagem cultural das mulheres portuguesas, o seguinte:

> Dela também fazem os portugueses muito pão e bolos amassados com leite e gemas de ovos e desta mesma massa fazem mil invenções de beilhós mais saborosas que de farinha de trigo com os mesmos materiais; e pelas festas fazem as frutas doces com a massa deste carimá em lugar da farinha de trigo; e se a que vai à Baía do Reino não é muito alva e fresca, querem as mulheres antes a farinha do carimá que é alvíssima e lavra-se melhor, com qual fazem tudo muito primoroso.

A arte culinária das mulheres portuguesas merece aqui um muito concreto elogio, uma vez que as "criações"/"invenções" feitas a partir da matriz que é a beilhós, nas palavras deste crítico gastronómico *avant la lettre*, superam o receituário-mãe e merecem um rótulo de excelência, contido no adjectivo "primoroso". Este passo permite-nos igualmente perceber como, além das receitas, também o protocolo da diferenciação entre pratos diários e de festa faz parte do património gastronómico dos colonos portugueses. Mais: denunciam-se alguns dos problemas de qualidade por que passavam os produtos alimentares importados do longínquo reino. Mesmo que na origem o produto embarcado fosse de primeira e estivesse nas melhores condições (o que nem sempre sucederia), factores como o acondicionamento e a manipulação, a que forçosamente eram sujeitos em tão demorado transporte, comprometiam o estado em que chegava às mãos do consumidor.

O detalhe com que G. S. Sousa descreve o processo de confecção das receitas portuguesas adaptadas, a familiaridade que revela com as receitas de origem e os comentários, de boca experimentada, que tece permitem-nos vislumbrar, por detrás da figura do senhor de engenho, um homem habituado a presenciar os rituais da cozinha.

Embora não ofereça tantos detalhes sobre as receitas de doces portugueses feitos com farinha de mandioca, o jesuíta Fernão Cardim apresenta no capítulo em que dela fala o seguinte elenco de receitas: "bolos, coscorões, tartes, empanadilhas, queijadinhas de açúcar, etc."[130]. O emprego da abreviatura "etc." revela tratar-se de uma listagem exemplificativa e deve reflectir produtos que podemos, de alguma forma, considerar como emblemáticos da doçaria e gastronomia portuguesas. Uma vez mais se revela bastante esclarecedora a comparação com as receitas do manuscrito 142 ADB, pois nos permite especular sobre o "horizonte de expectativas" do português de Quinhentos, ao ler a referência a estes doces.

Assim, as receitas de bolos presentes nas *Receitas de cozinha de um frade português do séc. XVI* são as seguintes:

- "Bolos de Açúcar" (r. 213): feitos de pão, açúcar, manteiga, água de flor, ovos e o que mais se quiser.

- "Bolos de Bacia"131 (r. 204): massa lêveda esticada ao tamanho de uma bacia, bem fina, coberta de açúcar em ponto e manteiga, em camadas sucessivas, do tamanho que se quiser; vai a cozer ao forno.

- "Bolos Recheados" (r. 218): também se fazem com camadas de massa, que se recheiam com preparados diversos, só que tanto podem ser fritos em manteiga como assados no forno.

- "Bolos de Manteiga" (r. 225): farinha amassada com açúcar, água de flor, manteiga, ovos e fermento.

- Bolos de Mel (r. 256): farinha amassada com água de flor e erva-doce, amêndoas pisadas e azeite, gordura que dispensa a necessidade de polvilhar o papel em que são colocados para ir ao forno.

- Bolos Podres (r. 205): farinha, açúcar, manteiga, gemas de ovos, vinho branco, água de flor e fermento, massa que deve ser bem sovada.

---

[130] Cadrim 1997: 110, cap. "Das ervas que dão fruto e se comem".
[131] Aqui usada não com o sentido de "tigela", mas de "tabuleiro" ou "lata" de ir ao forno.

– Bolos Podres de Azeite e Mel (r. 199): além da farinha, água e fermento, marcam presença algumas especiarias e o mel e azeite, que dão nome à receita.

Perante este *corpus* de ingredientes, ilustrativo do que tradicionalmente o português carregava na bagagem da sua memória gustativa, detetamos o que podemos designar de ingredientes base, com uma recorrência bastante elevada nas receitas: a água de flor, o azeite e/ou a manteiga, o mel e/ou o açúcar. Consciente de que estes seriam produtos que os colonos gostariam de continuar a consumir no Novo Portugal, G. S. de Sousa dá informações ao longo dos seus dois tratados que atestam a disponibilidade que deles haveria na colónia. A água de flor (que sabemos ser de laranjeira) tinha no Brasil produção assegurada na Vila de Porto Seguro, donde era levada para comercializar na Baía[132]. Não se tratava apenas de tranquilizar a ansiedade dos seus compatriotas quanto à disponibilidade na colónia de um produto a que estava tão habituado o seu paladar, mas também de os conquistar para uma terra onde as delícias pátrias atingiam qualidade superior à que estavam habituados. Desse refinamento do produto pátrio dá conta o autor, quando escreve, no cap. 34 do seu *Memorial*, dedicado às árvores de Espanha: "As laranjeiras se fazem muito grandes e formosas e tomam muita flor, de que se faz água mui fina e de mais suave cheiro que a de Portugal".

Quanto às gorduras usadas na cozinha, o azeite e a manteiga, a informação disponibilizada pelo autor visa, uma vez mais, assegurar aos seus compatriotas a possibilidade de manterem os hábitos pátrios. Se do azeite feito do fruto da oliveira, como já vimos, deixa apenas uma sugestão subliminar de que teria potencial de vir a ser produzido, a propósito da manteiga sabemos que se produzia já em abundância. Esta gordura, de origem animal, obtinham-na tanto de leite de vaca, de ovelha e cabra, como de peixe-boi. No que diz respeito aos adoçantes, além do açúcar, produzido em larga escala no Brasil, os colonos que desejassem matar saudades do gosto do mel, a que o seu paladar europeu tão habituado estava, podiam igualmente fazê-lo[133].

Retomando o elenco de iguarias portuguesas apresentado por Fernão Cardim, o segundo doce a ser mencionado são os "coscorões", que, segundo a receita 226 do manuscrito 142 ADB, consiste numa massa feita de farinha, ovos, azeite, açúcar, sal, água de flor, fermento e vinho. Depois de levedar, é estendida com uma cana e vai a fritar em azeite. Retirados do lume, os

---

[132] Leia-se cap. 36 da *Descrição verdadeira*: "...e a vila de Porto Seguro está mais danificada e falta de moradores em a qual se dão as canas-de-açúcar muito bem e muitas uvas, figos, romãs e todas as frutas de espinho, onde a água de flor é finíssima e se leva à Baía a vender por tal".

[133] No cap. 165 do *Memorial*, dedicado às abelhas, a respeito do mel o autor apenas refere a sua boa ou má qualidade e dá, em alguns casos, indicações da cor (baço ou alvo).

coscorões são passados por mel quente e polvilhados de canela. Segue-se a "empanadilha", de que apenas temos uma descrição no *Vocabulário* setecentista de Rafael Bluteau, que a define como "massa de especiarias com a forma de uma empadinha compridinha"[134]. Várias receitas de empanadilha figuram, no entanto, na *Arte de Cocina*, do cozinheiro da corte espanhola Francisco Martinez Montiño. Estas nos dão a saber quer a forma de preparar a massa de fora (em que a farinha de trigo era ingrediente obrigatório, substituído no Brasil pela farinha de mandioca), quer o recheio, podendo ambas ser doces ou salgados[135].

No termo dessa lista de doces tradicionais portugueses surgem as "queijadinhas de açúcar", o único desses mimos a merecer uma segunda menção especial na obra do padre jesuíta. O contexto em que esta nova ocorrência se dá revela bem, a nosso ver, quer o estatuto de símbolo da portugalidade quer de produto de distinção social que um bem alimentar pode ter. Na carta escrita a 16 de outubro de 1585, dando conta do périplo do Pe. Visitador da Companhia de Jesus e sua comitiva, Fernão Cardim regista o seguinte episódio:

> eis que desce de um alto monte uma índia vestida como costumam, com uma porcelana da Índia, cheia de queijadinhas de açúcar, com um grande púcaro de água fria; dizendo que aquilo mandava seu senhor ao padre provincial José.

De toda a comitiva, que incluía o emissário vindo de Portugal, o Pe. Visitador, o único a ser agraciado com um "refresco" é o Pe. José de Anchieta. Este cenário resulta num quadro de consagração literária do encontro entre Portugal (materializado num doce), as Índias Orientais (que a porcelana representa) e as Índias Ocidentais (que a serva encarna). Fica assim retratada, de forma lapidar, a verdadeira odisseia de sabores que a expansão portuguesa estimulou. Para conhecermos a receita propriamente dita, temos de recorrer tanto ao manuscrito 142 ADB, que apresenta uma receita (a 206) de "queijadas", como à *Arte de Cocina* de Francisco Martinez Montiño, com as suas receitas de "Quesadillas de quajada fritas" (p. 185) e "Quesadillas de horno" (p. 186). Por ser mais descritiva, a receita do autor espanhol é fundamental para percebermos a receita compilada no livro do frade português, bastante abreviada. Só a comparação entre uma e outras nos permite perceber que o recheio das queijadas (ou queijadinhas, diminutivo alusivo ao seu tamanho pequeno) era feito da mistura de queijo, açúcar, farinha, manteiga e clara de ovo. Fundamental

---

[134] Bluteau 1712-1713: 56.

[135] Do receituário castelhano constam várias referências à presença do doce, tanto na massa que envolve o recheio ("Empanadillas de masa dulce", Montiño 1790: 175) como no recheio das mesmas ("Empanadillas de quaxada", com recheio de queijada, Montiño 1790: 188). Temo-las também de recheio salgado diverso ("Empanadillas de pies de puerco", Montiño 1790: 176; "Empanadillas de sardinhas", Montiño 1790: 177).

para sabermos que tipo de massa servia de suporte a esse recheio e a forma como essa massa de fora era moldada é a descrição de Martinez Montiño. Aí lemos que se tratava de uma massa fina feita de farinha (indicação concordante com a referência na r. 206 do manuscrito português, em que se fala de "folhas delgadas"), sobre a qual se colocavam porções individuais (correspondentes à medida de uma colher pequena), sendo cortada a massa à sua volta, a qual se aconchegava às bordas da massa, ganhando a forma de pequenas candeias, com cinco a seis bocas de iluminação. Esta descrição corresponde perfeitamente à forma que ainda hoje têm as queijadinhas fabricadas por pastelarias tradicionais portuguesas, o que atesta a recuada origem patrimonial deste doce.

Note-se que nenhuma das receitas apresenta a denominação usada por Fernão Cardim ("queijadinhas de açúcar"). No entanto, somos levados a pensar que o determinativo "de açúcar" poderá derivar daquela que é uma evidente diferença entre a receita do frade português e a do cozinheiro-pasteleiro castelhano: a presença de açúcar na massa exterior das queijadas. A disponibilidade do produto e a habituação do paladar luso ao doce podem servir de explicação para esta diferença cultural entre as queijadinhas de (massa de) açúcar portuguesas e as queijadinhas (de massa sem açúcar) castelhanas.

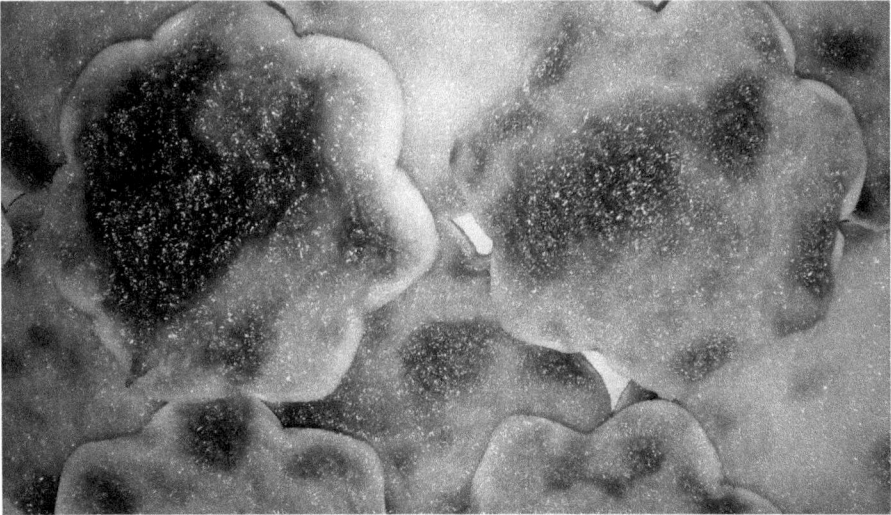

Figura 4: Imagem de "Queijadinhas" de Tentúgal (Coimbra, Portugal), 2014
Foto: Olga Cavaleiro 2014. Acervo pessoal.

Impõe-se uma observação final, a propósito do uso da farinha de mandioca, e que confirma a centralidade que o pão assumia na memória gustativa desses colonos herdeiros de um património alimentar de influência mediterrânea. Fernão Cardim refere que era possível usá-la no fabrico de pão, desde que misturada com farinha de milho e de arroz[136]. Consciente de que os seus compatriotas, apesar de outras alternativas alimentares, tendencialmente buscariam manter a presença do pão na sua mesa, o jesuíta revela que também o fabricavam com outro ingrediente de substituição da farinha do reino: a batata[137].

A doçaria portuguesa fazia largo uso dos frutos secos, de que G. S. Sousa e Fernão Cardim mencionam doces tradicionais de amêndoa e pinhão. Nem um fruto nem o outro são adaptados pelos colonos às terras do Brasil, conforme podemos deduzir da ausência, nos seus textos, à referência de terem sido espécies aclimatadas à colónia. No entanto, a oferta de produtos autóctones com propriedades culinárias e gustativas semelhantes àqueles dois frutos terão inspirado nas mulheres portuguesas a acomodação das suas tradições doceiras ao amendoim e às castanhas de caju e de pino. Fernão Cardim informa que, da castanha de caju, fazem no Brasil não só os bem conhecidos maçapães de amêndoa, presentes quer no *Livro de cozinha da Infanta D. Maria* (receita 61), quer no manuscrito 142 ADB (r. 173), como as amêndoas cobertas[138]. G. S. Sousa acrescenta que também o amendoim e a castanha de pino serviam para substituir a amêndoa confeitada (ou seja, coberta de açúcar), segundo escreve nos caps. 47 e 52 do seu *Memorial*. No primeiro, a propósito do amendoim, fruto a ter honras de capítulo autónomo ("porque é coisa que se não sabe haver senão no Brasil"), afirma: "Desta fruta fazem as mulheres portuguesas todas as castas de doces que fazem das amêndoas e cortados os fazem cobertos de açúcar de mistura com os confeitos".

No cap. 52, onde descreve os aproveitamentos gastronómicos da castanha de pino, diz: "fica-lhe o miolo alvíssimo, que tem o sabor como as amêndoas, de que se fazem todas as frutas doces que se costumam fazer das amêndoas".

Se a história da doçaria portuguesa veio provar que, em Portugal, as pastas de amêndoa moída (ou maçapães) e as amêndoas cobertas, no respeito pela flora local e pela oferta do mercado nacional, continuam ainda hoje a ser confeccionadas com amêndoa, o mesmo não sucedeu com a pinhoada, indicada por G. S. Sousa como uma das acomodações da doçaria portuguesas ao amendoim do Brasil. Escreve o senhor de engenho, ainda sobre os amendoins: "E também os curam em peças delgadas e compridas de que fazem pinhoada; quem os não conhece, por tal a come se lha dão".

---

[136] Vd. *Do clima e terra do Brasil*, "Das ervas que são fruto e se comem", Cardim 1997.

[137] Vd. *Do clima e terra do Brasil*, "Das ervas que são fruto e se comem", Cardim 1997. Note-se que o autor se deve referir à batata doce, uma vez que escreve que com ela "fazem pão e várias cousas doces".

[138] Vd. *Do clima e terra do Brasil*, "Das árvores de fruto" e a 1ª carta, onde se subentende a referência às amêndoas cobertas, contida no seguinte trecho: "Das castanhas se fazem maçapães, e outras cousas doces, como amêndoas". Cardim 1997: 238.

Para entendermos que doce era a pinhoada, e uma vez que não existem fontes do séc. XVI que o descrevam, recorremos a dois léxicos da Época Moderna que registam esse verbete. Bento Pereira, no seu *Thesouro da Lingua Portuguesa*, dá a seguinte definição em latim: *nuclei pinei melliri*. Ou seja, consistia num preparado de "pinhões com mel". No dicionário de Moraes da Silva, regista-se que os pinhões podiam ter sido previamente passados por açúcar. Nenhum deles, porém, dá qualquer indicação sobre a forma do doce. Da leitura do texto do colono português, como vimos aqui, deduzimos que seriam finas barras de pinhões/amendoins (ao que tudo indica, caramelizados).

A observação do autor de que se tratava de uma réplica tão perfeita que, para quem não conhecesse os amendoins, a tomava pela pinhoada original portuguesa parece um prenúncio do que veio a ser a evolução desse doce. Na verdade, continua hoje a ter presença nas festas populares portuguesas, com o mesmo título de pinhoada, mas feita com o fruto que o achamento do Brasil revelou aos portugueses o amendoim, que dele se apropriaram para a sua gastronomia tradicional, a qual, como vemos, a partir dos Descobrimentos, se torna também luso-brasileira!

Do sucesso desta integração gastronómica luso-brasileira nos dá conta não só a identificação do paladar entre a receita original e a recriada no Brasil, denunciada nas palavras do colono do séc. XVI, mas sobretudo o facto de esta receita ter suplantado, no actual mercado popular português, a venda da pinhoada genuína, isto é feita com pinhões[139]. A propósito deste doce, interessa ainda referir que o nome da receita ("pinhoada") se ter-se mantido, apesar de alterado o seu ingrediente básico (o pinhão) constitui, do ponto de vista linguístico, uma forte evidência de como o sincretismo entre as heranças culinárias lusa e brasileira foi um processo natural. Não houve necessidade de mudar um nome, por se ter alterado o seu ingrediente principal, pois, a nosso ver, os falantes não reconheceram nessa alteração uma transformação radical da sua memória gustativa.

Conforme observámos no ponto 1.1. deste estudo, a tradição conserveira e doceira andavam de mãos dadas, e serviam ao propósito utilitarista de aumentar o período de validade de consumo da fruta fresca. Não é, portanto, de estranhar que as mulheres portuguesas, formadas nessa doçaria conserveira, tenham rentabilizado ao máximo a abundante oferta frutícola desse "novo Portugal". Podemos imaginar o fascínio que exerceria entre os seus compatriotas constatar como a variedade de fruta disponível para transformar em conserva ou marmelada praticamente triplicava em relação ao que era a

---

[139] Em Portugal, o elevado preço que, de alguns anos a esta parte, atinge o pinhão ao quilo deverá, em nosso entender, ter condicionado a difusão da pinhoada feita de amendoim. Ou seja, razões de ordem económica não terão sido alheias à substituição da pinhoada original portuguesa (à base pinhões) pela pinhoada luso-brasileira.

prática portuguesa. Se na lusa pátria estavam confinados à pouco numerosa oferta autóctone (de marmelos, peras, pêssegos e cidra), G. S. Sousa, no seu *Memorial*, prometia-lhes, no Brasil, conservas de caju (cap. 49), mangaba (cap. 52), jenipapo (cap. 54), maracujá (cap. 56) e ananás (cap. 57).

Figura 5: Natureza morta de Albert Eckhout (1610–1666), Museu Nacional da Dinamarca
Fonte: Eckhout 16--.

A polpa dura destes frutos adequava-se ao método de cozedura em calda de açúcar, método comum às várias receitas de conservas de frutas doces que nos descrevem os mais antigos manuscritos portugueses de culinária. Já os frutos de polpa mole, ou que sob o efeito da cozedura facilmente se desfaziam, prestavam-se à confecção de uma variada oferta de marmeladas tropicais:

de pacoba (cap. 50), araçá (cap. 52), guti e cambuí (cap. 54). É precisamente na referência feita à marmelada de cambuí que o leitor moderno identifica a prática atestada no receituário português de aromatizar com almíscar a marmelada feita de peras (na época chamada "perada")[140]. G. S. Sousa esclarece, nos seguintes termos, que o cambuí, por possuir um cheiro natural idêntico ao do almíscar, produz uma marmelada que replicava, na perfeição, o gosto tradicional da perada portuguesa:

> faz-se desta fruta marmelada muito boa, a qual por sua natureza envolta em açúcar cheira ao almíscar e tem o sabor de perada almiscarada e quem a não conhece entende e afirma que é a perada.

Não esqueçamos que, ao contrário do que sucede nos nossos dias, o primeiro valor reconhecido a esses doces não seria a satisfação do palato (se bem que esse prazer não fosse de desprezar). Como diversas vezes sublinha o autor, os benefícios medicinais das propriedades dos respectivos frutos aumentavam o fascínio de potenciais colonos por um Novo Mundo, mais rico em alimentos/medicamentos naturais que a pátria[141].

2. 2 O novo gosto luso-brasileiro: comidas salgadas

Seguiremos, nesta rubrica a ordem adotada acima, ou seja, começamos pelas integrações culinárias ao nível das plantas comestíveis e frutas, seguindo-se a carne e o peixe, para terminarmos com as aves.

No cap. 44 do seu *Memorial*, consagrado aos tubérculos (ou, como lhe chama o autor, "Raízes que se criam debaixo da terra") indígenas, Gabriel Soares de Sousa descreve o cultivo, as características físicas e os aproveitamentos culinário-dietéticos de "carazes" (os actualmente denominados carás), mangarazes e "taiazes" (atuais taiobas). Enquanto da primeira apenas

---

[140] Na r. 172 do m. 142 ADB surge a recomendação de, no fim da cozedura das peras em açúcar, lhes "deitar um pouco de âmbar ou almíscar".

[141] A natureza fria do caju confere-lhe o estatuto de medicamento contra estados febris, além de que combate a falta de apetite; recomenda-se seu consumo em jejum (por via dos seus efeitos de protector gástrico), favorece o bom hálito e é de fácil digestão (cap. 49). As pacobas assadas, como já referimos, substituem na dieta dos enfermos as tradicionais maças assadas (cap. 50). Da conserva de mangaba, afirma claramente o autor que "é muito gostosa e medicinal" e dos araçás diz que deles "se faz marmelada que é muito boa e melhor para doentes de câmaras [diarreia]" (cap. 52). Também as propriedades terapêuticas da marmelada de guti merecem destaque, da qual escreve o colono que é "muito gostosa, a qual tem grande virtude para estancar câmaras de sangue [disenteria]" (cap 54). Outra fruta a ser recomendada para doentes de febres, devido à sua natureza fria, e indicada como boa contra o fastio, é o maracujá (cap. 56). Feito de conserva, o ananás adquire as propriedades contrárias às que possui em fresco, ou seja, deixa de ser quente e húmido (cap. 57). Desta observação o leitor deduz que seria recomendado para administrar a doentes com feridas abertas, já que o autor começara por afirmar que "a natureza deste fruto é quente e húmido e muito danoso para quem tem ferida ou chaga aberta".

se come o tubérculo, as outras duas fornecem para a alimentação também a folhagem. Estes são mantimentos novos que tanto entravam na composição de pratos salgados como na de requintados doces (os então designados "manjares de açúcar"). Uma vez que o colono, nas informações gastronómicas que dá, cruza as duas utilizações culinárias, pareceu-nos melhor guardar a sua referência para este ponto 2. 2. Como vem sendo hábito seu, o autor insiste na indicação de receitas que agradariam ao paladar português. Dos carás diz que se comiam cozidos em água e sal. Semelhantes aos conhecidos tremoços, por largarem a pele depois de cozidos, são adubados com recurso aos dois temperos mais típicos da cozinha portuguesa, o azeite e o vinagre. Ainda na rubrica dos preparados salgados, o colono lembra a utilização dada às folhas dos mangarazes e das taiobas, apresentadas como substitutas (sempre que necessário, supomos nós) das tradicionais hortaliças portuguesas no acompanhamento do peixe cozido: "[…] comem-se estas folhas [de taiobas] cozidas com peixe em lugar dos espinafres, em lugar das alfaces e têm muito avantajado sabor"[142].

No subtexto desta referência à substituição de um produto português por outro natural da colónia, detectamos um marcador da identidade da gastronomia tradicional portuguesa dos sécs. XVI-XVII. A mesma alusão a esse hábito (bem português) de comer peixe cozido com espinafres, já a referenciara o autor algumas linhas atrás, a propósito das folhas dos mangarazes. Esse passo, no entanto, alude a uma outra forma (mais elaborada) de preparar as referidas hortaliças[143]:

As folhas destes mangarazes nascem em montes como espinafres e são da mesma cor e feição mas muito maiores e assim moles como as dos espinafres, as quais se chamam taiaobas, que se comem esparregados como eles e são mui medicinais e também servem cozidas em peixe.

Se chamarmos à colação a receita 106 do m. 142 ADB ("Chicórias e alfaces, cruas e cozidas"), sobre como servir a alface de esparregado, percebemos que era comum temperar as hortaliças, cozidas com sal e espremidas, com os mesmos adubos indicados anteriormente para acompanhar os carás cozidos, o azeite e o vinagre[144]. Essa é a técnica do esparregado, que Bluteau informa ter retirado o seu nome do facto de os antigos gregos ou antigos portugueses a aplicarem a espargos[145].

---

[142] *Memorial*: 118, cap. 44.
[143] *Memorial*:117-118, cap. 44.
[144] Onde se lê: "cozem-se e espremem-se [as chicórias], e deitam-lhe seu azeite e vinagre assim como a alface esparregada, a qual se coze inteira com sal".
[145] O dicionarista não tem a certeza quanto à autoria do termo, hesitação que denuncia logo no início do verbete, ao chamar-lhe "huma especie de Greguice". Sendo de reter que o

Também sabemos, com base no receituário desse mesmo manuscrito, qual era o modo tradicional de cozer peixe (r. 139). Embora simples, exigia a presença dos dois temperos bem portugueses, o azeite e vinagre.

Atento ao interesse do seu leitor pelos hábitos exóticos do "Outro", G. S. Sousa, não pode deixar de fazer uma referência, ainda que breve, à dieta do Índio. Essa veia de etnógrafo constitui o remate deste capítulo dedicado à seleção de "mantimentos de raízes" e revela que a diferença entre portugueses e indígenas na preparação das folhas das taiobas se verifica ao nível dos adubos. Cada um lança mão dos seus temperos tradicionais. Em vez do azeite e vinagre, caros à memória gustativa do colono, entre os índios usa-se uma planta autóctone, a pimenta (ou seja, os pimentos picantes, tema a que o autor consagra o cap. 48). Como se lê ainda no cap. 43, as taiobas, "os índios as comem com água e sal e com muita soma de pimenta".

Carás e mangarazes somam a essa culinária salgada a valência de ingredientes de manjares doces, como se lê nos seguintes passos: "da massa destes carazes fazem as portuguesas muitos manjares com açúcar"[146]; "com açúcar fazem as mulheres deles [dos mangarazes] mil manjares"[147].

Uma referência gastronómica breve, mas rica de sentido, ao uso do arroz surge a meio do cap. 45, dedicado ao milho. A ligeireza com que o autor aflora esse emprego não nos deve, no entanto, inibir de propor uma interpretação sobre a presença desse alimento na culinária portuguesa e, muito em particular, na dieta alimentar de fins terapêuticos: os caldos de carnes variadas. Atentemos nas palavras do autor:

Há outra casta de milho que sempre é mole da qual fazem os portugueses muito bom pão e com ovos, com açúcar do mesmo milho quebrado *e pisado no pilão é bom para se cozer com caldo de carne e de pescado e de galinha, o qual é mais saboroso que arroz*[148].

A parte do texto em que agora nos vamos centrar é a sublinhada (a outra já foi tida em conta na rubrica 2.1., consagrada aos doces e ao pão). Do ponto de vista da gastronomia tradicional portuguesa, este trecho confirma que, em finais do séc. XVI, os caldos de arroz estavam bem implantados. Esta nossa leitura adquire maior consistência histórica se tivermos em consideração a primeira receita conservada do m. 142 ADB. Embora incompleta (uma

---

termo, desse sentido etimológico original, ligado aos espargos, evoluíra para abarcar "todo o genero de talos tenros, ou grelos de quaisquer ervas". E continua: "Parece, que à imitação dos Gregos chamaõ os Portuguezes *Esparregado*, a todo o género de ervas, boas de comer, cozidas, esprimidas, & com seu molho de azeite, vinagre, alho, sal, & etc. ou lhes deraõ os nossos Antigos este nome, porque os primeiros *Esparregados* que viraõ, eraõ de *Espargos*".

[146] *Memorial*: 117.
[147] *Memorial*: 118.
[148] *Memorial*: 118-119.

vez que as páginas 1 e 2 do fólio inicial se perderam), foi possível à editora do texto (A. Barros) atribuir-lhe um título, reconstituído a partir do Index do manuscrito, que dá conta do que seria o seu conteúdo: "Arroz de vaca. Arroz de carneiro. Arroz de leite de amêndoas. Arroz de leite de gado". Estas denominações por si só indicam que aquelas que eram as duas carnes vermelhas mais valorizadas (a vaca e o carneiro), forneciam substância para caldos de arroz.

Ao lermos o trecho em consideração do *Memorial* de G. S. Sousa, percebemos que esse procedimento culinário, em finais do séc. XVI, já se estendia também à ave de mais reconhecidas propriedades medicinais, a galinha. Embora não tenhamos nenhum registo escrito da designação "canja de galinha" aplicada a esses caldos de arroz cozidos com galinha, a verdade é que esta será um verdadeiro prato de integração luso-indiana, a ter chegado ao Brasil, pela mão dos colonos portugueses[149]. Nesse "novo Portugal", numa altura em que o arroz se estava a aclimatar ao solo brasileiro (como tantos outros frutos estrangeiros, de que o autor deu conta no cap. 35), o produto autóctone (o milho) continuava, no entanto, a levar-lhe vantagem, mesmo ao nível do gosto, como não deixa aqui de afirmar o nosso colono-escritor.

De entre os legumes portugueses aclimatados ao Brasil, encontramos em Sousa[150] aquela que, até à data, constitui a mais antiga referência a um modo de preparar feijão, bem comum ainda hoje na cozinha portuguesa: cozê-lo verde, dentro das próprias vagens (servindo de acompanhamento de peixes e carnes variadas). As variedades autóctones de feijão eram diversas e numerosas, de variadas cores e produção abundante[151]. Em termos gastronómicos

---

[149] Data de pouco mais de 20 anos antes, a primeira ocorrência da palavra "canje" (termo indiano que veio a evoluir para o português "canja"), mais precisamente no colóquio 17 (fólio 74, verso) da obra *Colóquios dos Simples* (1563), da autoria do médico português Garcia da Orta. "Canje" corresponde à denominação que os médicos indianos davam ao caldo resultante da cozedura de arroz, temperado com duas especiarias locais, a pimenta e os cominhos. Os médicos portugueses tinham por prescrição terapêutica para a mesma doença, a cólera (assim como para muitas outras), as galinhas estufadas ou caldos de galinha (fólio 73, verso). Embora o atual trecho do tratado de Sousa ateste ser conhecida a fusão destes dois receituários, uma vez que fala em caldos de galinha feitos com arroz, a verdade é que temos de esperar por finais do séc. XIX para encontrar a primeira consagração em dicionário do sentido "caldo de gallinha com arroz" para o termo "canja", Aulete 1881: 275. Nesta época, e muito em particular na mesa real dos Braganças, já a canja de galinha estava bem enraizada, conforme se verifica pela sua presença no menu de almoço do dia 7 de julho de 1880, destinado a suas altezas, os filhos dos soberanos, D. Luís e D. Maria Pia. Sobre a mesa dos Braganças, vd. Pereira 2000.

[150] *Memorial*: 119, cap. 46.

[151] Do ponto de vista do cultivo, os feijões do Brasil apresentariam para o colono a novidade de crescerem em latada, técnica que, no reino, ao que se depreende da informação do autor, ainda seria apenas aplicada às ervilhas. Donde se depreende que, apesar de reconhecerem características diversas nas novas plantas, os portugueses aplicaram-lhes (tanto a determinada casta de favas como a feijões) as técnicas agrícolas que faziam parte dos seus hábitos pátrios.

e dietéticos, eis os esclarecimentos do colono: "cozem-se estes feijões sendo secos como em Portugal e são mui saborosos e enquanto verdes cozem-se com casca como fazem às ervilhas e são muito desenfastiados".

A originalidade, seguramente resultante da acomodação à gastronomia lusa, está na preparação culinária a que se sujeitam os feijões-verdes. Adequam-nos ao preparado tradicional de cozer ervilhas, que sabemos, pela r. 101 do m. 142 ADB, consistir em cozê-las em água e sal e, depois de retiradas da panela, temperá-las com vinagre. Temos aqui a certidão luso-brasileira do nascimento do hábito hoje tão comum de comer feijão--verde cozido! Quanto ao modo de comer o feijão seco, e a avaliar pela r. 99 do mesmo manuscrito, seguir-se-ia o método de refogar muito idêntico ao usado para as favas. Os feijões, depois de previamente cozidos, juntam-se a um refogado mais simples do que o indicado para as favas em termos de cheiros recomendados no seu preparado. Esta receita, ao contrário da que no manuscrito lhe sucede, para as favas, é mais detalhada nos procedimentos secundários, ou seja, indica o manuseamento dado aos cheiros (a cebola é picada e o alho esmagado)[152]. A mesma receita indica que há uma outra forma mais simples de os preparar, a que chama "de caldo", ou seja cozidos em água. Em termos de propriedades terapêuticas, importa notar que o colono-escritor apresenta os feijões-verdes cozidos como um bom remédio para o fastio, ou seja, para a falta de apetite.

Digna de menção especial, sobretudo pela forma de conservação indígena adoptada para um "legume" importado da metrópole, é o caso das abóboras--quaresma. Sobre elas fica o leitor a saber que o solo brasílico é fértil não apenas em variedades, mas também em produtividade (além de numerosa, admite duas épocas de plantio ao ano). Em termos de utilização culinária, o autor reporta as tradições locais, por considerar que estas superam as tradicionais portuguesas, embora no seu subtexto possamos perceber qual era a técnica pátria de as preparar para a alimentação.

> Costuma o gentio cozer e assar estas abóboras inteiras para lhe não entrar água dentro e depois de cozidas as cortam como melões e lhes deitam as pevides fora e são assim mais saborosas que cozidas em talhadas e curam-se no fumo para durarem todo o ano[153].

---

[152] Transcrevemos, aqui, a parte da receita respeitante à preparação do refogado, tão idêntica à actualmente praticada: "Põe-se a afogar cebola picada em azeite, e depois deitar-lhe vinagre com seu alho pisado, e lançar nisto os feijões depois de cozidos, acrescentando o molho com o caldo deles quanto for necessário".

[153] *Memorial*: 119, cap. 46.

O exotismo culinário revela-se a vários níveis: a técnica de as assar inteiras e de conservar por cura ao fumo. Nem uma nem outra se encontram entre os receituários lusos da época. A tradição portuguesa que nos chega refere invariavelmente o corte prévio das abóboras em talhadas (removidas a casca e as pevides). Dispomos, no m. 142 ADB, de uma receita para preparar abóbora-cabaça (r. 102) e outra para abóbora de Calecut (r. 103). Embora nenhuma das castas corresponda à mencionada por Sousa, ambas servem o propósito de ilustrar possíveis aproveitamentos gastronómicos, uma vez que documentam como preparar abóbora cozida. A principal diferença entre a primeira e a segunda receitas está em que naquela temos duas alternativas de as preparar cozidas, uma doce e outra salgada. Eram sempre cortadas e temperadas, ou com os temperos (sal e azeite) e "cheiros" mais usais (coentros, cebola e salsa), cozinhado a que se optaria por conferir um toque de doce ou de agro (mel, agraço ou outro qualquer azedo[154]).

No grupo das frutas, além das já mencionadas novas "marmeladas", à base de frutos exóticos, deixámos para esta rubrica uma prática culinária trazida pelos portugueses. Não se trata de uma "comida salgada", propriamente dita, mas, como não implica a adição de açúcar/mel (ingredientes marcantes da identidade das "iguarias doces"), entendemos deixar a sua inclusão para este capítulo. Referimo-nos ao consumo de talhadas de guti, lançadas em vinho[155].

No que se refere à categoria das carnes de animais exóticos, as informações culinárias são parcas e não fariam parte da ementa comum dos colonos. É verdade que o senhor de engenhos faz comentários sobre o gosto de alguns desses animais depois de cozinhados, mas essas seriam, sobretudo, experiências gastronómicas partilhadas por indivíduos motivados ou pela curiosidade ou pela necessidade de vivências no mato. Pelas indicações que dá sobre a forma de cozinhar as carnes dos animais indígenas, depreende-se que as técnicas de confecção mais usuais eram cozer e assar. Assim sucede com o tatuaçu[156], a paca[157] e a cotia[158].

A propósito de algumas espécies cujo consumo não deixaria de surpreender, tendo em conta a cultura europeia/portuguesa que as tinha por não comestíveis e até mesmo repugnantes, o autor tem o cuidado de esclarecer pontos que podem contribuir para desfazer preconceitos dos seus conterrâneos a propósito do seu uso na gastronomia, a saber:

---

[154] Os mais comuns eram o vinagre, a lima e o limão.

[155] *Memorial*: 129, cap. 54.

[156] *Memorial*: 176, cap. 102.

[157] *Memorial*: 177, cap. 103.

[158] *Memorial*: 177, cap. 103. De que se afirma "cuja carna se não esfola mas pelam-na como leitão", indicação interessante por mencionar a forma tradicional de preparar o couro do leitão. Pêro Magalhães Gândavo faz, por seu turno, o paralelo entre a forma de preparar a paca e o leitão (a ambos se tira o pêlo, mas não se arranca a pele, por terem o coiro tenro e saboroso; ou seja, a paca é pelada, mas não esfolada, cf. cap. 6 "Dos animais & bichos venenosos que há nesta província" da *História da Província...*).

– o bom gosto da carne e o parentesco gustativo de alguns ratos e coelhos selvagens com os conhecidos coelhos[159];

– além do bom gosto, a natureza saudável da carne dos cágados[160];

– o bom gosto de algumas cobras de água[161], bem como de mato (caso das domesticáveis tiopuranas)[162];

– o bom gosto e cheiro, a brancura da carne e o sabor peculiar de alguns lagartos e camaleões[163];

– o bom gosto e a alvura da carne de algumas rãs[164], sendo que, a propósito de uma espécie em particular, descreve, ainda que brevemente, a forma de confecção, prato apreciado não só pelo gentio, mas também por mestiços e "línguas" (portugueses que falam a língua do indígena, servindo de intérpretes); a elevada qualidade do preparado reflecte-se na qualificação que Sousa lhe dá de "manjar"[165].

Depois das carnes, o autor, respeitando a tradicional hierarquia na mesa portuguesa entre carne e peixe (este secundarizado, conforme atesta a sua "menorização" na mesa cristã, que o usa como substituto da carne nos dias de jejum), consagra uma sequência de 21 capítulos (caps. 125 a 146) ao pescado (primeiro os peixes e de seguida o marisco). Os passos são particularmente elucidativos quanto a: alimentação como fator de diferenciação social; formas de conservação dos alimentos; dieta alimentar específica dos embarcados; adequação dos produtos naturais às formas de confecção e gastronomia do colono.

É evidente que os senhores tinham uma alimentação mais esmerada que os seus serviçais, sendo que ao prato destes iam produtos de menor qualidade (como era o caso das conservas por oposição aos frescos), mais abundantes e acessíveis. Assim, pescado de grande porte — como o peixe-serra e os tuba-

---

[159] *Memorial*: 178 sq, cap. 105.

[160] *Memorial*: 179, cap. 106. Como bem observa Barros 2013: 36, o consumo de cágado, além de recomendado para fins medicinais, também podia ser servido à gente de saúde (a diferença estava na forma de prepará-lo, cf. r. 91, m. 142 ADB). Observa ainda a estudiosa que João Curvo Macedo, na *Polyanthea Medicinal*, recomenda a preparação de manjar branco com carne de cágado ou rã, para doentes de diabética. Macedo 1716: 458.

[161] *Memorial*: 183, cap. 110.

[162] *Memorial*: 185, cap. 113.

[163] *Memorial*: 186, cap. 114.

[164] *Memorial*: 187 sq, cap. 115.

[165] "para os limparem apertam-nos entre os dedos e lançam-lhe as tripas fora e embrulham--nas em folhas e assam-nas no borralho, o qual manjar gabam muito os línguas que tratam como o gentio e os mestiços".

rões[166], bem como o peixe-boi[167] — é cortado em pedaços (ou "tassalhos", na linguagem da época), para mais facilmente ser defumado, método de conservação especificamente indicado a propósito da carne do peixe-boi, de que se afirma que "feita em tassalhos e posta ao fumo faz-se muito vermelha"[168]. Que este processo de conserva era reservada apenas para os animais de grande porte percebe-se, quando, no cap. 132, a propósito do cação, o autor distingue que só os espécimes maiores eram conservados, ao passo que os mais pequenos se comiam frescos[169]. Animais de menor porte, como a lixa ou raia[170], também tinham por destino a seca, não em pedaços (o que já não se justificava), mas com o corpo inteiro aberto (daí serem denominadas "escaladas").

Todo este pescado de conserva, como ainda o abundantíssimo caranguejo, serviam para alimentar os dependentes das casas dos colonos, apelidados, de um modo geral, de "gente de serviço" (peixe-serra[171]; caranguejo[172]) ou "gente dos engenhos" (tubarão[173]; tainha[174]) ou então claramente conotados com a base da pirâmide social, os escravos (caranguejo[175]). Quando conservados, prestam-se alguns destes exemplares a integrar as provisões de mantimentos das embarcações (a chamada matalotagem), a saber: lixas[176] e tainhas[177].

Concentremos, agora, a nossa atenção na adequação dos produtos naturais da terra brasílica às formas de confecção e gastronomia do colono. Podemos perceber que essa acomodação gastronómica está fortemente ditada por hábitos culturais próprios. Assim, quer ao nível da selecção das peças e transformação em derivados (a), quer dos processos de conservação (b), quer das receitas (c), a matriz lusa é facilmente detectável. Se não vejamos:

Alíneas a) e b): o princípio do máximo aproveitamento das partes das carnes e peixes ditava que se convertesse em mantimento praticamente tudo. Assim, desde as vísceras (ou fressura), às mãos, ao rabo e às ovas, todas estas partes hoje consideradas menores, tinham uma presença obrigatória na cozinha sustentável da época. Mais, não se tratava apenas de evitar o

---

[166] *Memorial*: cap. 128.

[167] *Memorial*: cap. 129.

[168] *Memorial*: cap. 199. Na referência ao peixe-serra e ao tubarão a informação é mais concisa, pois do primeiro diz-se que "fazem-no em tassalhos para se secar", *Memorial*: 197, e do segundo "em tassalhos secos se gasta com a gente dos engenhos", *Memorial*: 198.

[169] "comem-se os grandes secos em tassalhos e os pequenos frescos e são muito gostosos e leves, frescos e secos". *Memorial*: 201.

[170] *Memorial*: 198, cap. 128.

[171] *Memorial*: 197, cap. 128.

[172] *Memorial*: 206-107, cap. 138.

[173] *Memorial*: 198, cap. 128.

[174] *Memorial*: 203, cap. 124.

[175] *Memorial*: 207, cap. 138.

[176] *Memorial*: 198, cap. 128.

[177] *Memorial*: 203, cap. 134.

desperdício, mas as formas de as preparar, no geral valendo-se dos benefícios trazidos por "cheiros" e adubos vários, resultavam na confecção de verdadeiras iguarias, louvadas pelo senhor de engenho que era Gabriel Soares de Sousa, habituado aos requintes da cozinha das elites, mas igualmente sensível ao padrão alimentar da população mais modesta (que está ao seu serviço e/ou que vem do reino em busca de melhores condições de vida).

O mais versátil do ponto de vista culinário é o peixe-boi, não só porque dele tudo se aproveita (desde o rabo, às mãos, à fressura e demais carnes), mas também por ser aquele sobre o qual o autor confirma que se consome tanto em fresco, como conservado (em meio sal[178] ou ao fumo). Um dos peixes, de pequeno calibre, mais comuns na alimentação portuguesa, a ponto de ser emblemático da gastronomia de então (para não dizer na de hoje também!), e habitualmente conservado em pouco sal, era a sardinha, cuja memória gustativa Sousa não deixa de evocar, quando pretende elucidar o seu leitor sobre o gosto de um dos peixes pescados à rede nas costas da Baía, o arabori, de que diz: "as quais salpresas arremedam as sardinhas de Portugal no sabor".

Sobre outros peixes de grande porte[179], destaca, em termos gastronó-micos, as ovas e não nenhuma outra parte, ênfase que, sem dúvida, deve ser entendida como o reflexo de um gosto *gourmet* e de um homem atento às virtudes dietéticas dos alimentos que consome[180].

Vejamos agora a alínea c). Em termos de acomodação dos ingredientes brasileiros ao receituário português, as indicações do autor permitem-nos detectar o rasto de pratos tradicionais na culinária de origem dos colonos, a saber: fressura, peixe cozido com couves, lombo de porco assado no forno, mãos cozidas, bucho de peixe recheado e cozido.

Já vimos anteriormente, a propósito das espécies de verduras e legumes portugueses que se adaptaram à nova terra, que a couve constava como um dos elementos indispensáveis, tal é a sua presença na cozinha portuguesa. Não nos surpreende, por isso, que, ao considerar o peixe-boi[181], o pescado sobre o qual o autor mais se detém em termos de aproveitamento gastronómico, o

---

[178] Tratava-se de submeter o peixe a uma ligeira salga, conforme sugere o uso do adjectivo "salpreso", como esclarecem os três dicionários consultados (Bluteau: "deitar-lhe um pouco de sal"; Moraes da Silva: "salgar levemente"; Pinto: "preso de sal, pouco salgado). Nesse sentido vai a indicação dada a propósito do cupá (a pescada-bicuda dos portugueses), quando o autor pormenoriza, dizendo: "salpresas de um dia para o outro", *Memorial*: 200, cap. 131).

[179] Descritos em *Memorial*: 199-200, cap. 130, e no cap. 134 refere-se a corima.

[180] Note-se que no m. 142 ADB as ovas só são incluídas e ainda assim com carácter opcio-nal numa receita, precisamente a r. 130, sobre buchos de pescada ou robalos. As ovas também merecem uma apreciação especial do autor quando fala de peixe do rio (*Memorial*: 204-205, cap. 136: aimoré, semelhante ao enxarroco, que as tem muito pequenas, mas gostosas; aimorçocus (ou aimoré-guaçu), parecido com o eiró, na fase da desova tem-nas muito saborosas).

[181] *Memorial*: 198-199, cap. 129.

senhor de engenhos refira que a sua "carne" fresca cozida acompanhe muito bem com couves[182].

Conforme a confecção e preparação prévia do peixe, assim este pescado adquire o paladar das mais convencionais formas de consumir a carne, ou seja: se fresca e cozida com couves, sabe a vaca, quando adubada (ou seja acompanhada dos tradicionais cheiros e temperos), ganha o gosto de carne de porco, paladar que não perde no caso de ser fumada e cozida ou de, após prévia marinada em vinho d'alhos, ser assada, situação em que ultrapassa em gosto um prato nobre de porco, o lombo assado[183]. Também as mãos cozidas fazem lembrar o gosto dos pés de porco[184].

Do papel central que tinham na Antiguidade Clássica, ou seja, na tradição mediterrânea antiga, na mesa do banquete sacrificial, as vísceras (conjunto dos órgãos vitais dos animais e por isso símbolo da vida que se consagra) transitaram naturalmente para a mesa secular. No caso que nos importa considerar, o da gastronomia portuguesa contemporânea do tratado de Sousa, vamos encontrar a confirmação desse aproveitamento e uso culinário na r. 129 do m. 142 ADB ("Fressuras"). Trata-se de um refogado, feito à base de azeite ou manteiga (leia-se banha de porco), em que se frigem alguns dos cheiros mais convencionais portugueses (salsa, cebola e coentros). Feito o refogado, juntam-se lhe os fígados e os bofes previamente cozinhados e cortados em pedaços (aqueles moderadamente assados, para não secarem; estes cozidos). Dos órgãos vitais dos animais, no caso do *Memorial*, os únicos a merecerem particular destaque são precisamente esses[185], coincidindo com as partes discriminadas pelo autor do m. 142 ADB. Esta coincidência faz-nos pensar que o coração e o baço, deixados de fora, não seriam "fressuras" tão apreciadas.

No caso do aproveitamento das vísceras do peixe, confirmamos pelo paralelo com a r. 130 do m. 142 ADB ("Buchos de pescada ou robalos") que o prato de bucho cozido recheado dos fígados, mencionado por Sousa a propósito do mero[186], fazia parte da gastronomia dos colonos portugueses.

<hr>

[182] Recorde-se que a couve marca presença no receituário do m. 142 ADB tanto em pratos de carne (r. 41: "Cabidela com murcianas"; r. 42: "Sopas de vaca contrafeitas"), como se ajustaria a acompanhar pratos de peixe cozido (como poderia ser o caso das "Couves de azeite", apresentadas na r. 112).

[183] Também Gândavo confirma o parentesco de gosto entre o peixe-boi assado e o lombo de porco (cap. 8 "De alguns peixes notáveis, baleias e âmbar que há nestas partes" da *História da Província...*).

[184] Sabe-se que os pés de porco, assim como os de carneiro e as mãos de vaca, eram partes aproveitadas na cozinha portuguesa. Não temos no receituário mais antigo nenhuma receita de pés de porco, mas sim de carneiro (m. 142, r. 54). A partir desta podemos deduzir que aquela não seria muito diversa e, como tal, consistiria numa cozedura simples dos pés e posterior tempero com vinagre e sal, devendo ser comidos com esse molho.

[185] *Memorial*: 198.

[186] Nome português para o canapu do Brasil. *Memorial*: 200, cap. 131.

Por apresentarem um estômago de tamanho razoável (comparado pelo autor a uma grande cidra), facilmente adaptaram aos ingredientes locais uma receita que na pátria lusa era feita com pescado diverso, abundante na costa atlântica portuguesa, mas não na brasileira. A colação com a receita de buchos de pescada ou robalos do m. 142 ADB, permite-nos não só ter uma descrição exacta de como se prepararia o apreciado prato português, adaptado, em alguns ingredientes e não tanto nos métodos de confecção (ao que nos é dado perceber), à realidade da fauna piscatória da colónia, como também perceber que este era um tipo de receita em que as já referidas ovas poderiam ter lugar na gastronomia luso-brasileira.

Segundo descreve o compilador do m. 142 ADB, os buchos são lavados e "revoltos", ou seja, virados do avesso, e recheados de fígados previamente passados por vinagre adubado de pimenta e sal q.b. (ou como se diz em linguagem da época: "proporcionada quantidade de sal). São levados a cozer em água fervente, temperada com os costumeiros sal, cebola, vinagre, salsa e coentros. Comem-se frios, com pimenta[187].

Também o marisco, particularmente abundante na costa da Baía[188], não escapa às apreciações do "gastrónomo" português. Caranguejos[189], ostras[190], amêijoas, berbigão, lingueirão[191], búzios e caracóis do mar[192] são as espécies a propósito das quais tece considerações sobre as formas de preparo para consumo. Deste conjunto, o m. 142 ADB apenas fornece receitas para o caranguejo (r. 85), a amêijoa (r. 84) e o berbigão (r. 83).

O comentário de Sousa a propósito dos caranguejos, de que "se querem antes assados que cozidos"[193], deixa adivinhar uma ideia que o receituário do frade português corrobora, a saber: a forma tradicional de os consumir seria, de acordo com a r. 85, cozidos, em água com sal, e, depois de escorridos, temperados com a parelha de temperos bem mediterrânea, de azeite e vinagre.

Em relação às amêijoas, as preferências do colono só em parte coincidem com o receituário de que dispomos. Essa aproximação ao gosto luso está no comentário que faz de que as prefere fritas, em vez de cozidas e assadas. É verdade que, na r. 84, não se usa o verbo frigir, mas a sugestão de que preparam as amêijoas num refogado à base de azeite e dos bem portugueses temperos (cebola, coentros e salsa picada), aponta no sentido dessa prefe-

---

[187] Como se sabe, no livro de cozinha português pimenta reporta-se ao que no Brasil ficou a ser conhecido por pimenta do reino. Esta era um suplemento dispensável ou passível de ser substituído, no caso do Novo Mundo brasílico pela pimenta local (ou pimentos picantes).

[188] *Memorial*: cap. 141-142.

[189] *Memorial*: cap. 138-139.

[190] *Memorial*: cap. 140.

[191] *Memorial*: cap. 141.

[192] *Memorial*: cap. 142.

[193] *Memorial*: 207.

rência gastronómica pelo cozinhar em azeite. A receita do manuscrito é bastante completa na lista de adubos, já que enriquece o prato não só com o comum gosto azedo do vinagre, mas também com um leque de especiarias bem exemplificativo dos efeitos que as Descobertas portuguesas acarretaram ao nível da globalização no espaço lusófono do consumo de especiarias. São elas o gengibre, a pimenta e o açafrão. O vinho como ingrediente, de uso muito raro, já que lhe estava reservado sobretudo o estatuto de bebida, permite, realçar o prato ou, como escreve o autor do m. 142, "dá-lhes muita graça". Outra forma que Sousa identifica de preparo da amêijoa é "abertas ao fogo"[194], seguramente a forma mais simples e que os próprios portugueses praticavam, ao que depreendemos das palavras iniciais da r. 84, e que constitui o primeiro de dois modos de preparo apresentados na mesma receita pelo frade: "podem-se comer com pimenta abertas em um tacho".

Não muito diverso deste método é o descrito para a confecção dos berbigões, que Sousa indica comerem-se "abertos no fogo", processo que, a avaliar pela r. 83, bem reveladora do gosto português por especiarias vindas do ultramar, poderia implicar temperá-los, depois de abertos e de retirados da casca, com pimenta e açafrão e sujeitá-los a uma última fervura nesse molho.

Mas o senhor de engenho ambienta-se bem aos hábitos gastronómicos locais de consumo de algum deste marisco. Disso dão conta as suas observações de que tanto as tarcobas, uma espécie de amêijoa, e as sarnambitingas, parentes dos berbigões, também se comiam cruas. Comiam-se igualmente ao natural, isto é, sem serem sujeitas a qualquer processo de cozedura, as sempre requintadas ostras, não obstante serem apreciadas quando preparadas segundo métodos já identificados aqui para outros mariscos, ou seja, assadas e fritas. Assados, igualmente se consumiam os búzios, os quais, a par com os ouriços-do-mar e a supra referida amêijoa, também podem ser cozidos. O lingueirão era preparado segundo o método já considerado para outros bivalves: abertos ao fogo (em panela).

Toda esta panóplia de peixes novos não apaziguaria, por completo, as saudades das comuns espécies capturadas e consumidas na costa atlântica portuguesa. É Fernão Cardim quem parece mais sensível a esta "ânsia" do seu leitor por saber da eventual presença na sua futura mesa colonial de algum do pescado que lhe era familiar no "velho" Portugal. No seu tratado *Do clima e terra do Brasil*, no cap. "Dos peixes que há na água salgada", ao falar da fauna conhecida, enumera: tainha, garoupa, peixe-agulha, pescada (mas rara), sardinha (por vezes, no Rio de Janeiro), cibas (ou chocos) e raias. Note-se que os comentários sobre a pouca abundância de pescada e sardinha, vincada pelo

---

[194] *Memorial*: 207.

autor, poderá derivar do facto de serem essas espécies que os portugueses mais consumiam e que mais referências têm na gastronomia portuguesa da época.

Cardim apenas fornece duas indicações sobre a forma de preparação culinária, ambas a merecer destaque por serem absolutamente estranhas ao padrão alimentar português: "Todo este peixe é sadio cá nestas partes que se come sobre leite, e sobre carne, e toda uma quaresma, e de ordinário sem azeite nem vinagre [...]"[195].

Aqui temos a prova de como a necessidade e a adesão à oferta local levou por vezes à substituição dos tradicionais e tão portugueses azeite e vinagre por formas alternativas de tempero. Eis mais uma faceta da gastronomia luso-brasileira: a acomodação de espécies piscatórias conhecidas a formas de preparação novas!

Uma outra referência a exemplares bem típicos e apreciados na mesa dos colonos (mais abonados) são o linguado e o salmonete[196]. No caso deste último, não só vem apresentado como raro, como não tem o gosto do encontrado na lusa pátria. De facto, como aconselha, com sabedoria prática, o padre jesuíta, a melhor forma de preparar o linguado, quer seja para cozer ou assar, consiste em bater a sua "carne", por forma a torna-la mais rija (caso contrário, é mole e não presta).

Na rubrica "Dos mariscos", refere os polvos, sobre os quais dá idêntica recomendação à do linguado quanto à preparação prévia à confecção, só que o efeito produzido pelo açoitar é o inverso, ou seja, amolecer uma "carne" naturalmente dura[197]. No capítulo "Dos caranguejos", dentre outros, menciona os mexilhões, passo que nos interessa, pois dá conta da acomodação lusa a utensílios de cozinha indígenas, neste caso a utilização que dão às suas conchas, que podem servir, para a população servil (por certo), de colheres e facas[198].

3. Considerações finais

A chegada dos colonos portugueses à América do Sul, a conquista e a formação de províncias ultramarinas, a que vulgarmente se chama América Portuguesa, implicaram profundas transformações na paisagem e modo de vida (na sua amplitude de sentido da etimologia grega *diaita*) de europeus e população autóctone. Centrámo-nos fundamentalmente nas integrações alimentares feitas nos dois sentidos, por isso qualificadas de luso-brasileiras. Verificámos que esse processo de acomodação bidirecionada, desde os primeiros

---

[195] Cardim 1997, 132, 1ª carta.
[196] Cardim 1997, 137, 1ª carta.
[197] Cardim 1997, 142, 1ª carta
[198] Cardim 1997, 145, 1ª carta.

tempos da colonização (que foi o período sobre o qual nos debruçamos, i. e., sécs. XVI–inícios do XVII), foi apresentado pelas fontes escritas como uma aventura enriquecedora (não apenas no sentido económico, mas também de uma maior amplitude de experiências gastronómicas) para o português que abraçava a aventura de enfrentar o desconhecido.

Não obstante as diferenças e adaptações a que tiveram (mais as camadas pobres e remediadas do que as abastadas) de submeter o regime de vida adquirido na pátria, houve da parte dos primeiros colonos-escritores a preo-cupação de sublinhar que havia maneiras antigas e novas de os compatriotas perpetuarem, além-mar, a memória gustativa lusa. Disso nos demos conta por meio de um levantamento e estudo interpretativo, muito apoiado no recurso a fontes complementares de informação (receituários de cozinha, dicionários e, ainda que em menor escala, textos médicos). Assim como há receitas do velho Portugal que os colonos podem, sem qualquer dificuldade, continuar a consumir no Brasil, outras há que adaptam e reconfiguram, dando origem a uma cozinha de absoluta integração luso-brasileira. Pelo maior relevo que assumem, os doces e o pão parecem-nos poder ser tidos como primeira expressão da gastronomia tipicamente colonial. Todo o vasto conjunto de preparados que não contam com o açúcar como ingrediente básico, a que, por comodidade, chamámos "comidas salgadas", apresenta-se igualmente como um profícuo campo de leituras comparadas, tendo em vista um mais amplo conhecimento do "horizonte de expetativas" gastronómicas do português e do colono português no Brasil de Quinhentos e Seiscentos.

Esses vários testemunhos por nós analisados confirmaram, por um lado, que a matriz identitária da alimentação portuguesa era marcadamente mediterrânea, i. e., assente na díade clássica greco-latina pão e vinho[199], a que se juntava o azeite, assim como hortaliças, frutas, carne, peixe e aves de várias espécies. Se bem que a cozinha portuguesa seja o referente conhecido que os colonos-escritores querem dar como garante para atraírem a vinda e o investimento de compatriotas na colónia, não descuram os louvores às novidades gastronómico-dietéticas do "Novo Portugal".

O padre jesuíta Fernão Cardim e, antes dele, já Pêro Vaz de Caminha, na famosa Carta a D. Manuel sobre o achamento do Brasil (1500), usaram uma mesma argumentação retórica para enaltecer as dádivas da vida na colónia: fazer o elogio do modo de vida (*diaita*) da população indígena ou daqueles que já se haviam acomodado ao novo regime (praticando uma alimentação de integrações luso-brasileiras). Claro que o período de praticamente um século que dista entre as palavras de Caminha e as de Cardim dita uma perceção relativamente diversa do Brasil. No primeiro caso, o Brasil ainda é o mundo

---

[199] Assunto desenvolvido em Soares 2014.

do "outro"; no segundo já é um "outro Portugal", em que só os recém-chegados destoam, pelo que terão de passar pelo necessário processo de (maior ou menor) acomodação à realidade luso-brasileira em que passam a viver.

Ou seja, enquanto Caminha escreve sobre os Índios recolectores: "E com isto andam tais e tão rijos e tão nédios, que o não somos nós tanto quanto trigo e legumes comemos"[200], Cardim, nas últimas palavras do tratado *Do clima e da terra do Brasil*, diz dos colonos recém-chegados do reino (circunstância que explica que lhes venha atribuído o título de "reinóis"): "Reinóis, que trazem o sangue fresco, e mimoso do pão e vinho, e mantimentos de Portugal"[201].

Chegados ao Brasil, aos portugueses impunha-se, quase naturalmente, um diálogo cultural estabelecido nos dois sentidos (Portugal-Brasil e Brasil-Portugal). Este fez-se, em grande parte, e como vimos de forma detalhada ao longo deste estudo, da acomodação de receituário português a produtos e técnicas indígenas (ponto 2). Elemento facilitador dessa acomodação encontramo-lo na indicação de Gabriel Soares de Sousa de que as serviçais femininas nativas aprendiam com as mestras cozinheiras portuguesas não só aquela que era (à luz da perceção de um proprietário de engenho de açúcar) a sua arte mais esmerada, requintada e emblemática, a doçaria, mas também a arte culinária portuguesa em geral.

> Também as moças deste gentio que se criam e doutrinam com as mulheres portuguesas, tomam muito bem o cozer e lavrar e fazer todas as obras de agulha que se lhe ensinam, para o que têm muita habilidade e para fazerem coisas doces e fazem-se extremadas cozinheiras mas são muito namoradas e amigas de terem amores com os homens brancos[202].

Esta passagem, na referência que faz ao pessoal serviçal indígena a trabalhar nas casas dos colonos e senhores vindos de Portugal, remete-nos para um aspeto que fomos aludindo, sem sistematizar, ao longo do nosso estudo: a hierarquização socioeconómica da mesa colonial. Ou seja, é o maior ou menor "cabedal" (i. e., fortuna) dos portugueses a viverem no Brasil que, antes de mais, determina a necessidade (mais do que a vontade) de se adaptarem a uma gastronomia de integração luso-brasileira (aquela que acomoda as receitas do "Velho Mundo" às ofertas alimentares do "Novo Mundo". A capacidade económica dos consumidores constituiu-se em motivo imediato de manutenção de hábitos portugueses de se alimentarem. Além da já mencionada (n. 14) acomodação dos colonos remediados a uma culinária de reminiscência lusa, mas à base de produtos sobretudo locais, valerá a

---

[200] Caminha 1500: 26.
[201] Caminha 1500: 26.
[202] *Memorial*: 227, cap. 160.

pena evocar mais um testemunho emblemático de como a riqueza permite às elites manterem mais viva, pelo menos em ocasiões especiais (como as cerimónias de casamento – contextos naturais de exibição do estatuto socioeconómico das famílias dos noivos) e intocável a memória gustativa pátria. É na narrativa epistolar do Pe. Fernão Cardim que deparamos com um exemplo bem elucidativo de como o dinheiro "compra" a fidelização a hábitos gastronómicos europeus. A propósito dos elevados gastos que os maiorais de Pernambuco (chamados vianeses, por serem oriundos, na sua maioria, de Viana do Castelo) faziam em vestir-se e alimentar-se, muito particularmente por ocasião das festas de casamento, o jesuíta não pode deixar de sublinhar os valores exorbitantes que despendiam na compra de vinhos de Portugal[203], sem dúvida um dos grandes luxos dos colonizadores, valores a rondarem os 50 a 80 mil cruzados/ano[204].

No entanto, como se esforçou por sublinhar Gabriel Soares de Sousa ao referir a preferência dos primeiros governadores-gerais do Brasil por mandioca (em vez de trigo[205]), a acomodação das elites a essa cozinha de integração luso--brasileira foi uma realidade justificada por elementos de ordem dietética. Na verdade o biocontexto da colónia impunha como mais salutares (melhores de digerir) determinados produtos locais, impulsionando a sua integração numa cozinha de matriz portuguesa.

Em suma, a experiência da colonização portuguesa na América dos sécs. XVI-XVII teve um impacto forte na constituição da memória gustativa desses colonos e fez deles os responsáveis pelo aparecimento e transmissão de uma gastronomia luso-brasileira. Daí a importância de cruzarmos fontes escritas diversas, tendo em vista conhecer melhor não só os ingredientes, mas sobretudo as receitas que, através do destaque que os colonos-escritores lhes deram nas suas obras, podemos consideram como emblemas literários da gastronomia portuguesa e luso-brasileira da época.

---

[203] Sobre a "obrigatoriedade" do vinho à mesa de senhores de culturas alimentares de influência mediterrânea, como era o caso dos portugueses, o que determinava a sua importação por parte dos mais ricos, leia-se Coelho 2005: 114-116.

[204] Cardim 1997, 256, 1ª carta.

[205] *Memorial*: 116, cap. 43.

A MESA CONVENTUAL E OS SABORES DA AMÉRICA
(The convents table and the tastes of America)

Isabel M. R. Mendes Drumond Braga
Faculdade de Letras da Universidade de Lisboa
(isabeldrumondbraga@hotmail.com)

Resumo: Receituário conventual, mormente no âmbito da doçaria, é temática que, pode afirmar-se, está na moda, na maior parte dos casos de forma bastante comprometida. Se a matéria interessa a públicos tão diversificados, como historiadores, gastrónomos e pessoas ligadas à venda e à restauração, também é verdade que a comprovação das origens das receitas conventuais está, em muitos casos, longe de ser possível, o que não inibe alguns de apregoarem o contrário e colocarem no mercado doces pretensamente preparados com base em inexistentes receitas dos mais diversos conventos e mosteiros de norte a sul do país. Posto este esclarecimento básico, importa neste texto identificar os receituários conventuais portugueses da Época Moderna e neles avaliar o peso dos produtos americanos na preparação dos pratos doces e salgados.

PALAVRAS-CHAVE: culinária, Portugal, produtos americanos, receitas conventuais, receitas de culinária.

ABSTRACT: The recipes originated in convents, especially sweets confectionary, are a fashionable topic, in most cases quite compromised. If it draws the interest from a diversified public such as historians, gourmets and people involved in sales and restoration, it is also true that the proof of the origins of the convent recipes is, in many cases, far from being possible. This does not restrain some people from claiming the opposite and placing in the market sweets confectionary allegedly prepared on the basis of non-existent recipes from various convents and monasteries from the whole country. After this basic clarification, this paper aims to identify the Portuguese recipes originated in convents in the Modern Era and evaluate the weight of American products in the preparation of sweet and savoury dishes.

KEYWORDS: cooking, Portugal, American products, recipes originated in convents, cooking recipes.

Em Portugal não abundam trabalhos sobre receituários conventuais, o que se pode relacionar diretamente com a escassez de fontes. Consequentemente, a descoberta, transcrição e estudo de manuscritos culinários revelam-se essenciais para, de forma fundamentada, coerente e segura, avançar na apreensão da matéria. Conhecer a alimentação e as receitas que se preparavam nos mosteiros e nos conventos portugueses durante a Época Moderna é, consequentemente, uma tarefa difícil que, por vezes, precisa considerar dados indiretos, pois são escassos os manuscritos e, na época, não foram publicadas as receitas, as quais eram entendidas como segredos que circulavam muitas vezes apenas oralmente. Mesmo assim, alguns receituários monásticos e conventuais chegaram até ao presente[1], bem como livros de cozinha de elementos do clero secular, os quais ficarão fora deste estudo.

Ao contrário do que parece ter acontecido em outros espaços, designadamente em Castela e em Aragão, onde terão predominado os receituários masculinos[2], em Portugal os que sobreviveram da autoria de homens do clero regular são escassos. No que se refere aos livros de cozinha relativos aos cenóbios, até ao presente apenas foi objecto de estudo um manuscrito seiscentista pertencente à livraria do mosteiro beneditino de Tibães[3] e um outro datado de 1743, sem indicação da casa a que pertencera, o qual foi recentemente estudado[4].

A primeira compilação portuguesa de receitas conventuais femininas que chegou até nós foi a que se fez sob ordens de Sóror Maria Leocádia do Monte do Carmo, abadessa do convento de Santa Clara de Évora, em 1729. Foi objeto de publicação no século XX[5] e já mereceu estudos[6]. Foi igualmente dado ao prelo *O Livro de Receitas da última Freira de Odivelas*, um considerável receituário das cistercienses daquela casa fundada na Época Medieval, compilado por uma das freiras, durante o século XIX, o qual contem informações de preparados de períodos muito diversos. Nunca foi objeto de tratamento

---

[1] Lista de abreviaturas utilizadas, ao longo deste texto, para referir as fontes em estudo:
Caderno do Refeitório – *Caderno do Refeitório. Comezainas, Mezinhas e Guloseimas*. Apresentação e notas Luís Filipe Coelho, L. Luís Ruas, 2ª ed., Barca Nova, Lisboa [s.d.].
Receitas das Visitandinas – Lisboa, A.N.T.T., *Manuscritos da Livraria* 2403.
Receitas de Odivelas – *O Livro de Receitas da Última Freira de Odivelas*, introdução, actualização do texto e notas de Maria Isabel de Vasconcelos Cabral, Verbo, Lisboa, São Paulo, 2000.
Receitas de Santa Clara de Évora – *Livro das Receitas de Doces e Cozinhados vários d'este Convento de Santa Clara d'Évora* (1729), apresentação e notas de Manuel Silva Lopes, Barca Nova, Lisboa, 1988.
Receitas de Tibães – Ramos, A., Claro, S. (2013), *Alimentar o Corpo, Saciar a Alma. Ritmos Alimentares dos Monges de Tibães. Século XVII*, Direcção Regional de Cultura do Norte, Porto, Edições Afrontamento, Vila Real.
Receitas dos Franciscanos – Lisboa, B.N.P., Cod. 11390.
[2] Gras I Casanovas 1996: 216-217; Pérez Samper 1997: 123; Pérez Samper 1998-2000: 75; Pérez Samper 2012: 46-58.
[3] Algumas receitas deste manuscrito foram publicadas há algum tempo. Cf. Ramos, Soares, Oliveira 2004-2205: 73-112. Recentemente foi publicado e estudado na íntegra. Cf. Ramos, Claro 2013.
[4] Braga 2014.
[5] Receitas de Santa Clara de Évora.
[6] Este manuscrito já foi objeto de atenção por parte de Algranti 2001-2002: 397-408. A autora transcreveu o documento a partir do manuscrito existente na Biblioteca Nacional de Portugal, cod. 10763. Sobre este receituário, cf. igualmente Ornellas e Castro, Braga 2014.

exaustivo[7]. Mais recentemente, saiu um livro intitulado *Doçaria Conventual de Lorvão*, que não teve como base nenhum manuscrito e, consequentemente, não entrará na abordagem que iremos realizar[8]. No mesmo ano de 2013, foi publicado um receituário conventual anónimo, depositado na Biblioteca Geral da Universidade de Coimbra, dos séculos XVII ou XVIII, cuja última entrada foi redigida por uma conserveira de nome Bernarda Maria. Foi colocada a hipótese de o caderno de receitas, escrito por várias mãos, ser proveniente do Mosteiro de Celas, uma vez que contém vários preparados que tradicionalmente foram atribuídos àquele cenóbio[9]. Dina de Sousa, em trabalho anterior e neste mesmo, com base no estudo das contas de algumas casas religiosas, procedeu ao levantamento dos doces ali preparados e dos seus ingredientes. Dada a natureza destas fontes, não se conhecem as receitas[10].

Entretanto, outros dois manuscritos, um proveniente de uma casa feminina e outra de uma masculina, estão em vias de edição[11]. O primeiro, depositado na Biblioteca Nacional de Portugal, intitula-se *Livro Arte de Cozinha para se governarem os que curiozamente quizerem guizar. Feyto pello padre frei Manoel de Santa Thereza e oferecido aos irmaos leygoz desta Provincia dos Algarvez para aserto de seu laburiozo execircio (sic) e por espicial merce do mesmo autor he do uzo do irmão frei Theodoro de Santa Anna com todaz as licençaz necesarias em a oficina do mesmo autor que não nega os frutos do seu trabalho maz sim os despende por timbre de generozo*[12] e foi escrito por várias mãos, ao longo do século XVIII. Servia à Província dos Algarves, da Ordem dos Frades Menores. O segundo é um texto sem título depositado nos Arquivos Nacionais Torre do Tombo, que terá pertencido à Ordem da Visitação de Santa Maria, cujas religiosas eram designadas por visitandinas ou salesianas[13], se for credível a observação com letra posterior e a lápis, no primeiro fólio, onde se pode ler "Salezias". Contém receitas dos séculos XVII e XVIII e terá sido compilado nessa centúria, ou nos primeiros anos da seguinte. É a partir deste conjunto de fontes, embora limitado[14], que procuraremos perceber qual o peso dos sabores da América nas mesas conventuais femininas e masculinas portuguesas.

---

[7] Receitas de Odivelas. Sobre esta obra, cf. Ornellas e Castro, Braga 2014.
[8] Borges 2013.
[9] Sousa 2013.
[10] Sousa 2011.
[11] Estamos a ultimar a publicação e estudo destes dois manuscritos.
[12] Lisboa, BNP, 11390.
[13] Lisboa, ANTT, ML2403.
[14] Em Portugal, por comparação com outros espaços europeus, não há uma grande quantidade de livros de cozinha, nem manuscritos nem impressos. Cf. o catálogo das existências da Biblioteca Nacional de Portugal em Rego 1998.

1. Alimentos da América em receituários portugueses

Em primeiro lugar, importa ter presente quais os alimentos provenientes da América que poderiam ser encontrados nos receituários da Época Moderna. A lista é pequena: batata, milho, tomate e cacau. Em segundo lugar, há que realçar que a recepção dos diferentes géneros implicou sempre a transformação deles. Isto é, os europeus, portugueses incluídos, nunca consumiram os produtos provenientes do continente americano da mesma forma que aqueles eram utilizados nos locais de origem. Finalmente, deve salientar-se que se as especiarias, especialmente as de origem oriental, foram dominantes em termos de interesse económico — daí as tentativas de aclimatação de algumas no Brasil[15] — tendo tido um rápido impacto na culinária portuguesa desde o século XVI[16], o mesmo não se podendo afirmar de outros produtos, especialmente os americanos.

Entre a descoberta desses novos géneros alimentares e a sua introdução no quotidiano das populações europeias houve um espaço de tempo considerável, embora diferente, de espécie para espécie. Como é evidente, nem todos os novos produtos descobertos foram adoptados, até porque o seu cultivo nem sempre era possível na Europa de então e havia muitos casos em que o transporte não se justificava, quer pelo preço, quer pelo facto de se deteriorarem. Contudo, houve alguns que foram superando as dificuldades e conseguindo impor-se, embora, em alguns casos, tardiamente. Tenhamos presente que a integração dos alimentos americanos nas dietas europeias constituiu a principal diferença entre a alimentação medieval e a da Época Moderna.

A descoberta dos sabores americanos, ao longo do século XVI, só revolucionou definitivamente a culinária europeia dois séculos depois. Partindo da premissa de que não se pode discutir a preparação e o consumo alimentares sem ter em atenção que tais actos são consequências das realidades sociais e culturais dos envolvidos, teremos presente que a cultura da alimentação é polivalente e poliglota. O acto de comer não é susceptível de ser reduzido a um mero consumo de bens materiais; é, também, uma representação cultural. Vejamos, pois, como se foram conhecendo os sabores americanos em Portugal e como foram sendo incorporados nas mesas conventuais.

2. Cacau, peru, milho, batata e tomate: usos e costumes no Novo e no Velho Mundo

Comecemos pelos que mais rapidamente conquistaram os grupos privilegiados: o cacau e o peru. O cacau, originário das bacias dos rios Orenoco e Amazonas, foi um dos géneros mais ligados à sociabilidade alimentar das

---

[15] Ferrão 1986; Ferrão 1990; Margarido 1994; Almeida 1995.
[16] Sobre as especiarias, cf. Thomaz 1995; Thomaz 1998; Lopes 2002.

elites da Época Moderna. Era consumido pelas populações indígenas — então aproveitavam sobretudo a polpa que envolvia as favas do cacau e o óleo, que tinha fins terapêuticos e também era utilizado como combustível ritual — e tinha como principais inimigos os macacos, os ratos e diversos insectos[17] que, decerto, terão sido os primeiros consumidores. Aos animais terá também ficado a dever-se a dispersão para norte, até às actuais Costa Rica e Nicarágua, e para sul, até ao Equador[18]. O cacaueiro é, nesta conformidade, uma planta das regiões quentes e tropicais por excelência.

Os maias do período clássico (séculos III–X) foram os primeiros a cultivar cacau de forma sistemática. Então servia como moeda e era também consumido como bebida, uma vez que aquele povo descobriu que secando, moendo e misturando as favas de cacau com água se obtinha uma bebida: o *xocolatl*[19]. O cultivo do cacau passou ao povo toltec (séculos X–XII) e, posteriormente, para os aztecas (séculos XII–XVI), que não só o utilizavam como moeda, como bebida consumida quente ou morna, à qual juntaram baunilha, especiarias e farinha de milho, como ainda usaram a flor do cacau para curar determinados males[20]. No sul da América Central era utilizado desde há muito como alimento e como bebida pelos índios, desde as actuais Honduras até ao Panamá e fronteiras com a Colômbia. No Brasil, algumas tribos utilizavam a polpa desfeita em licor suave o que, na expressão de Sebastião da Rocha Pitta, servia de "regalado vinho aos naturais"[21].

No início do século XVI, ao contactarem com os aztecas, os castelhanos viram pela primeira vez como aqueles apreciavam o cacau como bebida nutritiva, fortificante e afrodisíaca[22]. As primeiras descrições da planta do cacau e da bebida começaram a despertar a atenção dos europeus. Rapidamente os castelhanos deram início à exploração do cacau. A primeira carga chegou a Sevilha em 1585, mas só no século XVII passou a haver uma "paixão obsessiva" pelo chocolate, depois de a bebida ter sofrido diversas transformações. A mais importante, atribuída aos carmelitas de Oaxaca (México), constituiu em acrescentar açúcar de cana ao cacau e à baunilha, ao mesmo tempo que suprimiram as especiarias[23].

No Brasil, o cacau era espontâneo e só começou a ser obtido no século XVII, na Amazónia. Inicialmente era colhido nos matos pelos índios, mas,

---

[17] Le Cointe 1934: 1, 20.
[18] Harwich 1992: 12.
[19] Sobre as mais diversas ideias acerca da etimologia da palavra chocolate, cf. de la Mota, 1992: 100-106.
[20] Bondar 1938: 7-9; Gaspard-David 1991: 23-40; Harwich 1992: 23.
[21] Pitta 1730: 33-34, liv. I.
[22] Sobre o uso do cacau na época pré-colombiana, cf. Perrier-Robert 1998: 7-15; Toussaint-Samat 1999: 574-576; Khodorowsky, Robert, 2001: 7-10; *Chocolate* 2003: 6-7.
[23] Bondar 1938: 14; Harwich 1992: 59-65; de Lemps 1996: 632.

dado o seu valor económico, a Coroa mandou-o cultivar, por ordem régia de 1º de novembro de 1677. Na segunda metade do século XVIII, o cultivo do cacau estendeu-se, com êxito, ao Maranhão e à Baia, onde se aclimatou muito bem. Por volta de 1750, chegou a representar 90% da carga da frota proveniente do Maranhão[24]. A partir de 1760, com a Companhia Geral do Grão-Pará e Maranhão (1755–1778) — que tinha o monopólio do comércio da região —, o cacau exportado via Belém representou 82% do volume global das exportações[25].

Entre os grupos abastados, a moda de beber chocolate tornou-se uma realidade um pouco por toda a Europa[26]. O mesmo aconteceu no Portugal setecentista, contando com antecedentes documentados para a segunda metade do século XVII. Veja-se o caso de D. Afonso VI que, em 1670, foi sangrado cinco vezes, segundo os médicos, devido a três tipos de excessos "comer, tabacos e chocolate"[27].

Além de se beber chocolate, também se comia. Isto é, se o consumo de cacau começou por ser feito através da ingestão de uma bebida, à medida que o tempo foi passando os cozinheiros foram aproveitando as potencialidades do cacau na culinária para bolos, pudins, biscoitos, cremes, mousses, gelados e licores. Mesmo assim, a maneira como se procedia ao tratamento do cacau antes de ser transformado em bebida e a confecção da própria bebida foram sendo explicadas pelos autores desde o seiscentista Domingos Rodrigues aos setecentistas Bluteau, Francisco Borges Henriques, João Daniel e outros[28]. Efectivamente, até ao século XIX, raramente se encontram receitas de doces confeccionados com o referido ingrediente — dentre as excepções contam-se conservas de café e de chocolate e um creme de baunilhas, chocolate e café, apresentados por Lucas Rigaud, sucessivamente plagiado. No século XVIII, aparece ainda uma calda de chocolate para nevar, no primeiro livro de doçaria portuguesa, a *Arte Nova e Curiosa para Conserveiros e Copeiros*[29]. A partir do século XIX, a situação altera-se. Às receitas de chocolate para beber em sociedade, juntam-se algumas pretensamente dietéticas, os chamados chocolates de saúde, também para beber, e começam a aparecer outras diversificadas.

---

[24] Marcadé 1991, 7: 66.

[25] Dias 1983, 1: 419-423; Arruda 1986, 8: 100-108; Silva 1994: 119; Saragoça 2000: 96, 170.

[26] Sobre o percurso destes géneros na Europa cf. Braudel 1, 1992: 213-223; Richie1995: 156-158, 169-173; Toussaint-Samat 1999: 574-606; Pérez Samper 5, 2001: 515-516; Le Mao, 2002:158. Sobre a sua difusão no Brasil, cf. Cascudo 1, 1983: 300; 2, 1983: 423-425; Meneses 2000: 117.

[27] Lisboa, ANTT, MNE, cx. 558: 49.

[28] Braga 2007: 201-206.

[29] *Arte Nova e Curiosa para Conserveiros, e Copeiros e mais Pessoas que se ocupam em fazer Doces e Conservas com Frutas de várias qualidades e outras muitas Receitas particulares da mesma Arte.* Isabel M. R. Mendes Drumond Braga (est. e act.), Sintra, Colares, 2004.

Além dos cremes de chocolate, porventura os mais populares, dado que foram objecto de receitas em mais de uma dúzia de títulos diferentes, encontramos também receitas de molhos, gelados e sorvetes, pudins, biscoitos, bolinhos, bolos, bombons, rebuçados, pastilhas e até de licores. Autores mais sofisticados, como João da Mata e Olleboma, apresentaram, respectivamente, *profiterolles* e *mousses* e *soufflés* de chocolate[30].

O peru, uma ave galiforme selvagem oriunda do leste da América do Norte até ao México, foi domesticado pelos aztecas e encontrada pelos castelhanos. Estes levaram o peru para Castela e, daí, a ave passou a Portugal. Para José de Anchieta[31] e para Fernão Cardim[32], teriam sido os portugueses a introduzir o peru no Brasil. O êxito da ave na Europa, incluindo a Península Ibérica, foi rápido. Inicialmente foi considerado um produto de prestígio só presente nas mesas abastadas. Em Castela, no fim do século XVI, o receituário escrito já registava pratos de peru. Em Portugal, o primeiro livro de cozinha impresso, a *Arte de Cozinha*, de Domingos Rodrigues, cuja primeira edição datou de 1680, registou 24 receitas de peru[33]. Lucas Rigaud, em 1780, no *Cozinheiro Moderno ou Nova Arte de Cozinha*, dedicou todo o capítulo oitavo à ave e apresentou 31 receitas[34]. Em qualquer dos casos citados, as preparações culinárias são semelhantes às de outras aves, especialmente galinha, pato e pombo, e algumas outras a pratos de carneiro e coelho.

Passemos aos produtos que foram conquistando os mais desfavorecidos: o milho, a batata e o tomate. Alguns autores defenderam a possibilidade de o milho maís ter tido mais do que um foco de difusão. Isto é, se tradicionalmente sempre se acreditou que o cereal tinha sido encontrado na América pelas expedições de Cristóvão Colombo, onde constituía a base da agricultura dos povos indígenas em vastas regiões, daí tinha passado a Castela e, por essa via a Portugal; outros referiram que, a esse foco de difusão do milho se poderiam juntar outros, designadamente a África tropical e a Alta Birmânia[35].

Na América, a planta foi observada por castelhanos, alguns dos quais não deixaram de tecer comentários elucidativos. O médico Nicolás Monardes, estante em Sevilha, considerou-a tão nutritiva como o trigo e deu conta da sua utilização na preparação de bolos na América espanhola[36]. José de Acosta não destoou e defendeu que o papel do trigo na alimentação dos europeus era comparável ao do milho entre as populações americanas[37].

---

[30] Braga 2007: 201-206.
[31] Anchieta 1933: 428.
[32] Cardim 1997: 159
[33] Rodrigues 2001.
[34] Rigaud 1780.
[35] Godinho 1983, 4: 23.
[36] Monardes 1580: 95.
[37] Acosta 1608: 236-237, liv. 4, cap. 16.

Gabriel Soares de Sousa, cerca de 1587, referiu que os nativos do Brasil chamavam ao milho *abati* ou *ubatim* e que este era cultivado entre a mandioca e as canas-de-açúcar. Era preparado de várias formas e consumido por índios, escravos, brancos e até por animais alimentados pelos portugueses, designadamente galinhas, porcos, cabras, ovelhas e cavalos[38]. Independentemente do ou dos locais de origem do milho maís, sabe-se que, em Portugal, a partir de 1515–1525 começou a alterar-se a paisagem rural do país, especialmente no Noroeste, numa cronologia que nem sempre é totalmente precisa. O cereal também foi para a Madeira, para os Açores, Cabo Verde e continente africano.

Com o cultivo do milho, as condições alimentares das populações mais desfavorecidas foram beneficiadas. No Norte do país foi-se dando a substituição do pão de centeio pelo de milho, a chamada broa, e por papas de milho, desde finais do século XVI. Na primeira metade da centúria seguinte, a broa já imperava na alimentação dos populares do Minho e da maior parte da Beira[39]. A expansão da cultura do milho teve continuidade nas centúrias seguintes[40]. Na segunda metade do século XVIII, o triunfo da cultura na província do Minho, a par de algum centeio, marcou a paisagem rural, pois representou 75% das colheitas cerealíferas no ano de 1792. A expansão do cereal ficou a dever-se às elevadas taxas de produtividade, à enorme capacidade de se adaptar a todo o terreno, às grandes possibilidades de convívio com outras culturas e ao facto de permitir uma maior capacidade de utilização do solo pela alternância com os cereais de inverno, sobretudo com o centeio[41].

No receituário nacional leigo, as preparações com milho são inexistentes até ao fim do século XIX, com excepção da obra *Novíssima Arte de Cozinha*, publicada pela primeira vez em 1889. Neste livro de cozinha foram apresentadas duas receitas de doces, contendo milho, designadamente bolos de milho e canjica[42]. O mesmo não acontecerá nos livros de cozinha das casas religiosas, como veremos em seguida.

Um dos produtos que mais revolucionou a dieta alimentar das populações, e que contribuiu largamente para acabar com os ciclos de fome, foi a batata, a qual é oriunda das terras altas andinas, possivelmente do Chile à Colômbia. A expansão da batata, também conhecida como castanha da Índia, foi muito

---

[38] Sousa 1989: 331.

[39] Ferrão 1986: 1126-1128, Almeida 1995: 229-259.

[40] Na segunda metade do século XVIII, António Henriques da Silveira considerou que o milho grosso era "o ordinário alimento das províncias da Beira e Minho", Silveira 1990: 53. Por seu lado, José Joaquim Soares de Barros notou que "os habitantes das províncias de Entre Douro e Minho, Beira e Trás-os-Montes e ainda um grande número dos da província da Estremadura, que todos fazem mais de duas terças partes da população deste reino, se sustentam de milho", Ibidem 1: 111.

[41] Capela 1987, 1: 8.

[42] Braga 2007:115.

lenta, apesar de ter sido produzida e consumida cada vez em maior quantidade[43]. Começou por ser melhor aceite nas zonas pobres em cereais, não deixando o seu consumo de aumentar desde o século XVIII, não obstante estar ausente dos menus de festa, exactamente por ser considerada um alimento pobre. De qualquer modo, a batata e o milho foram responsáveis pela quebra do ciclo vicioso de fome e epidemia, que durante séculos assolou a Europa[44]. Na Irlanda, foi considerada base da alimentação a partir do século XVII, tendo depois passado à Inglaterra e, daí, segundo alguns autores, para Portugal[45]. Outros referiram a entrada do tubérculo via Galiza[46]. Até hoje o assunto não está cabalmente esclarecido. Segundo José Manuel de Campos e Mesquita, a cultura da batata em Portugal generalizou-se a partir de 1803, isto é, em resultado dos reflexos da Guerra dos Sete Anos (1756–1763), quando o preço dos cereais e, consequentemente, do pão subiu, só invertendo tal tendência com a vulgarização do consumo do tubérculo[47].

Apesar de ter sido conhecida por alguns portugueses no século XVI, a batata só assistiu à sua expansão enquanto consumo entre os abastados no século XIX. Sua presença residual no receituário setecentista — tal como aconteceu em Castela[48] —, mormente em doces, permite verificar que, não obstante as dúvidas acerca da cronologia deste tubérculo e a sua porta de entrada no reino, já no século XVIII havia algum consumo, quer de batata, quer de batata-doce, esta bem mais popular. De qualquer modo, a preparação culinária dos diversos tipos deste tubérculo variava, uma vez que, nos livros de receitas da autoria de leigos, aparecem como salada, sobremesa, prato principal e acompanhamento[49].

O tomate, oriundo da América Central, tinha um lugar destacado na alimentação dos mexicanos, que o consumiam verde e maduro. Estava presente, de forma habitual, em molhos, guisados e entre os condimentos utilizados na alimentação pré-columbina[50]. Terá chegado à Europa, através dos castelhanos, no século XVI. Para alguns, era entendido como uma planta ornamental e até imprópria para a alimentação. Em Castela já se cultivava tomate no final do século XVI, mas as referências são escassas até ao século XVIII. Pensa-se que, a seguir aos Castelhanos, tenham sido os habitantes

---

[43] Miguel 1981: 317, Machado 1984: 524.
[44] Sorcinelli 1996: 814. Veja-se também Toussaint-Samat 1999: 711-728. Sobre a situação de Inglaterra nesta questão cf. Black 1985: 7; Black 1997: 267.
[45] Santos, Rodrigues, Nogueira 1987: 53.
[46] Margarido, 1983: 449-450.
[47] Mesquita 1990, 4: 316-317.
[48] Pérez Samper 1996: 134.
[49] Braga 2007: 91-101.
[50] Cruells 1999: 218; Pérez Samper 2004: 308.

da península itálica a fazerem uso deste fruto[51]. A partir do século XVIII, o tomate passou a ser produzido e consumido um pouco por quase toda a Europa, onde se apurou a planta, embora se desconheça o processo de difusão[52]. Este facto terá eventualmente sido responsável pela afirmação de Sebastião da Rocha Pitta que o incluiu entre as hortaliças europeias que se aclimataram no Brasil[53].

Em Portugal, poucas são as referências ao tomate anteriores ao século XIX. Pelo menos a partir de 1767, passou a integrar a dieta alimentar dos doentes do hospital da Misericórdia de Évora durante os meses de Agosto, Setembro, Outubro e, pontualmente, até ao princípio de Novembro[54]. Embora não saibamos em que ano o tomate ali foi introduzido, o que podemos afirmar é que até 1744 esteve omisso e que a partir de 1767 marcou presença. O receituário manuscrito de Francisco Borges Henriques (1715–1729) conta com diversas receitas de tomate, as quais estão quase totalmente ausentes dos livros nacionais impressos até à segunda metade do século XIX, ao contrário do que aconteceu em Castela, onde já havia receitas de conserva de tomate, pelo menos, desde 1745[55].

Feitas as apresentações sumárias dos produtos americanos presentes na alimentação portuguesa durante a Época Moderna, vejamos que tipo de representatividade tiveram nos receituários de cozinha das casas religiosas femininas e masculinas, a partir das livros que chegaram até à actualidade.

3. Representações dos alimentos do Novo Mundo no Velho Mundo

Com base nos sete receituários já identificados, e consciente da limitação das conclusões que o número de fontes em estudo pode proporcionar, podemos perceber que a presença de produtos americanos nas mesas das casas religiosas não foi particularmente significativa, durante toda a Época Moderna. No caso das receitas do convento de Santa Ana, de Coimbra, nenhuma apresentou, entre os ingredientes, géneros do continente americano[56]. No entanto, a representação dos alimentos do Novo Mundo foi mais relevante nos cenóbios do que nas mesas da Casa Real portuguesa da mesma época[57].

---

[51] Pérez Samper 1996: 108; Idem, 2004: 308.
[52] Ferrão 1999: 42-43.
[53] Pitta 1730: 27, liv. I.
[54] Évora, ASCME 275.
[55] Cf. Altamiras 1994: 121. Esta edição tem por base a de 1758. A 1ª edição é de 1745. Sobre esta temática, cf. Pérez Samper 1996: 109.
[56] Sousa 2013.
[57] Braga 2011: 336-349.

Receituário / Produto	Receitas de Tibães	Receitas de Santa Clara de Évora	Caderno de Refeitório	Receitas dos Franciscanos	Receitas das Visitandinas	Receitas de Odivelas	Total
Batata	-	-	-	-	2	6	8
Cacau	-	1	-	2	1	3	7
Milho maís	-	1	-	-	2	1	4
Peru	3	-	5	51	-	1	60
Tomate	-	-	-	9	-	1	10
Total de receitas culinárias da obra	289	10	238	1016	126	194	1873
Total de receitas com produtos americanos	3	2	5	62	5	12	89
% das receitas com produtos americanos	1	20	2	6	4	6	4,7

Tabela 1: Produtos americanos nos receituários conventuais e monásticos portugueses (séculos XVII–XIX)
Fonte: Receitas de Odivelas, Receitas das Visitandinas, Receitas dos Franciscanos, Caderno de Refeitório, Receitas de Santa Clara de Évora, Receitas de Tibães.

Como se pode verificar pela Tabela 1, as receitas que incluíram alimentos americanos representaram baixíssimas percentagens no cômputo total, nunca ultrapassando 6%, se exceptuarmos o caso de Santa Clara de Évora, cujo universo de 10 receitas é muito limitado. As de peru lideraram, o que não se pode dissociar de este galiforme ser facilmente aceite, na medida em que tinha semelhança com outros galináceos bem conhecidos e apreciados pelos europeus. O tomate obteve o segundo lugar. Porém, só esteve presente em dois livros de cozinha, um dos quais com nove preparados, o que mostra não ter sido particularmente popular. A batata, utilizada em doces, tal como o milho foram bastante residuais, o mesmo se podendo afirmar do cacau que, contudo, era bebido com frequência. Neste caso, é a fraquíssima presença em receitas doces, tais como bolos, cremes e gelados, a responsável pelo número tão pouco significativo, não obstante o consumo regular da bebida quente. Vejamos com mais pormenor cada receituário.

As receitas de Tibães, escritas no século XVII, aparentemente as mais antigas, apenas integraram três de peru: galinhas do Peru — assadas ou cozidas — e cabidela com couve murciana. Assim, em duas preparações

179

o galiforme integrou o título e, numa terceira, em que a ave poderia ser usada em alternativa a outras, designadamente galinhas ou patos, apareceu discretamente[58].

Na compilação de receitas feita sob ordens de Soror Leocádia, do convento de Santa Clara de Évora, em 1729, apenas duas contêm ingredientes da América: as broas de milho de Santa Clara e o pão de rala com azeitonas, uma receita fornecida por soror Umbelina Inês de Jesus, de outra casa religiosa, o convento de Santa Helena do Calvário. No primeiro caso, trata-se de um arrátel de farinha de milho; no segundo, de uma pequena porção de cacau para dar cor ao massapão moldado em forma de azeitonas[59].

No receituário de uma casa masculina, intitulado *Caderno de Refeitório*, podem encontrar-se receitas como cabidela de peru, peru amarelo no forno, peru assado, peru assado de folha e peru assado à mourisca ou verde[60]. Ou seja, apenas o peru integrou este receituário de 1743 e, no caso destes pratos, foi sempre referido que poderiam ser confeccionados ou com peru ou com carneiro.

No livro de cozinha que pertenceu aos franciscanos da Província do Algarve, continuaram a estar ausentes alguns alimentos — batata e milho —, mas o peru conseguiu o surpreendente número de 51 receitas. Na verdade, apenas 16 integraram o animal no título — por ordem de aparecimento: peru cozido, assado, com arroz, estilado, com sopa branca, com salsa real, em gigote, em potagem à francesa, ensopado, estufado, mourisco, mourisco de outro modo, salsichado, salsichado de outro modo, dourado e assado sobre sopa[61] —; nos restantes casos, encontra-se como alternativa a receitas de cabrito, coelho, carneiro, frango, frangão, galinha, vaca e vitela[62]. Ou seja, por exemplo, as receitas de cabrito dourado, carneiro em gigote, empadas de galinha, frango ensopado, galinha dourada, lombo de vaca salsichado ou vitela para capela podiam ser preparadas com peru que substituiria a outra carne. Não se trata de nenhuma novidade. Antes, já Domingos Rodrigues e Lucas Rigaud defenderam a mesma opção. No que se refere à presença de tomate em nove receitas, importa considerar que se trata de uma questão relevante e fora do comum nos livros portugueses de culinária anteriores ao século XIX, com excepção do manuscrito de Francisco Borges Henriques, da primeira metade da centúria de setecentos[63]. O tomate integrou, por ordem

---

[58] Receitas de Tibães 172, 176.
[59] Receitas de Santa Clara de Évora 1, 6.
[60] Caderno de Refeitório 26,79-81.
[61] Receitas dos Franciscanos 87v-89v.
[62] Receitas dos Franciscanos 26v-28v, 30v, 33, 35, 42, 45v, 47v, 48-48v, 50v-55, 63v, 117v, 137-137v.
[63] Braga 2004: 61-99.

de aparecimento na obra, as receitas de abóbora branca, abóbora picada, casanitos a que chamam litões, cebola cozida, carneiro cozido, carneiro ensopado, capado cozido e sopas brancas de peixe[64], apenas aparecendo no título da receita abóbora com tomates[65]. O autor da compilação de receitas, numa delas, a de sopas brancas de peixe, chamou a atenção para a sazonalidade do género: "deitar lhes thomates sendo tempo deles"[66]. Finalmente, o cacau com uma preparação, a da bebida pela qual parte dos europeus da Época Moderna se encantaram[67], e a presença muitíssimo inusitada num prato de sardinhas fritas com manteiga, na qual apareceu como condimento a substituir eventualmente queijo:

> Sardinhas fritas em manteiga deste modo hir frigindo as sardinhas e pondo as em huma frigideira que ha de estar en rescaldo quente para que as sardinhas se comcervem quentes e ponho ce deste modo vam nas frigindo e pondo em cama na frigideira e deitar lhe enquanto bem quentes queijo que ja estará ralado e alguns bocados de manteiga e cubri las muito bem para que não percaõ a quentura e deste modo se continuara ate se frigir a quantidade que quizerem depois deitar lhe canella e limaõ por cima e manda las á meza na mesma frigideira bem quentes que de outro modo não presta isto he frias naõ prestaõ. Deste mesmo modo se podem fazer deitando lhe por cima em lugar de queijo xiculate ralado. Saõ dous pratos bons[68].

O receituário das visitandinas, quase todo dedicado à doçaria, apenas contém três referências a produtos americanos, presentes em cinco preparados: dois de broas de milho, um de batatada de Manuel Nunes, outro de broinhas de batatada e um de suspiros aromatizados com cacau[69]. Neste último caso, esclareceu-se que os suspiros ficariam bons com "um bocado de chicolate" em alternativa a "hum vintém de almíscar"[70].

As receitas das freiras de Odivelas, o livro de cozinha mais recente que, contudo, abrange uma cronologia vasta, foi o único a apresentar pratos com todos os géneros em estudo. No que se refere ao milho, a obra apresentou duas receitas de broas, as batatas integraram preparados doces, designadamente a batatada, a batatada de calda e um pudim de batatas; no tomate, saliente-se uma receita para o conservar, enquanto o peru foi o ingrediente principal da receita de peru corado. Já o cacau apareceu não como bebida, o que foi

---

[64] Receitas dos Franciscanos 4, 5v, 18, 19,26, 32108v.
[65] Receitas dos Franciscanos 149.
[66] Receitas dos Franciscanos 108v.
[67] Receitas dos Franciscanos 22.
[68] Receitas dos Franciscanos 108.
[69] Receitas das Visitandinas 23, 43, 69-70, 99, 119-120.
[70] Receitas das Visitandinas 43.

comum durante toda a Época Moderna, mas em três preparados de natureza muito diferente: creme de chocolate, manuscritos de chocolate — receita também presente no manuscrito do leigo Francisco Borges Henriques, com a indicação de que tal receita era feita pelas Flamengas, ou seja pelas freiras clarissas do convento de Nossa Senhora da Quietação, de Lisboa[71] — e, finalmente, pastilhas de chocolate[72].

4. Considerações finais

Se bem que os receituários leigos dos séculos XVII e XVIII apresentem pratos preparados com batata e tomate[73], ao mesmo tempo em que a broa de milho se vulgarizou entre os populares de boa parte do Reino, não parece que tais géneros tenham sido particularmente assíduos nas mesas das casas religiosas, até porque estavam, na maioria dos casos, ligados a um consumo dos pouco abastados. Já no que se refere ao peru e ao cacau, em especial o que era consumido enquanto bebida, a situação era totalmente diferente. Embora não haja doces conventuais de chocolate, aparecendo o cacau mais como aromatizante e até corante do que como ingrediente principal, sabe--se, por outras fontes, que era uma bebida comum, daí as polémicas sobre se quebraria ou não o jejum, ultrapassadas a favor do consumo por parte das comunidades eclesiásticas[74].

Em suma, apesar de a batata e o tomate serem actualmente produtos que integram a alimentação quotidiana de boa parte da população portuguesa, tal só passou a acontecer de forma recorrente a partir do século XVIII. Por seu lado, o milho que se popularizou através da panificação, difundiu-se mais cedo. Contudo, estes produtos americanos baratos e pouco prestigiados começaram por ser utilizados para fazer face às carências endémicas das populações. Não conhecem qualquer tipo de prestígio, consequentemente, estiveram quase ausentes das mesas conventuais. A situação terá alterações no século XIX. O mesmo não aconteceu com o cacau e com o peru, consumos prestigiados desde cedo e associados, em especial o primeiro, ao luxo e à sociabilidade dos privilegiados à mesa. A América à mesa conventual, durante toda a Época Moderna, foi mais variada do que à mesa régia, mas, mesmo assim, não constituiu uma das principais atracções do clero em matéria alimentar.

---

[71] Lisboa, BNP 7376.
[72] Receitas de Odivelas 74, 77, 89, 92, 96, 101, 103, 132, 133, 139, 142, 153.
[73] Braga 2004: 61-99; Braga 2005: 165-231.
[74] Braga 2007: 155-157.

História do abastecimento de alimentos no Paraná (século XIX)
(History of food suplly in Paraná (19th century))

Wilson Maske
Pontifícia Universidade Católica do Paraná (PUCPR)
(wilson.maske@uol.com.br)

Resumo: O objetivo do presente estudo é oferecer subsídios para a história do abastecimento de alimentos no Paraná durante o século XIX, em especial no período monárquico, de 1822 a 1889. O processo de ocupação do território paranaense esteve sempre associado com preocupações, por parte do poder público, de prover alimentos e gêneros de primeira necessidade que pudessem atender à demanda e sustentar a crescente população. Na verdade, a ocupação do litoral paranaense e dos Campos Gerais, na região do planalto paranaense, foi possibilitada pelo desenvolvimento da cultura da mandioca na primeira região e da pecuária na segunda. Grande parte da produção de alimentos, nessa fase, esteve associada com o trabalho de escravos e com a atividade do tropeirismo, destinada a abastecer os mercados do Sudeste do Brasil de muares, couros e trigo provenientes do Sul. Com a separação da Província do Paraná de São Paulo, passa ser um tema de grande relevância a substituição do trabalho escravo africano pelo trabalho livre europeu e a produção de gêneros alimentícios de primeira necessidade para os centros urbanos espalhados pelo centro-sul da província. Os relatórios dos presidentes de Província dão conta da grande preocupação relacionada com o incentivo à imigração de italianos, poloneses e alemães, com vistas a atender à grande falta de alimentos, assim como a oferecer braços para o desenvolvimento das demais atividades econômicas.

Palavras-chave: história do abastecimento, território paranaense, cultura alimentar.

Abstract: The aim of this study is to contribute to the history of food supply in Paraná during the nineteenth century, especially in the monarchic period, from 1822 to 1889. The occupation process of the Province of Paraná has always been associated with concerns by part of the government to provide food and basic need of genres that could meet the demand and sustain the growing population. In fact, the occupation of the coast of Paraná and Campos Gerais in the Paraná highlands, was made possible by the development of cassava in the first region and livestock in the second. Much of the food production at this stage was associated with the slave labor and the activity of the "tropeirismo", intended to supply the southeastern markets of Brazil mules, leather and wheat from South Brazil. With the separation from São Paulo, the Province of Paraná, shall be a topic of great relevance to replace African slave labor with European free workers and the production of food staples to urban centers throughout the south-central province. The presidents of the Province reports reflect the major concern related to encouraging the immigration of Italians, Poles and Germans, in order to meet the great lack of food, and provide arms to the development of other economic activities.

KEYWORDS: history of food supply, Province of Paraná, culture and food.

O objetivo do presente estudo é analisar o processo de organização da produção de alimentos e sua distribuição no território correspondente ao Estado do Paraná, durante o século XIX, assim como as relações de trabalho relacionadas com essas atividades.

O interesse pelo tema foi despertado durante estudos sobre a imigração europeia para o Brasil durante o século XIX. Nessas pesquisas, percebeu-se que um dos fatores que mais motivaram o governo imperial e os provinciais a incentivar o movimento imigratório, desde a Independência, relaciona-se com a preocupação em abastecer os centros urbanos com alimentos e meios de subsistência, assim como promover o desenvolvimento da agricultura, da pecuária e da produção de laticínios. O Paraná, que fazia parte da Província de São Paulo até 1853, não deixava de fugir desse padrão e se insere de forma bastante clara nesta temática.

Na verdade, a preocupação com a produção de gêneros alimentícios no Brasil não foi obviamente despertada no século XIX. Um dos sustentáculos do projeto de colonização desenvolvido pelos portugueses nos três séculos do domínio colonial luso na América se assentava na produção de alimentos para colonos e escravos. Laura de Mello e Souza, em seu estudo sobre política e administração no Brasil Colonial, ressalta a grande preocupação do governo metropolitano em incentivar a produção de gêneros alimentícios que abastecessem o mercado e sustentassem administradores, militares, colonos e escravos[1].

1. A MINERAÇÃO COMO FATOR MOTIVADOR DA OCUPAÇÃO TERRITORIAL

O desenvolvimento da economia mineradora em Minas Gerais, Goiás e Mato Grosso promoveu a ocupação dos Campos Gerais, no centro-oriental do Paraná, onde predominou uma economia baseada na pecuária, caracterizada pela criação e transporte de gado e pelo tropeirismo. Essas atividades integraram não só o Paraná mas todo o Sul do Brasil ao conjunto da economia brasileira no decorrer do século XVIII. A fundação da Colônia do Sacramento em 1680, no Rio da Prata, defronte a Buenos Aires, não apenas garantia o acesso de lusos ao sistema fluvial platino, mas também pretendia garantir

---

[1] Souza 2006: 318.

as valiosas terras dos planaltos florestais e campos do Sul do Brasil para o empreendimento colonial português na América. Conforme explica Francisco Vidal Luna,

> Partindo do planalto paulista e estendendo-se para o sul da colônia havia uma ampla e diversificada área, composta por vilas como Sorocaba, Itapetininga, Curitiba e Paranaguá. Por esse longo percurso, chamado Caminho do Sul, chegavam mulas e movimentavam-se as tropas envolvidas no conflito com os espanhóis[2].

As fazendas e invernadas dos Campos Gerais começaram a surgir logo no início do século XVIII. Fazendeiros de São Paulo e de Sorocaba encaminhavam escravos e administradores com gado para a região norte dos Campos Gerais. Essas fazendas destinadas à criação de muares e de gado bovino eram autossuficientes e produziam para sua própria subsistência, principalmente trigo, milho e feijão. Os muares eram vendidos em Sorocaba e encaminhados para o trabalho nas regiões mineradoras.

A abertura da Estrada do Viamão ou Caminho das Tropas em 1727, ligando os campos do Rio Grande do Sul a Sorocaba, em São Paulo, reforçou a ocupação dos Campos Gerais, favorecendo a fundação de várias vilas, como Castro, Lapa e Palmeira.

O litoral e as vilas da região de Curitiba eram menos prósperos que as localidades próximas da Estrada do Viamão, pois raras vezes entravam em contato com os polos centrais da economia colonial e guardavam um ritmo lento de produção. No início de 1721, observado pelo ouvidor Pardinho, Paranaguá era a vila mais populosa de todo o Sul do Brasil. Percebeu também que na cidade e nos arredores, os moradores mantinham grandes roças de mandioca e faziam farinhas que muitas embarcações vinham carregar, fornecendo o produto à Vila de Santos, ao Rio de Janeiro e, mais raro, à Bahia[3].

Algumas cidades litorâneas, como Laguna, em Santa Catarina, temendo ficarem isoladas e fora das rotas de comércio, promoveram elas próprias a abertura de estradas que ligassem o litoral à Estrada do Viamão. No caso de Laguna, muares, carne-seca, couros, laticínios, embutidos, trigo, oriundos do planalto e dos campos rio-grandenses, eram exportados por via marítima para São Paulo, Minas, Rio de Janeiro e Bahia, graças à estrada que ligava o porto ao caminho das tropas.

Curitiba, que ficava fora do caminho das tropas, conectou-se ao tropeirismo por meio de fazendeiros e comerciantes locais que estabeleceram invernadas e estabelecimentos comerciais junto à Estrada do Viamão, onde passaram a alugar pastos para descanso de muares e montarias e, também,

---

[2] Luna 2009: 165.
[3] Cardoso 1986: 44.

a comprar produtos trazidos pelos tropeiros e vender seus próprios produtos. De forma semelhante aos comerciantes de Laguna, os curitibanos revendiam os produtos das tropas, via Paranaguá, para os grandes centros do Sudeste do Brasil e para a Bahia.

2. A PECUÁRIA NO SUL DO BRASIL

De acordo com Corrêa do Lago[4], a decadência da exploração mineradora no Brasil central diminuiu a demanda, e o aumento substancial na produção de bovinos e muares baixou o preço do gado e dos muares. Apesar disso, a pecuária continuou a ocupar uma parte considerável da população, mas não impediu que outra parte se dispusesse a se dedicar à agricultura, que começava a se mostrar uma atividade rentável e com demanda crescente. Fazendas que produziam trigo, feijão, milho para o mercado local e externo, em São Paulo e Rio de Janeiro principalmente, passaram a ser comuns na paisagem do planalto. Muitas delas estavam ainda associadas à pecuária, agora destinada à produção de laticínios e embutidos, cujo excedente era também exportado.

Saint Hilaire[5], viajando pelo Paraná e Santa Catarina na década de 1820, percebeu o uso de escravos nas fazendas de gado. Estes escravos habitavam em simples moradias nas imediações das sedes de fazenda, que também não se destacavam pela ostentação. O naturalista francês observou que esses escravos eram menos supervisionados e controlados do que aqueles que foram vistos trabalhando nas fazendas de cana-de-açúcar e café em São Paulo e no Rio de Janeiro, e que o número deles era menor era menor no Paraná. Junto com os escravos, havia também uma força de trabalho livre, composta por brancos e por caboclos, que compunham certa clientela de agregados que viviam na fazenda e eram dependentes do fazendeiro.

Corrêa do Lago também observa, em relação aos trabalhadores dedicados à pecuária e à agricultura de abastecimento no Paraná do século XIX, que os escravos eram muito importantes como força de trabalho, mas apareciam proporcionalmente em menor número, quando comparados com os escravos de regiões especializadas na produção de açúcar e de café, destinados à exportação. Observou-se também que o tratamento destinado aos escravos nas fazendas de gado e de produção de alimentos era, em geral, melhor do que nas fazendas de exportação de produtos tropicais. Também a alimentação dos escravos nas primeiras fazendas parece ter sido melhor, composta por vegetais, cereais e laticínios. A carne parece não ter sido parte comum da

[4] Corrêa do Lago 2014: 366.
[5] Saint Hilaire 1978: 41.

dieta desses escravos, apesar de a pecuária ser uma das atividades rentáveis das fazendas citadas.

3. A ECONOMIA ERVATEIRA E A CRISE DE ABASTECIMENTO DE ALIMENTOS

Durante as primeiras décadas do século XIX, a economia paranaense começou a entrar definitivamente numa fase comercial. A partir daí, estruturou-se uma economia de exportação que substituiu quase por completo a produção de subsistência.

Nesse novo contexto histórico-econômico, a produção do mate para exportação monopolizou todas as atividades do litoral e do planalto de Curitiba. As regiões mais interioranas, como o planalto de Ponta Grossa e o de Guarapuava, continuaram a se dedicar principalmente à pecuária e à agricultura.

Nessa época, houve uma coexistência de duas fases econômicas importantes para o Paraná: a fase do mate e o ciclo do gado e do tropeirismo[6], que determinaram a ocupação do primeiro e segundo planaltos. A criação de gado e as atividades ligadas ao tropeirismo nos Campos Gerais foram estimuladas pelas possibilidades oferecidas pelo comércio com Minas Gerais.

Já a economia do mate era fortalecida pelo interesse do comércio com a região do Rio da Prata (Argentina, Paraguai e Uruguai) e com o Chile. Esta euforia de produzir para exportar levou ao quase total abandono das atividades ligadas à subsistência.

Como consequência, haverá um desequilíbrio entre os setores comercial e de subsistência. A crise do abastecimento provocou um aumento da importação de artigos e gêneros vindos do exterior e de outras províncias brasileiras, como é o caso do açúcar, farinha de trigo, carnes e toucinho, sal, bebidas, tecidos e outros. As atividades de subsistência passaram a ser preocupação de pequena parcela da população. Entretanto, a crise do abastecimento só foi resolvida em parte pela importação.

A partir de 1820, a exportação de mate já era considerada como o principal elemento do comércio exterior do Paraná. O movimento do porto de Paranaguá assumiu maiores proporções, sendo que até mesmo navios estrangeiros atracavam para fazer comércio e transportar o mate para os mercados platinos.

---

[6] No início do século XVIII, iniciou-se uma prática de comércio, denominada "tropeirismo", baseada no transporte por tropas de mulas que fornecia produtos produzidos no Sul do Brasil para os grandes centros de consumo no Sudeste do país. Couros, charque, trigo e muares eram levados para a feira de Sorocaba, onde eram revendidos para comerciantes locais. Esta prática perdurou até o início do século XX e foi responsável pela ocupação do interior dos Estados do Sul do Brasil.

A década de 1850 foi marcada por uma grave crise da economia ervateira, que motivou o governo provincial a incentivar a diversificação da agricultura. Já nessa época, o plano para a introdução de imigrantes no Paraná começou a ser executado.

Nessa fase também, o Paraná passou por uma nova crise de abastecimento e de inflação no preço dos produtos alimentícios, motivada pela suspensão do tráfico negreiro (Lei Eusébio de Queirós), pela absorção de escravos paranaenses pela cafeicultura paulista, e pela condução inadequada da política imigratória e de colonização por parte do governo provincial.

Nesse cenário de crise da indústria ervateira, a economia da pecuária conseguiu se renovar e se manter por mais tempo, fundamentada ainda pela mão de obra escrava e pela grande fazenda. As pretensões dos grandes fazendeiros por terras e escravos eram imperativas para a manutenção de seu *status* social.

Essas fazendas pecuaristas eram autossuficientes, produzindo para a própria subsistência carne suína, milho, feijão, arroz, legumes e hortaliças. O gado era reservado para a exportação, não fazendo parte da alimentação diária. A maior parte dos escravos era empregada na produção de alimentos e de outros produtos de subsistência.

Por outro lado, as principais administrações paranaenses, a partir da década de 1870, procuraram estabelecer articulações entre a política de colonização e a de emancipação e acelerar a transição para uma sociedade livre, apenas com mão de obra assalariada.

4. A imigração europeia ao Paraná e um novo sistema de produção de alimentos

Nessa fase, foram introduzidas medidas para implantar um novo sistema de colonização, que já revelava resultados positivos, com o início de formação da estrutura de um sistema agroalimentar camponês em condições de abastecimento do mercado consumidor, ainda que precária.

Assim, começa a surgir uma produção de origem camponesa no Paraná, com imigrantes europeus, com as seguintes características:

a) Produção de alimentos para o autoconsumo e para o mercado regional.
b) Pequenas e médias propriedades rurais em núcleos coloniais com imigrantes, preferencialmente, de origem variada.
c) A família como unidade de produção.
d) O colono tem a posse da terra, desde que produza excedente para o abastecimento regional. Depois de três anos de trabalho no lote, passa a ter direito à propriedade.

Segundo Carlos Roberto Antunes dos Santos,

A partir do terceiro quartel do século XIX [...], o Paraná colocou em evidência a transição do trabalho escravo para o trabalho livre e a implementação de um processo de colonização que não significasse apenas a substituição do cativo pelo trabalhador imigrante, mas parte de um projeto de modernização e desenvolvimento para a Província. E dentro do "projeto" a colonização representaria a introdução de novos padrões de produção, novo tipo de propriedade e novas relações sociais de produção. Entretanto, a Província deveria conviver, aliás como todo o país, com um período de abolição progressiva da escravidão [...], o que significava a manutenção do sistema escravista e retardava na mesma proporção o desenvolvimento do capitalismo[7].

Dessa forma, a produção de alimentos feita por colonos imigrantes europeus conviveu ainda algumas décadas com aquela produção originada do trabalho escravo, ainda que a presença de cativos no Paraná fosse proporcionalmente inferior aos números apresentados por outras províncias brasileiras, notadamente Minas Gerais e São Paulo. Estas últimas regiões estavam mais próximas do modelo agroexportador de açúcar e café e, em função disso, recebiam proporcionalmente mais escravos do que o Paraná.

Francisco Vidal Luna nos informa que a separação do Paraná de São Paulo, em 1853, mostrou uma grande diferença entre as duas regiões, no que se refere ao povoamento e a população escrava[8]. O Paraná recebia poucos africanos e apresentava uma estrutura populacional mais equilibrada, pois havia uma tendência para que os escravos fossem, em sua maioria, nascidos no Brasil. Isso permitia que houvesse maior presença de mulheres entre o total de escravos no território paranaense, revelando um aumento na reprodução local de cativos. Nas províncias exportadoras, mais ricas, havia a possibilidade de se comprar mais escravos diretamente da África, enquanto as leis de abolição do tráfico não entraram em vigor.

Assim, no Paraná havia a possibilidade do estabelecimento de famílias escravas, o que resultava também num aumento da produção de alimentos para a subsistência local e regional, associada à pecuária tradicional e à indústria ervateira, produtora de erva-mate para a exportação, mas também a demanda regional. No entanto, essa produção regional de alimentos para o consumo local jamais foi suficiente para atender à demanda e havia sempre a necessidade de se incentivar a produção, dada a notória carência por produtos alimentares básicos.

---

[7] Santos 1995: 67.
[8] Luna 2009: 178.

Nesse sentido é que a imigração europeia será importante, tendo em vista a demanda por produtos de primeira necessidade, sempre em falta. Antunes dos Santo comenta que:

> Na Província do Paraná, os discursos dos presidentes de Província, e suas ações, visavam recuperar a produção de alimentos e estabelecer políticas de abastecimento. E tais ações estavam integradas a uma certa tutela do Governo Central, ciente de enfrentar as transformações sociais que estavam ocorrendo e da necessidade de reconstruir a lavoura de subsistência com base no trabalho livre. Constata-se, diante das crises da grande e da pequena lavoura, posturas governamentais que evidenciaram aspectos de intervencionismo total, no intuito de reativar a exportação e manter forte a agricultura de subsistência com produção destinada ao consumo local[9].

Dessa forma, percebemos que a preocupação com a substituição da mão de obra escrava pela mão de obra livre passa a ser uma política de estado, destinada a atender à demanda por uma produção regional de alimentos que pudesse garantir, de forma autônoma, o processo de desenvolvimento econômico e político da nova Província, separada de São Paulo em 1853.

Altiva Pilatti Balhana explica que, desde os primeiros momentos da separação de São Paulo, os presidentes de Província do Paraná buscaram dar ênfase a uma política imigratória adequada às reais condições político--econômicas da Província[10].

De forma diferente do que ocorria em outras Províncias do Brasil, nas quais a imigração era motivada a atender à carência de mão de obra nos empreendimentos destinados à agroexportação, na jovem Província do Paraná a questão da imigração se direcionava a dar ênfase a uma agricultura de abastecimento. Vários documentos públicos e particulares citam tal empenho.

Conforme Francisco Liberato de Mattos, citado por Balhana,

> É para lamentar que esta Província, cujos terrenos produzem com abundância, a mandioca, o arroz, a cana, o fumo, o milho, o centeio, a cevada, o trigo e todos os gêneros alimentícios, compensando tão prodigiosamente os trabalhos do agricultor, receba da marinha e por preços tão exagerados a mor parte daqueles gêneros. Este estado de cousas, porém temo que continuará, e que só quando colonos morigerados e laboriosos vierem povoar vossas terras vastas e fecundas, aparecerá a abastança dos gêneros alimentícios e abundantes sobras do consumo irão dar nova vida ao comércio de exportação de produtos agrícolas[11].

---

[9] Santos 1994: 66.
[10] Balhana 2002: 367.
[11] Balhana 2002: 367

De acordo com tal visão, o governo do Paraná elabora e coloca em execução um projeto de colonização e assentamento no qual se previa a criação de colônias agrícolas, nas imediações de cidades, com o intuito de situá-las próximas dos mercados consumidores. Dessa forma, àquelas colônias que já existiam na Província do Paraná por ocasião da emancipação da Província de São Paulo juntaram-se dezenas de novos empreendimentos coloniais. Durante a década de 1870, o programa foi fortemente ampliado, em especial durante a gestão de Lamenha Lins.

A região mais beneficiada com a instalação das colônias foi o planalto curitibano, sendo elas instaladas a uma distância entre 3 e 30 km do centro da capital provincial. Isso teria uma importância muito grande em relação ao sucesso e à viabilidade das colônias, pois oferecia um mercado próximo o suficiente para garantir a venda dos produtos agrícolas produzidos. Ao mesmo tempo, garantia o atendimento da demanda por produtos agrícolas na principal cidade da Província. De forma semelhante, garantia o crescimento econômico regional, promovendo a agricultura, o comércio e a pequena indústria local, com mão de obra e demanda. Segundo Wachowicz, a composição étnica dos imigrantes era variada, mas se destacavam numericamente poloneses, italianos e alemães. Mas outros grupos também estavam presentes: franceses, austríacos, ucranianos, ingleses, suíços, suecos, dentre outros[12].

Balhana afirma que os resultados positivos e estimulantes alcançados na região de Curitiba promoveram novos projetos de colonização, favorecendo ações no litoral paranaense e nos Campos Gerais[13]. Na região de Paranaguá e arredores, os imigrantes eram majoritariamente italianos, que começaram a se estabelecer no local a partir de 1875, dando origem à colônia Alexandra e, posteriormente, à colônia Nova Itália, em 1877. No litoral, possivelmente em função do clima mais quente e úmido e de os núcleos urbanos serem menores e mais pobres, o sucesso foi bem menor do que nas colônias da região de Curitiba. Poucos colonos permaneceram no local, buscando refúgio em novas áreas coloniais no planalto curitibano, notadamente em Colombo, Piraquara e São José dos Pinhais, com apoio oficial ou com recursos próprios. Nessas últimas colônias, os italianos introduziram também a produção de uvas viníferas para a produção de vinhos, posteriormente atendendo à demanda pela bebida na região de Curitiba. Também se dedicaram à produção de milho, trigo, frutas, batatas, mandioca, hortaliças, laticínios, embutidos e também produtos artesanais como cestos e móveis de vime, além de introduzir a fabricação e o comércio de massas pré-cozidas e biscoitos no mercado paranaense.

---

[12] Wachowicz 2010: 178.
[13] Balhana 2002: 368.

Para além da região do planalto curitibano, o mesmo modelo colonial foi adotado oficialmente na região dos Campos Gerais, onde já havia sido feita em 1873 uma tentativa de colonização com imigrantes ingleses, sem o sucesso esperado. A este projeto malogrado, seguiu-se em 1878 uma tentativa de colonização com imigrantes originários da Rússia, mas de etnia e cultura alemãs, os alemães do Volga.

Segundo Altiva Pilatti Balhana, as autoridades provinciais, conhecedoras da situação decadente das estruturas socioeconômicas dos Campos Gerais, nutriam a expectativa de que a chegada de novos contingentes demográficos poderia alavancar condições de mudança e avanço econômico para a região em questão. O então presidente provincial afirmava que:

> Abusaria de vossa ilustração se me ocupasse de demonstrar-vos a necessidade de promoverdes a imigração de colonos morigerados e laboriosos, que, conhecedores de processos mais acabados, e habituados ao uso de instrumentos mais vantajosos ao manejo e cultura das terras, se empreguem nos vastos campos que possui a Província, e cuja prodigiosa fertilidade abrange todo o gênero de produção agrícola[14].

Mas, apesar das expectativas positivas por parte de setores governamentais, a imigração dos teuto-russos foi um fracasso, pelo menos na medida das expectativas exageradas do poder público. O insucesso foi motivado por uma série de circunstâncias, dentre as quais podemos citar a falta de conhecimentos sobre a natureza dos solos e dos recursos necessários para o manejo adequado, e a falta de um mercado de consumo próximo e de estradas ou ferrovias que pudessem levar os cereais e outros artigos produzidos para Curitiba ou outros centros consumidores maiores.

Um dos problemas relativos ao fracasso de vários empreendimentos coloniais no Paraná, voltados essencialmente para o povoamento e para o abastecimento de alimentos, está relacionado com certa visão romântica que se criara sobre a imigração europeia, em especial sobre os imigrantes originários da Europa Central e suas possibilidades de desempenho em terras brasileiras. Altiva Pilatti Balhana avalia que os poderes públicos paranaenses

> objetivavam estabelecer uma civilização camponesa à maneira da Europa. Formavam-se colônias com distribuição de terras para a agricultura, no regime de pequenas propriedades agrupadas em redor de uma aldeia, visando o abastecimento das cidades. Os colonos, que eram camponeses europeus, deveriam aqui

---

[14] Balhana 2002: 368.

desenvolver a mesma atividade que exerciam em seus países de origem com as mesmas técnicas[15].

A realidade mostrava, no entanto, uma predisposição dos colonos imigrantes em se adaptar às condições naturais brasileiras. Dentro do possível, passavam a adotar os costumes dos naturais do lugar. Hábitos alimentares foram absorvidos. Novos alimentos foram integrados à dieta dos imigrantes, muitas vezes substituindo ingredientes não disponíveis em receitas tradicionais europeias. O tradicional pão branco foi muitas vezes substituído pelo de milho. A mandioca passou a reinar quase absoluta, servida e apreciada com molhos tradicionais italianos ou poloneses.

Vegetais e práticas alimentares locais foram sendo integradas e adaptadas à realidade do dia a dia dos colonos. Um caso interessante são os imigrantes suíços, estabelecidos no fim da década de 1840, na colônia de Superagui, perto de Guaraqueçaba, no litoral do Paraná. Esperava-se deles que produzissem em pouco tempo seus queijos Appenzeller e Emmental, mas acabaram se transformando em caiçaras loiros, pois adotaram o modo de vida dos habitantes do litoral, dedicados à pesca artesanal e à agricultura de subsistência, pois era a melhor forma de sobreviver naquele momento e naquela circunstância, onde poucos recursos foram disponibilizados para seu desenvolvimento econômico e as condições naturais não favoreciam o que se esperava deles.

5. Considerações finais

A título de conclusão, é importante destacar que se, por um lado, o sistema de abastecimento no Paraná no início do século XIX ainda se conectava essencialmente com os caminhos do tropeirismo e com as atividades relacionadas com a produção pecuarista escravocrata dos Campos Gerais, por outro, com a emancipação política da Província em 1853, foi colocada como projeto de modernização a atração de imigrantes para a criação de colônias agrícolas, destinadas a produzir alimentos que pudessem suprir a demanda dos centros urbanos paranaenses, severamente carentes de víveres de primeira necessidade. Este objetivo aparentemente pôde ser alcançado no planalto curitibano, mas não o foi nas regiões dos Campos Gerais e do litoral, onde o modelo antigo de produção acabou por incorporar os neófitos.

Dessa forma, o projeto era transportar imigrantes da Europa para o Paraná, para que, com sua presença e práticas de trabalho, pudessem alterar as estruturas de produção paranaenses em bases europeias, num projeto de modernização, segundo a visão predominante na época. Esse objetivo

---

[15] Balhana 2002: 369.

aparentemente não foi alcançado, ainda que, em certa medida, tenha havido melhora na qualidade do abastecimento de alimentos. No entanto, apesar de introduzirem novos alimentos e práticas alimentares no contexto paranaense, houve uma gradual adaptação dos colonos ao seu novo meio ambiente, o que muitas vezes fomentou a elaboração de pratos tradicionais de suas origens europeias com alimentos e ingredientes americanos, revelando como a prática alimentar de um determinado grupo pode se adaptar a um contexto geográfico e social novo.

Arrufos e Assoprinhos: receitas e os espaços do feminino na região dos Campos Gerais — 1900-1950

("Arrufos and Assoprinhos": recipes and feminine spaces in the region of Campos Gerais — 1900-1950)

Maria Cecília Barreto Amorim Pilla
Pontifícia Universidade Católica do Paraná (PUCPR)
(maria.pilla@pucpr.br)

Resumo: Os cadernos de receitas, ao longo do século XIX até grande parte do XX, foram elaborados quase que exclusivamente por mulheres; eles circularam entre os espaços privados do feminino. Considerando-se que tudo o que cerca o transcrever, guardar, organizar os cadernos de culinária pode revelar o patrimônio dos sabores, dos gostos, assim como o legado dos requintes, das sensações, dos laços afetivos, das lembranças registradas em forma de receitas, a alimentação pode se mostrar um elemento constitutivo das afinidades entre um grupo, no caso desse estudo, o grupo das mulheres de uma família. Nesse sentido, uma questão se impõe: em que medida os títulos das receitas sinalizam o espaço da casa, cozinha, copa, sala de jantar, despensa, como espaços essencialmente femininos na sociedade pontagrossense da primeira metade do século XX? Em busca de respostas, construiu-se uma pesquisa, que se apresenta em sua fase inicial de análise das fontes, justamente de cadernos de receitas disponíveis em acervo pessoal que pertenceram a um grupo familiar da região de Ponta Grossa da primeira metade do século XX.

Palavras-chave: cadernos de receitas, patrimônio alimentar, espaços do feminino, sociedade campeira, cultura alimentar.

Abstract: The notebooks of recipes from the 19th century until large part of the 20th century have been elaborated exclusively by women, this notebooks circulated in the female space. Considering that everything around transcribe, store, organize cookery notebooks, can reveal the wealth of flavors, tastes, as well as the legacy of refinement, of sensations, of emotional ties, the recorded memories in the form of recipes, is that the alimentation may show a constitutive element of affinities between a group, in the case of this study, the group of women of a family. In this sense a question arises: how the titles of the recipes indicate the space of the house, kitchen, pantry, dining room, as essentially feminine spaces in pontagrossense society the first half of the twentieth century? In search of answers, we built up a research, which is in initial phase of analysis of the sources, precisely the available recipe notebooks of a private collection that belonged to a family group from the region of Ponta Grossa, of the first half of the 20th century.

Keywords: Notebooks of recipes, Alimentation patrimony, Spaces of feminine, Campeira society, Alimentation culture.

Como bem frisou Fernand Braudel[1] em seu clássico *Civilização Material, Economia e Capitalismo séculos XV–XVIII*[2], a "vida material são homens e coisas, coisas e homens". Para Rojas[3] no tomo I dessa obra, Braudel traz realidades econômicas da "França profunda", entrando "na exploração de como o espaço francês se encontra dividido em diferentes zonas de produção de trigo, de vinho, de gado e de madeira, suportes básicos de sua vida material". Com isso, propõe o estudo do que ele chamou de civilização material, a "história do rés-do-chão", temas relacionados à habitação, aos alimentos, ao vestuário, aos utensílios, enfim, tudo aquilo de que o homem se serve em sua vida cotidiana. Para o autor, um dos grandes critérios da vida material são os alimentos, citando o provérbio "o homem é aquilo que come", afirma que a "alimentação é testemunha do estatuto social, da civilização e da cultura que o rodeiam". Nesse sentido é que a alimentação pode ser um elemento constitutivo das afinidades entre um grupo, no caso desse estudo, o grupo das mulheres de uma família. Como diz Santos[4], os laços identitários se mantêm vivos nas tradições e nas memórias.

A partir dessa premissa, considera-se que o estudo dos registros contidos em cadernos de receitas propicia o resgate dos valores da cozinha regional e local, carregadas da história e da cultura alimentar. Dessa forma, podem nos trazer a possibilidade de uma reflexão sobre as interações sociais reveladas a partir da transcrição dos saberes culinários, indicando certos padrões alimentares.

Os cadernos de receitas, ao longo do século XIX, até a década de 1970, foram elaborados quase exclusivamente por mulheres. Nesse período, eles circularam entre os espaços privados do feminino, entre a copa, a cozinha, a despensa e a sala de jantar, criando identidades entre mães, filhas, netas, sobrinhas, criadas, agregadas, afilhadas.

Nessa perspectiva, tudo o que cerca o transcrever, guardar, organizar os cadernos de culinária pode revelar o patrimônio dos sabores, dos gostos, assim como o legado dos requintes, das sensações, dos laços afetivos, das

---

[1] Fernand Braudel é um importante historiador francês que nasceu num pequeno povoado da Lorena francesa em 1902. Marcado pela zona fronteiriça onde nasceu — de 1870 a 1918, parte da Lorena francesa esteve sob o domínio alemão —, dialogou com tranquilidade entre as áreas do saber, especialmente entre as Ciências Humanas. Dentre inúmeras de suas contribuições, cabe destacar o tempo de sua experiência brasileira na Universidade de São Paulo, onde, de 1935 a 1937 assumiu a Cátedra de História das Civilizações. Em sua obra monumental, que de acordo com Carlos Antonio Aguirre Rojas (2013: 16) se converte em "uma interpretação da gênese e da história do capitalismo moderno", *Civilização Material, Economia e Capitalismo séculos XV a XVIII* tornou-se um dos grandes precursores dos estudos da História da Alimentação, trazendo, em meio aos seus trabalhos sobre o cotidiano, importantes contribuições para esse fértil e importante campo dos estudos sobre o comer, o alimentar-se, o nutrir-se.

[2] Fernand Braudel 2005: 89.

[3] Rojas 2013: 134.

[4] Santos 2008.

lembranças registradas em forma de receitas. Assim, o estudo dos registros contidos nesses cadernos propicia o resgate dos valores da cozinha regional e local, carregadas da história e da cultura alimentar. Dessa forma, podem nos trazer a possibilidade de uma reflexão sobre as interações sociais reveladas a partir da transcrição dos saberes culinários, indicando certos padrões alimentares. A narrativa que contém uma receita nos traz situações, espaços, sentimentos, deixa vir à tona sensações de alegria, festa, prazer, comemorações, tristezas, acolhimentos, enfim, oportunidades para uma aproximação com o patrimônio imaterial. Por outro lado, os sabores também denunciam o patrimônio material, os modos de preparo, os utensílios, os ingredientes, as temperaturas etc.

É por essa porta que se pretende ingressar no universo da culinária, bem como no do feminino, presente no conjunto de informações que os cadernos de receitas são capazes de emanar. Mas não são quaisquer cadernos de receitas; são agora fontes que oferecem lugar para reflexões, instigam questões.

Importante dizer que a temática que se quer desenvolver nesse capítulo faz parte de uma pesquisa maior que envolve levantamento, digitalização, organização, fichamento e análise de um conjunto de seis cadernos de receitas pertencentes à uma família pontagrossense[5], a mãe e três de suas quatro filhas:

a) dois cadernos contendo receitas que datam do período entre as décadas de 1910 e 1930, pertencentes à mãe, Ernestina, e que tem contribuições e menções das filhas;

b) um caderno pertencente à filha mais velha, Placidina, e que foi datado seu início como 1º de janeiro de 1916, e mais algumas folhas esparsas contendo receitas sem datação;

c) dois cadernos da filha Judith. Um deles, o mais antigo, possui as receitas numeradas, contendo 187 receitas que datam das décadas de 1910 a 1930; e outro caderno com receitas mais recentes, com contribuições de sua filha Ruth, e que datam das décadas de 1930 a 1950;

d) um caderno da filha Aída, a caçula entre as mulheres, que possui receitas das décadas entre 1920 e 1950.

Este estudo tem como objetivo apresentar o estágio inicial de uma pesquisa maior que quer demonstrar a potencialidade das fontes, no sentido de instigar reflexões sobre a construção histórico-cultural de padrões alimentares, bem

---

[5] Ponta Grossa é uma cidade localizada no Segundo Planalto Paranaense, na região dos Campos Gerais, no sul do Brasil. Cidade que tem origem nas atividades tropeiras tem as primeiras notícias de sua ocupação em 1704 quando Pedro Taques de Almeida requereu sesmarias em território paranaense. Foi elevada à freguesia em 15 de setembro de 1823, em 1855 foi elevada à condição de vila, e em 1862 à categoria de cidade.

como entender esses padrões em relação ao papel feminino nesse período. O objetivo principal deste trabalho é, a partir do levantamento dos títulos das receitas, adentrar os setores do privado e dar início à observação das receitas como elementos capazes de sinalizar os espaços da casa, cozinha, copa, sala de jantar, despensa, como espaços essencialmente femininos na sociedade pontagrossense da primeira metade do século XX, e observar também em que medida elas se convertem, as receitas, em possibilidades, oferecem oportunidades em reconhecê-las como elementos constitutivos de um amplo patrimônio alimentar originado e construído do universo do passado luso presente na caligrafia embaçada pela nebulosa que emana do fogo familiar alimentado por essas mulheres.

É nessa perspectiva que se pretende conhecer e analisar as fontes, que se quer empreender a pesquisa, tendo como fontes cadernos de receitas de um grupo familiar de mulheres de uma certa elite urbana pontagrossense entre 1900 e 1950, tendo como principal objetivo mapear a culinária contida nas receitas. Considerando as fontes escolhidas como objetos da cultura material contemporânea, acredita-se que elas permitem o resgate da memória dessas mulheres como portadoras de um estilo de escrita feminina, nesse contexto espacial e temporal, capazes de revelar hábitos, papéis, inventariar produtos, utensílios; na semântica das receitas a revelação de segredos, de avanços, de novos costumes ou sentimentos; normas de ortografia; maneiras à mesa; requintes ou informalidades; regimes alimentares, classes sociais e economia doméstica.

Reflexões sobre o desempenho do papel feminino nos espaços públicos vêm sendo desenvolvidas com bastante competência. Coletâneas de estudos sobre a História das Mulheres no Brasil têm tido bastante sucesso e trazido muitas contribuições para o estudo do gênero feminino e sua trajetória histórica, pesquisas que dão destaque a mulheres escritoras, professoras, profissionais liberais, mulheres que mereceram a atenção do público, que foram manchete de revistas e de jornais de sua época.

Entretanto, faz-se necessário um aprofundamento dos estudos a respeito das mulheres conhecidas como "donas de casa", o que elas faziam em seu cotidiano, seus desejos, seus gostos, seus quitutes preferidos. A história das mulheres comuns carece ainda de pesquisas. As dificuldades são muitas, e talvez uma das mais importantes seja a falta de fontes que ensejam trilhar caminhos diferentes que permitam a reconstrução de suas vidas. O recente livro *Nova História das Mulheres no Brasil*[6] traz importantes contribuições sobre temas relativos à família, à escola, ao trabalho, ao direito feminino, ao aborto e contracepção, à mulher escrava. Dentre todos os seus 22 capítulos,

---

[6] Pinski, Pedro 2012.

ao longo das suas quase 600 páginas, não há especificamente um estudo
sequer sobre o espaço da cozinha, do papel da mulher na preparação dos
alimentos, da sua imensa responsabilidade em alimentar sua família, na
importante relação construída historicamente entre a mulher e a comida.
Esse é um campo a construir.

A partir dessa premissa, pretende-se aqui, especialmente, desenvolver
estudos a respeito da História da Alimentação abordando-se temas relacionados a Patrimônio Alimentar e suas relações com gênero. O tema que
ora se apresenta e se pretende pesquisar relaciona-se às questões pautadas
na vida doméstica, trazendo à tona reflexões sobre parâmetros alimentares
contidos nos livros de receitas de um grupo familiar de mulheres paranaenses,
em especial da região dos Campos Gerais, cidade de Ponta Grossa[7], como
tentativa de contribuir para compreender melhor a complexidade alimentar
brasileira do Sul do Brasil em seu processo historicamente construído.

Tomando como fontes as anotações culinárias compostas por um pequeno
grupo familiar de mulheres comuns que pertenceram à certa elite urbana
paranaense e viveram na região da cidade de Ponta Grossa na primeira metade
do século XX, anotações essas materializadas em seus cadernos de receitas, e
partindo-se do pressuposto de que do mapeamento dessas receitas, de suas
combinações entre alimentos e de suas diferentes maneiras de preparação,
é possível desvelar as mais diversas concepções do feminino em relação à
alimentação e poder, quer-se descortinar a arte de elaborar a comida e de
lhes dar sentido e sabor, e com isso revelar as interações sociais e uma nesga
da complexidade do mundo feminino.

1. ESTILOS DE VIDA E ALIMENTAÇÃO NA SOCIEDADE CAMPEIRA

A sociedade paranaense caracterizou-se, desde a sua formação, tal como
a sociedade brasileira, por uma estrutura tradicional que, segundo Pilatti
Balhana, Pinheiro Machado e Westphalen[8], "caracterizou tôda a formação
brasileira, marcada por uma rígida estratificação dominada pela relação
senhor-escravo". Essa região teve o predomínio de uma estrutura patriarcal,

---

[7] A sociedade paranaense, ao longo do século XIX, formou-se sob a influência de dois grupos: os ervateiros e os homens dos Campos Gerais. Após a emancipação política da Província, os
ervateiros foram tomar a incumbência do reordenamento dos seus espaços econômicos. Diante
das atividades da erva-mate, encaminharam-se novas relações de trabalho e de mercado, ou
seja, a introdução do trabalho livre e do livre mercado. Já a antiga aristocracia rural campeira
ficou ligada aos tradicionais setores da economia brasileira, tais como o trabalho escravo e o
mercado de abastecimento, cabendo-lhe, porém, o domínio da política paranaense e o incentivo
à imigração europeia. Mas, mesmo havendo diferenças entre a burguesia ervateira e a sociedade
campeira, ambos os grupos de elite trabalharam em conjunto para o progresso do Paraná.

[8] Balhana, Machado, Westphalen 1969: 87.

composta por famílias que dentro de sua conformação interna orientou-se para a subsistência de seu grupo social. Nas fazendas do século XVIII, "a família fazendeira se encastela dentro de suas terras, apoiada em seus escravos"[9].

Em meio a situações adversas, as famílias dos Campos Gerais, ante um governo colonial impositivo, baseado em privilégios dos quais seus habitantes somente contribuíam mas em nada gozavam, lutavam para sua sobrevivência. Criaram assim um sistema predominantemente autossuficiente, fiando a lã de seus próprios carneiros, construindo suas casas com madeira de seus capões. Do couro de seu gado, faziam os utensílios para montar em seus cavalos, e dele também faziam suas botas. De fora da região só precisavam mesmo do aço e do sal[10].

No que diz respeito à alimentação, as fazendas cuidavam em produzir basicamente carne de porco, milho, feijão, mandioca e arroz. Estes eram seus principais gêneros de subsistência. Apesar da criação de bovinos, essa não era a principal carne que estava em sua mesa cotidiana, pois "o gado vacum, razão econômica da existência da fazenda era produto de exportação, e a esse fim reservado"[11].

Era da roça que vinham os gêneros fundamentais de sua alimentação. O viajante Saint-Hilaire[12] declara que o trigo era também nessa região cultivado. Era na própria fazenda que se moía e se panificava o trigo. O viajante comeu o pão feito com farinha dos Campos Gerais, e o achou bem "branco e saboroso"[13]. Mais tarde, seu cultivo foi abandonado na região.

A dieta da fazenda era complementada com leite e seus derivados. Nos pomares e nas hortas podiam ser encontradas frutas da região e também as trazidas pelos europeus: laranjeiras, pessegueiros, ameixeiras, macieiras, jabuticabeiras, figueiras, cerejeiras, pereiras, marmeleiros, ananazes, limoeiros, romãzeiras, parreiras, bem como couves, cebolas e batatas[14].

Grande parte dos serviços da casa era feita pelos escravos, nem sempre escravos negros, no entanto estes constituíam a maioria. E além dos escravos e senhores, também compunham os grupos sociais das fazendas os chamados "agregados"[15].

---

[9] Balhana, Machado, Westphalen 1969: 87.
[10] Balhana, Machado, Westphalen 1969: 88.
[11] Balhana, Machado, Westphalen 1969: 89.
[12] Os relatos do viajante naturalista francês Auguste Saint-Hilaire são um dos mais importantes legados sobre várias regiões brasileiras do século XIX. Viajou e descreveu várias províncias, passou nas regiões que hoje correspondem aos estados do Rio de Janeiro, Espírito Santo, Minas Gerais, Goiás, São Paulo, Santa Catarina, Rio Grande do Sul e Paraná. Aqui, especialmente nos interessam seus apontamentos contidos em seu *Viagem pela Comarca de Curitiba*.
[13] Balhana, Machado, Westphalen 1969: 90.
[14] Balhana, Machado, Westphalen 1969: 90.
[15] Os agregados eram homens juridicamente livres, mas subordinados e dependentes da classe senhorial. Residiam nas terras pertencentes às fazendas, em pontos mais distantes das sedes. Eram

No fim do século XIX, com a abolição da escravatura e a proclamação da República, as relações sociais e de trabalho nas fazendas tomaram, aos poucos, novas feições. Da antiga relação senhor-escravo-agregado, surgiram as relações patrão-camarada. "Com suas famílias, moravam em casas de madeira ou ranchos, espalhados pelos campos das fazendas; mantinham relações de compadrio com seus patrões; suas filhas e os filhos menores, alguns deles, eram criados pelos fazendeiros nas casas destes, onde executavam serviços domésticos"[16].

Num contexto estrutural inserido em processos de mudanças, a sociedade e a economia paranaense do fim do século XIX passaram para etapas mais dinâmicas e complexas em relação à diversificação agroalimentar. Para Santos[17], as mudanças históricas do período influenciaram a marcha dos hábitos alimentares no Paraná, apresentando maior capacidade agrícola, diversificação de produtos, novos meios de transporte, novos mercados.

E é justamente em meio a essa dinâmica do processo histórico da virada do século XIX até meados do século XX, que a presente pesquisa faz seu recorte temporal. Diante de um processo crescente de urbanização, as famílias fazendeiras dos Campos Gerais que residiam, na maior parte do tempo, em suas fazendas, onde os filhos homens participavam da administração da propriedade e da lide diária e as filhas se ocupavam dos serviços domésticos, servidas pelas escravas, agora passam a estar a maior parte do tempo em suas casas na cidade. A esse contexto de início de século XX pertence o início da pesquisa, em torno de um grupo de mulheres que descendiam diretamente das famílias proprietárias de terras, mas que cada vez mais tinham suas atividades relacionadas ao cotidiano citadino em Ponta Grossa.

2. Alimentação e o feminino

Podemos dizer que desde a Antiguidade o tema da alimentação despertava atenção, pois vencer a fome foi, desde sempre, objeto de ansiedade no ser humano. A realidade brasileira e, em especial, a história do Paraná também têm seu ponto nevrálgico no desafio diário do alimentar-se[18]. Mas, ao se falar de alimentação, a que assunto especificamente quer-se atentar? Qual caráter pretende-se estudar? A nutrição? As propriedades nutritivas dos alimentos? Ou suas implicações sociais, políticas e econômicas, ou até mesmo religiosas? Os hábitos à mesa, os espaços para a partilha, a história do

---

os feitores, capatazes, compadres, que formavam a teia social de uma sociedade particular.

[16] Balhana, Machado, Westphalen 1969: 93.

[17] Santos 1995: 123.

[18] Para maiores esclarecimentos sobre a história do abastecimento paranaense, é imprescindível a obra de Santos 1995, *História da Alimentação no Paraná*.

gosto ou o nascimento da gastronomia? É evidente que essas são fronteiras e caminhos que balizam os estudos em torno da comida.

Questões relativas à alimentação e à vida doméstica instigam reflexões sobre gênero, classes sociais, moradia e comida. Nesse sentido, estudos a respeito da história das mulheres no Brasil têm sido empreendidos com um grande grau de sucesso, pesquisas sobre o cotidiano do trabalho das mulheres na fábrica, sobre os movimentos de trabalhadoras, sobre a educação feminina, sobre a mulher imigrante, as freiras, engenheiras, médicas, dentre outros. Mas e sobre o cotidiano da mulher em casa, no lar, no desempenho de suas funções de "rainha do lar"? Nesse aspecto, também temos um número considerável de análises, pesquisas e estudos que ilustram muito bem essa questão. As fontes para isso são as mais diversas, desde as oficiais até as mais inusitadas, e verdadeiras joias como diários íntimos, cartas, fotografias e elementos da cultura material, objetos de uso pessoal, móveis, pequenos utensílios de seu dia a dia. No entanto, quando passamos para o espaço da cozinha, o número de pesquisas específicas sobre esse tema ainda é bastante tímido.

Michelle Perrot[19], em seu *Minha História das Mulheres*, alerta sobre a importância de buscar novas fontes para que tenham oportunidade de fala aquelas que ainda permanecem envoltas em silêncios, especialmente o silêncio de vidas femininas que passaram grande parte de seus tempos no recôndito de seus lares, em meio aos seus afazeres diários, em torno dos filhos, da casa, enfim, dos afazeres domésticos.

Perrot[20] aponta razões para a dificuldade de ouvirmos essas vozes femininas: a primeira é a pequena presença da mulher nos espaços públicos; a segunda, a atuação quase restrita das mulheres à família; a terceira, o fato de a maior parte das fontes terem sido construídas por homens, muitas vezes de forma estereotipada; e a quarta, o silêncio do relato.

Ainda que as análises históricas sobre a mulher no Brasil tenham crescido muito nas últimas décadas, tanto em quantidade quanto em qualidade, é certo que os estudos sobre a história da alimentação no Brasil constituem um campo relativamente recente, e a relação, portanto, entre gênero e essa temática ainda precisa ser amadurecida. Nesse sentido, a riqueza do projeto de pesquisa que ora é apresentado vem contribuir para dar voz a essas mulheres, que em seus espaços restritos do lar e da família elaboraram receitas ou por elas foram transcritas por elas, descritas, anotadas, comentadas, elaboradas. As receitas podem, dessa maneira, romper o silêncio e fazer falar a mulher sem seus interlocutores.

---

[19] Perrot 2008.
[20] Perrot 2008.

Segundo Scott[21], já no fim do século XIX, a abolição da escravatura, a proclamação da República, o aumento do processo imigratório e a guinada da urbanização e industrialização influenciaram a construção de novos modelos de organização no país. Em meio a todas essas modernizações, novos modelos de família foram recomendados. Os valores familiares divulgados eram os fundados em uma ordem burguesa, baseada no amor romântico para a escolha dos cônjuges. A intimidade passou a ser exaltada e o lar, a ser encarado como refúgio de um mundo árduo. Essa "nova família", segundo a autora, precisava de uma "nova mulher", mãe dedicada à educação dos filhos, ao ordenamento da casa e submissa ao marido, mas não completamente sem voz. Desobrigada dos trabalhos "produtivos" fora do lar, a mulher deveria voltar-se ao espaço da família. O homem, por sua vez, deveria ser o único, na melhor das hipóteses, ou o principal provedor das famílias.

No Sul do Brasil, e na região de Ponta Grossa, há relatos de que desde o século XIX muitas mulheres assumiram o comando de seus lares, enquanto seus maridos empreendiam aventuras ou saíam para seus negócios, especialmente envolvidos em atividades da política ou do tropeirismo. A imagem trazida pelos viajantes traz as mulheres do Sul como mais sociáveis que as de outros lugares do país. Segundo Pedro[22], a formação social peculiar do Sul brasileiro proporcionava um modo de vida diverso do das regiões de economia escravista de exportação. Para ela, o projeto de "branqueamento" e de preenchimento dos vazios populacionais deram o tom do modo de vida dos Estados de Santa Catarina, Paraná e Rio Grande do Sul, especialmente a partir de meados do século XIX. Diferente de outras regiões, que tinham sua economia basicamente voltada para o mercado externo, a região Sul "apresentou uma produção voltada pra o mercado interno, escravidão de pequena monta e economia diversificada", no entanto, a importante ressaltar a urbanização tardia em relação ao Rio de Janeiro e São Paulo[23].

Mas as cidades do Sul acompanharam de perto a construção da idealização feminina dos grandes centros, de maneira particular, durante a formação das elites urbanas ao longo do século XIX. Os modelos ideais de mulher como boas mães, virtuosas esposas e filhas dedicadas já faziam parte do imaginário ocidental, portanto não foram criados pelas mulheres do Sul do Brasil, alerta Pedro[24], no entanto, a forma como foram aplicados esses ideais corresponde cada qual a um contexto determinado, "na qual a demonstração de distinção

---

[21] Scott 2012.
[22] Pedro 1997: 279.
[23] Pedro 1997: 280.
[24] Pedro 1997: 282.

e a exposição de um certo verniz social implicavam em moldar as mulheres de uma determinada classe"[25].

É certo que, em meio a esse contexto idealizado, há aquelas mulheres sozinhas, solteiras, viúvas e que regiam seus bens e atuavam na esfera pública, mas não é delas que desejamos necessariamente falar, mas sim daquelas que desempenharam as funções essencialmente do lar, especialmente no âmbito da intimidade da cozinha e em tudo o que envolve o preparo do alimento.

No cotidiano feminino, nos trajetos entre a copa, a despensa e a cozinha, das prateleiras para serem abertos sobre a mesa, encontravam-se os cadernos de receitas. Livros de brochura, de capa dura, decorados ou não, ali em suas páginas eram depositadas as receitas, a composição dos pratos, os processos de transformação do milagre da química que converte "o cru em cozido", como bem disse Lévi-Strauss, que transfigura a barbárie em civilização, da simplicidade à sofisticação, e faz estalar os lábios dos que têm a oportunidade do bocado. E antes mesmo de participar da preparação, a receita oferece ao leitor, e antes ofereceu àquele que copiou, o lugar da imaginação, da fantasia que o universo dos ingredientes despertam no imaginário humano que envolve o comer.

Ora, e se a "primeira impressão é a que fica", o que poderia indicar melhor o que se espera de um prato do que seu título? Ele é o primeiro a prometer o que pode vir, ele nos traz os primeiros esboços do despertar dos nossos gostos. É doce ou salgado? Prato principal ou sobremesa? É comida? É quitute? Sofisticação? Luxo ou comida cotidiana? Mas, para vislumbrar esse campo culinário, recém convertido em promessas de delícias ao céu da boca, foi preciso enfrentar o estado de conservação das fontes.

3. As fontes: os cadernos de receitas

Gomes e Barbosa[26] desenvolveram um importante estudo sobre o que chamaram de "culinária de papel". As autoras a entendem como "todo material impresso sobre a arte de cozinhar e/ou relativo às diferentes cozinhas e culinárias existentes". Incluem-se aí vários tipos de livros sobre culinária, tais como livros antigos e recentes, disponíveis nas mais diversas formas e locais para venda ou empréstimo, e nos mais variados locais, como hospitais, fábricas, escolas, empresas, orfanatos ou prisões. Para elas, essas fontes constituem um campo específico a partir do qual o "gosto" culinário foi formado. Ainda que elas tenham utilizado fontes impressas[27], seus estudos

---

[25] Gomes, Barbosa 2004: 3.

[26] As autoras tiveram como campo de pesquisa o levantamento de livros de culinária publicados no Brasil desde o início do século XX até o início do século XXI, tanto de autores estrangeiros como nacionais.

[27] As autoras tiveram como campo de pesquisa o levantamento de livros de culinária publicados no Brasil desde o início do século XX até o início do século XXI, tanto de autores

contribuem sobremaneira para as reflexões aqui propostas, substancialmente quando abordam as formas por elas criadas como sistemas classificatórios dos conteúdos das fontes, singularmente ao que diz respeito aos títulos dos livros.

Após um levantamento de 907 títulos, as autoras identificaram princípios classificatórios. Em linhas gerais, o primeiro deles se "refere à atividade de preparação e manipulação dos alimentos a partir do emprego de categorias do tipo de cozinha, culinária e gastronomia"[28]. Para elas, tais categorias indicam graus de sofisticação de técnicas e de ingredientes, "sendo que cozinha e culinária são mais de dimensão local, regional e cotidiana, enquanto gastronomia se refere a uma grande cozinha internacional"[29]. O segundo princípio classificatório se refere aos alimentos e receitas "a partir das classes e tipos de alimentos e comidas e/ou pratos e refeições"[30]. O destaque observado pelas autoras está na grande divisão entre o doce e o salgado. O terceiro princípio classificatório é o que "diz respeito aos universos da culinária", a casa (lar); o corpo (indivíduo). A partir desses levantamentos, concluem, por exemplo, que até meados da década de 1970 os livros de culinária dirigiam-se às donas de casa no sentido de rainhas do lar. E quando se referem a lar, querem dizer o modelo construído e desejado como pai, mãe e filhos, sendo que o pai era o responsável pelo sustento da família. E é nesse paradigma de lar que se encontra o tipo de culinária que chamam de "*endo* cozinha", onde tudo se faz em casa, "desde a matéria-prima para se preparar a comida até tipos de comida e alimentos específicos, que hoje são comprados prontos"[31], coisa que se transforma com o passar do tempo e com a chegada da década de 1980, quando os livros passam a se dirigir muito mais ao indivíduo do que ao lar, sugerindo mais uma "*exo* cozinha".

O universo do presente estudo é o que podemos chamar, a partir de Gomes e Barbosa[32], como "*endo* cozinha", a do modelo de família desejado, do espaço da culinária do cotidiano, da rotina do lar. Não encontramos nos primeiros cadernos manuseados uma divisão classificatória entre doces e salgados, mas se pode perceber a predominância do número de doces em detrimento de salgados.

O primeiro desafio a ser enfrentado é o estado de conservação das fontes. Os cadernos se encontram bastante deteriorados, pelo tempo e pelo uso. Mas as manchas de gordura não provocam repúdio, e sim curiosidade. Um pingo de óleo, talvez de manteiga, ou quem sabe de banha de porco; um traço de farinha de trigo, ou seria de maisena; um pouco de açúcar, uma nota

---

estrangeiros como nacionais.

[28] Gomes, Barbosa 2004: 7.
[29] Gomes, Barbosa 2004: 7.
[30] Gomes, Barbosa 2004: 7.
[31] Gomes, Barbosa 2004: 12.
[32] Gomes, Barbosa 2004: 12.

de canela, um vestígio de noz moscada; um respingo de claras em neve; uma poeira de fermento e, *voilà*, já temos uma receita. O *script* materializado do preparo de uma iguaria.

3

Haver

nº 11 Bolinhos Manoel
1 Libra de assucar em calda quase em ponto de pasta, misture 1 côco ralado, (laranja que de a massa) e 6 gemmas de ovos batidos com ½ quarta de manteiga junta-se tudo e continua-se a bater, ½ libra de farinha de triga unta-se as formas com manteiga

nº 12 Ovos queimados
2 pires de assucar em ponto de balla 9 ovos, 4 inteiros, 5 gemmas; misture e deite na calda mexa de vagar para cortar os ovos, deite 1 calix de vinho do porto e uma colherinha de manteiga.

nº 13 Gelatina
1 litro d'agua 21 folhas de gelatina, 5 claras de ovos batidas, assucar a vontade caldo de 1 limão, canella, cravo, 1 calix

Figura 1: Caderno de Receitas da Sra. Judith
Fonte: Livro de receitas da Sra. Judith. Acervo particular da autora.

Além dos traços do manuseio na cozinha, viu-se nesse primeiro momento também a presença de desenhos e escritas de crianças, recados entre parentes, bilhetes, anotações, elementos que podem contribuir muito para uma análise da memória e da forte presença desses materiais no cotidiano das famílias.

Ao mergulharmos no cotidiano do contato com os cadernos, o estado de deterioração é uma dificuldade, por isso logo se optou por sua digitalização. O segundo passo foi, então, a organização das fontes para digitalização delas, sempre cuidando com seu manuseio. Passou-se, então, para o conhecimento e a sistematização dos títulos, preparando para uma particular sistematização das fontes e uma posterior classificação.

O primeiro caderno de receitas foi escolhido aleatoriamente e chamou-se Caderno 1. Começou a ser escrito por volta de 1910 e pertenceu à Senhora Judith (segunda filha em nascimento entre as mulheres). Escrito com letras cursivas, ortografia da época, contém receitas numeradas. No total deste primeiro livro analisado, há 187 receitas, que se seguem por título: 1 - Colchão de Noiva; 2 - Pudim de Gemma de Ovos; 3 - Frigideira Italiana; 4 - Bom Bocado; 5 - Bom Bocado de Gemmas; 6 - Joinville; 7 - Torta de Areia; 8 - Pão Econômico; 9 - Massa real; 10 - Vai e Não Vem; 11 - Bolinhos Manoel; 12 - Ovos Queimados; 13 - Gelatina; 14 - Bombas; 15 - Fatias Cadeiras; 16 - Bollo de Noiva; 18 - Bolo Manoel; 19 - Desafôro; 20 - Pudim Chines; 21 - Bolo de Mandioca (Monoês); 22 - Bolo de Mandioca; 23 -Requeijão à moda do Norte; 24 - Bolo de Fubá; 25 - Pipoca; 26 - Massa doce para tortas; 27 - Bolo Delicioso; 28 - Pudim Saldanha; 29 - Pudim Assis Brazil; 30 - Creme Rosado; 31 - Receita de Carurú; 32 - Creme rosa (outro); 33 - Paozinhos; 34 - Creme de Limão; 35 - Pudim Mimoso; 36 - Bolo de Chocolate; 37 - Bolo de Nozes; 38 - Bolo de Ouro e Prata; 39 - Pudim Italiano; 40 - Bolo de Coalhada; 41 - Biscoito Lambari; 42 - Cassarola Italiana; 43 -Torta a Portuguesa; 44 - Pudim de Arroz; 45 - Sopa de vinho; 46 - Pudim Republicano; 47 - Bolo de Natal; 48 - Pudim Mimoso; 49 - Bilontra; 50 - Bolo para o almoço; 51 - Bolo de coalhada amanhecido; 52 - Não sei o nome; 53 - Chifres de Veado; 53 - Bolo americano; 54 - Bolo Italiano; 55 - Bolo Hespanhol; 56 - Bolo de mandioca; 57 - Bolo Doloroso; 58 - Cuca; 59 - Nozes em Caixinhas; 60 - Torta de Nozes; 61 - Creme de Ameixas; 62 - Glateau de Liege; 63 -Bolo Alsaciano; 64 - Torta de Nozes; 65 - Pudim de Batatas; 66 - Bolachinhas; 67 - Pudim de Côco; 68 - Creme de Limão; 69 - Bolo de nozes; 70 - Bolo de nozes (outro); 71 - Pudim de Bananas; 72 - Bolo Saboroso; 73 - Bolo Branco e Preto; 74 - Bolo de Nozes; 75 - Bolo de Fubá; 76 - Creme de Limão; 77 - Colchão de Noivas; 78 - Bolo Simples; 79 - Bolo Joinvillense; 80 - Empadas; 81 - Licor de Leite; 82 - Bolo de Xuxú; 83 - Tomatada; 84 - Molho de Mayonesse Branca; 85 - Môlho de Mayonesse; 86 -Conchas de Miúdos de Galinha; 87 - Paté de Galinha; 88 - Vatapá de Galinha; 89 - Pudim de Peixe; 90 - Croquettes de Camarões; 91 - Camarão Recheado; 92 - Casadinhos de Camarões; 93 - Mayonese; 94 - Bombas; 95 - Eclair; 96 - Crême de Ameixas; 97 - Creme Diplomata; 98 - Caslello Branco; 99 - Maidistone Triples; 100 - Cake Cases; 101 - Iricaia; 102 - Bavaroise; 103 - Bavaroise à la Sicilienne; 104 - Crême de Café Gelado; 105 - Crême de Chocolate; 106 - Crême de Morangos; 107 - Crême Russo; 108 - Crême Santa Clara; 109 - Crême de Baunilhas; 110 - Crême Saboroso; 111 - Crême Saboroso com Amêndoas; 112 - Creme Batido; 113 - Pudim Francês; 114 - Pudim de Laranjas; 115 - Pudim de Abobora; 116 - Pudim Saboroso; 117 - Pudim de Vinho; 118 - Pudim de Amêndoas; 119 - Pudim de Gabinete; 120 - Pudim de Veludo; 121 - Pudim Brasileiro; 122 - Pudim de Sémula; 123 - Pudim Diplomata; 124 - Pudim Malaga; 125 - Pudim de Nozes; 126 - Pudim de Pão de Lot; 127 - Pudim Ligeiro; 128 - Pudim Duquesa; 129 - Pudim de Freira; 130 - Pudim Hannover; 131 - Creme Ingles; 132 - Crême de Marrasquino; 133 - Iandssichs Doçes; 134 - Ovos de Aranha; 135 - Trouxas de Ovos; 136 - Esperanças; 137 - Ninhos; 138 - Talhadas Celestes; 139 - Caju Joanina; 140 - Inocentinhos; 141 - Bem Casados; 142 - Krampfles; 143 - Bombocado de Mamão; 144 - Torta de Nozes; 145 - Luminarias; 146 - Massa Folhada; 147 - Torta de Massa Folhada com Maça; 148 - Massa Doce para Tortas; 149 - Tortelletes; 150 - Recheio; 151 - Massa para Sonhos; 152 - Bolo Noemi; 153 - Bolo Frie de Morangos; 154 - Bolo de Nozes; 155 - Bolo de Mel; 156 - Bolo de Amendoas e Nozes; 157 - Recheio para o Bolo; 158 - Crême para o Mesmo; 159 - Bolo Caipira; 160 - Bolo de Castanhas; 162 - Bolo de Viagem; 163 - Bolinhos de Fubá de Arroz; 164 - Bolo de Nozes; 165 - Bolo de nozes Americano; 166 - Viennenses; 167 - Bolos Mimosos; 168 - Bolo de Queijo; 169 - Broinhas de Amendoin; 170 - Bolinhos de Fubá; 171 - Broas Mimosas; 172 - Bolo de Frigideira; 173 - Bolos Fofos; 174 - Panqué; 175 - Biscoitos Chineses; 176 - Biscoitos Campineiros; 177 - Delícias; 178 - Biscoitos Mimosos; 179 -Quebra-quebra; 180 - Biscoitos de Saudade; 181 - Biscoitos de Côco; 182 - Biscoitos Princesa Helena; 183 - Bolacha Paulistana; 184 - Biscoitinhos Sinhá; 185 - Biscoitos Econômicos; 186 - Biscoito de Curaçau; 187 - Crême de camarão.

Dos títulos já podemos concluir algumas coisas. Primeiro, que há os que inegavelmente parecem ser receitas de doces, tais como "Bolo de chocolate" ou "Bolo de nozes"; há os que parecem ser doces, "Broas mimosas", "Biscoitos chineses" ou "Delícias"; e há os que parecem ser salgados, "Bolo de xuxú", "Croquettes de camarão" e "Camarão recheado". Há também os que, somente pelo título, não se pode imaginar o que sejam, como "Inocentinho", "Luminárias" ou "Esperanças", a menos que se veja a receita e seus ingredientes. Esse não seria o que historiadores chamam de chave para um outro tempo? Ou seja,

títulos que hoje, para nós, não trazem nenhuma certeza, talvez para o grupo
familiar ou local fossem algo bastante comum.

O segundo caderno de receitas, chamado Caderno 2, foi tomado para
digitalização e pertenceu à senhora Ernestina (mãe). Contém 22 receitas,
e as poucas folhas que sobraram coladas à capa estão misturadas a folhas
esparsas que pertenciam provavelmente a outro caderno. Seguem os títulos
das receitas na ordem apresentada no caderno, também em grafia da época:
Bolo de chícara; Bolo viajante; Bolo Magestoso; Receita de Castro; Bolo
Coalhada; Bolo Escaldado; Bolachas; Paosinho; Marmellos Inteiros; Bolo
de Farinha; Leite Creme; Biscoutos da Sinhá; Pecegos Inteiros; Fatias do
Céu; Brinquedinhos; Rodriges Alves; Biscoitos de Araruta; Pão de minuto;
Bolo de Arroz; Brevidade; Bolo de queijo e Ingrato.

Nas folhas esparsas que se encontram dentro do caderno, vê-se uma
sucessão de receitas copiadas com diferentes grafias, podendo-se reconhecê-
-las como pertencentes à mãe Ernestina e à filha Placidina. A maioria das
receitas se repete no caderno, o que se configura em indício de que as receitas
eram trocadas entre elas. A continuidade da pesquisa pretende perceber as
repetições de títulos e, num segundo momento, seus conteúdos e possíveis
anotações, adaptações.

Nas folhas esparsas encontramos: Bolo Chícara; Amarellinhas; Bom
Boccado; Bolacha por Outro Modo; Rodriges Alves; Biscoutos de Sinha;
Leite Creme; Bolo de Farinha; Brinquedinhos; Fatias do Céu; Pecegos
inteiros; Marmellos Inteiros; Bolachas; Podim de Batata Inglez; Podim de
Cara; Pão Brazileiro; Doce d'ovos; Doce de Leite. São 18 receitas ao todo,
das quais 10 aparecem no Caderno 2.

Tanto no Caderno 2 como nas folhas esparsas somente aparecem receitas
que indicam doces, não aparecendo nenhuma receita de salgados. Nelas,
receitas de pudins se misturam às bolachas, pães e doces de ovos ou de leite.
Não parece haver uma lógica para o aparecimento das receitas, nenhuma
divisão que caracterize uma sistematização programada, mas sim o ato de
colecionar, de guardar, de anotar sem mais nenhum compromisso a não ser
mesmo o de registrar na memória do papel.

O Caderno 3 pertenceu à filha mais velha Placidina e data de 1º de janeiro
de 1916. Na primeira página consta seu nome em forma de assinatura, em
seguida o local "Pinheirinhos" e a data inicial. Sabe-se que Pinheirinhos era
sua casa de fazenda, e que se localizava na cidade de Ponta Grossa. Conhece-se
também que sua vida, como esposa de dono de fazenda, girava em torno dessas
duas residências, a da fazenda e a da cidade. Das quatro filhas mulheres de
Dona Ernestina, ela foi a única que se casou com um fazendeiro. As outras
três tiveram residências somente na cidade.

Em seu caderno temos 318 receitas, das quais seguem os títulos: Colchão
de Noiva; Podim de Gemas de Ovos; Frigideira Italiana; Bom bocado; Bom

Bocado de Gemmas; Joinville; Bolinhos Manoel; Ovos queimados; Podim de
Bacalhau; Gelatina; Bombas; Fatias Caseiras; Bolo de Noiva; Bollo Manoel;
Bom Bocado Transparente; Dezafôro; Sobre Ameza Barata; Bollo Polenta;
Crême Gelado; Bollos de Côco; Bollo de Genova; Pão Economico; Podim de
Leite; Talhadas de Nata; Bolinhos Vantajosos; Crochet; Pão de Lucho; Podim
de Queijo; Bolo Camarada; Crême Marmore; Podim de Laranja; Podim de
Pão; Pão de Lot Fino; Bolo de Milho; Pastel de Nata; Pastellinhos de Beiços
de Moça; Podim de Arroz Mineira; Podim de Laranja; Pudim do Céu; Pudim
de Letria; Ovos de São Bento; Casarola Italiana; Leite Crême; Paozinhos;
Outra; Charutos; E Bom; Omelette; Podim dos Céos; Podim de arroz; Biscouto
de Linha; Quindim; Chicaras; Podim Portugues; Torata de Miolo de Pão;
Deliciosas Mãe Benta; Bolo qualhada; Bolo Imperial; Biscouto Fácil; Bolo
de Côco; Glace de Chocolate; Bolo de farinha de Nózes; Doce de Bananas;
Bolo de Noiva; Uma Omeletta saborosa; Croquettes de Bacalhau; Arroz com
Bacalhau; Pão de Milho; Creme Xerez; Podim de Côco; Bolo Lindo; Licor de
Leite; Biscoutos Intantaneos; Bolo Saudades; Biscoutos Eugenio; Biscouto
de Queijo; Bolo de Peneira; Bolo Nenê; Bolo Pará; Bolo Econômico; Crême;
Podim Amorozo; Chuvas de Amor; Baba de Velho; Papo de Anjo; Amorozos;
Não chega para Ninguém; Licor de Aniz; Licor de Essencias; Bolo de Cará;
Bolo de Fubá; Bolo de Viúva; Bolão; Bolo de Chícara; Bolo Escuro; Mãe
Benta; Torta Imperial; Amor-Perfeito; Assoprinhos; Arrufos; Bolo de Fantazia;
Biscoutos de Araruta; Biscoitos Finos; Bom Petisco a Mineira; Bolinhos de
Amor; Bolo Francez; Bom Bocado Brazileiro; Bolos de Arroz a Paulista;
Biscoutos de Fubá de Arroz; Biscoito de Manteiga; Biscoitos Mimosos;
Bolos de Côco; Broinhas de Pão; Bolos das Irmãns de Caridade; Biscoutos
Digestivos; Bolo Abreviado a Moda de São Paulo; Bolo Russo; Bolo Inglez;
Bolo de Chícara; Bolo de Panella; Bolos de Mandioca; Brôa; Bolinhos de
Yayá; Bolo de Ouro; Bolachas; Bolo Republicano; Bolo de Araruta; Biscoitos
Alagoanos; Broa de Sumo; Bolo de Milho; Bolo de Mãe Catarina; Bolo de
Natal; Bahianinhas; Bolo de Família; Creme a Brasileira; Creme de Batatas;
Creme de Frutas; Creme de Pão; Caramelos; Cús-Cús; Creme de Laranjas;
Doce de Leite Secco; Manuês de Ovos; Manuês de Fubá de Arroz; Pudim
de Arroz; Pudim de Côco; Queijada de Minas; Queijada; Siricaia; Bolo
Sinhá; Bolo Allemão; Babá de Paris; Creme de Queijo; Pudim de Gemmas;
Bolo Inglez; Bom Bocado; Bolo Liberal; Amisade; Raivas Gostosas; Pudim
de Bananas; Pudim de Côco; Bolo de Chocolate; Broinhas de Natal; Bolo
Amei; Biscoito Joaquim; Biscoutos de Francisco Bernardino; Biscoutos de
Amélia; Bolo de Ouro; Bolo de Chocolate; Bolo de Lambari; Biscoutos de
Porvilho e Farinha; Pão de Minuto; Broinhas Candidas; Bolo Ouro e Prata;
Pipóca; Bolo de Chocolate; Petronilhas; Bolo Saborozo; Creme de Limão;
Pudim de Côco; Cuca; Bolo Dolorozo; Chifre de Veado; Bolo Delicioso;
Pipoca; Bolo Manoel; Bolo de Noiva; Torta de Areia; Colchão de Noiva;

Massa doce para Tortas; Paozinhos; Pudim Mimoso; Bolo para Almoço; Bolo
de Coalhada Amanhecida; Não sei o Nome; Bolo Italiano; Bolo Americano;
Pão de Minuto; Puding de Bannanas; Creme; Licôr de Leite; Massa para
Impadas; Biscoutos Lambary; Bolo para o Almoço; Bolo da Prima Aida; Bolo
de Coalhado Azedo; Pudim de Bata Ingleza; Cocada Puxa; Pudim de Abacaxi;
Empadas; Queque; Bolo de Pobre; Bolo Croquem; Ingratos; Pão Jacarahy;
Bolo de Noiva; Papos de Anjos; Bolo de amor; Bolo do Presidente; Bolo 1,
2 e 3; Biscoutos Divinos; Manué Folhado; Bolo da Imperatriz; Arrufos de
Namorados; Pudim de Queijo; Bilontras; Bolo Doloroso; Creme de Ovos
para Rexear; Crême de Queijo; Creme Rosa; Creme Art-Nouveau; Creme
À Volant; Tortas de Nozes; Torta a Portugueza; Torta de Nozes – Creme;
Torta de Nozes – Bom; Torta de Amendoas; Bolo de Chocolate – Bom; Bolo
Battenberg – Bom; Bolo de nenê – Bom; Rocambole; Bom Bocado Especial;
Pão de Loth de Senhora; Pudim Japonez; Doce de Leite Excelente; Deliciosos;
Kuquem Brazileira; Pão de Centeio; Bolo Carmem; Eclairs; Pão Biscuit; Pão
de Segundo; Kuquem Brazileira; Omelette de Leite; Perolas Brazileiras; Creme
Rosa; Recheio para Ameixas; Biscoutos de Maisena; Ameixas Recheadas;
Bolo de Fubá; Massa para Empada; Um bom recheio para Empadas; Bolo
de Xuxú; Arroz de Forno; Arroz de Molho Pardo; Repolho Recheado;
Omelettes; Bolo de Bacalhau; Pureé de Batatas; Bolo d'agua; Pão Minuto;
Bom Bocado de Côco; Bom Bocado de Queijo; Manjar; Brevidades; Creme
de Laranja; Pão de Jacarehy; Pão de Cará; Pão Bisquit; Quebra-Quebra;
Biscoutos de Porvilho; Tarecos; Sinhá; Licor de Cacau; Licor de Baunilha;
Biscoitos Santa Izabel; Biscoitos Cariocas; Biscoitos Flamengos; Pudim de
Pão; Bollo Caroline; Douradinha; Lembranças; Bolo de Mãe Benta; Bolo
Pobre; Bolo Assado; Bolo Frito; Bolo Ligeiro; Biscoutos Fritos; Creme; Bolo
Manoel; Bavarozi; Bolo de Noiva; Pudim de Queijo; Gelatina; Bolinhos de
Milho; Pudim de Laranja; Creme das Três Cores; Rosca-Creme; Bala de
Café; Pão de Rainha; Rissols (Pasteis); Magdalenas; Pasteis de Farinha de
Milho; Salada de Ovos Cozidos; Bolo de Xuxú.

Ainda se tem muito trabalho em sistematizar e digitalizar as receitas. Dos
seis cadernos, somente três foram tomados os títulos e digitalizados. São mais
três para conhecer os títulos, digitalizar e iniciar a próxima etapa da pesquisa,
que será classificar as receitas e verificar as repetições nos próprios livros
(o que já se pode perceber) e observar como se repetem as receitas entre as
irmãs e a mãe, e se elas se repetem. Só então se iniciará a análise do teor das
receitas, ingredientes, modos de preparo, dentre outras questões. Portanto, a
pesquisa é longa e parece guardar felizes e impressionantes reflexões.

4. Considerações finais

Como bem afirmou Solange Demeterco[33], "os cadernos de receitas são uma compilação da tradição oral que passa de geração a geração dentro de uma família. Um conhecimento construído ao longo do tempo, com muita observação e prática, e que poderia ser perdido se alguém não tivesse, em algum momento, a preocupação em sistematizá-lo para que pudesse ser transmitido aos mais jovens". Foi dessa forma que esses cadernos vieram parar em minhas mãos, pelo zelo de um conjunto de mulheres que guardaram suas lembranças culinárias e as deixaram como herança. Eles não apareceram nos inventários, entre suas propriedades, como objetos de grande valor material, mas em meio aos valores da intimidade que carregam sentimentos, experiências, gostos, escolhas, segredos. Constituem, sem querer, fontes históricas que permitem adentrar em outra época, trazendo possíveis interações entre um grupo de mulheres que pertenciam à mesma família, mas que podem muito bem representar um pedaço importante do que constituiu parte de um patrimônio gustativo, traços da economia e da sociedade de uma época.

Ainda que em seu início, a presente pesquisa já permite trazer algumas informações. Por exemplo, sobre a predominância do doce sobre o número de salgados. Parece esse ser um traço de nossa herança portuguesa essa preferência pela doçaria, o que teria favorecido a disseminação do hábito entre os brasileiros do consumo de doces em quase todas as refeições e ao longo do dia. Também já é possível apreender que as receitas anotadas não têm a intenção do luxo; pretendem, sim, ser cotidianas, ainda que algumas possuam nomes para nós inusitados. E é aproveitando o inusitado dos títulos que aqui finalizo trazendo uma das receitas que pode ter trazido aos leitores a maior curiosidade pelo título que possui. Pelo menos, assim foi para mim.

Ingrato

1 chicara de banha

E chicara de leite

4 ovos

½ kilo de farinha de trigo

½ kilo de assucar

Na hora de ir ao forno 1 colherinha de bicarbonato

---

[33] Demeterco 1998: 122.

A Ementa Portuguesa em *História da Alimentação no Brasil* de Câmara Cascudo
(Portugal's syllabus of Câmara Cascudo's *History of Food in Brazil*)

Mariana Corção
Pontifícia Universidade Católica do Paraná (PUCPR)
(email: maricorcao@gmail.com)

Resumo: Investigando a obra *História da Alimentação no Brasil* de Luís da Câmara Cascudo, pensador de Natal, cidade do Rio Grande do Norte brasileiro, constatamos a relevância da contribuição portuguesa na formação da cozinha nacional, tanto no que se refere às técnicas quanto aos ingredientes. Lançada no contexto da década de 1960, essa obra se contextualiza no período da Ditadura Militar brasileira e no governo de Salazar em Portugal, o que de algum modo viabiliza a aproximação entre a ex-colônia e a ex-metrópole. No presente artigo, propomo-nos a fazer uma análise das considerações de Cascudo sobre a ponte cultural Portugal–Brasil, tendo em vista as 100 páginas dedicadas a essa temática em sua história alimentar. Elencamos as fontes históricas que possibilitaram esse dialogo, assim como as influências que poderiam ter contribuído no encaminhamento das interpretações dela. Constatamos algumas contribuições centrais da cultura alimentar brasileira segundo a perspectiva de Cascudo, como a dicotomia doce e salgado e pratos nacionais como o arroz-doce e a feijoada.

Palavras-chave: história da alimentação no Brasil, Câmara Cascudo, cozinha nacional, cultura luso-brasileira, tradição alimentar.

Abstract: The study of Câmara Cascudo's *History of Food in Brazil* lead to our understanding of Portugal's weight on the formation of a Brazilian cuisine, when it comes to both culinary techniques and content of ingredients. The author, a scholar from Natal—a town in the State of Rio Grande do Norte in Brazil—wrote *History of Food in Brazil* in 1960, a time of military dictatorship in Brazil and Salazar's regime in Portugal. In a way, the fact that both countries went through a similar political context during those years brought former-colony and former-empire closer together. This article proposes to analyze Cascudo's reflections in regards to the cultural connection that Portugal-Brazil shared, making use of the one hundred pages he wrote about this theme in many of his studies about food culture. This study also analyzes historical sources that enabled the relationship between the two countries, and brings in a myriad of references that have contributed to our thesis statement. Following Cascudo's standpoint, we encountered a few core influences that shaped Brazilian food culture, like the opposition between sweet and savory dishes, and also the birth of Brazilian staples like the *arroz-doce* and the *feijoada*.

Keywords: history of food in Brazil, Câmara Cascudo, national cuisine, Portuguese-Brazilian culture, food tradition.

Ao estudarmos aspectos socioculturais da alimentação brasileira, deparamo-nos com a centralidade da obra *História da Alimentação no Brasil*, do pensador Luís da Câmara Cascudo. Lançada na década de 1960, essa obra constitui ainda hoje uma significativa fonte de informações para os estudiosos do campo. Segundo o historiador Henrique Carneiro, *História da Alimentação no Brasil* não é somente a mais completa obra sobre a alimentação brasileira, como está permeada de referências etnográficas, históricas e gastronômicas[1]. No decorrer da minha pesquisa de doutorado, investiguei a obra e pude constatar que o cunho nacionalista de Cascudo vai ao encontro da identidade forjada no período colonial, o que confere à cultura portuguesa um papel imprescindível na formação da cultura brasileira. No presente texto, averiguaremos o pensamento de Cascudo, indicando suas leituras, principais argumentos e marcos culturais que dão indícios da relevância da cultura colonizadora na alimentação brasileira.

1. Raízes e motivações à escrita de Câmara Cascudo

Assis Chateaubriand, magnata das comunicações no Brasil, escreveu a Cascudo em 1962, em nome da Sociedade de Estudos Históricos D. Pedro II, solicitando uma pesquisa histórica que relacionasse algum aspecto que lhe fosse interessante da sociedade brasileira, sugerindo para a pesquisa uma viagem para Portugal e Espanha. Em resposta, Cascudo sugeriu *História da Alimentação no Brasil*. Há quem perceba uma conexão entre uma suposta leveza da temática com a situação política brasileira do período do lançamento da obra: o recém-instituído Governo Militar. Acreditamos, contudo, que a opção de Cascudo foi forjada bem anteriormente, desde o início da sua produção intelectual na década de 1920, e está relacionada, sobretudo, à defesa de um tradicionalismo relacionado aos tempos de ouro da região Nordeste, o período colonial. No que se refere ao denso campo político, acreditamos que esta obra de Cascudo esteja permeada de discussões referentes ao contexto do período: se os discursos mais esquerdistas apontavam a grande desigualdade social do país, simbolizada na realidade da fome, no ponto de vista da direita, posição política de Cascudo, os marcos culturais da identidade brasileira se sobrepunham à fome. Nesse ponto, é relevante frisar a proximidade ideológica de Cascudo com o governo salazarista português do período.

Quem tem em mente que desde a década de 1950 o campo universitário se consolidava no Brasil e o isolamento geográfico de Câmara Cascudo,

---

[1] Carneiro 2003: 156.

que produzia às margens do pensamento desse, pode se perguntar como o mesmo se tornou uma figura emblemática da cultura brasileira nesse contexto. Desde a década de 1920, em que a produção intelectual brasileira se centralizava na região Sudeste, com destaque para o Movimento Modernista, Cascudo, nascido e habitante do estado do Rio Grande do Norte, na região Nordeste, já se apresentava como um porta-voz da cultura nortista do Brasil — uma cultura distante dos centros urbanos que vinham se desenvolvendo na região Sul e que resguardava características peculiares e tradicionais da diversidade cultural do Brasil. Tal aspecto pode ser observado na correspondência que Cascudo trocou com o escritor Mário de Andrade de 1924 a 1944. Este escreveu ao primeiro em 1924, solicitando fotografias da região Norte, dizendo que sentia fome de conhecer o Brasil[2]. Na década de 1930, a ligação de Cascudo com o Movimento Integralista o aproximou ainda mais de estudos que apresentassem unicidade da cultura brasileira. Em 1937, publicou sua primeira obra de cunho folclórico: *Vaqueiros e Cantadores*, na qual contextualizou historicamente o ciclo do gado sertanejo e classificou linguisticamente a produção poética dos sertanejos, estabelecendo pontes com a tradição europeia, tanto medieval como antiga. A obra que o fez conhecido em todo o Brasil, contudo, foi o *Dicionário do Folclore Brasileiro*, publicado com apoio do Governo Federal em 1954. No contexto pós-Segunda-Guerra, a Unesco fez recomendações aos chefes políticos das nações para incentivar a produção de estudos folclóricos, visando à superação do pensamento nacionalista que perdurou no período das Grandes Guerras, e o Brasil foi o primeiro a atender à recomendação[3]. *Dicionário do Folclore Brasileiro* chegou, em 1998, à sua 10ª edição, o sucesso da obra contribuiu para a fama nacional de Cascudo como erudito, ou como o caracterizou o poeta Carlos Drumond de Andrade: "pessoa em dois grossos volumes, em forma de dicionário, que convém ter sempre à mão"[4].

Apesar de exaltar a cultura sertaneja, localizada no interior do estado do Rio Grande do Norte, Cascudo nasceu e passou a maior parte da sua vida em Natal, capital do estado, situada na região litorânea. Distante do eixo Rio–São Paulo, principal centro irradiador da modernização do país, Natal passou por uma modernização ao receber tropas norte-americanas no contexto da Segunda Guerra Mundial, devido a sua localização estratégica: o ponto da costa brasileira mais próximo do continente europeu. É possível afirmar, portanto, que Cascudo vivenciou em seu entorno a influência da

---

[2] Apud Moraes 2010: 39.
[3] Cavalcanti, Vilhena 1990: 76.
[4] Andrade 1998: 15.

cultura norte-americana que encantou os brasileiros, com destaque para a Coca-Cola e o chiclete, as novidades que eram associadas a um discurso de modernidade. Cascudo não cita em sua história alimentar a Coca-Cola, símbolo por excelência do imperialismo norte-americano no mundo, mas critica o consumo de chicletes: "ruminação obstinada da goma-elástica açucarada que os norte-americanos popularizaram"5.

2. HISTÓRIA DA ALIMENTAÇÃO NO BRASIL

Sensível às transformações que distanciavam um referencial histórico dos costumes brasileiros, Cascudo se propôs, em *História da Alimentação no Brasil*, a apresentar uma sociologia da alimentação brasileira com base histórica e etnográfica, partindo do contexto que ele entendia como o momento fundacional do Brasil: a chegada dos portugueses em 1500[6]. Seguindo a perspectiva da historiografia do século XIX, que apresentava o Brasil como a integração de índios, africanos e portugueses, Cascudo percebeu a importância do registro escrito ao buscar as fontes de sua pesquisa. Explicitamente havia maior volume referente à cultura metropolitana, e mesmo mais material sobre os outros dois grupos a partir do ponto de vista europeu. Cascudo entende que só a partir da elaboração de um discurso é que se pode apreender valor a algum aspecto cultural. Da alimentação brasileira no contexto da década de 1950, destacavam-se a fome e a subnutrição. Os estudos do médico pernambucano Josué de Castro ficaram conhecidos no mundo todo. Apesar de respeitar a produção de Castro, Cascudo visava, em sua história alimentar, ressaltar e valorizar a cultura alimentar brasileira, que vinha sendo denegrida pelo discurso nutricionista. Observamos a crítica, por exemplo, nessa citação:

> Com quase cinco séculos de alimentação insuficiente, incompleta e desequilibrada, entre 2500 e 2700 calorias diárias, com déficit de 300 na normalidade do cômputo, o povo construiu tudo quanto possuímos no desbravamento e conquista da terra sem fim, plantando e conservando as culturas responsáveis pela manutenção e elevação da vida coletiva nacional[7].

Para Cascudo, a via para a valorização da cultura alimentar brasileira se daria através do discurso da "civilização", seguindo os moldes do contexto francês. Esse é um dos fatores que explica o desequilíbrio de *História da Alimentação no Brasil*, que em seu terceiro volume conta com 84 páginas para o cardápio indígena, 55 para a dieta africana, 100 para a ementa portuguesa

---

5 Cascudo 2004: 225.
6 Cascudo 2004: 12.
7 Cascudo 2004: 352.

e 7 para os imigrantes alemães e italianos. Ao defender a predominância das técnicas culinárias portuguesas e sua adaptação à geografia local, que significou a presença de ingredientes da cultura indígena e africana, Cascudo define a indispensabilidade da presença europeia para a formação de uma cozinha nacional brasileira. Na perspectiva de Cascudo, o marco civilizatório veio com os portugueses em 1500, e não com os imigrantes europeus do século XIX. A relevância das tradições alimentares justifica essa visão de Cascudo, que admira e aprecia o caráter conservador da cozinha portuguesa e do sertão brasileiro, em oposição ao dinamismo cultural do litoral e dos centros urbanos.

Na primeira viagem que fez a Portugal em 1947, Cascudo destacou em seu relato de viagem a experiência que teve com a impressão do tempo, "o Tempo como uma dimensão, um elemento real, verídico, sensível, material"[8]. Entendendo o Brasil como "Novo Mundo" e a Europa como "Velho Mundo", Cascudo vivenciou o que acreditava não ser possível no Brasil, que é a impressão, na experiência dos sentidos, da ancestralidade do entorno. Ao degustar os fartes, ou farteis, alimento citado na carta de Pero Vaz de Caminha, Cascudo, por sua consciência histórica, sentiu-se contemporâneo aos indígenas que vivenciaram a chegada dos portugueses ao litoral brasileiro. Para Cascudo, o conceito de civilização está associado à organização política da sociedade, tendendo à organização e à disciplina; os marcos culturais decorreriam do processo de constituição da civilização. O caráter mais destacável da civilização, em sua perspectiva, seria sua conservação no tempo[9].

2.1. A "Ementa Portuguesa"

No capítulo "Ementa Portuguesa", a historicidade da cozinha portuguesa é destacada ao longo das 100 páginas destinadas a esse conteúdo dentro das subdivisões: "Instalação da cozinha portuguesa no Brasil", "De 'Re-culinária' em Portugal", "Um cozinheiro Del-Rei", "Regulamentação do paladar português", "O doce nunca amargou", "Quatro doces históricos", "Dieta embarcada" e "O jantar de João Semana e a ceia d'*Os Velhos*".

Em conexão com a história alimentar brasileira, Cascudo inicia o capítulo "Ementa Portuguesa", refletindo sobre a alimentação em Portugal no contexto da chegada da embarcação de Pedro Álvares ao Brasil, em 1500. Para tanto, fez uso, principalmente, do conteúdo sobre a alimentação popular portuguesa presente nas obras completas de Gil Vicente, considerado o primeiro dra-

---

[8] Apud Marinho 2004: 2.
[9] Cascudo 2004: 44-47.

maturgo português. A partir da leitura dessa obra, o autor remonta possíveis cardápios populares do Portugal quinhentista:

> Na *Farsa dos Físicos*, 1519, quando o Brasil ainda indiviso e o povoamento inicial, fortuito, irregular, fala-se em apisto (suco) de pé de boi, manjar branco, perna de veado, pastel de lebre, coelho, porco, trincheiras (queixadas) de vaca, caçapos (laparos), cação, congro, lampreia, tubarão, caldos de peixe. Pão farto, comum, vulgar[10].

A partir desse exercício, Cascudo buscou o caráter histórico dos preceitos que os portugueses teriam plantado no Brasil, como a valorização do sal e a revelação do açúcar, que ele entende como a base da cozinha nacional. Além de terem trazido ingredientes como trigo, uva, limão, arroz, abóbora, couve, alface, alho, cebolinha, maçã, marmelo, galinhas, ovos, os portugueses teriam contribuído com a técnica: "A mão da cozinheira portuguesa deu preço às iguarias humildes, cotidianas, vulgares. Fez o beiju mais fino, mais seco, do polvilho, da goma de mandioca, e molhou-o com leite"[11]. Sobre o caráter civilizador, podemos perceber a força discursiva dos portugueses na cultura culinária brasileira, no que se refere ao consumo de galinha e ovos, segundo Cascudo: as galinhas trouxeram um complexo antes social que alimentar, porque eram mais comercializadas do que comidas no dia a dia, e os ovos, por sua vez, integraram os pratos indígenas, como canjicas e mingaus[12].

Nos subcapítulos "De 'Re-culinária' em Portugal" e "Um cozinheiro Del-Rei", Cascudo disserta sobre a alimentação da corte em Portugal, destacando a abundância alimentar nesse contexto, que foi ainda maior no século XVII, o século do açúcar e o reinado da doçaria portuguesa[13]. Domingos Rodrigues, autor de *Arte de Cozinha*, conhecido como o primeiro tratado gastronômico impresso em português, é nomeado por Cascudo como "o indicador efetivo do que se comeu em Portugal, de meados do século XVII a todo correr do XVIII, onde sua influência de *chef* fora decisiva"[14]. Essa obra, publicada em 1680, está entre as referências mais citadas em "História da Alimentação no Brasil", tanto que mereceu destaque no apêndice do livro, cujo texto tem por título: "O mais antigo tratado de cozinha em português". Para Cascudo, a maior contribuição dos escritos de Domingos Rodrigues estaria no serviço que faz à tradição da cozinha e não à perícia do cozinheiro[15].

No trecho dedicado a "Regulamentação do Paladar Português", Cascudo destacou a tradicionalidade da cozinha portuguesa, chamando atenção para

---

[10] Cascudo 2004: 229.
[11] Cascudo 2004: 239.
[12] Cascudo 2004: 249.
[13] Cascudo 2004: 263.
[14] Cascudo 2004: 273.
[15] Cascudo 2004: 277.

a inalterável predileção do povo e pelo significado social do convívio dos comensais, antiga fórmula de cordialidade portuguesa.

O açúcar, como elemento comum na cozinha portuguesa e na brasileira, é o tema principal do subcapítulo "O Doce nunca amargou". Cascudo recorda que a doçaria portuguesa é anterior ao conhecimento do cultivo de cana-de-açúcar, tendo por base o mel de abelhas. O cultivo do açúcar na colônia brasileira, a partir do século XVI, ampliou as opções de doce, gosto já cativo da população portuguesa. Na reflexão sobre esse tema, ele recorreu aos trabalhos sobre a doçaria portuguesa de Emanuel Ribeiro, *O Doce nunca amargou*, publicado em 1923, e Luís Chaves, *O Significado Social da Doçaria*, publicado em 1948. Juntamente com esses autores portugueses, Cascudo defende um aspecto social da cultura do doce no Brasil e em Portugal. Apresenta o bolo, por exemplo, a partir de sua função social de representar a solidariedade humana: "Era a saudação mais profunda, significativa, insubstituível"[16]. O hábito de comer doce no Brasil seria, assim, na perspectiva de Cascudo, uma herança portuguesa, tanto utilitária como sentimental.

Adentrando nesse universo da doçaria, Cascudo dedica um subcapítulo aos "Quatro Doces Históricos", que são os já citados farteis, as queijadinhas de amêndoa, o manjar-branco e o pão-de-ló, tendo por argumento principal da seleção o destaque deles na etnografia portuguesa[17]. Sobre os farteis, destaca que foi o primeiro doce que um brasileiro comeu no Brasil, fazendo referência ao conteúdo da carta de Pero Vaz de Caminha de primeiro de maio de 1500. As queijadinhas são citadas na literatura francesa, as *tartelettes amandines*, citando *Cyrano de Bergerac*, obra de Edmond Rostand do século XVII, e associadas à produtividade de amêndoas em Portugal. Identifica referências ao manjar--branco nas obras de Domingos Rodrigues e de Gil Vicente, e menciona que em Portugal essa sobremesa remete ao contexto da corte, enquanto no Brasil se converteu num doce simples e popular. No pão-de-ló, Cascudo identificou a origem dos bolos, um dos primeiros trazidos pelos portugueses para o Brasil.

Em "Dieta embarcada", Cascudo centraliza o intercâmbio alimentar dentro das práticas comerciais do Atlântico Sul no período colonial brasileiro. O autor apresenta o regimento de 1756, no qual o rei D. José determinou os gêneros que poderiam ser levados de Portugal para o Brasil: presuntos, paios, chouriços, queijos de Alentejo e de Montemor, ceiras[18] de passas, figos e de amêndoas do Algarve, sardinhas, castanhas piladas, ameixas passadas, azeitonas, cebolas, alhos, alecrim, louro. Do Brasil poderia ser levado para Portugal: farinha de mandioca, melaço, cocos, barris de doces[19].

---

[16] Cascudo 2004: 302.
[17] Cascudo 2004: 309.
[18] Cestas de vime.
[19] Cascudo 2004: 327-328.

Na última parte da "Ementa Portuguesa", Cascudo enfatizou o jantar de João Semana, personagem do livro *As Pupilas do Senhor Reitor*, de Júlio Dinis, publicado em 1863, e a ceia d'*Os Velhos*, comédia de João da Câmara, de 1879. Ele entendeu que esses trechos literários valeriam como depoimento da realidade do cotidiano português da segunda metade do século XIX, período de descaracterização da cozinha tradicional nas cidades em virtude da forte campanha em favor do modelo francês no período. Por apresentarem uma posição favorável à alimentação tradicional portuguesa, o jantar de João Semana e a ceia da comédia *Os Velhos* mereceram um subcapítulo à parte em *História da Alimentação no Brasil*.

2.2. Diálogos entre culturas alimentares

Cascudo justifica a relevância que deu à obra de Júlio Dinis assegurando que o autor, que era médico, manifesta-se por meio do personagem João Semana, cirurgião octogenário que depõe a favor do gosto tradicional, reagindo negativamente aos *menus* internacionais que invadiam e dominavam as festas, recepções e hotéis no Portugal de D. Luís I (1838–1889). Cascudo expõe uma longa citação do livro, que ocupa duas páginas de sua história alimentar:

> A cozinha de João Semana era de um caráter portuguesíssimo, e eu, ainda que me valha a confissão os desagrados de alguma leitora elegante, francamente declaro aqui que, para mim, a cozinha portuguesa é das melhores cozinhas do mundo.
>
> Dou razão nisso a João Semana.
>
> As combinações extravagantes das cozinhas estrangeiras — os galicismos culinários, por exemplo — repugnavam-lhe tanto ao estômago, como aos ouvidos mais pechosamente sensíveis dos nossos severos puritanos, a outra qualidade de galicismos[20].

Em seguida, Cascudo já apresenta o conteúdo referente à comédia de João da Câmara. Na leitura dessa obra literária, Cascudo se questiona sobre o que "comem aqueles soberbos velhos de 1879, no Alto Alentejo?"[21]

> Canja. Galinha cozida e arroz. Farinheira com paio, chouriço, toucinho. Cabidela. Peru ao forno. Carneiro com batatas. Lombo de porco com batatinhas. Leitão assado. Dois pratos de porco, demonstrativos da secularíssima predileção. Sobremesa: bolo podre, pão-de-ló, arroz-doce. Sabores históricos.

---

[20] Dinis apud Cascudo 2004: 330.
[21] Cascudo 2004: 332.

Vinho, vinho velho, guardado desde 1829. Meio século de pipa. Nenhum doce de calda. Nenhuma fruta. Não comparece o café ao final. Copo de vinho fecha a ágape. A ceia dos velhos de 1879 é uma refeição fiel da saboreada em 1829[22].

Após expor informações sobre o jantar de João Semana e a ceia d'*Os Velhos*, Cascudo afirma tê-los como "depoimentos da realidade coletiva portuguesa, na segunda metade do século XIX, quando a descaracterização da cozinha tradicional era notória nas cidades de maior acesso exterior"[23]. A grande defesa da cozinha tradicional portuguesa como valor nacional, Cascudo vai encontrar no literato Fialho de Almeida:

> Pensavam os nacionalistas de 1817 e 1822 quanto Fialho de Almeida proclamaria em 1891: *Um povo que defende seus pratos nacionais, defende o território.*
>
> O alimento representa o povo que o consome numa imagem imediata e perceptiva. Dá a impressão confusa e viva do temperamento e maneira de viver, de conquistar os víveres, de transformar o ato de nutrição numa cerimônia indispensável do convívio humano[24].

A relevância do texto é tal que mereceu entrar no apêndice em *História da Alimentação no Brasil*. Destacamos aproximações de estilo entre Cascudo e Fialho de Almeida. Este literato português, que viveu entre os anos 1857 e 1911, tem um enquadramento literário semelhante ao de Cascudo nas Ciências Humanas, uma vez que incorpora de maneira *sui generis* diferentes correntes estético-literárias, como meio de expressão de uma individualidade artística própria. Pela marca subjetiva de seus textos, sua base inicial romântica nunca desaparece ao longo dos anos, mas se atualiza[25]. A partir do seu romantismo, Fialho de Almeida define o prato nacional como "[...] o romanceiro nacional, um produto do gênio coletivo: ninguém o inventou e inventaram-no todos: vem-se ao mundo chorando por ele, e quando se deixa a pátria, lá longe, antes de pai e mãe, é a primeira coisa que lembra"[26].

Conjugando sentimentos de coletividade, alteridade e saudade, o conceito de prato nacional de Fialho de Almeida abarca tanto ideais românticos quanto nacionalistas. No contexto do pensamento do século XIX, a elaboração de discursos em torno de cozinhas nacionais é dada concomitantemente ao processo de construção simbólica dos Estados Nacionais europeus[27]. Em sua

---

[22] Cascudo 2004: 332.
[23] Cascudo 2004: 333.
[24] Cascudo 2004: 378.
[25] Revez 2011: 394.
[26] Apud Cascudo 2004: 885.
[27] Laurioux, Brueguel 2002: 18.

visita à Portugal em 1947, Cascudo pôde conferir o caráter conservador da cozinha portuguesa ainda no contexto do século XX, o que o levou a escrever: "Quem viaja a Portugal na segunda metade do século XX verifica a capitosa perseverança de sua culinária conservadora"[28].

Do exposto, observamos que Cascudo tinha em mãos um maior conteúdo de fontes históricas referentes ao diálogo entre a cultura alimentar portuguesa e brasileira, em comparação às culturas indígenas, africanas e mesmo dos imigrantes alemães e italianos. Somado a este ponto, acreditamos que a experiência e o apreço pessoal que Cascudo tinha pela cozinha portuguesa e o caráter nacionalista desta tenham sido fatores que condicionaram o destaque do papel do colonizador português na configuração da cozinha brasileira.

2.3. A ementa portuguesa e suas contribuições para a formação da cozinha brasileira, na perspectiva de Cascudo

Conforme já mencionamos, Cascudo pisou em solo português pela primeira vez por ocasião do I Congresso Luso-Brasileiro de Folclore de 1947. *História da Alimentação no Brasil*, nessa época, era apenas uma ideia que lhe passava pela cabeça. Apesar de estar focado em outros fatores, no relato da experiência da viagem não deixou de registrar suas impressões dos pratos que degustou. A viagem durou cerca de um mês e, ao longo da estadia, Cascudo enviou relatos da viagem, publicados no *Diário de Natal*.

Segundo o relato, a viagem teve início no porto do Rio de Janeiro, Cascudo desembarcou na Espanha e seguiu de trem até Portugal[29]. Assim, Valença, vila do extremo norte português, marcou sua primeira experiência portuguesa. No quarto "bilhete", publicado em 15 de setembro de 1947, registrou sua primeira refeição portuguesa em Valença: almoço com vinho verde, galinha de arroz ao forno e pescada frita[30]. De Valença seguiu até Lisboa, passando por Vila Nova de Cerveira, Caminha, Viana do Castelo, Barcelos, Esposende (onde, na divisão administrativa da época, acabava a região do Minho e começava a região do Douro), Póvoa do Varzim, Mindelo, Lousã, Bouças, Porto, Vila Nova de Gaia, Leixões, Espinho, Ovar (onde começa a região da Beira), Angeja, Albergaria-a-Velha, Aveiro, Vagos, Figueira da Foz, Leiria, Batalha, Porto de Mós (onde tem início a Estremadura), Alcobaça, Caldas da Rainha, Vila Franca de Xira e Sacavém. Durante sua estadia em Lisboa conheceu Sintra, Torres Vedras, Varatojo, Palhavã e Queluz. Seguiu em viagem por uma rota desde Lisboa até o interior do país, passando por Alenquer, Caldas da Rainha, Alcobaça, Batalha, Fátima, Tomar, Abrantes,

---

[28] Cascudo 2004: 334.
[29] Marinho 2004: 11-13.
[30] Cascudo apud Marinho 2004: 334

Proença-a-Nova, Castelo Branco (então capital da região da Beira Baixa), Monsanto, Nisa, Alpalhão, Portalegre, Monforte, Estremoz, Borba, Vila Viçosa, Redondo, Évora, Montemor-o-Novo, Vendas Novas, Setúbal, Portinho da Arrabida, Cabo Espichel, Sesimbra e Cacilhas. Cascudo passou o período final na cidade do Porto, de onde partiu para conhecer Vila do Conde, Póvoa do Varzim, Viana do Castelo, Coimbra, Ponte do Lima e Barcelos.

Já citamos a primeira vez que Cascudo experimentou as farteis, por meio do que notamos uma relevância da historicidade desse alimento no gosto sentido e relatado por ele. Dentre os bilhetes que relatam a viagem a Portugal, extraímos outra experiência alimentar interessante, mas dessa vez pela identidade pessoal de Cascudo: os pastéis de Belém.

Em Belém, antes do convento dos Jerônimos, há confeitaria, toda enfeitada de azulejos. Vende-se aí o famoso 'pastel de Belém'. O pasteleiro do convento tinha o segredo desses pastéis. Expulsos os frades, o pasteleiro fundou uma casa e começou a fazer e vender os pastéis. A casa atual data de 1832, data num cartel de azulejo. Milhares de pastéis são comidos diariamente. Nunca se soube, até hoje, o segredo da fabricação. Há um 'it' de mistério no sabor somente obtido pela casinha de Belém. O tempo valoriza esses pastéis de tal forma que ir comê-los é o mesmo que praticar um ato de proclamada inteligência reverenciadora. Já tenho ido, várias vezes, reverenciá-los dignamente. Lembram, de longe, os nossos pastéis de nata[31].

Mais uma vez, a historicidade do alimento parece influir na experiência gustativa. Destacamos, contudo, a lembrança, mesmo que distante, "dos nossos pastéis de nata". Essa referência denota uma ponte que Cascudo constrói entre sua experiência etnográfica como viajante e seus referenciais subjetivos, demonstrando uma relação entre a busca de si próprio enquanto parte de uma memória coletiva. Na leitura de *História da Alimentação no Brasil*, descobrimos quais seriam os "nossos pastéis de nata": "em Natal Velho, entre cem senhoras que faziam pastéis de nata, os *pastéis de Donana Wanderley* eram inimitáveis"[32]. Essa alusão se associa à singularidade, defendida por Cascudo, de que certas iguarias têm no contexto natural de sua criação, como os ovos moles de Aveiro ou a moqueca de peixe de Salvador: "Inútil a memória para reconstruí-las, distantes da paisagem telúrica de seu feitio tradicional"[33]. A partir desse discurso, conduz o leitor para o gosto excepcional dos pastéis de nata feitos por Dona Wanderley em Natal Velho. Cascudo ressalta a experiência culinária das doceiras mais velhas, que escapa de qualquer registro

---

[31] Cascudo 1947: 52-53.
[32] Cascudo 2004: 304.
[33] Cascudo 2004: 304.

"científico", e destaca um gosto pessoal, fruto de uma sensação localizada em determinado espaço-tempo.

A referência aos pastéis de nata inigualáveis de Dona Wanderley e a designação de Natal Velho remete a tempos anteriores à intensificação da modernidade na região em que vive. A angústia diante da sucessão de novidades é compartilhada por Cascudo na exaltação de elementos culturais distantes no espaço-tempo. Dentro dessa abordagem, o gosto inigualável de um doce tradicional português, produzido e experimentado no Rio Grande do Norte em períodos anteriores "à chegada da modernidade na região", congrega significância na composição da história alimentar brasileira elaborada por Cascudo e reforça o elogio do autor ao tradicionalismo da cozinha portuguesa.

Cascudo pensa a ementa portuguesa associadamente às suas contribuições para a formação da cozinha brasileira. Em *História da Alimentação no Brasil* verificamos alguns elementos cruciais resultantes dessa relação: a dicotomia doce e salgado; o consumo de doces, com destaque para o bolo; o consumo de ovos, de farinha de trigo e de queijo; e pratos nacionais nominados por Cascudo: arroz doce e feijoada.

Na história alimentar *cascudiana*, a distinção entre alimento doce e salgado é tida como uma dicotomia relacionada com a colonização portuguesa, uma vez que tanto o uso do sal marinho quanto o do açúcar da cana-de-açúcar foram práticas transmitidas pelo costume dos portugueses. Essa ideia é discutida por antropólogos contemporâneos que discutem a existência de uma doçaria no Brasil anterior ao cultivo da cana-de-açúcar. Tempas critica Cascudo por não destacar a "doçaria indígena", como a mistura de farinha de mandioca com mel[34]. Sobre o consumo de sal pelos indígenas, Cascudo admite que havia um conhecimento desse sabor, mas não um consumo generalizado antes do período colonial. Doce e salgado eram sensações conhecidas no Brasil antes da chegada dos portugueses; o que Cascudo enfatiza, contudo, é o papel dos colonizadores na popularização e na determinação dos ritos alimentares (como a divisão dos pratos da refeição entre alimentos salgados e doces).

Em diálogo com os estudos de Emanuel Ribeiro e Luís Chaves, que versaram o significado social do doce em Portugal, Cascudo buscou identificar reverberações da doçaria portuguesa no universo social brasileiro. O consumo de bolo é um dos elementos que recebe destaque por representar no convívio social a solidariedade entre as pessoas. Segundo Cascudo, a presença do bolo nas festas, de aniversário, de casamento, "representa a saudação mais profunda, significativa, insubstituível"[35].

---

[34] Tempas 2010: 83-84.
[35] Cascudo 2004: 302.

Cascudo confere às mulheres portuguesas a difusão do consumo de ovos no Brasil, sobretudo, na prática de feitura de bolos[36]. Ingrediente muito presente na cozinha portuguesa, não estava entre os sabores preferidos nem dos indígenas nem das populações africanas trazidas para o Brasil. Apesar de uma resistência inicial, os ovos acabaram sendo incorporados na cultura alimentar brasileira e hoje integram receitas que expressam uma simbiose com a cultura portuguesa, como vemos no quindim, em canjicas e mingaus. O quindim, sobremesa marcada pela presença da gema de ovo, é comumente associado à cultura portuguesa. Apesar disso, seu gosto é desconhecido em Portugal, uma vez que o coco adotado na receita brasileira é um substituto das amêndoas usadas por lá.

Do mesmo modo que os ovos, o leite também não era amplamente consumido no Brasil no período anterior à chegada dos portugueses. Um dos principais usos do leite foi a confecção de queijos, produto que marca a cultura brasileira, sobretudo na região de Minas Gerais. Em 2006, o queijo de Minas foi registrado como patrimônio cultural brasileiro pelo Iphan — Instituto do Patrimônio Histórico e Artístico Nacional. O dossiê recorda que, assim como todo o queijo produzido artesanalmente no Brasil, o modo de fazer o queijo mineiro vem da tradição da Serra da Estrela portuguesa[37]. Segundo Cascudo, o queijo mineiro começou a ser produzido no século XVIII, mas somente no início do século XX ganhou mercado no Brasil, a partir da capital do estado, Belo Horizonte, graças às melhores possibilidades de transporte[38]. Apesar da peculiaridade de seu sabor nacional, a feitura do queijo está relacionada, segundo o pensamento *cascudiano*, às técnicas transmitidas pelos colonizadores.

Dentre os alimentos citados, a farinha de trigo é o que mais fortemente carrega o discurso civilizador dos colonizadores, apesar de o consumo dela só ter se difundido no Brasil no contexto do século XIX. A simbologia em torno do "pão da terra" mergulha no significado cultural do pão feito com farinha de trigo, que perpassa rituais religiosos, como a ceia eucarística dos cristãos. O pão é tido como alimento por excelência dos europeus desde a cultura clássica grega, tanto que Homero apresenta os homens como "comedores de pão", em relação aos deuses, que viveriam de néctar e de ambrosia[39].

Segundo a historiadora portuguesa Patrícia Correia, havia uma hierarquia alimentar que determinava as preferências alimentares dos diferentes extratos sociais do Brasil Colonial, sendo que o consumo da mandioca estaria em concorrência com o consumo do trigo. Correia identifica denúncias do Santo

---

[36] Cascudo 2004: 239.
[37] Brasil 2006.
[38] Cascudo 2004: 750.
[39] Grottanelli 1998: 121.

Ofício, datadas de 1593, referentes à substituição da farinha de trigo (escassa no Brasil colonial) por farinha de mandioca para a confecção de hóstias em Pernambuco[40]. Diferente do que ocorreu na costa ocidental africana, onde seu consumo foi largamente expandido e a adaptabilidade da mandioca atendeu às necessidades alimentares da região[41]. A mandioca, desta forma, teria se popularizado principalmente entre os não cristãos, indígenas e africanos. Já o trigo, alimento central da cultura judaico-cristã, estaria no topo da pirâmide alimentar, juntamente com outros produtos importados do Reino como o vinho, o bacalhau e o azeite, sendo consumido pela alta sociedade.

Em *História da Alimentação no Brasil*, Cascudo faz uma clara defesa do consumo da farinha de mandioca, o pão da terra brasileiro, contudo, reconhece o significado social da farinha de trigo para os colonizadores: "Acima de tudo o português fez a farinha de mandioca alimento diário, nacionalizando-se sem que a tentasse impor em Portugal, fiel ao trigo, soberano a seus sucedâneos, o milho norte-americano inclusive"[42]. Apesar da necessidade, os portugueses mantiveram seu paladar fiel ao simbolismo e ao tradicionalismo da farinha de trigo.

Dos pratos nacionais indicados por Cascudo, elegemos dois que se inserem no contexto da cultura luso-portuguesa: o arroz doce e a feijoada. O arroz doce é descrito em *História da Alimentação no Brasil* como a sobremesa nacional por excelência[43], "como o único prato histórico da mesa comum"[44]. Cascudo relaciona a tradição culinária portuguesa e sua transmissão na cultura brasileira, ainda presente na cozinha do sertão brasileiro, tida por Cascudo como a que melhor conservou as tradições alimentares do período colonial. Ele menciona variações do prato em todo o Brasil, que de modo geral não acrescentam o ovo, comum no arroz doce português, e a adoção de leite de coco no lugar do leite de vaca nas regiões litorâneas.

Comumente associada com a cultura afro-brasileira, Cascudo apresenta a feijoada como um prato nacional herdado da cozinha dos colonizadores. Os ingredientes, feijão e farinha, são apresentados como produtos da terra, muito significativos historicamente na alimentação da população. Cascudo reforça, contudo, a relevância da técnica portuguesa na feitura da feijoada, tanto no cozimento do feijão como no das carnes, fator que remete aos variados cozidos europeus: "uma solução europeia elaborada no Brasil. Técnica portuguesa com material brasileiro"[45]. Diferentemente do arroz doce, nomeado

---

[40] Correia 2007: 187-188.
[41] Correia 2007.
[42] Cascudo 2004: 242.
[43] Cascudo 2004: 461.
[44] Cascudo 2004: 460.
[45] Cascudo 2004: 446.

como sobremesa nacional pela sua tradicionalidade, a feijoada é tida como prato nacional pela presença de ingredientes locais. Disso, constata-se a importância das técnicas culinárias portuguesas na formação da cozinha brasileira e o entendimento da cozinha nacional em associação a elementos geográficos, às raízes que conectam o povo à terra no pensamento *cascudiano*.

3. Considerações finais

Seja pela via da tradicionalidade, seja pela via dos "produtos da terra", a cozinha nacional de Câmara Cascudo conjuga o saber português, com sabores portugueses, brasileiros e africanos. A obra de Cascudo tem marcado de forma bastante significativa os trabalhos reflexivos sobre a cultura alimentar brasileira. Se, por um lado, releva a nacionalidade a partir dos ingredientes, por outro, encontra barreiras gustativas, como a preferência por produtos de farinha de trigo aos de farinha de mandioca, ou mesmo de ignorância, resultado do desligamento das pessoas com a produção de alimentos, o que as leva a não reconhecer os produtos regionais ou mesmo saber qual a melhor época de cada um. Apesar de seu esforço, podemos constatar que a cozinha nacional permanece ainda, na contemporaneidade, pouco conhecida pelo grande público, sendo apenas referenciada com alguns pratos principais, como a feijoada. Penso que, no contexto do século XXI, poder-se-ia discutir mais sobre a cultura alimentar brasileira, enriquecendo as pontes de diálogo com a cultura portuguesa e nutrindo as fontes intelectuais brasileiras e mesmo africanas, aspectos menos explorados na história alimentar *cascudiana* (em contraste com as portuguesas).

PORTUGUESES NO ALÉM-MAR E A IMIGRAÇÃO AO LONGO DAS DÉCADAS DE 1950 E 1960: MOTIVAÇÕES E SAUDADES DE UM GRUPO FAMILIAR
(Portuguese overseas and immigration in the 1950s and 1960s: motives and homesickness of a family group)

CILENE DA SILVA GOMES RIBEIRO
Pontifícia Universidade Católica do Paraná (PUCPR)
(Cilene.silva@pucpr.br)

RESUMO: Em meados do século XIX até metade do século XX, ocorreu uma alteração no contexto da emigração de portugueses para o Brasil. Com cenário de insatisfação política, social e econômica, a emigração foi intensificada especialmente nas décadas de 1950 e 1960, fazendo com que grande legião de portugueses desembarcasse no Brasil, em busca de uma vida nova e próspera. Estes aspectos históricos potencializam as maneiras como estes portugueses se sentem e reagem no presente, seja na busca de manter seus costumes e tradições, seja na recusa dos mesmos, apropriando a nostalgia e cultura do que era feliz em seus atos culinários e familiares, ou barrando em seu dia a dia o passado, mesmo no âmbito alimentar. Por isso, faz-se importante compreender o simbolismo e as memórias alimentares na vida de alguns portugueses de um agrupamento familiar que vive na cidade de Curitiba. Para isso, foram definidos como foco de estudo os portugueses de primeira geração residentes na cidade de Curitiba, Brasil, por meio de uma pesquisa qualitativa e que, de forma direta ou agregada, passaram a pertencer a este grupo analisado.

PALAVRAS-CHAVE: luso-brasileiros, alimentação, memórias gustativas, sentimentos alimentares.

ABSTRACT: Portuguese emigration to Brazil has changed a lot from the mid-19th century to the 1950s. Political, social and economic unrest greatly intensified in Portugal, in the 1950s and 1960s, with the consequent emigration of the Portuguese, crossing the Atlantic and settling in Brazil in search of prosperity and a new life-style. The above historical aspects enhanced the ways Portuguese currently feel and react within the context of either maintaining their costumes and traditions or in their denial, through the appropriation of homesickness and culture for culinary activities or shunning their past even within the food context. It is highly relevant to understand the symbolism and memories on food in the life of a Portuguese family living in Curitiba. Studies on first generation Portuguese group in Curitiba are focused through a qualitative research, and which directly or in an aggregate way they started to belong to the analyzed group.

KEYWORDS: Portuguese-Brazilians, food, memories on food, feelings on food.

"Hoje vou fazer um cozido de pimentões como eu fazia em Portugal. Estou com saudades deste cozido. Vou fazer!". Estas foram palavras de Dona Arminda, portuguesa, há 55 anos no Brasil, ao fazer o almoço da família. Mesmo tendo se passado 55 anos de seu distanciamento da terra-natal, esta mulher traz consigo as lembranças e a memória de tudo que viveu e o que comeu na terrinha onde nasceu e cresceu, um vilarejo no interior de Portugal. Tanto como ela, muitas outras pessoas trazem consigo seu passado e o de suas famílias, ainda revelados no presente, seja através da memória da mesa farta ou da mesa de migalhas. Os motivos pelos quais saíram do local onde nasceram e de onde muitos de seus filhos também surgiram, fazem referência à falta do que comer ou à redução significativa das possibilidades de comer. Nas narrativas de tais histórias de vida, identifica-se um traço comum: o trabalho não formal na produção da comida, no campo ou na cozinha, da produção do sabor e da qualidade, onde saberes e sabores expressam conhecimentos acumulados.

O fazer do chouriço, da morcela, das farinheiras, do salpicão, das filhóses, do arroz doce ou da aletria, da açorda e do caldo verde, e de tantos outros pratos, preparados com a receita que está escrita na alma e na cultura dessas pessoas, demonstra não somente a arte culinária de regiões, mas a vida e o dia a dia de muitos grupos populacionais, perpetuadores da cultura alimentar de tudo que aprenderam com seus pais e antepassados e que trouxeram para o Brasil, através de suas panelas.

Dona Arminda é um exemplo vivo desta tradição. Portuguesa "com certeza", fez de sua casa uma verdadeira "casa portuguesa, com certeza, e com certeza, uma casa portuguesa", plagiando uma música muito conhecida. Seus filhos cresceram escutando as suas histórias de vida. Avós, tios, pais, todos portugueses em um mundo brasileiro. Seus três filhos cresceram vendo os pais servirem quase que semanalmente o cozido português (mesmo que adaptado), a sardinha assada e o caldo verde. Comeram inúmeras vezes a açorda com pão e ovos que sua mãe sempre lhes fazia. Pão, azeitonas e azeite de oliva, presenças certas e fundamentais na mesa desta família. A sopa ainda é servida diariamente em todos os domicílios que envolvem este grupo familiar. "Deus nos livre de ficar sem a nossa santa sopinha", era o que dizia a matriarca, diariamente, antes de morrer. E para o patriarca, o avô materno e pai de D. Arminda, um dia sem um cálice de vinho não era dia.

Interessante é que, daquilo que aprendemos a cozinhar e a comer com os "nossos portugueses", nem tudo se come ou nos é de gosto. Muitas coisas já foram, sendo adaptadas a esta nova realidade que se impôs, já que é um fato que as cozinhas estão em constantes transformações. As culturas alimentares, sejam quais forem os tempos e espaços, estão postas em situações de confrontos que podem levar a certas rupturas, diante da implementação de novas técnicas, de novos ingredientes, de excessos ou impossibilidade de acesso a certos alimentos. Estas novas transformações acabam sendo absorvidas ou decantadas pela tradição, que acaba por criar novos modelos, adaptados ou limitados aos modelos convencionais precedentes.

Ainda, nem tudo que se demonstra, seja pela mídia ou por outros portugueses (de outras regiões daquelas das quais os envolvidos nesta pesquisa vieram), foram apresentados em seus seios familiares.

Eu, provavelmente da mesma forma que muitos, que também sou filha de portugueses, nunca havia ouvido falar em minha casa, por exemplo, dos pastéis de nata tão famosos na terrinha. Nunca ouvi falar e tampouco experimentei dentro do meu ambiente doméstico alguns doces tão famosos em Portugal. Raramente comi alguns tipos de carne que lhes eram comuns à alimentação. Talvez porque a cultura alimentar da minha família não fosse da nobreza portuguesa e sim de um vasto grupo de pessoas que pouco tinham, daqueles que comiam aquilo que conseguiam plantar para comer, daqueles que abatiam os animais no período mais frio do ano para poderem garantir sua conservação, já que não possuíam luz elétrica para armazená-los. E, continuei fazendo parte, mesmo depois que esse grupo migrou para o Brasil, de uma família de poucos bens, mas que sempre buscou na alimentação o grande laço com suas tradições e a grande união familiar.

O saber e o sabor das comidas feitas pelos portugueses quando ainda estavam em Portugal nos levam a analisar o modo de vida e a cultura deste povo. O sabor e o saber perpetuados dentro de seus lares brasileiros são a prova da transmissão cultural gerada por eles, dos sabores da sociedade que expressam lugares de memória, de patrimônios sociais, de significância social.

A memória gustativa e a melancolia, ambas de mãos dadas nesse patrimônio luso-brasileiro. Aprendemos a comer bacalhau, sardinha, azeitonas, filhóses e aletria com pais e avós portugueses. Grão de bico, favas, tremoços e feijões de todas as cores e tamanhos, também. Regar a salada e todas as comidas com azeite de oliva nos foi ensinado como sendo uma rotina sagrada. E comer pão, símbolo de fé e de união familiar. Portugueses de nação, brasileiros de coração? Portugueses de emoção, brasileiros pela imigração? Portanto, pretende-se aqui refletir e compreender o espaço local da origem destes imigrantes, suas memórias sobre os motivos da imigração, e quanto deste motivo se fundamenta no acesso ao alimento.

A busca das memórias e sentimentos se deu por meio da história oral, abstraindo a forma como foram vivenciados os cotidianos de homens e mulheres portugueses, imigrantes provenientes de vilarejos do interior de Portugal, moradores da cidade de Curitiba há pelo menos 40 anos, pertencentes ao um agrupamento familiar. Tal agrupamento familiar (irmãos e seus cônjuges), constituído de 12 portugueses de primeira geração, desembarcados no Brasil entre as décadas de 1950 e 1960, foi indicado pela Sociedade Portuguesa Primeiro de Dezembro[1], fundada em 1878 em Curitiba.

1. Imigração ao longo dos séculos: a perpetuação do além-mar

O termo "luso-brasileiro" é empregado para denominar tudo o que é relativo ou pertencente a Portugal e ao Brasil. São chamados luso-brasileiros os indivíduos de origem portuguesa e brasileira, nascidos em qualquer dos países. A imigração e a colonização de portugueses no Brasil têm se dado desde os primórdios da história de nosso país, constituindo mais de três séculos de interação e contribuindo significativamente para a construção da nossa identidade nacional. Não há dúvidas de que a imigração portuguesa contribuiu para o desenvolvimento da nova sociedade brasileira, que por muito tempo era identificada como o novo Portugal. Influenciou o desenvolvimento urbano, os mercados, a política, a economia, a religião e a gastronomia do Brasil.

Nos fins do século XV e início do século XVI, Portugal dominava o cenário das navegações e descobrimentos, influenciando culturas e costumes, tendo a expansão marítima constituído, de diversas maneiras, a dimensão moderna de Portugal. Em busca de um novo caminho para as Índias, os portugueses desembarcaram no Brasil, tornando as viagens de descobrimento e colonização um dos mais importantes acontecimentos em Portugal, condicionando, em maior ou menor grau, grande parte dos aspectos culturais, econômicos e sociais lá existentes[2].

Muitos portugueses foram trazidos ao Brasil para efetivar a colonização e nesta terra angariar recursos e riquezas. Nos dois primeiros séculos de colonização, vieram para o Brasil cerca de 100 mil portugueses, percebendo-se uma média anual de 500 imigrantes, aproximadamente. No século seguinte, foram registrados aproximadamente 600 mil, com média anual de 10 mil imigrantes portugueses.

Dentre os primeiros portugueses a chegarem ao Brasil, estavam os imigrantes mais abastados, que aqui se fixaram principalmente no Nordeste brasileiro em busca de investimentos lucrativos. Entretanto, nesse mesmo período, Portugal incentivou a emigração internacional intencional para

---

[1] À sua fundação, chamada de Sociedade Beneficente Portuguesa Primeiro de Dezembro, por ter como objetivo, dentre suas ações, a de auxiliar os portugueses residentes e imigrantes em Curitiba.

[2] Bellini 2005: 143-167.

suprir as deficiências do povoamento, fazendo com que os degredados representassem, em algumas regiões colonizadas, grande percentual populacional.

Já nos períodos de 1760–1791 e de 1837–1841, observou-se extraordinária oscilação no quantitativo de portugueses que emigraram para o Brasil[3]. Aportaram aqui, na época, não apenas imigrantes de elite[4], mas também minhotos pobres[5], expulsos de sua terra natal por falta de trabalho. Estes, no entanto, não foram mais numerosos do que aqueles oriundos de camadas intermediárias ou superiores da sociedade portuguesa.

Gerações sucessivas de portugueses guardaram estreita vinculação com a colônia e, mais tarde, com o Império e com a República Brasileira. A emigração para o Brasil esteve integrada num conjunto de estratégias de sobrevivência e reprodução social de boa parte das famílias, fazendo com que elas incentivassem a saída periódica de seus filhos com destino ao Brasil como forma de não sobrecarregar a economia baseada na pequena propriedade rural[6]. Normalmente jovens solteiros eram enviados para o Brasil pela mão de um parente ou padrinho, em busca da riqueza e da libertação de uma sociedade empobrecida e cheia de padrões morais e conservadores.

O interessante é que muitos desses portugueses que no Brasil estiveram e que aqui fizeram fortunas, ao retornarem a Portugal fizeram narrativas de muito sucesso sobre a permanência no Novo Mundo. Os que se deram bem, ao contrário do que se imaginaria como lógico, esconderam de seus parentes e conterrâneos as frustrações, privações e agruras por que passaram, preferindo em alguns casos jamais voltar à terra natal com a marca do insucesso. Com isso, foram esses testemunhos da vitória que contribuíram para construir o mito do Brasil como terra de riquezas e abundâncias, de facilidades e oportunidades aos portugueses, propagado por gerações[7] e por séculos.

A partir de meados do século XIX, dentre os que chegavam, predominavam os de origem pobre, as mulheres passaram a representar parcelas cada vez maiores dos grupos de imigrantes, crianças menores de 14 anos, pobres,

---

[3] Em alguns anos, cerca de 10 mil imigrantes, em outros anos 125 imigrantes. E contrastantes não foram apenas os numerais de aportados no Brasil, mas também a origem socioeconômica deles.

[4] Distinguiam-se pela riqueza e pelo nível de educação, pois pertenciam à corte de D. João VI ou eram indivíduos com uma clara inserção nos grandes ou médios estabelecimentos. Nesta época, cerca de 10 ou 15 mil portugueses dos que aqui chegaram eram provenientes de altas classes portuguesas, com nível de educação mais elevado do que a média da população portuguesa da época.

[5] Portugueses provenientes da região do Minho. A revolução agrícola significou, principalmente, a generalização do cultivo do milho e, com isso, uma enorme melhoria na alimentação básica do minhoto. A população nesse período apresentou taxas de crescimento relativamente elevadas, o que resultou numa alta densidade demográfica na região.

[6] Scott 2012: 22.

[7] Scott 2012: 23.

representando em torno de 20% do total de imigrados[8] à época. Em meados do século XIX até metade do século XX, alterações no contexto da emigração para o Brasil estiveram relacionadas principalmente às consequências da implantação do capitalismo em Portugal e não mais aos motivos relacionados à colonização[9]. Assim, os emigrantes nesse período partiam em busca de trabalho assalariado, e não mais em busca de grandes propriedades de terras ou de cargos políticos[10].

Por não ser mais o Brasil uma de suas colônias, a administração portuguesa deixou de desejar a emigração para o Brasil, e passou a estimular a emigração para as colônias que ainda tinha na África[11]. Entretanto, como muitos portugueses que desembarcavam no Brasil acabavam encaminhando dinheiro para as famílias deixadas em Portugal, ajudando na frágil economia portuguesa, a emigração para esta colônia não era totalmente reprimida.

Outro aspecto que tornava indesejável para o governo português a saída de população naquele momento era o fato de que, com a emigração, reduzia-se a disponibilidade da mão de obra assalariada, o que dificultava a criação de um mercado de reserva para atender às necessidades do capitalismo, ainda em fase de implantação em Portugal[12].

> Para os emigrantes, porém, era preferível trabalhar em cidades como Rio de Ja-
> neiro e São Paulo, onde os salários eram maiores, do que efetuar os mesmos
> trabalhos nas cidades portuguesas. Além disso, a vinda para o Brasil também sig-
> nificava a fuga do serviço militar, sinônimo de prejuízo para o trabalhador rural[13].

Embora saíssem de Portugal como agricultores ou artesãos, quando chegavam ao Brasil esses imigrantes preferiam exercer, em sua maioria, atividades relacionadas ao meio urbano, preferencialmente ligadas ao comércio. Por esse motivo, cidades como São Paulo e Rio de Janeiro eram as preferidas, inicialmente, por esses imigrantes, pois eram cidades brasileiras com crescimento urbano acentuado e nas quais muitos compatriotas já residiam. A cidade de Curitiba passou a ser destino de reimigração quando começou a ser percebida como centro urbano em expansão, com boas possibilidades de êxito financeiro para quem estivesse interessado em aventurar-se por locais menos centrais.

O estado do Paraná começou a realmente desenvolver sua política imigratória após sua emancipação da província de São Paulo,

---

[8] Venâncio 2000: 20-35.
[9] Pereira 2002: 15-20.
[10] Fiamoncini 2008: 18.
[11] Fiamoncini 2008: 18.
[12] Fiamoncini 2008: 19.
[13] Fiamoncini 2008: 19.

ocorrida no ano de 1853. Nesta época, ações de incentivo de terras e facilidades foram dadas a alguns grupos étnicos, estimulando a produção agricola na região. Para o portugueses, entretanto, não se ofertou nenhuma forma de subsídio[14], fazendo com que mantivessem seus interesses na exploração do comércio em vez de atuar no setor agrícola, fato que se efetivava desde os primórdios da colonização lusa na região. De acordo com os censos realizados em 1872, 1900 e 1920, podemos concluir que os portugueses que imigraram para o Paraná, principalmente para Curitiba e Paranaguá, guardavam características comuns aos portugueses nos demais estados brasileiros. A maioria deles vinha da região Norte de Portugal, e o número de homens era superior ao de mulheres[15].

> É importante destacar que a constatação da existência de portugueses instalados nessa região desde longa data, pode explicar, em parte, as motivações dos imigrantes do final do século XIX em vir para cá. Segundo a historiografia sobre o tema, a existência de uma rede de solidariedade era determinante sobre o local em que se instalariam, já que eles não recebiam subsídios para isso. Assim, a presença de portugueses em um determinado território era um atrativo facilitador para os imigrantes recém-chegados.[16]

O século XX, por sua vez, também foi marcado por vários acontecimentos relevantes em Portugal: a queda da monarquia e a implantação da República (5 de outubro de 1910), uma rebelião militar (1926) que levou a uma ditadura (1926-1974), o restabelecimento da democracia parlamentar após o 25 de Abril de 1974, a entrada na Comunidade Econômica Europeia (1986) e adesão à moeda comum europeia (1999), com o fim da moeda nacional ("escudo"). A instabilidade política que caracterizou Portugal nas primeiras décadas do século XX trouxe dificuldades econômicas para o país, sendo justamente na primeira metade do século XX, entre 1901 e 1930, que o ápice do fluxo migratório português aconteceu.

Por isso, em um cenário de insatisfação política, social e econômica, a emigração foi intensificada, iniciada no começo do século XX e revitalizada especialmente nas décadas de 1950 e 1960, fazendo com que uma grande legião de portugueses desembarcasse no Brasil em busca de vida nova, próspera e, para muitos, menos sofrida.

---

[14] Fiamoncini 2008: 19.
[15] Fiamoncini 2008: 27.
[16] Fiamoncini 2008: 27.

2. O IMIGRANTE DA DITADURA SALAZARISTA: ESCASSEZ E ESPERANÇA

As décadas de 1930 e 1940 podem ser consideradas como um momento de convulsão da sociedade contemporânea. Durante este período, o totalitarismo idealizado nos primeiros anos do século XX veio à tona sob a forma de tirania e violência. Tempos de terror, de medo e de ódio. Tempos de Hitler, Mussolini, Franco, Salazar, Perón e Getúlio Vargas. Cada qual, a seu modo, colocou em prática projetos nacionalistas e xenófobos, controlando e seduzindo as massas por meio de modernos instrumentos de repressão e propaganda[17].

O contexto sombrio e taciturno imposto pela longa ditadura salazarista instalada na década de 1920 foi um dos grandes propulsores à emigração de portugueses para o Brasil na metade do século XX. Portugal padecia de um atraso econômico crônico em relação à Europa além-Pirineus, e os portugueses encontraram na emigração para o Brasil uma alternativa para as agruras da sociedade portuguesa da época[18]. Mesmo que algumas ações iniciais de Salazar tenham sido aplaudidas e o imaginário português tenha se fortalecido, boa parte da população portuguesa se manteve em situações precárias próximas da miséria na maior parte do país, sem acesso à luz e água encanada.

Na ideologia salazarista, a pátria e o ideal cristão, juntamente com a família e o trabalho, estariam acima de tudo. Sendo a família o elemento básico da nação e do Estado, subordinada aos dogmas do catolicismo conservador, baseada na autoridade hierárquica do pai, na dedicação prioritária das mulheres ao lar e em filhos colaborativos e submissos[19], isso quando a mulher não se tornava a detentora do poder e ordem familiar à ausencia do marido[20]. Cabia aos portugueses aceitar a ditadura e não questioná-la, trabalhar para manter suas terras e sobreviver diante das agruras daquele regime e da falta real de recursos, principalmente para os que viviam no campo.

Salazar criou regras que muitas vezes se demonstravam, na visão dos moradores locais, como facilitadoras na organização social, mas também impositivas e castradoras. Regras eram impostas e medos se espalharam: sentimentos misturados e embaralhados que geravam, nos moradores de alguns locais, múltiplas emoções. Segundo M.A.T.S., 74 anos, português que emigrou em 1960, proveniente do vilarejo de Gião, da região de Candemil, Amarante, a época de Salazar era paradoxal e, em virtude de consequências

---

[17] Carneiro 1997: 147.

[18] Scott 2012: 329.

[19] Durante todo o período do Estado Novo, a situação econômica dos portugueses não mudou muito, atestando os elevados números de imigrantes.

[20] Muitos homens, pais de familia, emigraram para o Brasil e suas famílias eram mantidas na terra, normalmente na agricultura, buscando prover suas necessidades a partir do plantio e criações de animais. Muitas eram chamadas, inclusive, de viúvas de maridos vivos.

econômicas, acabou por estimular muitos portugueses a emigrarem para diferentes localidades. Sobre Salazar, relata:

Não falávamos muito sobre Salazar em casa, porque tínhamos muito medo. Ele prendeu todos os corruptos do governo, mandou prender os ladrões, pôs ordem na casa. Mas, cobrava muitos impostos, era imposto de tudo. Ele [Salazar] tirou Portugal das dívidas e seus cofres ficaram abarrotados de dinheiro. [...] mas, por outro lado, não investiu em nada, em nenhuma indústria, em nada e só não passávamos fome porque plantávamos algumas coisas.

[...] deixou o país paralizado, e não havia emprego para ninguém. As pessoas viviam da agricultura e comiam o que dava em suas terras, e só isso. Como o país era pequeno e na época tinha uma grande população, a solução era sair de lá e emigrar para outros locais.

[...] a luz [elétrica, neste caso] a gente não tinha na aldeia, mas a gente sabia que nas cidades maiores já tinha sim.

[...] nessa época eu era criança e lembro que nem meu pai falava de Salazar em casa porque tínhamos medo, porque ele mandava prender todo mundo.

O Sr. M.A.T.S. relata uma época em que recursos eram muito escassos. A maioria dos pequenos vilarejos rurais eram desprovidos de água encanada e luz elétrica, e, por consequência, de todas as facilidades geradas e possibilitadas por tais recursos. Nada de televisão, de rádio, de geladeira, fogão e eletrodomésticos. A vida era feita de práticas simples. A sobrevivência se dava por meio da manufatura e de ações locais, de pequenas e singelas permutas.

Eu vim de lá... e lá nós éramos em sete irmãos. Meus pais trabalhavam muito, a gente comia, mas não tinha dinheiro para comprar nada. O governo não nos dava nada, não tinha trabalho para quase ninguém, não tínhamos nada. O povo vivia na miséria.

Só ganhávamos dinheiro criando bezerros (vitela) e galinhas e vendendo na feira. Assim a gente conseguia comprar sal, peixes, remédios, ferramentas e roupas. Pra tomar água a gente tinha que ir pegar na fonte. Pra acender o fogo, a gente tinha que ir tirar a lenha nas terras. [...] Era mesmo uma vida muito difícil.

O Sr. A.L., 78 anos, há 57 anos no Brasil, proveniente de Castelo Branco, região da Beira Baixa, relatou como era sua vida na região, nas décadas de 1940 e 1950:

Vivíamos isolados, sem rádio, sem televisão, sem luz elétrica, sem água encanada. Não sabíamos de nada.

[...] *Morávamos lá, criávamos nossos animais e comíamos o que plantávamos, não tínhamos nada, a miséria era grande, mas não sabíamos o que existia fora daquele lugar... eu nem imaginava o que existia fora de lá, mesmo com os meus 20 anos de idade.*

Da mesma forma, em entrevista com o Sr. A.L.S, este com 68 anos e há 55 anos no Brasil, desvela-se esse universo que associava o trabalho, o medo e a busca pela fartura:

Ele [Salazar] *não impedia a emigração porque era notório que não havia recursos para todo mundo sobreviver. Na época em que eu estava lá, meus pais trabalhavam de sol a sol, puxando enxada dia a dia, e o que produziam era apenas para o consumo.*

Tantas foram as dificuldades e os problemas enfrentados pelos portugueses em determinadas regiões de Portugal durante o período que compreendeu a ditadura de Salazar, que o impulso para a emigração se fortaleceu em muitas famílias. Um exemplo desse estímulo se deu com o patriarca de parte deste agrupamento familiar, o Sr. A.S., pai de sete filhos, morador da Lomba, um vilarejo proximo ao Sabugal, na região da Beira Alta, que acabou assentando residência em Curitiba, Paraná. O Sr. A.S. emigrou para o Brasil em 1953, com o objetivo de melhorar a condição da vida de sua família e depois promover o reagrupamento familiar.

Segundo duas das filhas mais velhas do Sr. A.S., seu pai e sua mãe não aguentavam mais tanto trabalhar na lavoura em Portugal sem conseguir progredir e dar conforto para os filhos, em virtude da pobreza em que o país estava mergulhado durante a ditadura de Salazar. Ela citou que seu pai havia iniciado um pequeno negócio no vilarejo e que, como poucas pessoas tinham dinheiro para comprar os produtos que vendiam, acabaram falindo.

Em 1953, decidiu partir para o Brasil e veio, como boa parte dos imi-grantes, em direção ao Sudeste brasileiro, onde se estabeleceu inicialmente até vir para Curitiba (em 1957), quando reimigrou.

Nesta mesma época, ocorreu no Brasil a reabertura da imigração pelo Decreto-Lei n. 7.967, de 18 de setembro de 1945. A partir dele, esperava-se um grande fluxo de imigrantes chegando a esta terra, dada a situação de caos e miséria em que se encontrava o continente europeu, seja pelo pós-guerra, seja pelas ditaduras presentes em alguns países[21]. O Conselho de Imigração e Colonização, representante do posicionamento político do Ministério das

---

[21] Peres 1987: 53.

Relações Exteriores, preparou-se para orientar essa nova imigração procurando sempre acolher no país apenas os interessantes, sem indesejáveis e estranhos. Defendiam a entrada de imigrantes desde que devidamente selecionados no tocante a suas qualidades físicas, mentais, profissionais e raciais, evitando a entrada de indivíduos "inaptos física e mentalmente". O imigrante ideal, considerado imprescindível para o progresso do país, continuava sendo, como na década de 1930, o agricultor, o técnico e o operário qualificado. O que importava, em um primeiro momento, era sua capacidade de desempenhar funções ou transmitir conhecimentos que atendessem aos interesses do país adotivo. Do ponto de vista legal, não se discriminava explicitamente raças ou etnias, mas se dava preferência a algumas, tais como a portuguesa e a imigração dirigida. O português era considerado imigrante de mais fácil integração cultural, mesmo na década de 1950, uma vez que a língua e os hábitos alimentares se aproximavam bastante aos dos brasileiros. Considerava-se necessário que ele criasse raízes, contribuindo para a formação do povo brasileiro, esquecendo tudo o que fosse exterior e sendo absorvido pela sociedade adotiva.

3. Brasil escolhido! Acolhimento garantido para os imigrantes?

A década de 1950, especialmente a sua segunda metade, foi marcada pelo avanço do processo de industrialização brasileiro, influenciado pelo vigoroso investimento público, de empresas estatais e pelo capital internacional e privado nacional[22]. O país, nesta época, iniciou todos os processos de modernização, ocasionando uma alteração da distribuição urbana e de suas relações sociais. Entretanto, apesar dos investimentos e crescimento nacional, estas também não foram décadas fáceis, nem para os que aqui moravam nem para os que vieram de fora: manifestações de trabalhadores, campanhas contra o aumento do custo de vida no país, greves e movimentos sindicais, choques entre governo e população, manifestos contra o governo, renúncia, afastamento e morte de Getúlio Vargas em 1954, governo temporário de Café Filho, eleição de Juscelino Kubistchek de Oliveira (JK) em 1955/56, com a catalisação da esperança dos brasileiros e uma nova mentalidade desenvolvimentista. Todas as ocorrências da década, ao mesmo tempo que fortaleceram oportunidades, geraram dificuldades e medos.

Na segunda metade de 1950, o capitalismo monopolista procurava integrar as economias dos países periféricos, cuja mão de obra barata atraía investimentos e empresas estrangeiras. E com seu plano de metas, JK pretendia incentivar a industrialização acelerada, como meio de gerar novas oportunidades

---

[22] Caputo, Melo 2009: 513.

de emprego e elevar o nível de vida da população, o que foi uma ferramenta propulsora à divulgação do país para os que moravam no além-mar. Cartas dos que aqui estavam chegavam constantemente aos familiares e amigos, sempre com algum tipo de incentivo e com a "autorização" para a emigração.

Conforme um dos relatos feitos, nota-se o fluxo desse incentivo à emigração. Observa-se que a imigração funcionava em rede, porque os que se estabeleciam no novo mundo atraíam seus familiares e amigos. E, como muitos portugueses já conheciam pessoas que estavam no Brasil e que tinham facilidade em lhes oferecer cartas de recomendação para suas vindas, facilitavam-se os protocolos de emigração para esse país.

Vários são os depoimentos dos entrevistados que nos declaram que o Brasil era um dos destinos mais referenciados em Portugal, motivados pela história de sucesso de muitos antecedentes, seja dos que retornaram com riquezas para a "velha terrinha", seja dos que se mantiveram no Brasil, com ou sem sucesso. O Brasil era visto como um espaço para todos. Falar a mesma língua e comer alimentos muito similares também facilitava a escolha pelo Brasil nesta busca por uma nova vida.

> *O Brasil foi escolhido pelo meu pai porque a gente conhecia algumas pessoas [...] que já estavam no Brasil e que mandavam cartas dizendo que aqui havia trabalho e que sobreviver era mais fácil.*

> *[...] as pessoas recebiam as cartas desses amigos ou de parentes, avisando e convidando pra vir pra cá [...] mas, era preciso uma tal carta de chamada[23]. [...] Pensei que seria mais fácil porque eu falava a língua e porque já tinham me falado que a comida era muito parecida e abundante.*

A declaração dos entrevistados sobre as cartas de chamada se resume a sua obrigatoriedade e à sensação dos que necessitaram dela para poderem adquirir suas passagens. Essas cartas foram percebidas como um visto de aceite, quando os emigrantes estavam em Portugal, e depois de viverem no Brasil, passaram a ser compreendidas como uma forma de tutoria e controle.

---

[23] Estas cartas eram documentos que declaravam uma garantia de auxílio ao imigrante que pretendesse se juntar à sua família já instalada no Brasil. Mas asseguravam, também, garantia de que a saída das mulheres do seu país de origem só ocorresse com autorização dos maridos, que muitas vezes estavam no Brasil. Os filhos menores também não podiam vir sem as cartas de chamada. Era proibido às mulheres viajarem sozinhas em virtude de questões relativas ao tráfico das mulheres e da prostituição. Nesse sentido, as cartas de chamada faziam parte da burocracia para tirar o passaporte em Portugal e, a partir de 1920, passaram a ser obrigatórias para que os imigrantes entrassem pelos portos brasileiros. E, para tirar o passaporte, era necessário ter a carta de chamada. Mesmo para os homens solteiros, era-lhes facilitado o passaporte se tivessem uma carta de chamada, porque já lhes dava a garantia da facilidade em arranjarem um emprego no Brasil.

Mesmo com as facilidades de emigração e as boas perspectivas, para a maioria dos que aqui chegaram ocorreram dificuldades em se estabelecer, sofrendo agruras para adaptação e para ganhar a vida. As condições financeiras de trabalho não facilitaram a vida e a retenção de dinheiro para esses lusitanos recém-chegados.

Comer e ter um lugar para morar passou a ser o foco do trabalho dos recém-chegados. Ganhar dinheiro para comprar o "pão nosso de cada dia", e a tal comida parecida à de seus hábitos. Comprar o que dava com o dinheiro pouco que ganhavam, constatando que nem sempre a facilidade prometida se cumpria, fazendo com que muitos imigrantes cumprissem longas e duras jornadas de trabalho, chegando a se estender por 16 horas no comércio e varejo.

Quando cheguei eu precisava arranjar emprego, para poder comer e ter onde morar. Eu só pensava em poder comer...nem que fosse só as batatas e as cebolas que comi por semanas.

O despreparo para o mercado de trabalho tinha como consequência imediata a absorção dos estrangeiros pobres nas atividades desvalorizadas, com tendência à superexploração e à pouca fixação no emprego, em atendimento a demandas circunstanciais do mercado de trabalho. O segmento de prestação de serviços foi visto como alternativa mais facilitada por esses portugueses, e em atividades geradas pela urgência em sobreviver, pois ganhavam valores mínimos e mal conseguiam pagar para morar e comer.

[...] Eu não tinha nenhum tipo de capacitação. Só tinha trabalhado na lavoura e com meus pais, plantando e criando animais. Quando cheguei, fui devorado pelo capitalismo e percebi que este mundo era cheio de articulações. [...] Trabalhava de 10 a 14 horas por dia.
[...] Eu trabalhava na feira e, depois que saía, vendia amendoins e polvilhos de casa em casa. Era o único jeito de sobreviver. Mesmo trabalhando muitas horas por dia, ganhava muito pouco e não me sobrava nada [...] Acabava muitas vezes comendo o amendoim que vendia... senão, morria de fome.

Grande contingente dos que aqui chegaram acabou virando refém de suas decisões, uma vez que não tinham recursos financeiros para retornar ou, ainda, porque foram superados pela vergonha e pela paúra. Serem vistos por todos e por si mesmos como perdedores ou fracassados foi o que ancorou alguns a permanecer neste novo mundo. Os objetivos que os motivaram a sair de suas casas e terras acabaram por ser muito similares aos motivos que os fizeram ficar.

> [...] *Nunca voltei, de vergonha, porque eu não queria voltar com uma mão na frente e outra atrás, sem dinheiro e sem ter como pagar a passagem de volta [...] se eu não tinha nem dinheiro para comer direito aqui, como eu ia voltar?*
> [...] *O fato é que lá, até para comprar sal e peixe era muito difícil. Aqui, para conseguir comer e sobreviver, também foi* [...] *tudo bem que aqui a variedade de alimentos era muito maior, mas... como eu não conseguia comprar, nem sei se era uma vantagem.*

Com pouco conhecimento dos códigos urbanos, precária qualificação profissional e, muitas vezes, ausências de laços familiares na nova terra, muitos desses estrangeiros compuseram um proletariado desfavorecido. Em muitos casos a pobreza ou a restrição se mostrou companheira inseparável. Todos haviam emigrado buscando o paraíso do outro lado do Atlântico, e acabaram por manter a mesma situação de escassez e trabalho intenso durante toda a vida. Conscientes ou não de que aqui ancorariam suas vidas e histórias, aportaram com o objetivo de angariar uma vida melhor, financeiramente e emocionalmente. Todos buscavam uma situação melhor e mais farta em recursos, na carteira e em seus imaginários. Trouxeram na bagagem os sonhos e as aspirações, suas saudades, suas ansiedades e angústias, suas memórias, seus hábitos e seus costumes, modificando assim rotinas, atitudes e gostos dos que aqui já estavam e deles mesmos que aqui chegaram.

Por isso, é notório que esses aspectos históricos potencializaram as maneiras como estes portugueses se sentem e reagem no presente, seja na busca de manter seus costumes e tradições, seja na recusa de tudo isso, apropriando a nostalgia e cultura do que era feliz em seus atos ou barrando, em seu dia a dia, o estigma do passado. E aí é que percebemos a cultura alimentar, os atos culinários e familiares, seus rituais, como referência e demonstração da história e das tradições destes portugueses que aqui aportaram.

4. Receitas e sentimentos guardados na mala da viagem?

Compreender o significado das memórias — seja do que viveram, do que buscavam e o que passaram a ter — é fundamental para traçar o quanto a busca pela comida e pelo alimento os motivou em suas trajetórias. Compreender o significado do comer desses indivíduos é fundamental para responder até que ponto o ato de comer e o fato de ter ou não fartura alimentar podem ter motivado gerações a emigrarem e traçarem novos rumos de vida. Suas lembranças e a composição de suas dietas desvelam o que tinham de disponível para consumo e se tais opções eram vistas como fartas ou carenciais. Suas rotinas alimentares desvendam-nos como tais alimentos e preparações foram mantidos à mesa no ambiente luso-brasileiro.

É fato, ainda, que cada um dos indivíduos que imigrou, ao chegar ao novo mundo, foi inserido em contextos bastante diferentes. Os que emigraram sozinhos, do gênero masculino, pela sua própria condição de solidão, acabaram buscando locais que facilitassem suas vidas, já que vieram sem dinheiro e necessitando "fazer a vida" com muito trabalho e dedicação. Estes, não tinham como destinar seu tempo aos cuidados e atividades domésticas e buscaram a comida pronta à mesa para comer. Moravam em pensões ou pensionatos e ali dormiam e comiam. Alguns conseguiam no pensionato obter as importantes refeições do dia; outros, apenas o café da manhã e o jantar. Mas, a facilidade de ter onde comer, de não ter que comprar o alimento e prepará-lo, e ter acesso à fartura ofertada pelo local, facilitava seus dias.

Foi justamente nesses locais que a eles foram apresentados vários alimentos, preparações e formas culinárias nunca antes vistas e experimentadas em Portugal. Nesses locais, a feijoada era feita com feijão preto; a rabada, a dobradinha, a batata doce cozida, o típico arroz com feijão e tantas outras[24] foram apresentadas a esses lusitanos, integrando em seus hábitos e dietas todas as novas (e muitas outras) opções de consumo.

> [...] *Eu preferi morar em uma pensão, porque lá eu pagava tudo junto, para morar e comer.* [...] *lá eu tinha tudo pronto e mais fácil para mim. Foi lá que aprendi a comer e conheci um monte de coisas que nunca tinha visto e comido em Portugal.*

> [...] *Eu vim sozinho pra cá... ficava difícil comprar a comida e fazer. Era bem mais fácil comer fora de casa, e onde eu achava comida, acabava comendo.*

> [...] *lá eles serviam os pratos de comida e cada dia tinha uma coisa diferente. Muitos legumes, batata, carnes e peixes a gente já tava acostumado a comer, mas lembro de um monte de coisas que eu nunca tinha visto antes* [...] *tipo dobradinha, feijoada, essas coisas.*

A busca pelo comer fora e o consumo de rua se fortaleceram na vida desses imigrantes, uma vez que não tinham mais consigo suas mães e provedoras do comer. Como sua base de alimentação era bastante simples, não sentiram muitas diferenças no que podiam comprar e comer em Curitiba, mas a inserção de ingredientes foi bastante revelada, demonstrando-se, por vezes, com rotinas alimentares cansativas e angustiantes e, em alguns casos, como desejos incontidos de coisas novas.

---

[24] De acordo com estudos realizados por Maria do Carmo M.B. Rolim em sua tese de doutorado intitulada *Gosto, prazer e sociabilidade – bares e restaurantes de Curitiba, 1950-1960*, e por Debora Agulham Carvalho, também em sua tese de doutorado intitulada *Das casas de pasto aos restaurante: os sabores da velha Curitiba (1890-1940)*, é possível evidenciar que várias são as preparações comercializadas pelos restaurantes de Curitiba à população. Dobradinha, vatapá, virado à paulista, bacalhau, entre outros pratos eram constantemente vistos nos cardápios de muitos dos restaurantes locais.

> [...] *como eu comia todos os dias em restaurantes* [...], *chegou uma hora que eu não aguentava mais comer tanto arroz. Era arroz todo dia* [...] *e cheguei a enjoar!* [...] *meu pai trabalhava no Centro e ele comia fora na hora do almoço. Na verdade ele sempre comia um lanche e tomava gasosa. Ele amava gasosa*[25].

> [...] *Eu amava comer o bife à milanesa e sempre comia nos restaurantes perto da fábrica que eu trabalhava.*

Já os portugueses que emigraram com suas famílias, isto é, que chegaram ao Brasil com suas esposas e filhos, bem como aqueles que vieram com seus pais e irmãos, tiveram uma relação um pouco diferenciada com os alimentos desta nova terra. Em suas estruturas familiares, buscaram espaços de moradia exclusivos ao seu grupo. Alugaram, emprestaram ou compraram casas e constituiram nelas suas moradias, replicando parte dos seus costumes à mesa de seus domicílios. Tiveram seus hábitos modificados de forma mais lenta, tendo em suas dietas a inserção de novos produtos e preparações, conforme iam sendo apresentados a eles nos ambientes de aquisição dos alimentos.

> [...] *Eu vim pra cá com minha mãe e irmãos. Meu pai já tinha uma casa onde fomos morar. Lá a mãe fazia as coisas que a gente tava acostumado a comer, mas de vez em quando aparecia uma coisa diferente* [...].

> [...] *Lembro da primeira vez que comi pinhão aqui. Eu nunca tinha comido isso antes. Gostei e comprei pra mãe fazer.*

Os que mantiveram seus hábitos dietéticos preservados nas tradições por mais tempo, possivelmente não foram os que vieram para as grandes cidades. Aqueles que logo constituíram domicílio, mesmo sem a necessidade de abater animais ou defumar as carnes, mesmo sem a necessidade de plantar e colher, passaram a servir em suas mesas preparações cujos alimentos encontravam por aqui. A raiz de consumir determinados alimentos, a lembrança do que comiam e de como comiam, e a manutenção de certos costumes apreendidos na raiz de suas famílias e vidas, foram mantidos e replicados de geração em geração.

> [...] *quando eu preparava a minha comida, eu acabava comprando bacalhau, couves, batatas, cebola e alguns legumes* [...] *que são as coisas que eu mais gosto de comer até hoje.*

Eram múltiplos e diferenciados os sentimentos relacionados aos alimentos: enquanto se espantavam e vibravam com o facilitado acesso aos

---

[25] Marca de refrigerante (soda) típica do Paraná.

produtos e à diversificada opção dos mesmos, choravam certas ausências de produtos típicos e tradicionais às suas dietas alimentares. Em 1960, não há recordações de grandes pontos de comércio de alimentos, principalmente os que vieram diretamente para Curitiba, mas de pequenas mercearias e vendas onde adquiriam os alimentos que passaram a consumir.

Peixes, carne bovina, aves, queijo, tubérculos e legumes são os produtos alimentícios mais relatados em aquisição na época. Compravam pão de vez em quando, mas mantiveram o hábito de fazê-lo em casa, agora com a felicidade de já terem fogão (mesmo que à lenha), na maior parte dos casos.

Não me lembro de ter supermercados aqui quando chegamos [...]. Só me lembro de um que ficava no Centro. A gente comprava mesmo em mercadinhos que ficavam perto da casa onde morávamos.

A gente comprava verduras, batata, peixe, macarrão e carne nos mercadinhos e daí fazia em casa. [...] A gente sempre comprava coisas que já estávamos acostumados a comer, mas a fartura era muito maior do que em Portugal, sem dúvida!

No Brasil, acabaram por se adaptar aos alimentos aqui disponíveis e passaram a consumi-los, incorporando-os aos seus hábitos de consumo. Mudaram relações com os alimentos que consumiam no café da manhã, almoço e jantar. Deixaram de comer a sopa ou a açorda logo ao acordar e passaram a incorporar o café da manhã com café com leite, pão e frios. O almoço deixou de ser às dez da manhã e passou a ser ao meio dia. Os que já comiam o café da manhã aos moldes do Brasil mantiveram os hábitos de tomar o café com leite, pão com queijo e chouriço, manteiga e doce. Mas a infusão, que antes era de centeio, passou a ser o real café brasileiro. Aqui, tomavam o café da manhã e depois somente almoçavam, porque não mais havia toda a função da lavoura. Almoçavam nas fábricas ou perto do ambiente laboral e o acesso dependia de onde e como trabalhavam. Preparações passaram a ser consumidas nas pensões e nos restaurates da cidade e integraram as mesas de suas casas, já que ganharam o gosto e a vontade de consumo.

Comer o arroz com feijão separadamente não era parte do hábito, mas passou a ser. Comer feijoada com feijão preto em vez de feijão branco, também. Comer banana com arroz e feijão no horário do almoço passou a ser hábito de alguns, mesmo que, da forma como se apresentam hoje, jamais tivessem feito parte dos costumes tidos na terrinha. Mas, se passaram a comer arroz, feijão e banana em uma refeição, não deixaram de comer a sopa na outra. Passaram a consumir o doce de leite e o pão de queijo, mas não deixaram de consumir o pão com salame ou regado com azeite de oliva e sal. Passaram a consumir pratos oriundos de diversas outras etnias, mas não deixaram de cozer seu bacalhau (ou qualquer outro peixe), batatas, cebolas e couve. Introduziram em seu cotidiano tantos alimentos, mas não deixaram de buscar o prazer e o sabor que tinham no além-mar. Sua sardinha frita (mesmo que não seja a carnuda sardinha portuguesa), o grão de bico, os legumes, os frutos secos, o azeite de oliva, as azeitonas, dentre tantos outros alimentos, foram mantidos em seus cardápios, ementas diárias ou sazonais, costumeiras ou festivas.

Aqui conseguiram diversificar as formas de cocção antes usadas em Portugal. Lá apenas os ensopados, os cozidos e os crus eram servidos nas refeições cotidianas. Os assados, servidos em momentos de festejos e de agrupamento social, quando havia a permissão ao uso do forno comunitário, muitas vezes único. Lá as defumações e a apertização eram as únicas formas de conservação e de possibilidade de consumo continuado.

Contudo, mesmo sendo tão plenamente integrados nesta nova forma de viver e comer, é notório que as memórias familiares desses indivíduos do além-mar são mantidas latentes e vivas. Os relatos de A.S.S., D.S.L. e M.G.L.S sobre o que comiam em suas aldeias em Portugal remetem às lembranças positivas e de saudades. Nota-se que a restrição alimentar se punha, em virtude da falta de recursos e acesso aos alimentos, mas retratam as trocas feitas entre pares da aldeia, a ajuda mútua, bem como a utilização plena dos recursos disponíveis, e a ação da matriarca na condução da cozinha da família. Para A.S.S. e D.S.L, a presença da familia e a sociabilidade do comer significavam o compartilhar e a força da união e as refeições, reunião. Mesmo com dificuldades financeiras, conseguiam se alimentar. Era uma comida simples, feita com os poucos recursos disponíveis, mas cheia de amor e esperanças.

Juliana Reinhard[26] reforça isso quando cita que, normalmente, a alimentação diária é composta por produtos comuns, próprios da região onde as pessoas vivem, e suas elaborações são costumeiramente mais simples, e que as que exigem mais elaboração se transferem para o campo da comida cerimonial, que aparece normalmente em celebrações ou em fins de semana.

Já para M.A.T.S., A.L. e O.L., algumas práticas alimentares mantidas em suas memórias geram sentimentos de dor e recusa, atrelando ao alimento e às memórias do gosto suas frustrações e ansiedades, seus medos e incertezas. Nas lembranças alimentares de suas infâncias e adolescências eclodem as agruras da restrição e da divisão dos alimentos, das receitas feitas com poucos ingredientes, na única panela sobre o lúmen. Lembram dos produtos que lhes macaram a vida para sempre.

---

[26] Reinhardt 2012: 101.

De manhã cedo a minha mãe fazia uma sopa. Colocava a panela no fogo e fazia uma sopa. [...] A gente almoçava mílharas, batata cozida e, quando tinha batata, não tinha outra coisa [...] às vezes arroz com um pedaço de carne de porco ou sardinha. Às vezes, almoçávamos sopa também. [...] À noite tinha papas com couve ou sopa. A minha mãe fazia muito essa papa e era sopa dia e noite.

[...] Minha mãe me obrigava a comer torta de banana sempre... e eu odiava banana. Mas era a única coisa que ela tinha pra fazer e agradar a gente.

[...] A minha mãe cozinhava a couve com toucinho... de porco, sabe?... E era uma rodela para cada um dos filhos. Ela fazia sopa com essas couves, com pão. Muitas vezes a gente só tinha isso pra comer.

O que mais a gente comia era peixe. Sardinha, nas refeições, no almoço, na janta. [...] Não, bacalhau não se comia muito não. Todo dia passava o sardinheiro vendendo peixe e a maioria do consumo era peixe salgado porque não tinha peixe fresco e quando tinha era caro.

A referência de que em algumas épocas havia maior disponibilidade de produtos é percebida pela vivência de todos. Paradoxalmente, o inverno limitava o consumo de frutas e verduras *in natura*, e possibilitava o acesso a alguns alimentos cárneos, já que as baixas temperaturas ambientais permitiam maior conservação desses alimentos. Nos anos que antecederam a vinda dos entrevistados ao Brasil, equipamentos de refrigeração e de cocção eram inexistentes em suas aldeias, já que não havia luz elétrica e água encanada e, por isso, o jeito era aplicar métodos de cocção e conservação domésticos. Nas épocas de colheita de alimentos, a fartura destes alimentos vindos da terra era grande e muitos deles eram transformados em conservas e compotas, curados para que o acesso se perpetuasse durante todo o ano.

A memória da matança, seja como alternativa de fartura, método de produção e conservação dos alimentos ou de agregação familiar, mantém-se em todos, de áreas urbanas ou rurais, nascidos na década de 1940 ou na de 1980. Realizados no seio dos grupos, o abate, a limpeza e a utilização das partes do animal, bem como a cocção de todas as partes eram feitos na amplitude da familia e da comunidade. Os produtos feitos através da matança, sejam as choriças, o salpicão, as farinheiras, as morcelas (que uns chamam de moura e outros apenas de morcela), linguiças de febras e paio, toucinhos, pernil e o lombo são memórias vivas nesses luso-brasileiros. Muitos atrelam a estes momentos sensações positivas, de satisfação, símbolo de fartura, de planejamento alimentar e armazenamento para dias menos fartos, enquanto outros mantêm em suas memórias o asco e o medo do que viam e dos gostos que não queriam sentir.

A matança era mesmo bizarra, mas era uma coisa que lembro bem e que até hoje muitas famílias fazem. [...] A matança era símbolo de união da família e de fartura [...] um momento bizarro [risos], mas de felicidade, porque tudo era muito bom de comer. [...] Sinto falta dos chouriços, da morcela... humm... do gostinho do que vinha da matança.

No inverno é que nós tínhamos mais carne, porque tinha a matança. Na matança a gente fazia bastante torresmo e as choriças e a gente ia comendo. O salpicão [...] era mergulhado em uma talha junto com as choriças. Era uma delícia e isso eu gostava muito [...]. Tenho saudades desse gosto, que pra mim representava a possibilidade de comer e de um sabor inigualável.

[...] Só de pensar que era de sangue me dá enjoo. Na época a gente comia, mas me dava nojo. Mas, a gente comia porque não tinha mais nada. [...] Quando a gente não tem nada, qualquer coisa a gente acha boa.

Símbolos de agregação e de aproveitamento integral de recursos, esses portugueses mostram a memória das técnicas culinárias utilizadas pelos grupos e das formas de conservação dos alimentos, até hoje utilizadas em muitos daqueles ambientes. As mulheres que participavam da matança, principalmente na produção das preparações, mantêm em suas memórias, ainda hoje, todas as etapas do fazer. Parecem livros de receitas abertas que, ao serem folheados, demonstram detalhes dos tipos de cortes, temperos, tempos de preparo, secagem, de como e com o que fazer o fumeiro, tempo de consumo apropriado, dentre vários outros detalhes. Fato interessante quando nos deparamos com a distância temporal que estas pessoas têm destes momentos vivenciados. Tradições vividas e que, mesmo sem terem sido mantidas no Novo Mundo, não foram jamais esquecidas e subjulgadas. Processos culinários representavam eventos, relevantes e imponentes na cultura desses indivíduos.

No Brasil, boa parte destes lusitanos nunca mais realizou ou participou da matança. Tudo se tornou mais fácil porque o alimento estava pronto para ser comprado e consumido, nas prateleiras dos supermercados ou mercearias das grandes cidades por onde passaram e se estabeleceram. A facilidade de acesso aos alimentos não se comparava, mesmo nos primórdios de suas chegadas ao Brasil, ao que tinham em sua terra natal. Não terem que matar os animais para comer e não precisarem montar o fumeiro, tudo se tornou uma facilidade. Mas, deixar de comer o coelho e o cabrito, além de todos os produtos gerados na matança, tão disponíveis na terrinha e tão escassos aqui no Brasil, tornou-se sinônimo de nostalgia, tristeza e desejos. Relatos demonstram esses paradoxais sentimentos:

[...] *Aqui eu conheci muitas outras coisas e tivemos a chance de comer com muito
maior abundância e fartura.* [...] *De lá o que eu mais tenho saudades, sem dúvida, é
do gosto de algumas comidas e da hora que estávamos juntos, comendo. Mas, do resto,
não sinto falta de nada.*

[...] *Quando cheguei aqui e fui pela primeira vez em um supermercado, nem sabia
que aquilo tudo existia. Fiquei emocionado, de certa forma, porque nunca imaginei
que teria acesso a tanta fartura.*

[...] *Eram épocas de vacas magras, mas eu tenho saudades... tenho saudades das
coisas que vivi com a minha família, de coisas que a gente comia lá e que aqui nunca
mais comi, coisas que aqui não tem com o mesmo gosto que tinha lá* [...].

Os momentos de festas e de comemorações são também reportados
como parte das memórias gastronômicas e das tradições culinárias desses
portugueses. Muitas vezes essas memórias remetem às preparações produzidas,
aos utensílios utilizados na produção, aos rituais e festejos, ao diferente e
ao escasso. Interessante, ainda, que as receitas citadas pelos portugueses de
primeira geração, na maioria do gênero feminino, reportam às lembranças
da cozinha e das panelas de suas mães e avós, receitas que mesmo nunca
tendo sido escritas (até porque essas mulheres eram analfabetas, pelo menos
as em questão), foram repassadas no dia a dia e eternizadas em suas memórias e ações. A forma como relatam com ricos detalhes é muito peculiar
e demonstra como suas memórias gustativas propulsionam suas ações e
consumos na atualidade ou, simplesmente, como os fazem sonhar e desejar.
Fazem com que boa parte dos costumes sejam replicados ainda hoje, tais
como o da carne assada aos domingos, ou do peixe com batatas, reforçando
a importância das raízes familiares e dos costumes no cotidiano atual destas
famílias luso-brasileiras, de suas comidas típicas, de tradições culinárias.

[...] *Hummm, que delícia, me lembro de que fazíamos dois tipos de açorda. Sempre
faço as duas aqui em casa, até hoje, principalmente nos dias de frio!*

*Com os miúdos da galinha a gente fazia arroz. Eu gostava daquela comida com san-
gue. Fazia o arroz e jogava o sangue, deixava cozinhar... fervia...e servia quentinho.
Também tinha a galinhada, que era o frango com vinho branco, sal, alho e louro, um
molho bem grosso... mas nesse não ia sangue* [...] *e só de lembrar me dá água na boca!*

*Não tínhamos fogão, fazíamos tudo na lareira. Só nas festas é que o forno grande...do
povo...era ligado e a gente assava mais coisas. Daí, a gente comia coelho assado também...mas em outros dias a gente comia tudo ensopado.* [...] *Humm...nas festas a gente
matava coelho* [...] *era bom, hein?*

E das festas, muitas memórias afloram. Simples, caseiras, tradicionais, recheadas de cultura, religiosidades e de comunhão social. Todas as lembranças retratam os alimentos envolvidos nas comemorações, a música e a reunião da comunidade: aletria, arroz doce, filhóses, bolo d'água, rabanadas, biscoitos, santoro[27], rebuçados, fulare[28], amêndoas. Dessas, boa parte está sendo mantida pelos portugueses entrevistados e por seus agregados na terra brasileira, em seus lares brasileiros, mas, sem dúvida, acrescidas de uma miscegenação alimentar significativa e de adaptações.

Realmente, para esses portugueses, hoje moradores do território brasileiro, a culinária é uma das características culturais mais fortemente mantidas em suas vidas e memórias, sendo laço contínuo com sua raízes étnicas. Em festas ou no cotidiano, o alimento do português, hoje luso-brasileiro, manifesta-se e se perpetua a partir das tradições e memórias dessa gente.

> O comer não satisfaz apenas as necessidades biológicas; os alimentos não são somente alimentos. Eles são uma 'atitude'. Eles estão ligados aos usos, aos 'protocolos', às situações, às condutas, que não são somente alimentares. O comer e os alimentos preenchem funções simbólicas e sociais e não deixam de ser uma extensão daquilo que é tido como cultural[29].

5. Considerações finais

Historicamente a comida, neste caso sua escassez, propulsionou a busca por novos ambientes. Foi a busca de terras para plantar e colher, de trabalho para se "ganhar o pão de cada dia", que impulsionou gerações e gerações a saírem de suas terras em direção ao Brasil, seja na época da Colônia, seja no século passado. A promessa pelo emprego, pela fartura e pela fortuna atraíu homens e mulheres, famílias inteiras por séculos. Aqui desembarcaram trabalhadores em busca de sucesso, da realização de seus anseios e sonhos, e o alimento foi uma das armas de convencimento mais utilizadas e que mais surtia efeito à emigração. O poder comer mais e melhor passou a ser desejo e busca. Degredados foram emigrados para plantar e colher e o alimento foi moeda de troca e motivação política. Imigrantes pobres e sem terra desembarcaram fugidos das partilhas de terra ou das superpopulações, buscando espaços de sobrevivência. O alimento foi assunto das cartas de chamada, nelas (pelos relatos obtidos) contendo informações sobre a presença da terra, de

---

[27] Em algumas regiões, era costume os padrinhos oferecerem aos seus afilhados um bolo, de nome Santoro, um bolo comprido, com feitio de tíbia, conotado como uma espécie de pão bento.
[28] O fulare, também chamado de folar, é tradicionalmente o pão da Páscoa em Portugal. À base de água, sal, ovos e farinha de trigo.
[29] Rolim 1997: 13.

oportunidades e de comida. O medo de se manterem em Portugal em épocas amargas e com poucas perspectivas, onde se comia apenas o que se plantava e criava, sem ao menos ter dinheiro para a compra de sal e de peixes, fez com que portugueses de nascimento se tornassem brasileiros de coração.

Aqui chegaram e se inseriram, influenciando e sofrendo influências deste novo lugar, de novo clima, de novas tradições e alimentos. Em diferentes épocas, diferentes séculos, em diferentes contextos sociais, econômicos e políticos, cá chegaram e se estabeleceram.

Portugueses que emigraram há séculos ou há décadas, ricos e pobres, sonhadores e conscientes, solitários e acompanhados, fugidos de uma realidade cheia de agruras ou fugidos de suas próprias frustrações, patriarcas e matriarcas, pais ou filhos, convidados ou induzidos, fracassados ou abastados: todos trouxeram registrados em seus corpos e mentes todo seu passado, transformaram futuros, construíram seus presentes e, assim, perpetuaram histórias, tradições, culturas, gostos, sabores e saberes.

O alimento tornou-se motivo de busca, de migração, de desejo e de prospecção. Sua restrição e o não acesso foram os motivos. Seu consumo, o desejo. Seu excesso e a fartura, a busca contínua, nem sempre alcançada. A forma de consumi-los, os momentos e os rituais: a memória gustativa e o sentimento de pertença, sentimentos da história vivida.

Da influência portuguesa na gastronomia do litoral paranaense: apontamentos sobre a cambira e o barreado
(Portuguese influence on the cuisine of the coast of Paraná: notes on the Cambira and barreado)

Maria Henriqueta Sperandio Garcia Gimenes-Minasse
Universidade Federal de São Carlos (UFSCAR)
(mariegimenes@gmail.com)

Resumo: A presença do colonizador português foi determinante na construção da gastronomia do litoral paranaense, embora muitas de suas contribuições estejam tão assimiladas que deixam de ser reconhecidas como tal. A própria dificuldade em se definir uma gastronomia litorânea na atualidade dificulta esta análise. Este texto tem como objetivo refletir sobre a influência portuguesa na formação da gastronomia contemporânea do litoral paranaense, elegendo, como foco de análise, duas iguarias bastante peculiares e diferentes entre si: a cambira e o barreado, pratos tradicionais claramente influenciados pela herança portuguesa e utilizados, atualmente, como símbolos identitários da região, inclusive no contexto da atividade turística.

Palavras-chave: influência portuguesa, gastronomia, litoral paranaense, cambira, barreado, identidade cultural.

Abstract: The presence of Portuguese colonizers was instrumental in building the Paraná coast cuisine, although many of its contributions were absorbed into local culture so that they are no longer recognized as such. The very difficulty of defining a seaside cuisine today complicates this analysis. This article is a reflection on the Portuguese influence on the contemporary cuisine of Paraná coast, electing, as focus of analysis, two dishes very peculiar and different from each other: the Cambira and Barreado, traditional dishes clearly influenced by Portuguese heritage and currently used as identity symbols of the region, including in the tourism context.

Keywords: Portuguese influence, gastronomy, Paraná coast, cambira, barreado, cultural identity.

A tarefa de estudar a influência portuguesa na alimentação contemporânea do litoral paranaense não é das mais fáceis, inclusive pela carência de estudos voltados para a presença portuguesa no estado. Os portugueses, de maneira geral, sempre são lembrados pela presença colonizadora, o que termina por eclipsar outros importantes movimentos migratórios e dificultar um mapeamento mais efetivo de suas contribuições para a cultura da região em questão.

Como observa Passos[1], a produção historiográfica sobre a presença portuguesa no Brasil se desenvolveu principalmente tendo os estados do Rio de Janeiro e São Paulo como foco, enquanto no Paraná os estudos terminaram sendo dedicados principalmente às contribuições de outras etnias, como os italianos, poloneses e alemães. Contudo, este fenômeno não parece ter se restringido ao Paraná. Scott[2] pondera que apenas na década de 1990 a produção científica sobre a imigração portuguesa no país ganhou fôlego, atraso que parece ter sido gerado pela demora da historiografia em perceber os portugueses como imigrantes, e não apenas como colonizadores. Passos[3] também elenca outros fatores que parecem ter contribuído para esta escassez: o fato de nem sempre os imigrantes portugueses utilizarem os mesmos mecanismos que os demais para se inserirem na sociedade; a autonomia conferida pelo domínio da língua local e a própria rede de solidariedade, que facilitava a fixação na sociedade (em termos de acomodação e busca por emprego), fazendo com que esse imigrante escapasse de formas de registro oficial; e também a dificuldade de se identificar tais imigrantes nas documentações oficiais, graças às semelhanças de prenomes e sobrenomes em relação aos descendentes lusitanos — já brasileiros — que estavam estabelecidos no país.

Outro desafio embutido na tentativa de analisar esta influência é a dificuldade de desenhar no que consiste hoje, efetivamente, a alimentação litorânea. A influência portuguesa — em termos de ingredientes e técnicas incorporadas — é grande e ao mesmo tempo difusa, na medida em que estes elementos foram assimilados e até mesmo fundidos com contribuições das populações de origem (os indígenas) e de outras etnias, ao que pese mencionar também a ampla adoção, na atualidade, de alimentos industrializados por várias camadas sociais.

Deste contexto, então, emergem duas perguntas: como pensar a problemática da influência portuguesa na alimentação litorânea? Quais seriam os exemplos mais tangíveis desta influência?

Como sustenta Giard[4], "comer não serve apenas para manter a máquina biológica do nosso corpo, mas também para concretizar um dos modos de relação entre as pessoas e o mundo, desenhando assim uma de suas referências fundamentais no espaço-tempo". O alimento e as representações a ele associadas, assim, podem ser tomados como chave de leitura de uma determinada realidade e de um determinado momento histórico, como defende Carneiro[5]:

---

[1] Passos 2009.
[2] Scott 2001.
[3] Passos 2009.
[4] Giard 1994: 250.
[5] Carneiro 2005: 72.

O costume alimentar pode revelar de uma civilização desde a sua eficiência produtiva e reprodutiva, na obtenção, conservação e transporte dos gêneros de primeira necessidade e os de luxo, até a natureza de suas representações políticas, religiosas e estéticas. Os critérios morais, a organização da vida cotidiana, o sistema de parentesco, os tabus religiosos, entre outros aspectos, podem estar relacionados com os costumes alimentares.

Pensou-se, então, não apenas na visibilidade desta herança portuguesa, mas nos novos usos e funções incorporados por estes elementos integrantes do patrimônio gastronômico do litoral paranaense, como forma de buscar também uma compreensão do contexto alimentar contemporâneo. Destacaram-se, neste exercício, duas iguarias, a cambira e o barreado, pratos tradicionais assumidos como símbolos da região e incorporados como elementos de atração turística e, consequentemente, de desenvolvimento local.

Este texto tem, portanto, o objetivo de refletir sobre a influência portuguesa na na formação da gastronomia do litoral paranaense, tomando como exemplo de análise a cambira e o barreado, inclusive em suas novas funcionalidades.

1. DA INFLUÊNCIA PORTUGUESA NA GASTRONOMIA DO LITORAL PARANAENSE

O litoral paranaense, originalmente ocupado por índios pertencentes à grande família tupi-guarani, com predominância dos chamados carijós, recebeu durante muito tempo bandeiras preadoras de índios e indivíduos isolados que se arriscavam em busca de ouro. Mas foi a descoberta de ouro na Serra Negra por Gabriel de Lara em 1641 que deu início ao povoamento efetivo da região[6]. As minas de ouro não apenas atraíram os primeiros povoadores brancos, como também lhes possibilitaram a existência durante quase um século no litoral e em certas regiões do planalto. A caça, a pesca, os frutos silvestres e as roças de emergência foram a primeira fonte de subsistência desses homens. Naquela região, os grupos mineradores encontravam uma zona rica de aluvião aurífero e nela se instalavam, constituindo os primeiros lares índio-europeus, mais ou menos estáveis, em que as roças iam surgindo e se multiplicando[7].

---

[6] Balhana, Machado, Westphalen 1969.

[7] "Desde os primeiros dias da nossa história foi o ouro ou a ambição do ouro, por parte dos europeus e de seus descendentes, moradores da capitania de São Vicente que trouxe a Paranaguá e ao planalto curitibano, os elementos de população branca que aí investigaram os rios, as serras, os vales; que provisoriamente acamparam nos seus arraiais; que aí plantaram roças, que criaram gado, que desbravaram a terra virgem e nela por fim se fixaram" (Martins 1995: 179).

A convivência entre índios, portugueses e povos provenientes de outros fluxos migratórios, associada à sucessão das fases da economia que impulsionaram o desenvolvimento do estado e de forma mais específica da região litorânea, possibilitou a mescla e a fusão de costumes, tradições e inovações que permitiram a transformação dos recursos da fauna e da flora locais, moldando os hábitos alimentares da região. Para Sganzerla e Strasburger[8],

A formação recente do Paraná, elevado à Província somente em 1853, reflete na sua própria culinária. Nos primeiros tempos, os habitantes desse território incorporaram os hábitos alimentares dos índios e nativos, como é natural nesses processos, e dos portugueses, nossos primeiros colonizadores. Numa segunda fase, adotaram os costumes dos novos imigrantes europeus. Isso tornou os hábitos culinários mais ricos e variados.

Como observado, a base da transformação foi a herança indígena, cujo exemplo mais notório é a mandioca. Os carijós a consumiam em grande quantidade nas suas mais diversas formas, tais como beiju (mbeiju ou meiu), mingau, angu, caldos, tapioca, cauim (uma bebida ritual) e ainda como as versáteis farinhas, fundamentais para a subsistência dos índios, que a consumiam com água, com sucos, com frutas, com caça e com qualquer outro coadjuvante alimentar[9]. Os indígenas comiam ainda brotos da mandioca, batata-doce, cará, pimenta, pinhão, palmito, guabiroba, palmeira juçara, feijão, amendoim, abóbora, cajá, e milho[10]. Bastante populares, os principais produtos derivados do milho eram "a kiréra utilizada no lugar do arroz, por eles desconhecido, a pamonha, a acangic (canjica) e a popoka (pipoca)"[11]. Dentre as frutas, destacavam-se abacate, ingá, araçá, pitanga, cajá, abacaxi, mangaba, goiaba, jaboticaba, maracujá, carambola, jambo, além de frutos de palmeiras, sem falar nas bananas, que eram consumidas ao natural, assadas, cozidas e em forma de mingau[12].

O pinhão (fruto do Pinheiro-do-Paraná, araucaria augustifolia) figurava também como importante elemento na alimentação indígena. Era preparado sobre as brasas das grimpas (galhos) dos pinheiros, sapecado, cozido e pilado. As sementes eram guardadas em cestos submersos em água corrente por quarenta e oito horas e na sequência eram secas ao sol, para posteriormente serem consumidas fora da época de safra. O pinhão era então reduzido a farinha, que era degustada com a adição de carne e peixe moqueados, ou um

---

[8] Sganzerla e Strasburger 2004: 15.
[9] Koch 2004.
[10] Koch 2004.
[11] Casilho 2005: 17.
[12] Casilho 2005.

pouco de farinha de mandioca. Com as carnes de caça originava a paçoca (do verbo apaçoka, que quer dizer pilar) e com a adição dos caldos quentes de carnes ou de peixes, o pirão e o mingau[13].

As carnes consumidas eram as de caça (a carne bovina, galinhas, cabras e porcos foram introduzidos pelos portugueses), geralmente ingeridas assadas. Dentre os animais mais degustados constam os porcos-do-mato, macacos, pacas, capivaras e pássaros em geral, além de alguns insetos. Os peixes eram o alimento básico, consumidos das mais diversas qualidades e pescados por vários métodos[14]. Tanto as carnes de caça quanto as de peixe eram submetidas a técnicas de cocção, sendo geralmente moqueadas: "o processo de moquear as carnes consistia [...] em colocá-las para assar sobre uma grade de madeira ou de taquaras ou ainda diretamente sobre as brasas. Mais uma variante desse processo seria a de enxugar as carnes através da defumação"[15].

Defendendo que parte da ciência colonizadora portuguesa se deu na alimentação, Câmara Cascudo considera que a culinária brasileira foi fundada na esteira da fusão da culinária do colonizador com os elementos nacionais:

> Essa adoção da fauna e flora locais valoriza a cozinha para as descendências branca e mestiça sem que os pratos passassem a constituir curiosidades toleradas e servidas como quem apresenta exotismos folclóricos. A ciência colonizadora do português atingiu o esplendor na transmissão do seu paladar aos aborígenes e sucessores. O que não era brasileiro e vinha de Portugal tornou-se brasileiro pela continuidade do uso normal; toucinho, linguiça, presunto, vinho, hortaliças, salada, azeite, vinagre.[16]

Para Hamilton[17], os portugueses não apenas foram os primeiros divulgadores inter e intracontinentais de muitas manifestações culinárias, mas também desempenharam a função de portadores de culturas comestíveis. Sendo que a própria mistura de produtos agrícolas, ingredientes e costumes socioculinários em muitos casos resultou em comidas hoje características das antigas colônias lusitanas na África e na Ásia e do Brasil, assim como de Portugal e das Ilhas da Madeira e dos Açores. E, como já mencionado, influenciaram diretamente a formação dos hábitos alimentares paranaenses:

---

[13] Casilho 2005.

[14] Eram caçados com arco e flecha, arpão ou com a ajuda do timbó, uma planta que, depois de esmagada com as mãos, produzia um efeito entorpecente nos peixes, fazendo-os boiar, facilitando o trabalho dos homens, que os pegavam com as mãos, Casilho: 2005.

[15] Casilho 2005: 17.

[16] Cascudo 2004: 242.

[17] Hamilton 2005.

Dos portugueses, recebemos o gosto pelas carnes de carneiro, porco, cabrito, além da galinha, dos ovos, peixes e mariscos. Os temperos de origem européia são: alho, cebola, cominho, cheiros-verdes e principalmente a vinha-d´alho. Devemo--lhes, ainda, os recheados, conservas salgadas, açúcar, caldos e o hábito de beber café. A doçaria lusitana nos trouxe os alfenins e alféloas (puxa-puxa), fios d´ovos e o mel, que teve muita importância na elaboração das sobremesas brasileiras[18].

Os portugueses trouxeram vacas leiteiras, gado de corte, ovelhas, cabras, porcos, patos, gansos; além de vegetais como pepino, gengibre, coentro, alho, cebolinhas, poejo, mostarda, rábano, couves, alface, endro, funcho, salsa, cominho, agrião, manjericão, alfavaca, cenoura, acelga, espinafre, dentre outros; frutas como maçã, pêra, marmelo, figo, romã, laranja, lima, limão, melancia, pêssego e videiras[19]. Muitas vezes a estrutura culinária portuguesa foi mantida, mas os ingredientes foram trocados. "Nas grandes fazendas ou nas minas coloniais, a culinária ganhava feições próprias, variando de região para região de acordo com os produtos disponíveis e as características dos povos presentes"[20]. O sal e o açúcar, apesar dos altos preços nos primeiros anos de introdução no país, foram amplamente incorporados, inclusive em técnicas de conservação, como a salga de carnes, a cristalização de frutas e a elaboração de geleias e compotas.

Os colonizadores incorporaram outros produtos nativos de clima tropical, como "[...] o palmito, a banana e o cará [...] Esses habitantes também caçavam e consumiam verduras e legumes de quintal, além de carne *bovina in natura* e salgada[21]". Um elemento que foi rapidamente adotado pelos portugueses foi a mandioca e suas farinhas, que eram aproveitadas de diferentes formas, mas principalmente para fazerem os pirões que acompanhavam a maioria dos pratos, de cozidos a caldeiradas[22].

A alimentação litorânea se desenvolveu, então, "baseada no peixe e outros frutos do mar, nas comidas dependentes do milho e da mandioca, na carne--seca (charque), no arroz, no feijão e no que se cria ou planta nos quintais[23]". Observa-se que a utilização dos pescados e frutos do mar foi facilitada tanto pela questão geográfica quanto pela ampla experiência dos portugueses com as comidas do mar. Peixes como a pescada, o robalo, a perna-de-moça, a prejereba, o badejo, a miraguaia e a garoupa eram os mais indicados para o preparo de moquecas e cozidos, mas o caiçara parecia preferir os de menor valor comercial, como bagres e cações, preparados em um caldo acrescido de

---

[18] Casilho 2005: 32.
[19] Koch 2004.
[20] Casilho 2005: 33.
[21] Sganzerla, Strasburger 2004: 17.
[22] Sganzerla, Strasburger 2004: 17.
[23] Roderjan 1981: 53.

temperos como alfavaca, cebolinha, salsa, cebola e alho[24]. A tainha, peixe que figura em várias receitas tradicionais lusitanas, sempre mereceu destaque na região, sendo pescada entre os meses de maio e agosto[25].

A introdução de novas técnicas de conservação e de preparo — embutir, estufar, escaldar, fritar, dentre outras —, bem como a introdução de novos utensílios de cozinha também são contribuições importantes que não podem deixar de serem mencionadas, e que são perceptíveis também nas duas iguarias que se pretende abordar aqui.

2. UM OLHAR SOBRE A CAMBIRA E O BARREADO

Em um contexto gastronômico, alguns pratos terminam por se destacar. Tais iguarias, marcadas pela manutenção de determinadas especificidades (combinação de ingredientes, técnicas de preparo ou serviço) sobrevivem ao tempo, sendo readaptadas e ressignificadas, mas ainda mantendo uma essência identitária passível de ser reconhecida. Esses pratos, comumente denominados pratos típicos, ligam-se à história e ao contexto cultural de um determinado grupo, constituindo uma tradição que se torna símbolo de sua identidade. Os pratos típicos (ou comidas típicas) são entendidos, portanto, como elementos integrantes da cozinha regional — neste caso, a litorânea — que emergem deste conjunto mais amplo por inúmeras razões (praticidade, associação com outra prática cultural, associação a determinadas celebrações) e passam a ser reproduzidos com finalidade simbólica. Para Reinhardt:

> [...] através destas (tradições culinárias), podemos alcançar e compreender senti-
> mentos e significados enraizados, vestígios oriundos de acontecimentos marcan-
> tes que desencadearam processos de tentativa de preservação do grupo estudado
> por meio da preservação de manifestações étnicas, resgatando ou reafirmando
> uma identidade, fazendo assim uma comunicação do presente com o passado
> através da memória[26].

A cambira e o barreado cumprem esta função, na mediação do passado com o presente a partir da alimentação. E acabam revestidos por outros significados, dentre eles o de simbolizar — ou representar — um conjunto

---

[24] Casilho 2005: 26.

[25] A pesca e o consumo da tainha ainda são bastante expressivos no litoral paranaense, sendo que desde 1985 é promovida a Festa da Tainha em Paranaguá, entre junho e julho, com a duração de 15 dias. A festa, de alcance regional, comercializa o peixe *in natura* e também oferece diversos pratos à base de tainha típicos das comunidades caiçaras, além de atrações culturais e artísticas (Mizga 2008).

[26] Reinhardt 2007: 16-17.

cultural. Nesse sentido, vale recuperar a discussão de Maciel[27] sobre a ideia de cozinha emblemática. Para a autora, o emblema consiste em uma figura destinada a representar uma coletividade e faz parte de um discurso que visa ao reconhecimento, na medida em que informa sobre o grupo do qual emerge e ao qual pertence. Fruto de relações sociais e objeto de negociações, embora possa parecer cristalizado, ele não é, pois se relaciona com as vivências do conjunto de indivíduos e em conformidade com elas, podendo ser alterado, substituído ou abandonado. As figuras emblemáticas regionais podem assim serem vistas como marcas exteriores de distinção, sintetizadores de ideias e imagens escolhidas pelo próprio grupo para representa-lo.

Os pratos tradicionais constituem esta "cozinha emblemática", servindo para expressar identidades, sejam elas nacionais, regionais ou locais. E terminam sendo tão associados a determinados grupos e localidades que passam também a representá-los, fenômeno que não escapa ao interesse da atividade turística. O turismo pode ser considerado uma atividade socioeconômica e cultural marcada pelo deslocamento de pessoas para longe do seu local de residência habitual, deslocamento este que deve ser inferior a um ano e pode ser motivado pelas mais diferentes aspirações. Nesse contexto, do ponto de vista cultural, é o 'diferente', a possibilidade de uma experiência de alteridade que termina por destacar e valorizar destinos. E a gastronomia e suas manifestações, compreendidas como práticas culturais, são absorvidas neste mecanismo como um atrativo, um elemento capaz de atrair visitantes e, por consequência, contribuir para o desenvolvimento socioeconômico de uma localidade. A cambira e o barreado, deve-se mencionar, são pratos tradicionais já cooptados neste processo.

A cambira e o barreado, apesar de serem pratos muito distintos, possuem alguns pontos de contato, que incluem os utensílios utilizados, o uso de banana da terra (no primeiro prato, como ingrediente; no segundo, como acompanhamento) e da farinha de mandioca, empregada no preparo do pirão, acompanhamento indispensável para os dois pratos.

Menos conhecido além das fronteiras do litoral paranaense, mas intimamente ligada à cultura caiçara, a cambira pode ser considerada tanto um ingrediente (o peixe — preferencialmente tainha, abundante na costa paranaense — salgado e defumado) quanto uma preparação específica. Nos balneários, do Pontal do Paraná até Guaratuba, e também em Guaraqueçaba e nas Ilhas, seu preparo é uma prática muito comum entre os pescadores[28].

Como ingrediente, é conhecido como "o bacalhau caiçara" ou o "bacalhau paranaense", em alusão direta à técnica de conservação de peixes trazida

---

[27] Maciel 2004.
[28] Casilho 2005.

pelos portugueses, e pode ser preparado de diferentes formas. Esta técnica foi adotada como forma de garanti-lo — base da alimentação caiçara — em boas condições de consumo mesmo em períodos pouco adequados para a pesca[29].

Por sua vez, o prato cambira tem modo de preparo parecido com o das caldeiradas (também introduzidas pelos portugueses), apesar de usar menos ingredientes: o elemento principal é o peixe salgado e defumado, cozido com tomates, cebola, tempeiros (coentro e cheiro verde são constantes, mas alfavaca e alecrim também aparecem em algumas versões) e banana da terra em uma panela de barro (o elemento destoante das caldeiradas é a banana cozida com o peixe, embora essa combinação também apareça no litoral paulista, em um prato conhecido como afogado). Tem como acompanhamento principal o pirão feito do próprio caldo, embora o arroz branco também seja mencionado[30].

O sabor e a simplicidade de prato — em conjunto com os poucos ingredientes exigidos — parecem ter sido determinantes para sua popularização: seja como ingrediente ou como prato, a cambira sempre pertenceu à alimentação cotidiana. O nome, considerado inusitado por muitos, vem de um cipó muito conhecido na região por sua flor roxa, que era utilizado para amarrar os peixes durante a etapa de salga e secagem à luz do sol e de defumação no calor do fogão à lenha, no período da noite[31].

Embora seja preparação comum em várias localidades litorâneas, o prato foi apontado como típico do município de Pontal do Paraná em 1996, quando, à época da execução do Programa Nacional de Municipalização do Turismo (PNMT)[32] as localidades eram incentivadas a inventariar seu patrimônio turístico e a indicar seus atrativos mais característicos. Contudo, houve certa resistência da população, que considerava a preparação simples demais para se tornar um símbolo oficial do município[33].

Vencida a resistência dos munícipes, o prato passou a ser divulgado em eventos institucionais — como o Salão de Turismo (promovido anualmente desde 2006 pelo Ministério do Turismo na cidade de São Paulo) e o Festival de Turismo do Litoral (promovido desde 2011 pela Secretaria de Estado do Turismo do Paraná) —, além de ser ofertado por alguns restaurantes da cidade. Outra oportunidade de divulgação da iguaria é a Festa da Tainha, que ocorre nos municípios de Guaratuba, Paranaguá e Pontal do Paraná. Deve-se

---

[29] Roderjan 1981.
[30] Sganzerla, Strasburger 2004.
[31] Casilho 2005.
[32] O PNMT foi uma iniciativa do Governo Federal implantada por meio da Embratur (Instituto Brasileiro de Turismo) durante os anos de 1994 a 2003. Durante seu período de implantação no Estado do Paraná, o PNMT (1996–2003) envolveu 270 dos 399 municípios do Estado em ações que buscavam a mobilização, a sensibilização e a capacitação de pessoas ligadas aos órgãos da administração e da iniciativa privada das localidades participantes.
[33] Jungues 2011.

mencionar que a iniciativa de eleger a cambira como símbolo do município e atrativo turístico é claramente inspirada no barreado, exemplo de sucesso do turismo gastronômico paranaese.

O barreado, cujos registros de seu preparo e degustação remontam há mais de 200 anos[34], é considerada não apenas um prato litorâneo, mas também o grande símbolo da gastronomia paranaense, por seu sabor marcante e por sua forma diferenciada de preparo. Historicamente relacionado à Antonina, Morretes, Paranaguá, Guaraqueçaba e ilhas, atualmente é associado aos municípios de Antonina, Paranaguá e, principalmente, Morretes. Trata-se de uma adaptação do cozido português, com algumas aproximações da alcatra, prato tradicional da Terceira Ilha de Açores[35].

A alcatra é preparada com carne bovina de segunda, cebola, alho, pimenta, louro, manteiga de vaca (banha), toucinho defumado, vinho branco e sal. A receita contemporânea estabelece que a alcatra seja cozida em um alguidar de barro, considerado indispensável para o sabor final da iguaria. O fundo do recipiente é totalmente coberto com uma camada de cebola e de toucinho defumado. Põem-se por cima uma camada de carne, uma nova camada de cebola e outra de toucinho. Juntam-se a manteiga de vaca, as folhas de louro, o alho picado e a pimenta Jamaica, rega-se com vinho branco ou vinho de cheiro e coloca-se por cima de tudo o sal. Cobre-se então o alguidar com papel alumínio e coloca-se no forno, com fogo brando, onde deve permanecer por cinco ou seis horas, quando está pronto e deve ser degustado com pão de massa sovada. O resultado é uma carne saborosa e macia, servida ainda em postas muito suculentas. Deve-se mencionar que há menção de o preparo se dar também com a panela enterrada em uma vala sobre brasas, de forma a cozinhar mais intensamente[36].

O barreado, apesar de ser um prato litorâneo, também tem como ingrediente principal a carne bovina de segunda, cozida exaustivamente em uma panela de barro lacrada com uma mistura de farinha de mandioca, cinzas do fogão à lenha e água. A receita tradicional leva carne bovina, toucinho e cominho, embora também sejam aceitos outros temperos, como louro e cebola (mas nunca o tomate, que os tradicionalistas acusam de estragar o prato). A

---

[34] Viana 1976.

[35] O Arquipélago de Açores, composto pelas ilhas São Miguel, Santa Maria (orientais), Terceira, São Jorge, Graciosa, Pico e Faial (centrais) e Flores e Corvo (ocidentais), começou a ser povoado por Portugal por volta de 1432. Como observa o historiador Walter Piazza 2002, no século XVIII os arquipélagos de Açores e Madeira estavam com excedente populacional, além de sofrerem com a falta de alimentos e extrema pobreza. Açores contava ainda com a desvantagem das constantes erupções vulcânicas e eventuais tremores de terra. E foi neste período que começaram os fluxos migratórios para o Brasil, Piazza 2002.

[36] Hamilton 2005.

panela de barro preenchida em camadas sucessivas: a primeira leva toucinho, a segunda a carne cortada em cubos médios e a terceira, cominho. Muitos cozinheiros não colocam água, pois acreditam que a carne deve cozinhar no próprio caldo. Outros colocam apenas um pouco, para garantir um caldo mínimo para o início da cocção[37].

A panela é levada ao fogo e, quando inicia a fervura, é lacrada — ou melhor, barreada (daí a origem do nome do prato) —, e permanece no fogo brando por pelo menos 8 horas (quando do uso do fogão à lenha, esse período se estender por 12 horas). Também há relatos do preparo da iguaria em valas, com a panela enterrada sobre braseiros — e, neste caso, o tempo de preparo poderia se estender até 24 horas. Ao término do cozimento, que é mais prolongado do que o da alcatra, a carne apresenta-se suculenta e desmanchando ao menor toque de um talher. O prato tem como acompanhamento oficial a banana da terra e a farinha de mandioca, utilizada para fazer o pirão escaldado, a partir do caldo do próprio cozido[38].

Mesmo este breve descritivo permite identificar as semelhanças entre os pratos, que incluem a carne cozida exaustivamente, o recipiente de barro (embora os formatos sejam diferentes), a alternância das camadas na montagem da panela e o próprio hábito ancestral de enterrar a panela, tornando o barreado um legítimo herdeiro (com adaptações realizadas, claro) das tradições trazidas pelos portugueses.

Ainda no que se refere ao barreado, é importante ressaltar que, apesar da demora para ser preparado, ele sempre foi visto como um prato prático, na medida em que não são necessários muitos procedimentos de preparação, é um prato que "rende" e dá "substância", além de permanecer saboroso mesmo se requentado (característica também atribuída à alcatra). A essa "praticidade" é atribuído o sucesso do prato, associado aos festejos do entrudo e do carnaval[39]. O barreado, contudo, sempre foi um prato "raro", dedicado às celebrações, especialmente pelo custo do ingrediente principal — a carne bovina *in natura* fazia parte apenas das mesas mais privilegiadas. Ainda hoje é preparado nas residências, no carnaval ou para celebrar batizados, casamentos e festas de aniversário. Mas seu consumo na esfera pública aumentou drasticamente nos últimos anos, influenciado pela atividade turística.

A oferta comercial do barreado foi inaugurada em 1940 em Morretes, no Hotel Nhundiaquara, então sob o comando do sr. Antonio Alpendre. Outros empreendedores, contudo, também foram essenciais para a divulgação e consolidação desta oferta: na década de 1960, a sra. Ieda Siedschlag, em Antonina,

---

[37] Gimenes-Minasse 2013.
[38] Gimenes-Minasse 2013.
[39] Roderjan 1981, Viana 1976.

com o restaurante Cacoan, e o sr. Honílson Fabris Madalozo, também em Morretes, com o então chamado Bar e Snooker Madalozo (hoje, Restaurante Madalozo), também começaram a ofertar a iguaria em seus estabelecimentos. A ascenção do barreado como atrativo turístico e símbolo regional, contudo, deu-se na gestão de Sebastião Cavagnoli (1989–1992) como prefeito do município de Morretes, que terminou por divulgar incessantemente a iguaria[40]. Na década de 1990, o barreado foi assumido pelo Governo do Paraná como prato típico e símbolo do estado, sendo desde então divulgado como atrativo turístico e oferecido em feiras e eventos promocionais no Brasil e no exterior, além de se constituir como o principal atrativo turístico de Morretes.

3. Considerações finais

A influência portuguesa na formação da gastronomia do litoral paranaense é perceptível até os dias de hoje, no uso de determinados ingredientes e técnicas de preparo presentes não apenas na alimentação cotidiana, mas também em pratos considerados emblemáticos da região. Contudo, muitas vezes a amplitude desta contribuição termina eclipsada pela ausência de estudos dedicados a ela.

A sobrevivência de iguarias como a cambira e o barreado, porém, reforçam e evidenciam esta importância. Em um contexto onde a alimentação padronizada pela industrialização é uma ameaça real, estes dois pratos tradicionais, claramente de inspiração portuguesa, tem se destacado como símbolos indenitários da região e também como elementos estratégicos de desenvolvimento local, por meio da atividade turística.

Seja na esfera privada ou pública, o preparo e o consumo contemporâneo destes pratos representa a materialização de seus laços históricos e culturais com a região e sua população, aspecto que tem sido bastante valorizado no contexto turístico. Observa-se, porém, que essas novas "funcionalidades" exigem atenção, na medida em que podem desequilibrar o eterno jogo entre permanências e inovações que ocorre no campo alimentar, abrindo possibilidades de adaptações que visem ao contentamento desses novos comensais, os turistas. A compreensão da historicidade dessas iguarias e o reconhecimento delas como integrantes do patrimônio cultural caiçara são requisitos fundamentais para sua sobrevivência como pratos tradicionais que são.

---

[40] Gimenes-Minasse 2013.

A REGIONALIDADE DE ALGUMAS COMIDAS BRASILEIRAS: UM ESTUDO DAS COMIDAS SERTANEJAS NO SÉCULO XX
(The regionality of some Brazilian food: a case study of Piauí food in the 20th century)

SAMARA MENDES ARAÚJO SILVA
Universidade Federal do Paraná (UFPR)
(samara.mendes@ig.com.br)

RESUMO: A grande extensão territorial nacional engendrou uma diversidade de práticas culturais, inclusive de âmbito alimentar, propiciando que algumas delas ficassem restritas a certos ambientes sociogeográficos, o que as tornou desconhecidas e estranhas aos demais, tanto ao próprio Estado quanto aos demais entes da federação nacional. Em termos alimentares, certas práticas, por vezes tornam-se populares a ponto de identificar determinada área do país por sua comida, implicando generalizações que nem sempre são coerentes com o cotidiano alimentar da população residente em toda uma extensão sociogeográfica. Desse modo, o que propomos discutir neste trabalho é que, mesmo possuindo comidas que, por vezes, estão presentes em todo o território, há certos pratos cujo consumo, em decorrência da historicidade, da significância e simbolismo cultural, permanece circunscrito a determinado espaço social. Para tanto, tomamos como lugar de análise o sertão brasileiro, mais precisamente o Estado do Piauí, onde a população utiliza comumente as expressões "comidas do norte" e "comidas do sul" para diferenciar as origens das tradições alimentares daquele espaço. Utilizamos como fontes documentos hemerográficos e orais, estes fundamentados sob a ótica da História e Cultura da Alimentação. Desse modo percebemos, mesmo com o intenso processo migratório, ocorrido nas últimas três décadas do século XX, o qual propiciou a intensa difusão de diferentes práticas do sertão no meio urbano, ainda permanecem a clara diferenciação e regionalização das comidas, o que contribui em grande medida para fortalecer os aspectos identitários e diferenciadores entre as duas regiões do Piauí. Estendendo esta consideração para as demais regiões do país, podemos afirmar que as comidas são elementos portadores de identidade e da historicidade de um grupo social, e, em grande medida, responsáveis pela manutenção da vivacidade dos regionalismos que persistem em nossos territórios Brasil afora.

PALAVRA-CHAVE: comidas típicas, comida sertaneja, sertão, cultura regional, século XX.

ABSTRACT: The great national territorial extension generated a diversity of cultural practices, including food sector. Providing, including that some of these stay restricted to certain socio-geographic environments which made them unknown and strange to the other, whether the State itself whether the other entities of the national federation. In food terms, certain practices sometimes become popular as to identify a particular area of the country for its food, resulting in generalizations that are not always consistent with the everyday food of inhabitants of an entire socio-geographical area. Thus, we propose to discuss in this paper is that even having foods that sometimes are present throughout the territory, there are certain dishes that due to the historicity of the significance and cultural symbolism consumption remain confined to particular social space . Therefore we as a place of analysis the Brazilian hinterland, more precisely the state of Piauí, where people commonly designates as existing "North foods" and "Southern food" to distinguish the origins of existing food traditions that space, we used as sources newspapers and oral documents they reasoned from the perspective of history and culture of food. Thus we see, even with the intense migration process, occurred in the last three decades of the twentieth century, which led to intense diffusion of different practices of the hinterland in urban areas, still remains, clear differentiation and regionalization of food which contributes to a large measure to strengthen the identity and differentiating aspects between the two regions of the State of Piauí. And extending this consideration to other regions of the country, we can say that the foods are identity-carrying elements and the historicity of a social group, and to a large extent responsible for the vividness of the maintenance of regionalisms that persist in our territories in Brazil out.

KEYWORDS: typical foods, food backwoods, backwoods, regional culture, 20th century.

As práticas alimentares vigentes no cotidiano do sertanejo corroboram com a percepção de Brillat-Savarian[1] (gastrônomo francês do século XIX) de que a comida "difunde gradualmente o espírito de convivialidade que reúne a cada dia os diversos estados, funde-os num único todo, anima a conversa e suaviza as arestas das desigualdades."[2] das mais diferentes origens (socioeconômicas, de gênero, de etnia, de geração, político, ideológico etc.). À mesa é possível a convivência de todos e o respeito da partilha.

---

[1] Jean-Anthelme Brillat-Savarin nasceu em 1755, em Belley, na França. Viveu no período mais atribulado da história francesa, quase perdendo a cabeça na Revolução de 1789. Fugiu para a Suíça no fim de 1793 e pouco depois foi para os Estados Unidos, onde ganhou a vida tocando violino. Voltou à França em 1797 e acabou nomeado por Napoleão para a Suprema Corte de Apelação em 1801, posto que ocuparia até sua morte, em janeiro de 1826. Escreveu "A Fisiologia do Gosto", lançada em dezembro de 1825, trata-se, afinal, do primeiro tratado gastronômico de que se tem notícia. A proposta de Savarin era ambiciosa: nada menos do que fundar a ciência da Gastronomia. Seu trabalho fundamentava-se em alguma bibliografia então existente, de áreas diversas como História e Filosofia, e, principalmente, no ato da observação. Assim, detalhava, por exemplo, o funcionamento do paladar, o comportamento dos alimentos quando submetidos a diferentes procedimentos de cocção e outros aspectos físicos.

[2] Quellier 2011: 7

O cardápio sertanejo tem uma singularidade, no tocante à distinção
social, que confundiria inteiramente os mais ferrenhos defensores da histórica
existência da divisão de classes sociais, caso resolvessem tomar este aspecto
da subsistência humana para demonstrar as desigualdades entre os grupos.

Mesmo a divisão de classes existindo, e, ser bem nítida e demarcada no
espaço social sertanejo. Tal distinção está fixada a partir de outros termos,
os quais são tão sutis a observadores alheios às tramas e regras de sociabilidades locais. Os demarcadores essenciais em outros contextos sociais não
são aplicáveis ao sertanejo, tais como os preceitos alimentares (os quais são
essenciais para compreender a distinção entre os grupos social e economi-
camente privilegiados em certos contextos), que, por vezes, podem ser dados
como inexistentes e/ou desconsiderados, caso um estudo em que se tomasse
a História e Cultura da Alimentação como exemplificador ou traço a ser
analisado da sociedade sertaneja.

Tal situação histórico-social tem inúmeros condicionantes imbricados
culturalmente; no momento, porém, ateremo-nos ao fato de que a cozinha
sertaneja é composta por pratos simples, quando se trata da quantidade de
ingredientes empregados, o que não implica sabores simplórios.

1. A CENTRALIDADE E IMPORTÂNCIA SOCIAL DA COMIDA NO COTIDIANO DOS BRASILEIROS, EM ESPECIAL DO SERTANEJO

Ou seja, quando se aborda a alimentação do sertão, é notável que um
único ingrediente é utilizado de diferentes formas em preparações doces e
salgadas, e tipos de comidas presentes no cotidiano das famílias sem grandes
posses estarão presentes constantemente nas cozinhas das casas mais abastadas.
Sem contar o fato de que os alimentos consumidos num passado colonial
são os mesmos da rotina contemporânea, e as formas de preparo são muito
próximas ou resultante de atualizações destas.

> O nordestino é um sóbrio; essa frugalidade, contido, desaparece nas ocasiões con-
> sideradas de "festa": casamentos, aniversários, bodas de prata ou de ouro. Tudo
> isso, claro, tratando-se de famílias abastadas. Mas em muitas famílias de recursos
> modestos abrem-se exceções, fazem-se até dívidas, para comemorar devidamente
> um casamento, um batizado ou umas bodas de ouro[3].

Conforme mencionou Rachel de Queiroz[4], quando a rotina do cotidiano
é esquecida, um dos componentes desta "quebra" é a comida. No espaço social
do sertão a comida tem significados abrangentes, e nele se inclui a demar-

---

[3] Queiroz 2010:17.
[4] Queiroz 2010.

cação de calendários festivos e finalizações de rotinas. "O comportamento relativo à comida liga-se diretamente ao sentido de nós mesmos e à nossa identidade social [...]"[5].

Durante os vinte e três anos em que trabalhou como cozinheira na feira Dona Beliza, lembra que em dias especiais seus fregueses com melhores condições financeiras encomendavam a comida mais cara:

> [...] às vezes, quando... uma pessoa encomendava uma galinha com arroz a gente fazia. [...] A galinha era uma comida de dia especial [...]. A galinha, você sabe, a caipira, que é cara. E só queriam caipira! Aí dia de sábado eles encomendavam a galinha e a gente levava os tachos, com os pratos pra eles almoçarem lá [...][6].

Assim, o que vamos encontrar em variações e diferenciações entre os diferentes grupos sociais são nos dias especiais, ou, como dizem, "nos dias de festa", a quantidade de alimentos e os tipos de instrumentos e adereços culinários (fogão, panelas, tachos, potes, copos, colheres, facas, etc.) que variam conforme as posses dos donos da casa.

Tal qual notou Abdala[7] no sertão mineiro,

> nas casas, no dia-a-dia, a lógica da economia de tempos difíceis impôs os alimentos cozidos e o aproveitamento de tudo, inclusive das sobras. O que o homem não consumia servia de alimentação dos animais. As farofas e as sopas aproveitavam as sobras de carnes, legumes, feijões e verduras, que compõem o cardápio do mineiro até nossos tempos. O "mexido", uma mistura de tudo que sobrou, era comido na primeira refeição da manhã, antes da saída para a "lida", ou no jantar. Misturava-se arroz, feijão, carne, farinha, sobras de verduras e legumes e, as vezes, um ovo. A pimentinha não podia faltar. Esse prato perdura ainda hoje, sobretudo em fazendas e no interior de Minas Gerais.

No sertão nordestino, identificamos a mesma valorização da comida e o esforço de aproveitar-se todo e qualquer tipo comida. Não sendo permitido nenhum tipo de desperdícios, bem como aquilo que não pode ser consumido pelos seres humanos é destinado aos animais (de pequeno ou médio porte).

Tanto que Santos e Bezerra[8] reproduzem as memórias de Dona Jesus (piauiense, moradora da cidade de Campo Maior) que "relata que aprendeu com sua mãe, ainda menina, além dos afazeres domésticos, a arte de conservar e fazer render toda a carne que se dispunha a salgar".

---

[5] Mintz 2011: 31.
[6] Dona Beliza 2013.
[7] Abdala 2006: 125.
[8] Santos, Bezerra 2012: 6.

O que reforça as memórias mencionadas por Queiroz[9] ao lembrar por que e como todas as partes de carneiro são sabiamente aproveitadas

> [...] como em todo sertão nordestino a cozinha é sóbria e magra. A carne é pouca e difícil; claro que se podem matar umas reses, mas é muito grande a desproporção entre o preço da rês e as exigências da cozinha sertaneja. De bicho grande, matam-se os caprinos e, mais raramente, os carneiros. Carne de bode, a mais acessível, talvez por isso mesmo seja menos apreciada. No entanto, um cozido de costela de bode ou o assado de um pernil são quase sempre deliciosos.
> No sertão diz-se que do carneiro se aproveita tudo, menos o berro. O que é verdade. [...] A cabeça já ficou na casa dele [vaqueiro]; a mulher lhe fará um cozido com miolos, língua, etc. Cortam-se primeiro os dois coxões e as duas pás.
> Na carcaça, separam-se o espinhaço e as costelas. O espinhaço, a carne do pescoço e as canelas vão para o cozido, junto com os legumes: abóbora, batata-doce (e já é comum usar a batata-inglesa), couve, macaxeira (aipim), banana couruda, cebola, alho e todos os temperos verdes: coentro, salsa e cebolinha. As duas pás e as costelas são assadas no forno. O coxão é posto numa boa vinha-d'alhos (vinagre, cebola e alho picados, louro, coentro, cebolinha, sal e pimenta-do-reino) de um dia para o outro. Será então aferventado e só depois irá para o forno.

Situação similar acontece com o porco, do qual se utilizam todas as partes: o sangue se transforma em doce bastante apreciado, o chouriço; a gordura (banha) é derretida e utilizada nos preparos culinários, em substituição aos óleos vegetais e para conservação das carnes já cozidas; os miúdos são transformados em linguiça. Conforme se recorda Dona Zilda Meneses[10],

> [...] *papai matava o porco, mamãe fazia as lingüiças, temperava aquelas carnes, colocava nas gamelas, gamelas de madeira, não tinha geladeira, [...] conservava, [...] fazia aquele almoço..., tirava aquele toucinho para temperar a comida e o restante da banha ela tirava a gordura para poder temperar a comida, gordura de porco. [...] E no dia que matava criação[11] era a mesma coisa! Fazia aquele espinhaço, aquela comida muito gostosa.*

Outro indicativo que expressa a centralidade da comida na vida dos habitantes no sertão é a ocorrência de um número infinito de ditos populares

---

[9] Queiroz 2010: 58-59.

[10] Dona Zilda Meneses 2013.

[11] No sertão denominam-se criação os animais de médio porte, em geral, caprinos e ovinos, criados em cercados próximos as casas. Foram introduzidos pelos colonizadores portugueses ainda no século XVI e se disseminaram rapidamente no território nordestino, estes são historicamente de pequeno valor comercial, e a criação confere pouco prestigio social. "No cotidiano, ao lado de outros animais também considerados 'menos importantes', caprinos e ovinos são genericamente denominados de 'miunça' que significa criação de pouco valor". Gonçalves Júnior 2011: 50.

nos quais ela figura como destaque. Exemplos de tais ditados são: "bocado dos malcriados cria os injeitados"; "não tenha o olho maior do que a barriga"; "o melhor tempero da comida é a fome"; "cada um puxa brasa para a sua sardinha"; "canja de galinha e cuidado nunca fizeram mal a ninguém"; "de grão em grão a galinha enche o papo"; "guarde, porque o dia de amanhã é maior que o de hoje"; "não conte com o ovo no cu da galinha"; "é igual muriçoca, comeu, vai embora".

Contudo, na lógica do sertão, os sujeitos em diferentes posições socioeconômicas podem comer as mesmas comidas, mas não as comem nas mesmas proporções ou quantidades nem com a mesma habitualidade. E isso os diferencia. Nisso residia uma forma de distinção social na época colonial e imperial e que perdurou entre os sertanejos contemporâneos.

Nessa ressonância, comida é mais um dos símbolos de distinção social no espaço sertanejo. No entanto, não é a comida por si só, mas a situação social na qual esta é consumida no sertão que comporta este dentre outros simbolismos inerentes a seu consumo e produção no espaço sertanejo.

O simbolismo inerente aos alimentos é um constituinte singular de diferentes culturas e a compreensão da amplitude deste na teia das inter-relações sócio-históricas propicia o entendimento perspicaz do desenrolar das ações dos sujeitos históricos no desenvolvimento do processo de formação de uma sociedade, pois

> a partilha de alimentos, também denominada comensalidade, é pratica característica do *Homo sapiens sapiens*, desde os tempos de caça e coleta [...]. Comensalidade deriva do latim "mensa" que significa conviver à mesa e isto envolve não somente o padrão alimentar ou o quê se come mas, principalmente, como se come. Assim, a comensalidade deixou de ser considerada como uma conseqüência de fenômenos biológicos ou ecológicos para tornar-se um dos fatores estruturantes da organização social. A alimentação revela a estrutura da vida cotidiana, do seu núcleo mais íntimo e mais compartilhado. A sociabilidade manifesta-se sempre na comida compartida[12].

Neste contexto, conforme explicitou Rial[13], a observação dos hábitos e práticas alimentares dos povos e grupos pode fornecer muito mais que simples curiosidades, tais como quando

---

[12] Moreira 2010: 1-2.
[13] Rial 2003: 9-10.

Staden identifica outras utilidades nos alimentos: podem servir para marcar o tempo (a guerra será feita quando tal "fruta amadurece pois não conhecem nem anos nem os dias" [...]; os Tupinambás são mais perigosos na época da colheita pois preparam o cauim, bebem e fazem a guerra), podem ser armas (a fumaça produzida com a pimenta jogada nas fogueiras fazia às vezes de gás lacrimogêneo desalojando o inimigo das cabanas) [...], e podem ter usos simbólicos, tanto no canibalismo, interpretado por ele como um ato de vingança, quanto em uma tomada alimentar peculiar, a de piolho ("Quando uma mulher cata os piolhos de alguém", diz "come-os porque acredita que eram seus inimigos que estavam comendo algo da cabeça.").

Consideramos, neste estudo — dentre outros aspectos da historicidade nacional —, o simbolismo intrínseco entre as tradições e práticas alimentares e o processo de urbanização tardio ocorrido no meio sertanejo, que propiciaram a constituição de elemento singular da identidade social deste sujeito histórico.

As cidades sertanejas — para construir suas referências identitárias — retomaram, reinventaram e ressignificaram o sertão rural, em seus aspectos de fartura, festa, força de sobrevivência e resistência, mascarando e obliterando os aspectos que podem rememorar as fragilidades daquele lugar/espaço, conforme já constataram Barreira e Vieira[14] e Suassuna[15].

Contudo, há que se mencionar, conforme constatado por Mintz[16], que há diferenciações entre a alimentação urbana e a rural e que "a comida da cidade adquire um significado especial por ser da *cidade* [...]". Esta informação poderia nos levar a concordar com Barreira e Vieira[17] e com a afirmação formulada por Canclin (1998) sobre a atual "fascinação nostálgica pelo rústico e pelo natural" está sendo diretamente motivada pela indústria do turismo nos grandes centros urbanos. Tal fato econômico-social – mais econômico que social – forçaria "um fenômeno de apropriação ou ressignificação das tradições"[18] vinculadas ao meio rural como estratégia de (re)invenção de uma identidade local única e diferenciadora enquanto atrativo meramente turístico, e, seria este o caso das comidas típicas sertanejas consumidas nos ambientes urbanos na contemporaneidade.

Porém, em nossa opinião, a afirmação de Barreira e Vieira[19] pode ser tomada como verídica apenas nas situações em que o objeto analisado se insere num contexto onde a História foi musealizada, ou seja, encerrada, em espaços específicos para exposições instrucionais-educativo-formativa

---

[14] Barreira, Vieira 2007.
[15] Suassuna 2010.
[16] Mintz 2001:35.
[17] Barreira, Vieira 2007.
[18] Barreira, Vieira 2007: 91.
[19] Barreira, Vieira 2007.

e pensada por profissionais das Ciências (das Humanas, em especial) caso contrário torna-se inverídica.

Nessas situações em que a história é construída para ser vista e admirada por espectadores e aprendizes, elementos são destacados de seus contextos originais e construídos em um "enredo" didático e sintético, ilustrados com peças icônicas e representativas, para que aqueles que estão de passagem possam ter uma "noção" dos fatos transcorridos num determinado espaço e tempo. A "história é assim para ser vista", no máximo para ser experimentada em alguns de seus sabores, não é vivenciada por seus próprios produtores sociais.

As tradições sertanejas que abordamos neste trabalho vicejam cotidianamente nas urbes contemporâneas nordestinas — contrariando Barreira e Vieira[20] —, não estão buscando avidamente os olhos e bolsos dos turistas ou de meros expectadores. E isso porque são mantidas, transmitidas e reinventadas por atores sociais na privacidade das cozinhas e quintais de suas casas ou mesmo na publicidade das bancas das feiras e mercados, onde preparam e comem suas comidas sem incomodar-se com quem quer que esteja ao seu lado.

Porque uma fatia grande de cuscuz com queijo e acompanhada de café, paçoca com maria izabel no jantar ou "pratada" de pintado não são atrações turísticas ou vendáveis, comercialmente falando (a não ser que estejam em um ambiente adequado às normas da vigilância sanitária e conforme as regras de atendimento do Sebrae). A manutenção do consumo de tais comidas tem relação direta com a formação desses sujeitos sócio-históricos, enquanto seres humanos e sociais, inscritos num contexto cultural determinado: o sertão, urbanizado ou não.

É essa cotidianidade da comida típica do sertanejo no meio urbano, rememorando, revivendo, reescrevendo e ressignificando sua própria história por meio de suas práticas alimentares, transcritas do meio rural e reinscritas no ambiente citadino, que apresentamos a partir do território piauiense.

Identificamos nos espaços urbanos piauienses, em fins do século XX (cidades de médio e pequeno porte)s as comidas típicas: carne de sol, maria izabel, paçoca, pirão de parida e cajuína. Essas são comidas consumidas em todo o território piauiense.

Conseguimos identificar em nossa pesquisa, ainda, comidas consumidas em regiões específicas, como, por exemplo, mugunzá (salgado) e chouriço (doce de sangue de porco), típicos na região sul do estado, ou os caranguejos, prato apreciado na região norte, juntamente com o doce de buriti.

A culinária piauiense possui ainda a enorme variedade de doces, sendo possível, às doceiras desta terra, transformar quase tudo em deliciosas compotas ou pastas açucaradas. Ainda encontramos os ditos alimentos funcionais, que

---

[20] Barreira, Vieira 2007.

são utilizados como remédios. Podemos, então, vinculá-los a homeopatia, mas são conhecidos de longa data pelos mais antigos, que sempre repetem aos mais incrédulos: "coma, porque além de alimentar, cura".

Perceber, então, que a alimentação comporta diversas formas de sociabilidades e permite embasar reflexões de cunho historiográfico a respeito das transformações socioculturais nos leva a perceber que

> os alimentos não são somente alimentos. Alimentar-se é um ato nutricional, comer é um ato social, pois constitui atitudes ligadas aos usos, costumes, protocolos, condutas e situações. Nenhum alimento que entra em nossas bocas é neutro. A historicidade da sensibilidade gastronômica explica e explicada pelas manifestações culturais e sociais como espelho de uma época e que marcaram uma época[21].

Isso nos conduz a pensar as tradições e práticas alimentares sertanejas no século XX como mantenedoras de uma identidade, bem como elemento amalgamador de uma sociedade historicizada em um contexto complexo no qual o rural e o urbano não estão completamente dicotomizados, e sim imiscuídos. As práticas alimentares sertanejas podem ser mais claramente compreendidos por meio das reiteradas reinvenções e ressignificações destas tradições nas cozinhas e às mesas, constituindo, desse modo, as comidas típicas em patrimônio cultural.

Com base na História Cultural, utilizamos como fontes documentos hemerográficos e orais, fundamentados sob a ótica da História e Cultura da Alimentação. Tomando como foco de análise a constituição histórica das comidas piauienses, enfocaremos como se engendram enquanto símbolos e elementos de pertença ao território cultural (imaginado e/ou imaginário) constituído pelos sujeitos históricos e, assim, como se perpetuam ou se transmutam historicamente seus significados de consumo, produção e distribuição. Veremos, ainda, como sua permutação e transmutação implicam a preservação interna e/ou difusão externa (compartilhamento) até que ultrapassem a "barreira" de uma única região e passem a ser incluídas em "novos" lugares de consumo.

2. As comidas do sertão brasileiro: um lugar de consumo alimentar integrador e diferenciado

Para determinar como se processa o consumo alimentar no meio urbano e os fatores interferentes nele, Cheung[22] menciona os estudos desenvolvidos

---

[21] Santos 2005: 12-13.
[22] Cheung 2011.

por Garcia[23], posto que seja a escolha de uma comida motivada pela conjunção de diversificados e concorrentes fatores cuja ponderação deve ser considerada em estudos como o aqui proposto. Conforme cita Cheung[24],

> Em seus estudos sobre as representações sociais da comida no meio urbano brasileiro, Garcia (2004) lembra que os alimentos são percebidos pelos indivíduos a partir de uma "lente impregnada de valores e conceitos", que faz com que esses sejam triados e integrados em velhas e novas representações. A autora reforça que a percepção da realidade é possível graças às representações, forma de conhecimento do senso comum. Porém, no caso do estudo de práticas alimentares de indivíduos urbanos, a mesma afirma que além das informações científicas incorporadas às práticas alimentares pela transformação do senso comum, agem, também, sobre as representações sociais da alimentação a publicidade dos produtos alimentícios, as condições de disponibilidade, tempo e espaço, bem como os costumes alimentares, a origem cultural e as experiências orgânicas.
>
> Sabendo-se que os padrões e a estrutura das refeições são culturalmente específicos para cada sociedade e seus arranjos refletem as diferentes identidades sociais, os gostos ligados ao cotidiano, ao festivo, ao luxo ou a necessidade [...].

Diferentemente de outros estados do Brasil, a culinária típica do Piauí não teve sua origem segmentada em fases. Podemos localizá-la espacialmente nas fazendas de gado bovino e, temporalmente, num passado em que se mesclam evidências dos períodos coloniais, imperiais e contemporâneos, demarcando — mesmo nos espaços urbanos — a "força" da ruralidade na conformação da sociedade e cultura piauienses.

Assim sendo, nesta pesquisa constatamos — independentemente da origem social e do poder aquisitivo que detenha — que os piauienses são adeptos, em geral, dos mesmos pratos à base de carnes vermelhas (boi, porco e criação), aves (galinha caipira, capote), doces variados (destaque para a rapadura e o doce de leite) e massas de milho, massa de arroz e farinha de mandioca. Ou seja, comidas oriundas do espaço rural e fincadas na tradição agropastoril e com alto teor calórico (como afirmam os nutricionistas).

Outro elemento que deve ser considerado no contexto sócio-histórico do sertão é o fato de ser um território de passagem, ou de transição. As questões pertinentes à "identidade" do sertão e do sertanejo sempre são motivos de questionamento. Seja por questões físico-biológicas, seja por fatores culturais ou sociais, estas sempre são trazidas à baila quando se elenca alguma temática deste espaço — social ou geográfico — denominado *sertão*.

---

[23] Garcia 2004.
[24] Cheung 2011: 4-5.

E quando se alude ao Piauí — um dos estados sertanejos —, essa dificuldade se amplia, tanto em termos culturais quanto em recursos naturais e econômicos, posto que algumas de suas produções têm sido divulgadas e registradas nacional e internacionalmente como pertencentes a outras entidades nordestinas: bumba-meu-boi, folguedo originário do Piauí que migrou para o Maranhão, foi registrado como patrimônio histórico maranhense[25]; a castanha de caju produzida no Piauí, por ser exportada pelo estado do Ceará, é registrada como sendo produzida por aquele estado; o Delta do Rio Parnaíba, pertencente ao Piauí e ao Maranhão, ganha destaque midiático enquanto riqueza natural maranhense.

Quando se aborda especificamente o tema das comidas piauienses, esse questionamento se amplia por diversos fatores, além dos já mencionados. A essa dúvida primaz quanto à autenticidade e ao reconhecimento de uma comida como sendo típica de uma sociedade, soma-se a própria historicidade da formação da cultura alimentar do Piauí. Mas tomo de empréstimo a fala de Suassuana[26]: "a região é árida e discriminada. Enfrenta constante adversidade climática, mas nela se pratica uma verdadeira gastronomia pelas mãos de gente simples, crédula, forte e obstinada, conforme espero aqui demonstrar".

Esse patrimônio cultural, que resguarda um modo próprio de ser produzido, ao mesmo tempo em que está acessível a todos, não está registrado formalmente, pois

> No sertão a comida em grande parte é elaborada "no olho" e transmitida mais pela tradição do que por receitas escritas nas quais os ingredientes são em geral quantificados e padronizados. [...]
> São receitas variadas, de fácil elaboração. Usam ingredientes locais na quase totalidade, refletem uma comida simples e autêntica, como o próprio sertanejo, então apresentadas na forma como eram preparadas no âmbito familiar — local onde são primeiramente legitimadas [...][27].

Os cadernos de receitas são instrumentos recentes na cozinha piauiense, utilizado muito mais para introduzir receitas estranhas à nossa culinária do que para preservar aquelas existentes em nosso território.

Observar a sociedade piauiense — e a sertaneja, por extensão — a partir dessas fontes nos descortina uma perspectiva que traz consigo uma série de interrogações, tais como: por que as receitas que figuram nesses cadernos não são aquelas das comidas consideradas típicas? A constatação de que todos

---

[25] Bumba-meu-boi do Maranhão, expressão cultural foi registrada pelo Iphan como patrimônio cultural brasileiro em 30 de agosto de 2011.

[26] Suassuna 2010: 9.

[27] Suassuna 2010: 9

os cadernos de receitas é um objeto/artefato comum nas áreas urbanizadas e pertencentes às mulheres escolarizadas.

No sertão, esses artefatos da cozinha apresentam uma conotação diferenciada (merecendo um estudo específico e que não nos foi possível realizar neste momento), uma vez que nenhuma das cozinheiras entrevistadas utiliza cadernos de receitas para registrar as receitas típicas. Medidas, porções, ingredientes de cada prato são guardadas na memória, e dessa forma são repassadas entre as gerações.

Conforme informou Dona Beliza Oliveira[28] e Veronília Oliveira[29], basta ter a base das medidas para saber fazer a comida.

> *Nunca sai da minha cabeça... se fosse pra mim fazer agora, eu fazia. [...] já tinha tudo certim... eu tenho os tachos de cinco quilos de arroz, era certo, eu tenho cuzcuzeira grande, quatro ou cinco pacotes de massa de floco de milho pra fazer o cuzcuz. Não sobra, só se a feira for ruim! Tenho a panela de dez quilo, de dez litro, aí só fazer a panela cheia de carne, uma carne de ovelha e outra com a costela. Já tinha a base. Tinha as panelas...[30].*

> *Eu via minha mãe fazendo, eu era pequena, num prestava muita atenção. Agora que eu me aperfeiçoei... com minha sogra. Eu vi ela fazendo. [...] Eu não vou medir não! É, aqui vai no "olhômetro"...[31].*

A não utilização dos cadernos de receitas não implica que as pessoas responsáveis pela lida da culinária típicas desconheçam a escrita, pois, ainda que alfabetizadas, as pessoas que cozinham comidas típicas não têm a prática de registrar este tipo de receitas. Tanto é assim que, para realizar os registros das porções e medidas dos ingredientes utilizados no preparo das comidas e que constam neste trabalho, sempre que perguntada qual a medida deste ou daquele ingrediente, a interlocutora respondia: "coloque aí tanto, mas veja tem que observar se dá o ponto! Se não der, você coloca mais um pouco. Tem sempre que ver o ponto". Ou, como se diz por aqui, "saber a ciência das coisas". E, no fim, a medida da receita aqui registrada nem sempre será segura, pois tem que "saber o ponto". Situação lembrada por seu Osmar, que diz que para a *"paçoca ficar boa, tem de saber o ponto certo entre a quantidade de farinha e carne, nem pode ser nem farinha de mais nem menos. E pra saber isso, só tendo a ciência das coisas!"[32].*

Essa dificuldade em localizar receitas e mesmo anotações sobre as comidas típicas piauienses é ratificada ao manusearmos as fontes jornalísticas. Foram

---

[28] Beliza Oliveira 2013
[29] Veronília Oliveira 2013
[30] Beliza Oliveira 2013.
[31] Veronília Oliveira 2013.
[32] Seu Osmar 2013.

publicações esparsas nas colunas especializadas em culinária, matérias especiais
ou comentários, receitas ou orientações para o preparo de pratos locais, enquanto
as oriundas de outros lugares são vultosas nesse tipo de veículo de comunicação.
Outras duas dificuldades podem ser somadas às citadas. A primeira é que,
graças à grande extensão territorial do Piauí, há comidas que são consumidas
em regiões específicas do estado e desconhecidas em outras. Gerando, assim,
o segundo embate desta pesquisa: qual seriam as comidas comuns a toda a
extensão do territorial piauiense? Existe um prato comum a todo o território?

Buscando informações nas mais diferentes fontes, conseguimos identificar
as comidas típicas consumidas na extensão de todo território piauiense: carne
de sol, maria izabel, paçoca, cajuína, pirão de parida, bolo frito, manuê, doce
de leite (pasta, cortado e em barra), doce de goiaba (pasta, calda e em barra),
doce de batata com coco, doces de caju.

A cozinha sertaneja é, tipicamente, esta sincrética união cultural alimentar,
que resultou num conjunto de práticas singulares e únicas, repletas de significados históricos e simbolismos culturais. Assim,

> a opção pelo estudo das tradições alimentares regionais se deve à convicção de
> que a cozinha é elemento central para a compreensão de manifestações da cultura
> imaterial, propiciando apreensão de valores, de modos de vida, de significados
> simbólicos, como também da construção de identidades, seja em âmbito local,
> regional ou nacional[33].

Contudo, no espaço de um trabalho acadêmico é necessário recorrermos ao

> recorte que é um recurso analítico que se impõe sem, no entanto, perder de vista
> o fato de que são indissociáveis, na prática, de aspectos como religiosidade, festas
> com muita diversão, fartura e sociabilidade. Também artes do fazer, assim como
> os modos de viver as relações sociais ou os papéis sexuais estão imbricados em tais
> saberes e práticas. Nenhum desses aspectos está dissociado[34].

Porém, é incompatível com o lastro desta pesquisa — e com o tempo
de que dispomos — explorar todos os pratos típicos identificados neste
percurso de redescobertas das tradições e práticas alimentares sertanejas.
Sendo assim, tivemos de proceder escolhas, fazer recortes, delimitando as
comidas típicas que traduzem "hábitos alimentares cotidianos representam
modos de organizar e de se relacionar e apontam a forma como costumes

---

[33] Abdala 2011: 133.
[34] Abdala 2011: 133.

ancestrais são recriados no presente: os aromas e sabores carregam uma parte da história dos grupos"[35].

De consumo em todo o território piauiense, selecionamos: maria izabel, paçoca, pirão de parida e cajuína. Como afirma Morais,

> de maneira sintética, estamos nos referindo aos pratos definidos como identificadores de uma região; a modos de fazer, de usar a cozinha e utensílios domésticos, bem como de consumir os alimentos, caracterizados como comuns a um grupo social. Na medida em que esta cozinha se refere ao passado e aos antepassados, insere-se na dinâmica histórica e cultural. Na medida em que, para identificar, passa por cima das diferenças internas, torna-se um espaço de disputa material e simbólica[36].

Mostra disso é que o *modo tradicional de fazer* cajuína foi tombado como patrimônio histórico cultural imaterial do Piauí pelo Governo do Estado[37], e recentemente, como resultado de trâmites em âmbito federal, o processo de registro da bebida como bem cultural imaterial nacional e resultado do inventário produzido pelo Iphan-PI recebeu também registro de patrimônio nacional.

Outro bem que obteve registro como de relevante interesse cultural piauiense foi a raça de gado pé-duro[38]. Essa raça de bovino era criada nas primeiras fazendas do Piauí colonial, e dela foram feitas as primeiras peças de carne-de-sol, tipo de carne utilizada para fazer tanto a maria izabel quanto a paçoca.

Ao perceber que o governo estadual, por meio de seu órgão de promoção, desenvolvimento e divulgação da cultura piauiense, definiu proteger dois bens ligados à culinária local enquanto patrimônios culturais, evoca-se uma discussão mais ampla e complexa, pois se

> o entendimento da comida como prática cultural e como patrimônio, como bem cultural intangível passa, portanto, pela sua percepção como signo, como emblema. Neste sentido, uma vez que o foco da discussão aqui pretendida recai sobre as cozinhas regionais, antes mesmo de tratar da monumentalização destas cozinhas, faz-se necessário percorrer alguns caminhos interpretativos que se debruçaram sobre a comida como vetor de identidade[39].

---

[35] Abdala 2011: 155.

[36] Morais 2011: 236.

[37] Este registro do *modo tradicional de fazer* a cajuína como patrimônio cultural imaterial foi resultado do processo e registro feitos pela FUNDAC-PI no ano de 2008 e sancionado pelo Decreto do Executivo estadual n. 13.068 de 15 de maio de 2008, publicado no Diário Oficial do Estado n. 90.

[38] Este registro foi resultado do processo e registro feitos pela Fundac-PI no ano de 2009 e sancionado pelo Decreto do Executivo estadual n. 13.765 de 20 de julho de 2009, publicado no Diário Oficial do Estado n. 134.

[39] Morais 2011: 233.

Questiona-se: havendo vários pratos típicos (conforme elencamos),
por que o governo do estado elegeu apenas estes dois — cajuína e gado
pé-duro — para ações de salvaguarda e incentivo produtivo? Contudo, a
questão da patrimonialização dos bens culturais alimentares e a disputa pela
preservação de sua memória são discussões que, no momento, extrapolam
o foco de nossa investigação.

3. As comidas "do norte" e as comidas "do sul": a regionalidade de algumas comidas piauienses

A grande extensão territorial do Piauí (mais de 250 mil km²) gera diversidade de práticas culturais, inclusive no âmbito alimentar. Propicia também
que algumas dessas práticas sejam circunscritas a determinadas regiões
dentro do próprio estado, sendo, dessa forma, praticamente desconhecidas
do restante do território — ou, pelo contrário, popularizando determinada
região do estado pela produção e consumo de certo bem alimentar.

Em fins da década de 1970, os jornalistas piauienses atribuíam o desconhecimento da maioria das comidas típicas e a restrição de seu consumo
aos locais de origem à ausência de um trabalho adequado de divulgação dos
produtos regionais e da utilização destes como atrativos turísticos, tal qual
se fazia em outros estados da federação, o que implicava se conhecer, até
mesmo internamente, as mesmas comidas de sempre — maria izabel, paçoca,
pirão de parida e cajuína —, relegando outros tantos pratos ao esquecimento.

No caso específico das tradições alimentares do Piauí, encontramos as
duas situações, aquelas que estão restritas a determinadas regiões do estado e
outras que, antes circunscritas a uma região específica do território, atualmente
são "exportadas" para outras áreas do estado e mesmo para fora.

As comidas cujo consumo e produção estão restritos a uma determinada
região sociogeográfica (conforme exposto no mapa) são: carne de porco com
fava, caranguejo, chouriço, capote, mugunzá ou pintado.

Dentre aqueles que conseguiram ultrapassar a "barreira" na questão
do consumo, mas não da produção, figuram: requeijão; cachaça lira (região
centro-norte, fábrica no sítio Floresta, na zona rural da cidade de Amarante),
cachaça mangueira (região norte, fabrica na zona rural da cidade de Castelo
do Piauí), doce de limão, doce de buriti.

A carne de porco com fava era um dos pratos de maior consumo nas
regiões do Vale do Rio Guaribas e da Serra da Capivara (região sul), contudo, principalmente em função dos deslocamentos contínuos de pessoas
e informações entre os espaços citadinos e rurais, a ponto de provocaram
alterações no comportamento alimentar nas cidades piauienses, essa comida

está progressivamente desaparecendo do cotidiano alimentar dos moradores daquela região. E, o mais grave, a carne de porco com fava passou a simbolizar distinção social entre os moradores "ricos" e "pobres", ou entre os das áreas urbana e rural, ao ponto de pessoas utilizarem a expressão "isso é comida de pobre!"[40] para qualificá-la.

O caranguejo é apreciado pelos piauienses, contudo, é consumido basicamente na faixa do litoral (Planície Litorânea) e regiões dos Cocais e Entre Rios (região norte). Embora o Delta do Rio Parnaíba, localizado na divisa dos estados do Piauí e do Maranhão, seja a principal região produtora de caranguejo-uçá do Nordeste do Brasil, muito do que é produzido, ou melhor, extraído dos mangues piauienses, perde-se antes de chegar ao consumidor final. A taxa de mortalidade de caranguejo-uçá capturado no Delta do Parnaíba, até sua chegada ao mercado consumidor, foi estimada entre 40% e 60%. Ainda assim, os mangues do Piauí são os principais fornecedores de caranguejos para outros estados nordestinos — com destaque para o Ceará. Embora haja várias receitas de caranguejo, a mais usual é o caranguejo inteiro cozido no leite de coco com verduras, a conhecida caranguejada.

A produção de queijo era uma prática comum em todo o Piauí, em razão da criação de gado, e aproveitava-se o excedente do leite fabricando queijos[41] e manteiga nas fazendas, mas a produção do requeijão[42] — "o queijo dos pobres" — só começou a ser popularizada a partir da instalação da Fábrica de Laticínios de Campinas (1897).

Atualmente, a região do Vale do Canindé produz o requeijão, principalmente por meio de pequenos produtores rurais e cooperativas, e comercializa em diversos pontos do território estadual, o que difundiu o consumo dessa iguaria.

Outro produto regionalizado que teve consumo difundido em todo estado, e até mesmo exportado, são as cachaças piauienses. Dentre as muitas existentes, pois cada região possui seu alambique típico, duas se destacam, cada uma por sua especificidade. Uma é a cachaça Lira e a outra, a Mangueira.

A cachaça Lira, produzida desde 1889, segue o mesmo processo produtivo implantado por seu fundador, coronel Chico Lira. Utilizando o alambique

---

[40] Abordamos esta questão especificamente no artigo "'Isso é comida de pobre!': comportamento alimentar como símbolo de distinção social nas cidades piauienses na contemporaneidade", publicado no site: www.historiadaalimentacao.ufpr.br.

[41] "O queijo [...] foi inventado antes da escrita, da roda e da fundição de metais, em plena Idade da Pedra — no Neolítico, mais precisamente." "O queijo mais velho do mundo" foi fabricado na cidade de Kuyavia, na Polônia, 55.000 a. C. (Aventuras na História, edição 115, fevereiro de 2013, p. 8).

[42] O requeijão piauiense não é pastoso, é um queijo mais mole, suave. Feito a partir de um processo diferenciado daquele que resulta no queijo. Para obtenção do requeijão, o leite passa pelo processo de cozimento.

de cobre com armazenagem da cachaça em tonéis de castanheira (madeira considerada o "carvalho" brasileiro) de 700 litros, onde fica por no mínimo um ano até ser engarrafada. Esta cachaça é rotulada como produto artesanal e orgânico.

A cachaça Mangueira, como produto concorrente, tem idade bem inferior à Lira, pois data de 1956; contudo, mesmo sendo uma cachaça de origem artesanal, as gerações mais novas procuraram renovar o produto e investiram em inovações tecnológicas e diversificaram, inclusive, os tipos de cachaça produzidos pela fábrica.

A marca passou a investir em eventos midiáticos e publicidade, na tentativa de ampliar o público consumidor de seus produtos. A fábrica é a principal patrocinadora do Cachaça Fest[43], em conjunto com a prefeitura municipal de Castelo do Piauí e o governo estadual.

As motivações para a regionalidade de algumas comidas piauienses são variadas, indo da especificidade do processo colonização e urbanização da região, passando pelos contatos externos estabelecidos durante os dois últimos séculos, quando receberam as últimas levas de migrações, bem como pelo processo aculturação sofrido em fins do século XX. Esse é mais um dos muitos pontos de interrogações surgidos no decorrer desta pesquisa e merece um aprofundamento que não nos foi possível realizar aqui.

No entanto, dentre as muitas comidas regionalizadas, deveríamos escolher uma para registrar o *modo tradicional de fazer*. então, selecionamos o mugunzá ou pintado, que, segundo afirmou Dona Beliza, "*depois da galinha caipira, é a comida mais especial de todas por aqui*"[44].

A comida tem este nome, conforme nos explicou Veronília, "*porque quando se mistura o feijão vermelho com o milho, fica assim pintado... na panela, no prato, dá aquela corzinha*"[45].

Esta comida é também uma das muitas formas criativas que o sertanejo inventou para continuar aproveitando todas as sobras do porco, os restos do milho e do feijão secos.

O mugunzá, na região norte do estado, é doce, feito à base apenas de milho, leite e açúcar, assim como em outros estados nordestinos. E mesmo naqueles em que se conhecer o salgado, o mugunzá não é "pintado", como

---

[43] O Cachaça Fest ocorre geralmente no fim do mês de julho. Em 2013 aconteceu a nona edição do evento. Congrega espaços de negócios, onde a principal atração são as diferentes marcas de cachaças piauienses (privadas e cooperativas de pequenos produtores rurais), ecoturismo e turismo rural, palestras e apresentações musicais.

[44] Beliza Oliveira 2013.

[45] Veronília Oliveira 2013.

em Pernambuco e na Paraíba, pois não leva feijão e as carnes são mão de vaca, bucho de boi ou dobradinha, conforme Suassuna[46].

Veronília Oliveira lembra que

> Antigamente se fazia o pintado com lingüiça caseira, que era feita, as vezes dos próprios porcos que se tirava os pés pra fazer a comida. Hoje é que já tem essa calabresa que vende em supermercado, aí, a gente usa pra facilitar, mas fica mais gostoso mesmo quando é feito com aquela linguicinha caseira[47].

A presença do mugunzá, comida típica do sul piauiense, no cotidiano dos habitantes daquela região, assim como de outros pratos típicos em outras áreas do estado, reitera a afirmação que fizemos anteriormente de que a alimentação local é fincada e norteada em dois princípios simples (determinados pelos valores culturais construídos ao longo da história sertaneja): simplicidade e força (ou como se diz no Piauí que dê sustância).

4. Considerações finais

Em outras palavras, as comidas traduzem a realidade do cotidiano de consumidores, utilizando e aproveitando ao máximo os ingredientes simples, acessíveis a todos os moradores da região, mas que, pelas diferentes formas de preparo, podem mudar radicalmente o sabor. E agregam valor energético substancialmente alto, o que é necessário (e, às vezes, até desnecessário) para o desempenho das atividades rotineiras.

Mas, além de suster o corpo, essas práticas alimentares mantêm práticas identitárias que extrapolam os liames das mesas e impregnam os sentimentos e o sentir dos que se alimentam daquelas comidas, tornando-os integrantes e membros de certos lugares.

Assim, observar como a grande extensão territorial nacional engendrou uma diversidade de práticas culturais, inclusive de âmbito alimentar, propiciando que algumas delas ficassem restritas a certos ambientes sociogeográficos — o que as tornou desconhecidas e estranhas aos demais, tanto no próprio Estado quanto nos demais entes da federação nacional —, possibilita-nos identificar outras estratégias de manifestação de pertencimento a um lugar, e mesmo de rememoração ou religação com este lugar.

Em termos alimentares, certas práticas, por vezes, tornam-se populares a ponto de identificar determinada área do país por sua comida, implicando generalizações que nem sempre são coerentes com o cotidiano alimentar da população residente em toda uma extensão sociogeográfica.

---

[46] Suassuna 2010.
[47] Veronília Oliveira 2013.

O certo é que carecemos aprofundar o estudo sob a perspectiva da História da Alimentação, posto que este nos oportuniza desnudar novas interpretações e compreensões sobre as motivações de os sujeitos históricos terem construído suas relações nesta ou naquela configuração social.

REFERÊNCIAS

FONTES MANUSCRITAS

Évora, Arquivo da Santa Casa da Misericórdia de Évora (ASCME)
Cod. 275.

Lisboa, Arquivos Nacionais Torre do Tombo (ANTT)
Manuscritos da Livraria n. 2403.
Ministério dos Negócios Estrangeiros, cx. 558, doc. 49.

Lisboa, Biblioteca Nacional de Portugal (BNP)
Cod. 7336.
Cod. 11390.

FONTES IMPRESSAS

Acosta, J. de (1590), *Historia Natural y Moral de las Indias, en que se tratan las Cosas Notables del Cielo, y Elementos, Metales, Plantas y Animales dellas: y los Ritos y Ceremonias, Leys y Gouierno y Guerras de los Indios*, Alonso Martin, Madrid, 1608.

Aillaud, J. P. (1841), *Chronica do descobrimento e conquista de Guiné, escrita por mandado de el Rei D. Affonso V, sob a direcção scientifica, e segundo as instrucções do illustre Infante D. Henrique / pelo chronista Gomes Eannes de Azurara ; fielmente trasladada do manuscrito original contemporaneo, que se conserva na Bibliotheca Real de Pariz, e dada pela primeira vez à luz per diligencia do Visconde da Carreira; precedida de uma introducção, e illustrada com algumas notas, pelo Visconde de Santarem e seguida d^aum glossario das palavras e phrases antiquadas e obsoletas*, Officina Typographica de Fain e Thuno, Paris.

Almada, A, Á. (1594), *Tratado Breve dos Rios de Guiné do Cabo Verde, André Álvares de Almada — Monumenta Missionária Africana*, colg. e anot. por António Brázio, Segunda Série, vol. 7, Agência Geral do Ultramar, Lisboa, 2004.

Altamiras J. (1745), *Nueva Arte de Cocina*, La Val de Onsera, Huesca, 1994.

Anchieta, J. de (1933), *Cartas, Informações, Fragmentos Históricos e Sermões* (= *Cartas Jesuíticas III* – 1554-1594), Civilização Brasileira, Rio de Janeiro.

Andrade, F. de (1582, 1961), *Relação das ilhas de Cabo Verde e da Guiné, Francisco de Andrade, 26 de Janeiro de 1582 — Monumenta Missionária Africana*, colg. e anot. por António Brázio, Segunda Série, vol. 3, Agência Geral do Ultramar, Lisboa, 1961.

Arte Nova e Curiosa para Conserveiros, e Copeiros e mais Pessoas que se ocupam em fazer Doces e Conservas com Frutas de várias qualidades e outras muitas Receitas particulares da mesma Arte, estudo e actualização do texto de Isabel M. R. Mendes Drumond Braga (2004), Colares, Sintra.

Aulete, F. J. C. (1881), *Diccionario contemporaneo da lingua portugueza feito sobre um plano inteiramente novo*, planificação de Francisco Júlio Caldas Aulete, elaboração posterior de António Lopes dos Santos Valente, Imprensa Nacional, Lisboa.

Barros, A. (2013), *As receitas de um frade português do século XVI*, Imprensa da Universidade de Coimbra, Coimbra.

Barros, J. de (1932), *Asia. Década Primeira – Asia de João de Barros. Dos feitos que os Portugueses fizeram no descobrimento e conquista dos mares e terras de Oriente. Primeira Década*, edição revista e prefaciada por António Baião conforme a edição Princeps, Scriptores Rerum Lusitanarium – Série A, Imprensa da Universidade de Coimbra, Coimbra.

Barros, J. J. S. de (1990), "Memória sobre as Causas da Diferente População de Portugal em diversos Tempos da Monarquia", in *Memórias Económicas da Academia Real das Ciências de Lisboa para o Adiantamento da Agricultura, das Artes e da Industria em Portugal e suas Conquistas (1789-1815)*, tomo 1, prefácio de M. Jacinto Nunes, Banco de Portugal, Lisboa, 99-117.

Pereira, B. (1697), *Thesouro da lingua portugueza*, ex Typographia Academiae, Évora.

Bluteau, R. (1712-1728), *Vocabulario Portuguez & Latino* vol. 1-4, Coimbra, Colégio das Artes, 1712-1713; vol. 5-8, Lisboa, Pascoal da Sylva, 1716-1721, Suplemento ao Vocabulario Portuguez e Latino, 2 vol., Lisboa, Joseph Antonio da Sylva, 1727, Patriarcal Officina da Musica, 1728.

Brásio, A. (1961), *Monumenta Missionária Africana*, Segunda Série, vol. 3, Agência Geral do Ultramar, Lisboa.

Cadamosto, A. (1455-1456), "Itinerarium Portugallensium e Lusitania in Indiam et Inde in Occidentem et Demum ad Aquilonem" in Fernandes, V. M. de M. (1998), *O Itinerarium Portugallensium. As viagens de Luís de Cadamosto (1455-1456)*, dissertação de Mestrado em Literaturas Clássicas apresentada à Universidade de Coimbra, exemplar policopiado.

Caderno do Refeitório. Comezainas, Mezinhas e Guloseimas, apresentação e notas de Luís Filipe Coelho, L. Luís Ruas, 2ª ed., Barca Nova, Lisboa [s.d.].

Caminha, P. V. de (1500), "Carta a el-Rei D. Manuel sobre o achamento do Brasil", in J. R. Magalhães, J. P. Salvado (coords.) (2000), *A Carta de Pêro Vaz de Caminha*, leitura paleográfica de E. Borges Nunes, actualização ortográfica e notas de M. Viegas Guerreiro, Comissão Nacional para as Comemorações dos Descobrimentos Portugueses, Imprensa Nacional, Casa da Moeda, Lisboa.

Cardim, F. (1583-1601), *Tratados da Terra e Gente do Brasil*, transcrição do texto, introdução e notas por Ana Maria Azevedo, Comissão Nacional para as Comemorações dos descobrimentos Portugueses, Lisboa, 1997.

Chancelaria de D. Dinis – Livro II, Terra Ocre e Centro de História da Sociedade e da Cultura, Coimbra, 2012.

Diário do Povo (1989), *Nossa comida regional: prato pra cabra macho*.

Faria, M. S. de (1655 ed. 1740), *Notícias de Portugal*, Lisboa.

Fernandes, V. (1958), *Manuscrito Valentim Fernandes — Monumenta Missionária Africana*, colg. e anot. por António Brázio, Segunda Série, vol. I, Agência Geral do Ultramar, Lisboa.

Fonseca, F. S. da (1626), *Regimento pera conservar a saude e vida. Em dous Dialogos. O primeiro trata do regimento das seis cousas naõ naturais. O segundo, de qualidades do Ar; de sítios, & mantimentos do termo da cidade de Lisboa*, Geraldo da Vinha, Lisboa.

*Gândavo, P. de M. (1576), *História da Província de Santa Cruz a que vulgarmente chamamos Brasil, dirigida ao muito ilustre senhor Dom Leonis Pereira, governador que foi de Malaca e das mais partes do Sul da India*, typographia da Academia Real das Sciencias, Lisboa. Nota prévia de Francisco Leite de Faria, Lisboa, Biblioteca Nacional, 1ª edição fac-similada, 1984, edição fac-similada, Biblioteca Nacional, Lisboa.

Gândavo, P. de M. (2004), *História da Província Santa Cruz a que vulgarmente chamamos Brasil*, prefácio de Cleonice Berardinelli, introdução de Sheila Moura Hue, modernização do texto e notas de Sheila Moura Hue e Ronaldo Menegaz, revisão das notas botânicas e zoológicas de Ângelo Augusto dos Santos, Assírio & Alvim, Lisboa.

Gândavo, P. de M. (2008), *Tratado da Terra do Brasil. História da província Santa Cruz, a que vulgarmente chamamos Brasil*, Senado Federal, Conselho Editorial, Brasília.

Henriques, F. da F. (1721), *Anchora Medicinal para conservar a vida com saude, Impressa por ordem, & despeza do Excellentissimo Senhor Marquez de Cascaes, Conde de Monsanto*, Officina da Musica, Lisboa Ocidental.

Henriques, F. da F. (1721), *Âncora Medicinal. Para conservar a vida com saúde. Os segredos da nutrição*, coordenação de Pedro Vasconcelos, colaboração de Paulo Sousa, António Correia e Isabel Coelho, Pluma, Galamares, 2000.

Jesus, R. de (1683). *Monarquia Lusitana: Parte Sétima*, Imprensa Nacional/Casa da Moeda, Lisboa, 1985.

Livro das Receitas de Doces e Cozinhados vários d'este Convento de Santa Clara d'Évora (1729), apresentação e notas de Manuel Silva Lopes, Barca Nova, Lisboa, 1988.

Livro (O) de Receitas da Última Freira de Odivelas, introdução, actualização do texto e notas de Maria Isabel de Vasconcelos Cabral, Verbo, Lisboa, São Paulo, 2000.

Martinez Montiño, F. (1790, 14ª ed.), *Arte de Cozina, Pasteleria, Vizcocheria, y Conservaria*, Madrid.

Mesquita, J. M. de C. (1990), "Extracto da Memoria sobre o Destroço Actual das Creações do Gado Vacum" in *Memórias Económicas da Academia Real das Ciências de Lisboa para o Adiantamento da Agricultura, das Artes e da Industria em Portugal e suas Conquistas* (1789-1815), tomo 4, prefácio de M. Jacinto Nunes, Banco de Portugal, Lisboa, 315-320.

Monardes, N. (1580), *Primera y Segunda y Tercera Partes de la Historia Medicinal*, Fernando Diaz, Sevilha.

Silva, A. de M. (1789), *Diccionario da lingua portugueza*, Typographia Lacerdina, Lisboa.

Münzer, J. (1958), *De inventione Africae maritimae et occidentalis videlicet Geneae per Infantem Heinricum Portugalliae — Monumenta Missionária Africana*, colg. e anot. por António Brázio, Segunda Série, vol. I, Agência Geral do Ultramar, Lisboa.

O dia (1989), *O comer típico do Piauí*. 19 e 20 de fevereiro de 1989: 11.

O dia (1979), *Pratos típicos não são bem divulgados*. 15 de setembro de 1979: 11.

Orta, G. da (1983), *Colóquio dos Simples e Drogas da Índia*, Imprensa Nacional, Lisboa.

Pereira, D. P. (1991), *Esmeraldo de Situ Orbis – Esmeraldo de Situ Orbis de Duarte Pacheco Pereira*, edição crítica e comentada por Joaquim Carvalho, Fundação Calouste Gulbenkian, Lisboa.

Pereira, D. P. (1892), *Esmeraldo de situ orbis*, edição de Rafael Eduardo de Azevedo Basto, Imprensa Nacional, Lisboa.

Pinto, L. M. da S. (1832), *Diccionario da Lingua Brasileira*, Typographia de Silva, Ouro Preto.

Pitta, S. da R. (1730), *Historia da America Portugueza*, Oficina de José António da Silva, Lisboa Ocidental.

Rigaud, L. (1780), *Cozinheiro Moderno ou Nova Arte de Cozinha*, Colares Editora, Sintra.

Rodrigues, D. (1680), *Arte de Cozinha*, Colares Editora, Sintra.

Santos, C. R. A. dos (2005), "A alimentação e seu lugar na história: os tempos da memória gustativa", *História Questões & Debates* 42: 11-25.

Shoberl, F. (1821), *Africa, containing a description of the manners and customs, with some historical particulars of the Moors of the Zahara, and of the Negro nations between the rivers Senegal and Gambia*, Ackermann, London.

*Sousa, G. S. de (1587), *Notícia do Brasil*, direcção e comentário de Luís de Albuquerque, transcrição em português actual de Maria da Graça Pericão, Alfa, Lisboa, 1989.

Sousa, G. S. de (1587), *Notícia do Brasil*, 1, Pirajá da Silva (int., coment. e notas), São Paulo, Livraria Martins Editora, [s.d.]. Outra edição: São Paulo, Ministério da Educação e da Cultura do Brasil, São Paulo, 1974.

Sousa, G. S. de (1587), *Tratado descritivo do Brasil em 1587*, por Francisco Adolpho Varnhagem, vol. 117, Companhia Editora Nacional, Biblioteca Pedagógica Brasileira, série 5ª, Brasiliana, São Paulo, Rio de Janeiro, Recife, Porto Alegre, 1938.

Tinoco, A. V. (1578), *Relação do Capitão António Velho Tinoco — Monumenta Missionária Africana*, colig. e anot. por António Brázio, Segunda Série, vol. I, Agência Geral do Ultramar, Lisboa, 1958.

Zurara, G. E. de (1981), *Crónica de Descobrimento da Guiné — Crónica dos feitos notáveis que se passaram na conquista de Guiné por mandado do Infante D. Henrique*, versão atualizada do texto por Torquato de Sousa Soares, vol. 2, Lisboa.

FONTES ORAIS

Meneses, Z. A. S. (2013), Entrevista concedida a Samara Mendes Araújo Silva em 16 de fevereiro de 2013, Parnaíba.

Oliveira, B. de (2013), Entrevista concedida a Samara Mendes Araújo Silva 22 em janeiro de 2013, Simplício Mendes (PI).

Oliveira, V. R. C. (2013), Entrevista concedia a Samara Mendes Araújo Silva 22 em janeiro de 2013, Simplício Mendes (PI).

Sousa, J. B. de (2013), Entrevista concedida a Samara Mendes Araújo Silva, 13 de março de 2013.

Estudos

Abdala, M. C (2006), "Sabores da tradição", *Revista do Arquivo Público Mineiro* 1: 118-129.

Aguilera, C. (2001), *História da alimentação mediterrânica*, Terramar, Lisboa.

Albuquerque, L. (2001), "O descobrimento das ilhas de Cabo Verde", in M. E. M. Santos, L. de Albuquerque (coords.), *História Geral de Cabo Verde*, vol. 1, Instituto de Investigação Científica Tropical de Portugal, Lisboa / Instituto de Investigação Cultural de Cabo Verde, Cidade da Praia, 23-39.

Algranti, L. M. (2001-2002), "Doces de Ovos, Doces de Freiras: a Doçaria dos Conventos Portugueses no Livro de Receitas da Irmã Maria Leocádia do Monte do Carmo (1729)", *Cadernos Pagu* 17-18: 397-408.

Almeida, L. F. de (1995), "A Aclimatação de Plantas do Oriente no Brasil durante os séculos XVII e XVIII", in *Páginas Dispersas. Estudos de História Moderna de Portugal*, Instituto de História Económica e Social, Faculdade de Letras da Universidade de Coimbra, Coimbra, 59-129.

Amendoeira, R. (1994), "Cabo Branco", in Luís de Albuquerque (dir.), Francisco Contente Domingues (coord.), *Dicionário de História dos Descobrimentos Portugueses*, vol. 1, Editorial Caminho, Lisboa.

Andrade, C. D. de. (1998), "Imagem de Cascudo", *Revista Província* 2: 15-16.

Arruda, J. J. de A. (1986), "A Produção Económica", in M. B. N. da Silva (coord.), J. Serrão, A. H. de O. Marques (dirs.), *O Império Luso-Brasileiro, 1750-1822* (=*Nova História da Expansão Portuguesa*, vol. 8, Lisboa, Estampa, Lisboa), 100-108.

Asfora, W., Saldarriga, G. E. (2013), "A Decade or Research in Ibero-America", *Studia Alimentorum 2003-2013, Food & History* 10.2: 201-214.

Astell A. (2006), *Eating Beauty. The Eucharist and the spiritual arts of the Midle Ages*, Cornel University, Ithaca.

Balhana, A. P. (2002), *Un Mazzolino de Fiori*, Imprensa Oficial: Secretaria de Estado da Ciência, Tecnologia e Ensino Superior, Curitiba.

Balhana, A. P., Machado, B. P., Westphalen, C. M. (1969), *História do Paraná*, vol. 1, Grafipar, Curitiba.

Barreira, I. A. F., Vieira, M. S. A. (2007), "O sertão na cidade e a invenção das tradições", in A. J. de Lima (org.), *Cidades brasileiras: atores, processos e gestão pública*, Autêntica, Belo Horizonte.

Beekes, R. (2010) *Etymological Dictionary of Greek*, Leiden, Boston, Brill.

Bellini, L. (1999). "Notas sobre cultura, política e sociedade no mundo português do século XVI", *Tempo. Revista do Departamento de História da UFF* 4.7: 143-167.

Bello, A. M. O (1996). *Culinária portuguesa*, Assírio e Alvim, Lisboa.

Black, M. (1985), *Food and Cooking in 19th Century Britain: History & Recipes*, English Heritage, Londres.

Black, M. (1985, 3ª ed.), "Victorian Britain", in M. Black, *A Taste of History. 10 000 Years of Food in Britain*, British Museum Press, Londres.

Bondar, G. (1938), *A Cultura do Cacao na Bahia*, Empresa Gráfica da Revista dos Tribunais, São Paulo.

Borges, N. C. (2013), *Doçaria Conventual de Lorvão*, Câmara Municipal de Penacova, Penacova.

Braga, I. D. (2011), "A América à Mesa do Rei", in A. I. Buescu, D. Felismino (coord.), *A Mesa dos Reis de Portugal*, Temas e Debates, Círculo de Leitores, Lisboa, 336-349.

Braga, I. D. (2004), "O Livro de Cozinha de Francisco Borges Henriques", in I. D. Braga, *Do Primeiro Almoço à Ceia. Estudos de História da Alimentação*, Colares Editora, Sintra, 61-99.

Braga, I. D. (2005), "Alimentação, Etiqueta e Socíabilidade em Portugal no século XVIII", in *Cultura, Religião e Quotidiano. Portugal século XVIII*, Hugin, Lisboa, 165-231.

Braga, I. D. (2007), *A Herança das Américas em Portugal. Trópico das Cores e dos Sabores*, CTT Correios, Lisboa.

Braga, I. D. (2010), "Brasileiros em Portugal.: Transmissões, Recepções e Transformações Alimentares", *Horizontes Antropológicos* 33: 197-224.

Braga, I. D. (2011a), *Sabores do Brasil em Portugal. Descobrir e Transformar novos Alimentos (séculos XVI-XXI)*, Editora Senac de São Paulo, São Paulo.

Braga, I. D. (2011b), "A América à Mesa do Rei", in A. I. Buescu, D. Felismino (coord.), *A Mesa dos Reis de Portugal*, Círculo de Leitores, Lisboa, 336-349.

Braga, I. D. (2012), "Produits Américains dans l'Alimentation Portugaise", in J-P. Poulain (coord.), *Dictionnaire des Cultures Alimentaires*, PUF, Paris, 1096-1101.

Braga, I. D. (2014), "*A Doçaria num Receituário Conventual Masculino. O Caderno do Refeitório de 1743*", in I Jornadas de Doçaria Conventual, Tibães.

Brasil (2000), Instituto Brasileiro de Geografia e Estatística, *Brasil: 500 anos de povoamento*, IBGE, Rio de Janeiro.

Brasil (2006), Ministério da Cultura, *Queijo Artesanal de Minas. Dossiê Interpretativo*, MinC, Brasília.

Braudel, F. (1992), *Civilização Material, Economia e Capitalismo séculos XV-XVIII*, vol. 1, Teorema, Lisboa.

Braudel, F. (2005), *Civilização Material, Economia e Capitalismo, séculos XV-XVIII. As Estruturas do cotidiano*, Martins Fontes, São Paulo.

Buescu, A. I., Felismino, D. (coord.) (2013), *A Mesa dos Reis de Portugal. Ofícios, consumos, cerimónias e representações (séc. XIII-XVIII)*, Círculo de Leitores / Temas e Debates, Lisboa.

Burkert, W. (1993), *Structure and History in Greek Mythology and Ritual*, Baltimore.

Capela, J. V. E. (1987), *Entre Douro e Minho 1750-1830. Finanças, Administração e Bloqueamentos Estruturais no Portugal Moderno*, vol. 1, dissertação de Doutorado em História Moderna e Contemporânea apresentada à Universidade do Minho.

Caputo, A. C., Melo, H. P. (2009), "A Industrialização Brasileira nos Anos de 1950: Uma Análise da Instrução 113 da SUMOC", *Revista Estudos Econômicos* 39.3: 513-538.

Cardoso, J. A. (1986), *Atlas Histórico do Paraná*, Livraria do Chain Editora, Curitiba.

Carneiro, H. (2003), *Comida e sociedade: uma história da alimentação*, Campus, Rio de Janeiro.

Carneiro, M. L. T. (2011), "Literatura de Imigração: memórias de uma diáspora", *Acervo* 10.2: 147-164.

Carneiro, S. A. (2009), "A história (1576) de Pero de Magalhães Gândavo: notas para uma releitura desde a retórica e a gramática", *Locus: Revista de História* 15.2: 71-83.

Carney, J. A. (2002), *Black Rice. The African Origins of Rice Cultivation in the Americas*, Harvard University Press, Harvard.

Carvalho, D. A. (2005), *Das casas de pasto aos restaurantes: os sabores da velha Curitiba (1890 - 1940)*, tese de Doutorado em História apresentada à Universidade Federal do Paraná, Curitiba.

Carvalho, J. (2008), *Honorius Augustodunensis e O Elucidarium. Um estudo sobre a reforma, o diabo, o fim dos tempos*, dissertação de Mestrado em História Social apresentada ao Programa de Pós-Graduação em História da Universidade de São Paulo, São Paulo.

Cascudo, C. (2004, 3ª ed.), *História da Alimentação no Brasil*, Global, São Paulo.

Cascudo, L. C. (1983), *História da Alimentação no Brasil*, vols. 1-2, Editora da Universidade de São Paulo, Belo Horizonte, Itatiaia, São Paulo.

Casilho, R. B. C. (2005), *Arte e gastronomia do Paraná*, Solar do Rosário, Curitiba.

Casimiro, T. (2013), "Faiança portuguesa: datação e evolução crono-estilística", *Revista Portuguesa de Arqueologia* 16: 351-367.

Cavalcanti, M. L. V. de C.,; Vilhena, L. R. da P. (1990), "Traçando fronteiras: Florestran Fernandes e a Marginalização do Folclore", *Estudos Históricos* 3.5: 75-92.

Chaillet, J. (2009), "Les trois jardins d'éternité", *Historia-Thématique* 117: 12-15.

Chantraine, P. (1968), *Dictionaire étymologique de la langue grecque*, Histoire des Mots, Paris.

Cherubini, G. (1989), "O camponês e o trabalho no campo", in J. Le Goff, J. (dir.). *O homem medieval*, Editorial Presença, Lisboa.

Cheung, T. L., Batalha, M. O., Lambert, J. L., (2011), "Tipologia e representações da comida para brasileiros urbanos", in *Anais do III Colóquio Agricultura Familiar Desenvolvimento Rural*, Porto Alegre.

Chocolate (2003), tradução de Ana Maria Chaves, Asa, Porto.

Coelho M. H. C. (1984) "Apontamentos sobre a comida e a bebida do campesinato coimbrão em tempos medievos", *Separata da Revista de História Económica e Social* 12: 91-101.

Coelho, M. H. C. (2005), "Ao correr do vinho: 'governança' e 'desgovernança' dos homens", *Portefólio* 1: 112-121.

Coelho, M. H. C., Santos, J. M. (2013), "A aculturação alimentar no Império Luso-Brasileiro", in A. S. Pinto et alii (coord.), *Brasil e Portugal: unindo as duas margens do Atlântico*, Academia Portuguesa da História, Lisboa, 53-72.

Consiglieri C., Abel M. (2007, 8ª ed.), "A contribuição portuguesa", in C. Fernandes, *Viagem gastronômica através do Brasil*, Senac São Paulo, Estudo Sonia Robatto, São Paulo.

Corrêa do Lago, L. A. (2014), *Da escravidão ao trabalho livre: Brasil 1550-1900*, Companhia das Letras, São Paulo.

Correia, P. C. (2007), *A Mandioca: do Brasil para a Costa Ocidental Africana* (1550-1650), tese de Dissertação de Mestrado em Cultura e História do Brasil apresentada à Faculdade de Letras da Universidade de Lisboa, Lisboa.

Costa, A. L. P., Santana, M. O. R. (2006), "Documentação foraleira dionisina de alguns concelhos do Alto Trás-os-Montes", *Revista Galega de Filoloxía* 7: 117-141.

Cristóvão, F. (2003) "Um bom itinerário, um bom mapa, uma boa viagem... (ou a Geografia, a História e a Literatura na intertextualidade da Literatura de Viagem)" in M. G. M. Ventura, L. J. S. Matos (coords.), *As novidades do Mundo. Conhecimento e representação na Época Moderna*, Actas das VIII Jornadas de História Ibero-Americana/XI Reunião Internacional de História da Náutica e da Hidrografia, Edições Colibri, Lisboa, 209-224.

Cunha, A. G. da (2010, 4ª ed.), *Dicionário etimológico da língua portuguesa*, Lexicon, Rio de Janeiro.

De la Mota, I. H. (1992), *El Libro del Chocolate*, Pirámide, Madrid.

Delumeau, J. (2002), *Une histoire du Paradis. Volume 1: Le jardin des délices*, Hachette Littératures, Collection Pluriel, Paris.

Demeterco, S. M. da S. (1998), *Doces Lembranças: Cadernos de Receitas e Comensalidade. Curitiba: 1900-1950*, dissertação de Mestrado apresentada à Universidade Federal do Paraná, Curitiba.

Dias, M. N. (1983, 2ª ed.), "Cacau", in Joel Serrão (dir.), *Dicionário de História de Portugal*, vol. 1, Figueirinhas, Porto, 419-423.

Dias, P. B. (2008), "A Linguagem dos Alimentos nos textos bíblicos: sentidos para a fome e para a abundância", *Humanitas* 60: 157-175.

Dias, P. B. (2012), "Em defesa do vegetarianismo: o lugar de Porfírio de Tiro na fundamentação ética da abstinência da carne dos animais", in C. Soares, P. Dias (eds.), *Contributos para o Estudo da Alimentação na Antiguidade*, Coimbra, 81-92.

Dias, P. B. (2013), "O retorno à felicidade original — uma leitura retrospetiva do *Cântico dos Cânticos*" in *V Congresso Internacional e interdisciplinar A Imagética da Felicidade*, Faculdade de Letras da Universidade de Lisboa, Lisboa.

Dias, P. B. (2014), "*De Spiritu Gastrimargiae* — distopia alimentar e gula na representação do inferno na tradição moral ocidental", in C. Soares, I. C. Macedo (eds.), *Ensaios sobre património alimentar Luso-brasileiro*, Imprensa da Universidade de Coimbra, Coimbra, 71-88.

Domingues, F., Guerreiro, I. (1988), "A vida a bordo na Carreira da Índia (Século XVI)", *Separata da Revista da Universidade de Coimbra* 34: 185-225.

Douglas, M. (1972), "Deciphering a meal", *Daedalus* 10: 61-81.

Fernandes C. (2007, 8ª ed.), *Viagem gastronômica através do Brasil*, Senac São Paulo, Estudo Sonia Robatto, São Paulo.

Fernandes, F. R. (2012), "As crónicas e as chancelarias régias: a natureza e os problemas de aplicação das fontes medievais portuguesas", *Revista Ágora*, 16: 77-94.

Ferrão, J. E. M. (2005, 3ª ed.), *A aventura das plantas e os descobrimentos portugueses*. edição revista, atualizada e com nova iconografia, Instituto de Investigação Científica Tropical, Fundação Berardo, Chaves Ferreira – Publicações, Lisboa.

Ferrão, J. E. M. (2013), "Na linha dos descobrimentos dos séculos XV e XVI Intercâmbio de plantas entre a África Ocidental e a América", *Revista de Ciências Agrárias*, 36.2: 250-269.

Ferrão, J. M. (1986), "Transplantação de Plantas de Continentes para Continentes no século XVI", *História e Desenvolvimento da Ciência em Portugal*, 2: 1085-1139.

Ferrão, J. M. (1990), "Difusão das Plantas no mundo através dos Descobrimentos", *Mare Liberum* 1: 131-142.

Ferrão, J. M. (1999, 3ª ed.), *A Aventura das Plantas e os Descobrimentos Portugueses*, Instituto de Investigação Científica Tropical, Comissão Nacional para as Comemorações dos Descobrimentos Portugueses, Lisboa.

Fiamoncini, C. (2011), *Em defesa da saúde e do amparo: imigrantes portugueses em Curitiba (1898 – 1930)*, dissertação de Mestrado em História apresentada à Universidade Federal do Paraná, Curitiba.

Flandrin, J., Montanari, M. (2013, 7ª ed.) (dirs.), *História da alimentação*, Estação Liberdade, São Paulo.

Fonseca, J. A. da (2001), *"Tratado da Terra do Brasil de Pêro de Magalhães Gândavo – uma primeira visão do paraíso"*, *Da visão do paraíso à Construção do Brasil*. Actas do II Curso de Verão da Ericeira, Mar de Letras Editora, Ericeira, 47-57.

Fonseca, J. A. da (2013), "Os três *Peros* que interessam à história do Brasil", in A. S. Pinto et alii (coord.), *Brasil e Portugal: unindo as duas margens do Atlântico*, Academia Portuguesa da História, Lisboa, 224-272.

Fourquin, G. (1987), *Senhorio e Feudalidade na Idade Média*, Edições 70, Lisboa.

Frighetto, F. R. F. (2001/2003), "Poder e sociedade na Península Ibérica", *Revista de Ciências Humanas* 10: 123-133.

Frisk, H. (1960-7), *Griechischesetymologisches Wörterbuch*, Heidelberg.

Fugmann, W. (2008), *Os Alemães no Paraná*, Editora da Universidade Estadual de Ponta Grossa, Ponta Grossa.

Gardiner, E. (1989), *Visions of Heaven and Hell Before Dante*, New York.

Gaspard-David, E. (1991), *L'Homme et le Chocolat*, Le Léopard d'Or, Lyon.

Giard, L. (1996), "Cozinhar", in M. de. Certeau, A *invenção do cotidiano 2: morar, cozinhar*, Vozes, Petrópolis, 211-332.

Gimenes-Minasse, M. H. S. G. (2013), *Cozinhando a tradição — festa, cultura, história e turismo no litoral paranaense*, Universidade Federal do Paraná, Curitiba.

Gimenez, J. C. (2005), *O papel político da Rainha Isabel de Portugal na Península Ibérica: 1280 – 1336.*, tese de Doutorado apresentada à Universidade Federal do Paraná. Setor de Ciências Humanas, Letras e Artes, Curitiba.

Cruells, M. G. (1999), "Las Plantas Americanas que Revolucionaron los Guisos, Aderezos y Repostería de la Comida Occidental", in *Los Sabores de España y America. Cultura y Alimentación*, La Val de Onsera, Huesca, 213-230.

Godinho, V. M. (1983, 2ª ed.), *Os Descobrimentos e a Economia Mundial*, vol. 4, Presença, Lisboa.

Gomes, J. (2014), "Uma doce viagem: doces e conservas na correspondência de D. Vicente Nogueira com o Marquês de Niza (1647-1652)", in C. Soares, I. Macedo (eds.), *Ensaios sobre Património Alimentar Luso-Brasileiro*, Imprensa da Universidade de Coimbra, Coimbra.

Gomes, J. P. (2012), *Faiança portuguesa na capital do Brasil Seiscentista*, dissertação de Mestrado em História de Arte apresentada à Faculdade de Letras da Universidade de Coimbra, Coimbra.

Gomes, L. G., Barbosa, L. (2004), "Culinária de Papel", *Estudos Históricos* 33: 3-23.

Gonçalves, I. (1997), "À mesa, com o rei de Portugal (séculos XII-XIII)", *Revista da Faculdade de Letras da Universidade de Coimbra*. História. 14: 15-32.

Gonçalves, I. (1999), "Sobre o pão medieval minhoto: o testemunho das inquirições de 1258", *Arqueologia Medieval: Revista do Campo Arqueológico de Mértola*, 6: 227-243.

Gonçalves, I. (2011, 2ª ed.), "A alimentação", in J. Mattoso (dir.), *História da vida privada em Portugal – Idade Média*, Círculo de Leitores e Temas e Debates, Lisboa, 226-259.

Gras I Casanovas, M. M. (1996), "Cuerpo y Alma en el Carmelo Descalzo Femenino. Una Aproximación a la Alimentación Conventual en la Cataluña Moderna", *Studia Historica. Historia Moderna* 14: 216-217.

Grieco, A. J. (2013, 7ª ed.), "Alimentação e classes sociais no fim da Idade Média e na Renascença", in J. Flandrin, M. Montanari (dirs.), *História da alimentação*, Estação Liberdade, São Paulo, 466-477.

Grottanelli, C. (1998), "A carne e seus ritos.", in J. Flandrin, M. Montanari (dirs.). *História da alimentação*, Estação Liberdade, São Paulo, 121-136.

Hamilton, C. Y. (2005), *Os sabores da lusofonia – encontro entre culturas*, Senac Nacional, São Paulo.

Harnik, G. F. (1996), "Religion and Food: An Anthropological Perspective", *Journal of the American Academy of religion* 63.3: 565-582.

Harwich, N. (1992), *Histoire du Chocolat*, Editions Desjonquères, Paris.

Havik, J. (2002), "A dinâmica das relações de gênero e parentesco num contexto comercial: um balanço comparativo da produção histórica sobre a região da Guiné-Bissau - séculos XVII e XIX", *Afro-Ásia* 27: 79-120.

Hawthorne, W. (2003), *Planting Rice and Harvesting Slaves Transformations along the Guinea-Bissau Coast, 1400-1900*, Hienemann, Portsdmouth.

Henriques, I. C., Margarido, A. (1989), *Plantas e conhecimento do mundo nos séculos XV e XVI*, Publicações Alfa, Lisboa.

Holanda, S. B. de (1987), *História Geral da Civilização Brasileira*, Editora Bertrand Brasil, São Paulo.

Horta, J. (1991), "A representação do Africano na literatura de viagens, do Senegal à Serra Leoa (1453-1508)", *Mare Liberum* 2: 209-339.

Horta, J. (1995), "Entre história europeia e história africana, um objecto de charneira: as representações", in *Actas do colóquio Construção e ensino da História de África*, Grupo de Trabalho do Ministério da Educação para as Comemorações dos Descobrimentos Portugueses, Lisboa, 189-200.

Horta, J. (2005), "O nosso Guiné: representações luso-africanas do espaço guineense (sécs. XVI-XVII)", in *Actas do Congresso Internacional "O Espaço Atlântico de Antigo Regime: poderes e sociedades"*, Lisboa.

Huetz de Lemps, A. (1996), "Boissons Coloniales et Essor du Sucre", in J-L. Flandrin, M. Montanari (dir.), *Histoire de l'Alimentation*, Fayard, Paris, 629-641.

Jesus da Costa, A. (1996), "Chancelaria Real Portuguesa e os seus registos, de 1217 a 1438", *Revista da Faculdade de Letras da Universidade de Coimbra* 13: 71-102.

Jouanna, J. (2012), "Dietetics in Hippocratic medicine: definition, main problems, discussion", in *Greek medicine from Hippocrates to Galen. Selected Papers*, Leiden, Boston, 137-153.

Jungues, C. (2011), "Um prato cheio de história", *Jornal Gazeta do Povo*. Curitiba, 24 nov. (http://www.gazetadopovo.com.br/vida-e-cidadania/especiais/litoral/um-prato-cheio-de-historia-994v4bxu6fr5ksqyczbihzivi, consultado em 02.06.2015).

Katz S. H. (2003), *Encyclopedia of Food and Culture*, 3 vols., Charles Scribners & Sons, New York.

Khodorowsky, K., Robert, H. (2001), *100% Chocolat. La Sage du Chocolat enrobée de 40 Recettes Gourmandes*, Paris.

Klein, H. S. (1993, 2ª ed.), "A integração social e econômica dos imigrantes portugueses no Brasil no fim do século XIX e no século XX", *Revista Análise Social* 28.121: 235-265.

Landy F. (1979), "The song of songs and the garden of Eden", *Journal of Biblical Litterature* 98.4: 513-528.

Laurioux, B., Bruegel, M. (2002), *Histoire et identités alimentaires en Europe*, Hachette Littératures, Paris.

Lawless, H. T. et alii (eds.) (1991), *Sensory Science Theory and the applications in foods*, CRC Press, Boca Raton.

Le Cointe, P. (1934, 2ª ed.), *A Cultura do Cacau na Amazónia*, Tipografia do Ministério da Agricultura, Rio de Janeiro.

Le Mao, C. (2002), "A la Table du Parlement de Bordeaux: Alimentation et Auto-Alimentation chez les Parlementaires Bordelais au début du XVIIIe siècle", in *Du Bien Manger et du Bien Vivre à travers les Ages et les Terroirs*, Maison des Sciences de l'Homme d'Aquitaine, Paris, 125-158.

Leão, D. (2011), "Autoctonia, filiação legítima e cidadania no Íon de Eurípides", *Humanitas* 60: 105-122.

Lima, M. L. S. (2000), *Confluências das línguas caboverdiana e portuguesa. Perspectiva interdisciplinar*, tese de dissertação de Mestrado em Estudos Africanos apresentada à Faculdade de Letras da Universidade do Porto, Porto.

Lima, V. C. (2010), *A anatomia do acarajé e outros escritos*, Corrupio, Salvador.

Lopes, M. S. (2002), *Ao Cheiro desta Canela. Notas para a História de uma Especiaria Rara*, Montepio Geral, Público, Lisboa.

Lucidi, V., Milano, S. (coords.) (s.d.), *Guiné-Bissau da terra à mesa. Produtos e pratos tradicionais*, Fundação Slow Food para a Biodiversidade/Slow Food Foundation. (http://www.slowfoodfoundation.com/en/publications/27/publications, consultado em 12.01.2015).

Luna, F. V. (2009), *Escravismo em São Paulo e Minas Gerais*, EDUSP/Imprensa Oficial do Estado de São Paulo, São Paulo.

Machado, J. M. (1984), "Alimentos Antigos e Alimentos Novos", *Anais da Academia Portuguesa da História* 29: 505-524.

Machado, J. P. (1992), *Terras de Além: no Relato da Viagem de Vasco da Gama*, Coimbra.

Maciel, M. E. (2004), "Uma cozinha à brasileira", *Estudos Históricos* 33: 25-39.

Marcadé, J. (1991), "O Quadro Internacional e Imperial", in F. Mauro (coord.), *O Império Luso-Brasileiro. 1620-1750*. (= *Nova História da Expansão Portuguesa*, direcção de Joel Serrão e A. H. de Oliveira Marques, vol. 7), Estampa, Lisboa, 17-90.

Margarido, A. (1983), "Les Relations Culturelles du Côté du Corps: La Nouriture et le Vêtement", *Les Rapports Culturels et Littéraires entre le Portugal el la France*, Fundação Calouste Gulbenkian, Paris, 449-450.

Margarido, A. (1994), *As Surpresas da Flora no Tempo dos Descobrimentos*, Elo, Lisboa.

Marinho, F. F. (2004), *Câmara Cascudo em Portugal e o "I Congresso Luso-Brasileiro de Folclore"*, Sebo Vermelho, Natal.

Marques A. H. O. (1987, 5ª ed.), "A Mesa", in *A Sociedade Medieval Portuguesa. Aspectos da Vida Quotidiana*, Sá da Costa, Lisboa.

Marreiros, R. (2012), "Nota explicativa", in *Chancelaria de D. Dinis – Livro II*, Terra Ocre e Centro de História da Sociedade e da Cultura, Coimbra.

Martín, J. (2002), *Vino y cultura en la Edad Media*, Centro de la Uned de Zamora, Zamora.

Martins, R. (1995), *Terra e gente do Paraná*, Coleção Farol do Saber, Curitiba.

Mattoso, J. (1982), "A guerra civil de 1319-1324", in *Estudos de história de Portugal. Vol. 1 – Séculos X-XV*, Estampa, Lisboa, 163-176.

Mattoso, J. (1988a), *Identificação de um país: ensaio sobre as origens de Portugal (1096-1325)*, vol. 1 – Identificação, Estampa, Lisboa.

Mattoso, J. (1988b), *Identificação de um país: ensaio sobre as origens de Portugal (1096-1325)*, vol. 2 – Composição, Estampa, Lisboa.

Mattoso, J. (coord.) (1993), *História de Portugal: a monarquia feudal (1096–1480)*, Estampa, Lisboa.

Mauro, F. (1997), *Portugal, o Brasil e o Atlântico: 1570-1670*, vol. 1, Estampa, Lisboa.

Meneses, J. N. C. (2000), *O Continente Rústico. Abastecimento Alimentar nas Minas Gerais Setecentistas*, Maria Fumaça, Diamantina.

Miguel, C. S. (1981), "Batata", in J. Serrão (dir.), *Dicionário de História de Portugal* 1, Figueirinhas, Porto, 317.

Miller, M. (1983), T*he Autochthonous Heroes of Athens from the Classical to the Hellenistic Period*, Harvard.

Mintz, S. W. (2001), "Comida e antropologia: uma breve revisão", *Revista Brasileira de Ciências Sociais* 16.47: 31-41.

Mizga, E. (2008), "A tradição caiçara agora bem perto de você", *Ecovia* 57: 6-8.

Monod, T., Mauny, R., Duval, G. (1959), *De la première découverte de la Guinée: récit / par Diogo Gomes*, C.E.G.P., Bissau.

Monod, T., Mota, A. V. da, e Mauny, R. (1951), *Description de la Côte Occidentale d'Afrique: Sénégal au Cap. de Monte, Archipels: 1506-1510* / par Valentim Fernandes, C.E.G.P., Bissau.

Montanari, M. (2013, 2ª ed.), *Comida como cultura*, Senac, São Paulo.

Montanari, M., Ilaria, P. (2012), "Entre le ventre et la gueule, dans la culture médiévale", in K. Karila-Cohen, F. Quelie (coord.), *Le corps du Gourmand*, D'Héraclès à Alexandre le Bien Heureux, PUFR, Tours.

Moraes, M. A. de (2010), *Câmara Cascudo e Mário de Andrade: cartas 1924-1944*, Global, São Paulo.

Morais, L. P. de (2011), "Comida, Identidade e Patrimônio: articulações possíveis", *História Questões & Debates (Além da cozinha e da mesa: história e cultura da alimentação)* 28.54, 227-254.

Moreira, S. A. (2010), "Alimentação e comensalidade: aspectos históricos e antropológicos", *Ciência e Cultura* 62.4: 23-26, SBPC, Unicamp, São Paulo.

Most, G. W. (2006), *Hesiod*, Loeb, London.

Mota, A.T. (1950), *Topónimos de origem portuguesa na Costa Ocidental de Africa desde o Cabo Bojador ao Cabo de Santa Caterina*, Centro de Estudos da Guiné Portuguesa, Bissau.

Nadalin, S. O. (2001), *Paraná: ocupação do território, população e migrações*, Editora UFPR, Curitiba.

Oliveira, A. (2002), "Diogo Gomes: trato e diplomacia ao serviço da Expansão", *Revista da Faculdade de Letras – História* 3: 163-184.

Ornellas e Castro, I. (1997), *O livro de cozinha de Apício. Um breviário do gosto imperial romano*, Colares Editora, Sintra.

Ornellas e Castro, I., Braga, I. D. (2014), "Una Escritura Femenina Diferente: Los Manuscritos Culinarios Conventuales Portugueses de la Edad Moderna", in N. B. Leturio, M. Carmen, M. Pina (dirs.), *Letras en la Celda. Cultura Escrita de los Conventos Femeninos de la España Moderna*, Iberoamericana – Vervuert, Madrid, 439-455.

Paes Filho, F. F. (2008), *A práxis político-administrativa nos textos legais dos monarcas portugueses (séculos XIII-XIV)*, dissertação de Doutorado em História apresentada à Universidade do Porto, Porto.

Passos, G. C. (2009), *A presença dos imigrantes portugueses no Paraná na segunda metade do século XIX*, monografia apresentada ao curso de Licenciatura e Bacharelado em História do Curso de História (bacharelado), Universidade Federal do Paraná, Curitiba.

Pedro, J. M. (1997), "Mulheres do Sul", in M. Prieore (org.), *História das Mulheres no Brasil*, Contexto, São Paulo.

Pereira, A. M. (2000), *Mesa Real. Dinastia de Bragança*, Edições Inapa, Lisboa.

Pereira, M. H. (2002), *A Política Portuguesa de Emigração (1850–1930)*, Editora Edusc, Bauru.

Peres, H. P. (1987), "Proverbial Hospitalidade? A Revista de Imigração e Colonização e o discurso oficial sobre o imigrante (1945-1955)", *Acervo* 10.2: 53-70.

Pérez Samper, M. de los Á. (1996), "La Integración de los Produtos Americanos en los Sistemas Alimentarios Mediterráneos", in *XIV Jornades d'Estudis Històrics Locals. La Mediterrània Àrea de Convergència de Sistemas Alimentaris (segles V-XVIII)*, Institut d'Estudis Baleàrics, Palma de Maiorca, 89-148.

Pérez Samper, M. de los Á. (1997), "Los Recetarios de Mujeres y para Mujeres. Sobre la Conservación y Transmisión de los Saberes Domésticos en la Época Moderna", *Cuadernos de Historia Moderna* 19: 123-150.

Pérez Samper, M. de los Á. (1998-2000), "Mujeres en Ayunas. El Sistema Alimentario de los Conventos Femeninos de la España Moderna", *Contrastes. Revista de Historia* 11: 75-90.

Pérez Samper, M. de los Á. (2001), "La Alimentación en Tiempos del Emperador: Un Modelo Europeo de Dimensión Universal", in J. L. Castellano Castellano, F. S-M. Gonzlez (dir.), *Carlos V. Europeísmo y Universalidad*, vol. 5, Sociedad Estatal para la Conmemoración de los Centenarios de Felipe II y Carlos V, Madrid, 497-540.

Pérez Samper, M. de los Á. (2004), "Lo Scambio Colombianao e l'Europa", in Massimo M. Montanari, e Françoise Sabban (coord.), *Atlante dell'Alimentazione e della Gastronomia. 1 (Risorse, Scambi, Consumi)*, Unione Tipografico-Editrice Torinense, SpA, Torino, 302-324.

Pérez Samper, M. de los Á. (2012), "Recetarios Manuscritos de la España Moderna", *Cincinnati Romance Review* 33: 46-58.

Perrier-Robert, A. (1998), *Le Chocolat. Les Carnets Gourmands*, Editions du Chêne, Paris.

Perrot, M. (2008), *Minha história das mulheres*, Contexto, São Paulo.

Piazza, W. F. (2002), "Insulados no Brasil meridional – açorianos em Santa Catarina", in V. L. M. Barroso (org), *Açorianos no Brasil*, EST Edições, Porto Alegre, 169-176.

Pinski, C. B., Pedro, J. M. (orgs.) (2012), *Nova História das Mulheres*, Contexto, São Paulo.

Pizarro, J. A. de S. M. (1999), "A nobreza portuguesa no período dionisino. Contextos e estratégias (1279-1325)", *En la España Medieval* 22: 61-176.

Poulain, J. P., Proença, R. (2003), "O espaço social alimentar: um instrumento para o estudo dos modelos alimentares", *Revista de Nutrição* 16.3: 245-256.

Queiroz, R. de (2010, 3ª ed.), *O não me deixes: suas histórias e sua cozinha*, José Olympio, Rio de Janeiro.

Quellier, F. (2011), *Gula: história de um pecado capital*, Editora Senac São Paulo, São Paulo.

Ramos, A., Claro, S. (2013), *Alimentar o Corpo, Saciar a Alma. Ritmos Alimentares dos Monges de Tibães. Século XVII*, Direcção Regional de Cultura do Norte, Porto, Edições Afrontamento, Vila Real.

Ramos, A., Soares, D., Oliveira, P. (2004-2005), "A Festa de São Bento: uma Viagem pela Gastronomia Beneditina", *Mínia* 11.12: 73-112.

Rego, M. (1998, 2ª ed.), *Livros Portugueses de Cozinha*, Biblioteca Nacional, Lisboa.

Reinhardt J. C. (2012), *Diz-me o que comes e te direi quem és: alemães, comida e identidade*, Máquina de Escrever, Curitiba.

Reinhardt, J. C. (2007), *Diz-me o que comes e te direi quem és — alemães, comida e identidade*, tese de Doutorado em História, Setor de Ciências Humanas, Letras e Artes, apresetntada à Universidade Federal do Paraná, Curitiba.

Reverdin, O., Grange, B. (1990), *Hérodote et les peuples non grecques*, Fondation Hardt, Vandoeuvres-Genève.

Revez, R. (2011), "Fialho de Almeida e as Correntes estético-literárias no final do século XIX em Portugal", *Revista de História das Ideias*, 32: 363-408.

Rial, C. (2003), "Brasil: primeiros escritos sobre comida e identidade", *Antropologia em Primeira Mão* 54: 1-24.

Richie, C. I. A. (1995), *Comida e Civilização. De como a História foi Influenciada pelos Gostos Humanos*, Assírio & Alvim, Lisboa.

Robinson, D. (2004), *Muslim societies in African history*, Cambridge, University Press, Cambridge.

Roderjan, R. V. (1981), *Folclore brasileiro*: Paraná, Instituto Nacional do Folclore, Curitiba.

Rodrigues, T. F. et alii (2008, 2ª ed.), *História da população portuguesa: das longas permanências à conquista da modernidade*, CEPESE/Edições Afrontamento Lda, Porto.

Rojas, C. A. A. (2013), *Fernand Braudel e as Ciências Humanas*, Eduel, Londrina.

Rolim, M. B. (1997), *Gosto, prazer e sociabilidade: bares e restaurantes de Curitiba, 1950-60*, tese de Doutorado em História apresentada à Universidade Federal do Paraná. Curitiba.

Romm, J. (2007), "Herodotus and the natural world", in C. Dewald, J. Marincola (eds.), *Cambridge Companion to Herodotus*, Cambridge University Press, Cambridge, 178-191.

Rood, T. (2007), "Herodotus and foreign lands", in C. Dewald, J. Marincola (eds.), Cambridge Companion to Herodotus, *Cambridge University Press*, Cambridge, 290-305.

Saint-Hilaire, A. de (1978), *Viagem a Curitiba e Santa Catarina*, Itatiaia, Belo Horizonte, EDUSP, São Paulo.

Santos, A. N., Bezerra, J. A. B. (2012), *Das terras dos carnaúbas ao sabor do sol: a carne de sol de Campo Maior*.

Santos, C. F. M., Conceição, G. C. da, Bracht, F. (2013), "Porcos da metrópole e atuns da colônia: adaptação alimentar dos colonizadores europeus na América portuguesa quinhentista", *Estudos Ibero-Americanos* 39.2: 344-364.

Santos, C. R. A. dos (1984), "O custo da vida: preços de gêneros alimentícios e salários em Curitiba no durante o século XIX", *História: Questões e Debates* 5.81: 78-99.

Santos, C. R. A. dos (1995), *História da Alimentação no Paraná*, Fundação Cultural, Curitiba.

Santos, C. R. A. dos (2005), "A alimentação e seu lugar na História: a preservação do patrimônio gustativo da sociedade curitibana", *História: Questões & Debates* 42: 11-31.

Santos, C. R. A. dos (2007), *O direito à alimentação, saúde e doença na história*, palestra proferida na abertura do Congresso sobre o Dia Mundial da Alimentação, Centro Tecnológico da UFPR, Curitiba.

Santos, C. R. A. dos (2008), *Os pecados e os prazeres da gula. Cadernos de Receitas como Fontes Históricas*. (http://www.poshistoria.ufpr.br/fonteshist/Carlos%20Antunes. pdf, consultado em 20.02.2015).

Santos, C. R. A. dos (2011), "A comida como lugar da História: as dimensões do gosto", *História: Questões & Debates* 54: 103-124.

Santos, D. E., Fagundes, M. D. (2010), "Saúde e dietética na medicina preventiva medieval: o regimento de saúde de Pedro Hispano (século XIII)", *História, Ciências, Saúde-Manguinhos* 17.2: 333-342.

Santos, P. B., Rodrigues, T., Nogueira, M. S. (1987), *Lisboa Setecentista vista pelos Estrangeiros*, Livros Horizonte, Lisboa.

Saragoça, L. (2000), *Da "Feliz Lusitânia" aos Confins da Amazónia (1615-62)*, Cosmos, Câmara Municipal de Santarém, Lisboa.

Schwartz, S. T. B. (1988), *Segredos Internos. Engenhos e Escravos na Sociedade Colonial: 1550-1835*, Companhia das Letras, São Paulo.

Scott, A. S. (2012), "O caleidoscópio dos arranjos familiares", in C. B. Pinski, J. M. Pedro (orgs.), *Nova História das Mulheres*, Contexto, São Paulo, 15-42.

Scott, A. S. (2012), *Os Portugueses*, Editora Contexto, São Paulo.

Scott, A. S. V. (2001), "As duas faces da imigração portuguesa para o Brasil", in *Congresso de Historia Económica de Zaragoza*, Zaragoza. (http://www.unizar.es/eueez/cahe/ volpiscott.pdf, consultado em 14.01.2015).

Serrão, J. V. (1979), *História de Portugal*, vol. 1, Editorial Verbo, Lisboa.

Sganzerla, E., Strasburger, J. (2004), *Culinária paranaense*, Esplendor, Curitiba.

Silva, J. C. da (2009, 2ª ed.), *Dicionário da língua portuguesa medieval*, Eduel, Londrina.

Silva, M. B. N. (1994), "Cacau", in M. B. N. da Silva (coord.), *Dicionário da História da Colonização Portuguesa no Brasil*, Verbo, Lisboa, 119.

Silva, M. F. (2006), *Aristóteles. História dos Animais*, Centro de Filosofia da Universidade de Lisboa, Imprensa Nacional/Casa da Moeda, Lisboa.

Silveira, A. H. da (1990), "Racional Discurso sobre a Agricultura e População da Província do Alentejo", *Memórias Económicas da Academia Real das Ciências de Lisboa para o Adiantamento da Agricultura, das Artes e da Industria em Portugal e suas Conquistas (1789-1815)*, tomo 1, prefácio de M. Jacinto Nunes, Lisboa, Banco de Portugal, 43-98.

Sintra, D. G. De (2002), *Descobrimento Primeiro da Guiné — Descobrimento Primeiro da Guiné*, estudo preliminar, edição crítica, tradução, notas e comentário de Aires Nascimento, introdução histórica de Henrique Pinto Rema. Edições Colibri, Lisboa.

Smith, W. (1873), *Dictionary of Greek and Roman Biography and Mythology*, J. Murray, Londres.

Soares, C. (2005), "A visão do "outro" em Heródoto", in M. C. Fialho, M. F. Silva, M. H. Rocha R. Pereira (eds.), *Génese e consolidação da ideia de Europa. Vol. I: de Homero ao fim da época clássica*, Imprensa da Universidade de Coimbra, Coimbra, 95-176.

Soares, C. (2013), "Matrizes clássicas gregas da História da Dieta: contributos da tratadística hipocrática. Classical Greek Rots in the History of Diet: Contributions of some Hippocratic Treatises", in C. Soares (coord.), *Espaços do Pensamento Científico da Antiguidade*. Conferências & Debates Interdisciplinares I., Imprensa da Universidade de Coimbra, Coimbra, 13-36.

Soares, C. (2014), "Pão e Vinho sobre a mesa: um "'clássico'" da alimentação Portuguesa; Bread & wine: a classical motif of the Portuguese Food", in C. Soares, I. C. Macedo (eds.), *Estudos sobre o Património Alimentar Luso-brasileiro; Studies on Luso-brazilian Food Heritage*, Imprensa da Universidade de Coimbra-Annablume, Coimbra, 17-50.

Sorcinelli, P. (1996), "L'Alimentation et la Santé", in J. Flandrin, M. Montanari (dir.), *Histoire de l'Alimentation*, Fayard, Paris, 811-820.

Sousa, D. F. F. de (2011), A Doçaria Conventual de Coimbra, Colares Editora, Sintra.

Sousa, D. F. F. de (2013), Arte Doceira de Coimbra. Conventos e Tradições. Receituários (séculos XVII-XX), Colares Editora, Sintra.

Souza, L. de M. (2006), *O sol e a sombra: política e administração na América Portuguesa do século XVIII*, Companhia das Letras, São Paulo.

Suassuna, A. R. D. (2010), *Gastronomia sertaneja: receitas que contam histórias*, Editora Melhoramentos, São Paulo.

Tempass, M. C. (2010), *Quanto mais doce melhor: um estudo antropológico das práticas alimentares da sociedade Mbyá-Guarani*, tese de Doutorado em Antropologia apresentada à Universidade Federal do Rio Grande do Norte Sul, Porto Alegre.

Thomaz, L. F. (1995), "Especiarias do Velho e do Novo Mundo. Notas histórico-filológicas", *Arquivos do Centro Cultural Português* 34: 219-345.

Thomaz, L. F. (1998), *A questão da pimenta em meados do séc. XVI: um debate político do governo de D. João de Castro*, Universidade Católica Portuguesa, Centro de Estudos dos Povos e Culturas de Expressão Portuguesa, Lisboa.

Toussaint-Samat, M. (1999), *A History of Food*, Oxford, Blackwell, Oxford.

Venâncio R. P. (2000), "Presença portuguesa: de colonizadores a imigrantes", inBrasil, *Brasil: 500 anos de povoamento*, IBGE, Rio de Janeiro, 61-77.

Viana, M. (1976), *Paranaguá na história e na tradição*, Gráfica Vicentina, Paranaguá.

Wachowicz, R. C. (2010), *História do Paraná*, Editora da Universidade Estadual de Ponta Grossa, Ponta Grossa.

Warmington, E. H. (2002), "The Elegies of Mimnermus", in *Elegy and Iambus*, vol. 1, Loeb, London.

Willcock, M. M. (1978), *The Iliad of Homer*, Macmillan, London.

SITE

Embaixada de Portugal no Brasil. Comunidade Portuguesa. (http://www.embaixadadeportugal.org.br/comunidade.php, consultado em 10.01.2015).

FONTES DE FIGURAS

Folgam de comer os comeres feitos ao nosso modo. **Práticas e culturas alimentares entre o Rio Senegal e o Rio Gâmbia (séculos XV e XVI)**
(JOÃO PEDRO GOMES)

Figura 1

Gaspar, J. A. (2008a), *Nautical chart of Portuguese cartographer Fernão Vaz Dourado (c. 1520 - c. 1580), part of a nautical atlas drawn in 1571 and now kept in the Portuguese National Archives of Torre do Tombo, Lisbon,* original work by Fernão Vaz Dourado (1571). (://commons.wikimedia.org/wiki/File:Fern%C3%A3o_Vaz_Dourado_1571-1.jpg#/media/File:Fern%C3%A3o_Vaz_Dourado_1571-1.jpg, *consultado em 25.09.2015).*

Figura 2

Gaspar, J. A. (2008b), *Nautical chart of Portuguese cartographer* Lázaro Luís, 1563 (Academia das Ciências, Lisboa), original work by Lázaro Luís (1563). (http://commons.wikimedia.org/wiki/File:L%C3%A1zaro_Luis_1563.jpg#/media/File:L%C3%A1zaro_Luis_1563.jpg, *consultado em 25.09.2015).*

Figura 3

Schmidt, M. (2004), *African Baobab. Fruits of african baobab (Adansonia digitata) near Pic de Nahouri, Burkina Faso,* renamed and rotated by Patricia.fidi. (http://commons.wikimedia.org/wiki/File:Adansonia_digitata_2004-09-23.JPG#/media/File:Adansonia_digitata_2004-09-23.JPG, *consultado em 25.09.2015)*

Figura 4

Naliaka, T. K. (2015), *Soungouf - millet flour 7. fine pellet formation thièrè,* (http://commons.wikimedia.org/wiki/File:Soungouf_-_millet_flour_7._fine_pellet_formation_thi%C3%A8r%C3%A9.jpg#/media/File:Soungouf_-_millet_flour_7._fine_pellet_formation_thi%C3%A8r%C3%A9.jpg, consultado em 25.09.2015).

Figura 5

Schmidt, M. (2007), *Collecting palm wine on oil palm, Elaeis guineensis, F.Cl. de Patako, Senegal.* (http://commons.wikimedia.org/wiki/File:Palm_wine_MS_4754.JPG?uselang=pt, *consultado em 25.09.2015).*

Odisseia de sabores: integrações luso-brasileiras

(Carmen Soares)

Figura 1

Prefeitura de Salvador (2015), *Planta da Restituição da Bahia - referência 1625, publicado em 1631*, Prefeitura de Salvador, Salvador. (http://www.cidade-salvador.com/seculo17/invasao-holandesa/planta-albernaz.htm, consultado em 25.09.2015).

Figura 3

The Yorck Project (2002), *Quince, Cabbage, Melon, and Cucumber*, original work by Juan Sánchez Cotán (1600). (https://commons.wikimedia.org/wiki/File:Fra_Juan_Sánchez_Cotán_001.jpg, consultado em 25.09.2015).

Figura 5

Eckhout, A. (16--), *Pineapple, watermelons and other fruits* (Brazilian fruits). (https://commons.wikimedia.org/wiki/File:Albert_Eckhout_1610-1666_Brazilian_fruits.jpg, consultado em 25.09.2015).